中文社会科学引文索引(CSSCI)来源集刊

Renmin University Law Review

人大法律评论

2019年卷第2辑 · 总第30辑

《人大法律评论》编辑委员会组编

法律出版社
LAW PRESS·CHINA

《人大法律评论》编辑委员会

【法学前沿】

【法哲学专题】

【评论】

法学前沿

捍卫普罗米修斯：反垄断法的自由竞争品格*

张世明**

内容摘要：

借用格伯尔的话来说，竞争法仍然“身份”不明，往往被肤浅地界定为干预法，以致“竞争法是国家干预经济之法”竟成常用语。反垄断法的性质不明晰，则会引发实践中的诸多混乱，并产生诸如竞争法的调整对象包括竞争关系与竞争管理关系两类经济关系之类论点。与竞争法作为干预法的观点相对立的是竞争法作为自由法的观点。德国从卡特尔国度到秩序自由主义理念，法国从价格管制到新竞争法，从立法史表明反垄断法的品格日益明晰。反垄断法的制度与实践是根植于市场本身、在尊重市场并认识到市场不足的条件下进行的调整机制，其本质上是市场思维的有机组成部分，其根本价值在于恢复市场有效竞争。学术界对于竞争法的基本性格必须凝聚共识，对于竞争法的“质的规定性”必须明确认识，不能将竞争法与政府干预混为一谈。

关键词：

反垄断法　干预法　自由法　管制

在希腊神话中，最具有自由精神的神是普罗米修斯。普罗米修斯不畏强暴，用自己的磨难反抗宙斯的强权，坚忍不屈、殒身不恤，留下了令后世歌颂的追求真理、追求自由的正气歌。古希腊悲剧家埃斯库罗斯和英国诗人雪莱根据这一传说，分别写出了悲剧《被缚的普罗米修斯》和诗剧《解放了的普罗米修斯》。反垄断法理论以及立法过程中的一个重要问题是，反垄断法的定位究竟为何？是行政法的延伸或升级，还是独立规制机关执行的准司法式的经济法的

* 本文系北京市社会科学基金重大项目（15ZDA41）的阶段性成果。

** 中国人民大学法学院教授、博士研究生导师。

有机组成部分?借用格伯尔的话来说,竞争法仍然“身份”不明,[1]往往被视为政府管制、企业的“紧箍咒”,似未明心见性。反垄断法的性质不明晰,会引发实践中的诸多混乱。例如,在思考经营者集中禁止的标准时,如果不立足于对反垄断法的精神和其依据的经济体系的价值判断,那么,任何标准都如同浮在水面的无根之草,是解释者恣意浮动的结果而已。[2] 笔者不揣简陋,希望对此的探讨能够抛砖引玉。

一、干预法与自由法的理论对立

“干预”在德语中为“Intervention”,在英语中为“intervention”,包括国家对经济过程的积极的统制、诱导与施加影响的所有措施。因此,长期以来,包括反垄断法在内的竞争法、经济规制法和社会的规制法等均被视为对私人经济活动的限制、诱导和促进,即“公的规制”。[3] 作为干预法的经济法、作为干预法的竞争法的观点在学术界一直流传不衰。按照这种观点,经济法被视为在资本主义国家对民法的批判,表现国家以“有形之手”直接、具体地参与经济生活,通过限制或禁止托拉斯、卡特尔等垄断形态,防止市场竞争秩序及其活力受到破坏。实施市场经济的国家虽然信赖市场机能,但市场失灵需要国家干预市场。当市场经济的运作出现危机,国家必须进行干预,包括以强制和引导的方式。而在国家改变市场上的行为乃至产业结构时,就需要另一套法规,学者统统以“经济法”名之。第二次世界大战之后,许多欧洲国家均颁布了竞争法,将其作为促进经济振兴、巩固刚刚建立起来的仍很脆弱的经济自由和政治民主的手段,但多数竞争法建立在两次世界大战中的思想和经验之上,仍沿用权力滥用控制法的模式,属于经济管制法的性质,妨碍了其维护竞争过程本身以确保经济效率和保护消费者权益之效用的发挥。时至今日,有关竞争法是特殊的行政性法的形

---

〔1〕 See David J. Gerber, *Law and Competition in Twentieth Century Europe: Protecting Prometheus*, Oxford: Oxford University Press, 1998, p. 2.

〔2〕 丹宗昭信「独占禁止法上の合併について(一)」『法政研究』第 31 巻第 4 号、1965 年。

〔3〕 舟田正之「経済法序説(1)」『立教法学』第 90 号、2014 年。

象仍然挥之不去。反垄断法被视为具有欧洲大陆法意味的"公法",[4]允许私人诉讼的范围极其有限。在韩国,竞争法被学术界批评为仅仅因应经济困境或者对付物价膨胀的措施立法。

日本学者将法律区分为"普遍主义型法律"和"管理型法律",[5]前者是着重权利义务规范的法律,如传统的民法、商法、刑法,后者以实现公共政策为中心、强调资源分配规范的法律。普遍主义型法律旨在平衡原被告双方之间个别、具体的正义(形式正义),通过裁判程序由法官基于法律规范调和、解决社会纠纷。但管理型法律的主要目的却不是平衡当事人之间的个别正义,而是实现某种管理政策目标,为了追求一定的社会、经济政策目标等的总体正义。反垄断法是一种注重社会整体利益的经济法,属于旨在实现某种政策目的的管理型法律。其在主张干预法论的日本学者看来,充当的是实现该等政策目标的手段或工具。梅拉穆德(Douglas Melamed)也认为,对反垄断属性的重新认识非常重要,这一属性决定了实现反垄断法目标的手段和方式的转变,即便是以反垄断法私人诉讼发达著称的美国也在经历对其认识上的改变。反托拉斯政策的执行明显地从执法模式转向管制模式,二者之间的主要差别在于思考及解决问题方式的差异。执法模式关心过去厂商的限制竞争行为是否违法而使个人遭受损害,而管制模式主要是以政策执行能否提升整体消费者福利为关切的重点。中国学者也往往认为,经济法是指对国家出于微观或宏观目的以公权干预市场领域中的私权的行为进行规范的法律,是克服市场失灵的主要法律形式。竞争法是国家在协调经济运行中调整市场竞争关系和市场竞争管理关系的法律规范的总称。该观点认为,竞争法的调整对象包括两类经济关系,一类是竞争关系,另一类是竞争管理关系。在这种"干预论"中,反垄断法是一种公法,并通过维护竞争性过程来寻求对公共利益的保护,这意味着通过政府官员来执行竞争法(公共执行)可能是最有效的途径。[6]

与竞争法作为干预法(Interventionsrecht)的观点相对立的是竞争法作为自

---

〔4〕 田中裕明「ヨーロッパ競争法の歩みとドイツ法の役割」『神戸学院法学』第34巻第4号、2005年。

〔5〕 田中成明『法理学講義』有斐閣、1994年、頁86~90。

〔6〕 See Karen Yeung, "Privatizing Competition Regulation", *Oxford Journal of Legal Studies*, Vol. 18, 1998, p. 594.

由法(Freiheitsrecht)的观点。费肯杰认为,在法律上,某人具有一种自由或者有形物或无形物归于某人"拥有""所属",颇有分殊。它本身会引起其他法律后果:有形物或无形物的配置以利益的追偿的情况为基础,而人们是无法对自由进行追偿的。对财产权的干涉"意味着"干涉的违法性;对自由的干涉在法律上两种被保护的形式——作为一般(私人)人格权和作为经济人格权——之中,不表明干涉的违法性;违法性必须通过"利益的权衡"加以阐明。从被限制的竞争或不正当竞争中不可能产生不当得利请求权,它缺乏人们可以干预或以别形式来"归还"的归属性的财产;独占禁止法和不正当竞争法是自由法。〔7〕

日本经济法学者江上勋指出,经济法并不否定作为资本主义固有的调节市场经济的一般法制的民法。资本主义经济发展到垄断阶段后,经济法将在现实的条件下,对作为形式上平等的抽象规范的民法所暴露出来的缺陷加以弥补,并与民法相结合而实现对经济社会的调节。在某种意义上,经济法实质上是恢复了民法的自由和平等的内容。如果说民法是一种古典的自由主义的法,那么,经济法就可以说是新自由主义经济的法,也可以说是从警察国家过渡到福利国家的法律体现。〔8〕 金泽良雄尽管整体上延续日本战前的经济法理论,但他依然认为,"促进公正而自由的竞争"是《独占禁止法》的重点。〔9〕 丹宗昭信指出,松下满雄将经济法作为"市场机制"保全法的观点有值得肯定之处,但是,如果将经济法的基本原理作为维持竞争秩序的原理,将反垄断法理解为"保全市场机制"的法律,那么,构成"市场机制"的法律制度的基本结构与维持市场竞争秩序机能间的区别将存在含混不清之虞;〔10〕经济法的目的是抑制市场支配者和限制竞争者,保护作为社会经济弱者即一般消费者的利益。经济法的基本思想是"进行正常的经济活动的权利""为达到经济领域中的自由发展的可能性"。

〔7〕 参见[德]沃尔夫冈·费肯杰:《经济法》(第2卷),张世明译,中国民主法制出版社2009年版,第426页。

〔8〕 参见[日]江上勋:《经济法、禁止垄断法概论》,黄来纪译,载周枬主编:《国外法学知识译丛 经济法》,知识出版社1982年版,第6页。

〔9〕 参见[日]金泽良雄:《经济法概论》,满达人译,中国法制出版社2005年版,第177页。

〔10〕 参见[日]丹宗昭信、伊从宽:《经济法总论》,吉田庆子译,中国法制出版社2010年版,第87页。

经济法所保护的，是市场的竞争秩序，其通过对形式上的营业自由之一部分加以限制，从而实现实质意义上的营业自由，因为在经济法中保障营业自由与保障消费者的权益同等并重。对于这一点，丹宗昭信认为，“经营的自由”应该以“经济活动的自由”的概念来表达，保障“经济活动的自由”才是20世纪的保障“经营”的自由。对此进行保障才能体现独占禁止法存在的意义。[11] 在此，反垄断法并非一种行政干预法。

二、从干预法到自由法的嬗变

(一)德国从卡特尔国度到秩序自由主义理念的贯彻

在德国，自由主义可谓根基薄弱，土壤肥力不足，生长条件恶劣。[12] 自由主义传统及其制度在德国的脆弱性使竞争成为一个暗淡无光的概念、一个备受猜忌的价值观，在各种反对势力面前变得不堪一击。德国《反对滥用经济权力条令》于1923年公布。其在整体上表现为滥用权利法，基本上允许卡特尔，唯规定其服从于强制性注册和一定的控制机制。[13] 新成立的卡特尔法庭是行政系统中的一个特殊“法庭”。竞争法在这里被置于公法的领域内，确切地说是在行政法内，被“塑造”成一种行政模式。[14] 1933年，经济政策发生转变，国家公权力全面介入经济领域，实施官民一体的经济统制，国家计划全面取代市场调节，市场、竞争、价值规律完全失效，对市场竞争行为实施管理的竞争法亦随之失效，取而代之的是关于国家垄断组织的法律。其中著名的为颁行于1934年的德国《卡特尔变更法》和德国《强制卡特尔法》。前者规定将卡特尔法院原先的关于卡特尔协议的一切权力移交给联邦经济部长，以达到取消对卡特尔协议的限制和加强卡特尔的目的；后者授权经济部长在一些重要的生产部门强制组成

---

〔11〕 岡田与好「『営業の自由』と『独占』および『団結』」東京大学社会科学研究所編『基本的人権の研究5』東京大学出版会、1969年、頁136。

〔12〕 David J. Gerber, *Law and Competition in Twentieth Century Europe: Protecting Prometheus*, Oxford: Oxford University Press, 1998, p. 76.

〔13〕 Verordnung v. 2. 11. 1923, RGBI. I 1067.

〔14〕 David J. Gerber, *Law and Competition in Twentieth Century Europe: Protecting Prometheus*, Oxford: Oxford University Press, 1998, p. 150.

新的辛迪加、康采恩和卡特尔,以达到运用国家权力加速资本集中,促进垄断组织发展的目的。

在第二次世界大战中,纳粹政权的命令经济造成全国如同机器运转一般的经济统制,完全与市场经济背道而驰。但历史的发展总是非常复杂的。在第二次世界大战后期,当时纳粹政权内部竟然有人制定社会市场经济性质的法律,令人震惊不已。从条例草稿所附的理由可知,其起草者明显受到弗莱堡学派理论的影响。具有讽刺意味的是,第二次世界大战争后同盟国的卡特尔拆解和管制措施与帝国经济调查部草案如出一辙。这个条例草案并非绝无仅有,但其表明在帝国经济事务部中也有人对战后的关系进行思考,并与官方的国家社会主义的经济政策处于尖锐的对立中,将"弗莱堡学派"的自由市场的构想视为值得追求的目标。在1943年后,奥尔多自由主义的经济思想反纳粹运动中与纳粹主义之间处于对抗的一端,[15]是在纳粹解体后的西德社会从在第三帝国漫长"寒冬时代"出现的"自由主义复活"的产物。[16] 在第二次世界大战后,大西洋宪章和美国关于市场经济导向的世界经济秩序计划的影响是不证自明的。在1946~1957年,卡特尔法禁止了以限制竞争为目的所有结合。奥尔多自由主义的理念,因为与占领军中几乎掌握主导权美国的反托拉斯思想一致,并因为德国人民在战争期间和战后对统制经济的反感引人注目。

戴维·J.格伯尔在《二十世纪欧洲的法律与竞争:捍卫普罗米修斯》中指出:第二次世界大战后,德国竞争法有一个方面特别具有私法倾向。当时,该领域的许多法律学者都是年轻人,受秩序自由主义思想的强烈影响,将竞争法视为权利和个人的自由。他们的概念世界是精确的或至少是追求精确的。[17] 竞争法不仅在本质上是私法,而且建立了个人主观权利的观点,这已经成为关于竞争法的法学成就的重要部分。这最初出现在沃尔夫冈·费肯杰(Wolfgang Fikentscher)《竞争和工业产权保护》和鲁道夫·卢科斯《卡特尔合同:卡特尔作

〔15〕 雨宫昭彦「戦時体制へのコミットメントの論理と戦後からの視角:秩序自由主義1936~1950年」『千葉大学経済研究』第19卷第3号、2004年。

〔16〕 トマス・リハ著,原田哲史·田村信一·内田博訳『ドイッ政治経済学—.—もう一つの経済学の歴史』ミネルヴァ書房、1992、頁337。

〔17〕 Wolfgang Fikentscher, *Wettbewerb und Gewerblicher Rechtsschutz*, München: Beck, SS. 163 -206.

为具有域外效力的合同》等著作中。[18] 第二次世界大战后的德国竞争法,与其说是以行政量裁为基础,倒不如说是具有了遵守司法原理、司法程序的机能。[19] 德国竞争法中的司法制度因素具有极引人注目和"革命性"的特征。较之其他欧洲国家的经验,法律方法和法律话语提供了该制度的"精神气质",司法机构、方法和原则提供了行使行政权力的框架。[20]

(二)法国从价格管制到新竞争法

法国素来拥有国家管理统制经济的传统。第二次世界大战后,法国工业现代化的迫切需要强化了政府对经济的管制并赋予其新的功能。法国人认识到,经济式微导致了他们此前在第二次世界大战中的军事失败,恢复经济的强大成为举国要政。他们相信政府的领导对取得经济长足发展不可或缺,"计划化"的纲领因此应运而生。政府官员据此制订的经济计划发挥着与私人部门合作的机制的作用。战后,法国竞争法发展的核心动力产生于克服战后通货膨胀压力。揆诸《1945 年法令》,原为第二次世界大战后法国政府为抑制通货膨胀、稳定物价所制定的物价管理法规,包含着若干针对竞争受到的特殊限制的附加条款。在以后几十年里,竞争法在法国基本上被理解为价格管制手段。至少从形式上说,法国的竞争法是通过修订价格管制法而发展起来的。这一时期的政府统制相对于竞争原理而被高度评价,[21] 法国竞争法可谓仅属政府统制经济、干预物价政策诸多手段之一。在这种环境下,法国竞争法无怪乎一直运行于经济生活和官僚生活的边缘,公众对此所知甚少,即使在官僚内部也普遍受到忽视。另外,从 20 世纪 60 年代到 70 年代初,美国哈佛学派的"产业组织理论"的研究呈现显著的发展,产业政策与企业之间的竞争不足在一定程度上被反省,促进

---

〔18〕 Wolfgang Fikentscher, *Wettbewerb und Gewerblicher Rechtsschutz*, München: Beck, SS. 207 – 231. Rudolf Lukes, *Der Kartellvertrag: Das Kartell als Vertrag mit Außenwirkungen*, München: Beck, 1959, SS. 180 – 191, 244 – 249.

〔19〕 田中裕明「ヨーロッパ競争法の歩みとドイツ法の役割」『神戸学院法学』第 34 巻第 4 号、2005 年。

〔20〕 David J. Gerber, *Law and Competition in Twentieth Century Europe: Protecting Prometheus*, Oxford: Oxford University Press, 1998, p. 330.

〔21〕 和田聡子「フランス競争政策の一考察:その展開過程をめぐって」『関西学院大学経済学研究』第 27 号、1996 年。

竞争的思想逐渐抬头。[22] 法国竞争法数度修正补充,呈现逐步摆脱物价统制阴影的趋势。1967年9月28日,法国第67-835号命令修正卡特尔规范,任何企业联合之行为"以阻碍、缩减或扭曲竞争活动为目的,或可能产生上述效果者……应受禁止"。以此比较修正前禁止"阻挠成本、出售价格之下跌,或促使人为价格之上涨"的规定,可以看出:该项修正有意摆脱以价格形成之阻害为限制竞争唯一标准的束缚,为法国竞争法跨出价格阴影的关键一步。1977年7月19日,法国第77-806号法,除对卡特尔及控制企业经济力滥用加以规范外,并进一步对企业结合为监督管制,在反竞争行为外关注于市场结构,使竞争法体系更完备。不过,法国竞争法因其具高度技术性,且无论从法国经济行政的传统观察,或由形式上法规的制定安排看,皆难以摆脱其干预特性。法国竞争法始终处在另一些规则体制,诸如价格管制、不公平竞争法以及法国的行政传统和同它有关的利益和权力地位所形成的阴影下。是时,法国竞争法几乎没有自己的身份,目标含糊、内容零散,各项法令之间散漫零乱,缺乏系统性,被法国中央行政机构的阴影所笼罩,竞争法条款仅是同时负责制定经济计划和价格管制的官僚所掌管的法律之一。[23] 这种局面直到1986年才发生根本性转变。第86-1243号命令全名为《1986年12月1日第86-1243号关于价格及竞争自由命令》,象征着法国已经与过去决裂,决心严肃地看待竞争法。法国最后的法律并没有始终如一地贯彻自由主义,但其基本"精神"和观念得到了坚持。罗歇·布特(Roger Bout)在《法国竞争法概要》中指出:"法国于1953年8月9日出台了关于'保持与重建工商业自由竞争'的法规,这是以保持充分、有效的竞争为目的的第一部法律文件。其中涉及了治安管理和竞争政策。到目前为止,有关竞争政策的内容是借助于一项法令来推行的,即1996年12月1日的'关于价格和竞争自由的法令'。这项法令建立起一整套规则,形成了一个协调一致的整体,我们称为'新法国竞争法'。"[24]

---

〔22〕 和田聡子「フランス競争政策の一考察:その展開過程をめぐって」『関西学院大学経済学研究』第27号、1996年。

〔23〕 David J. Gerber, *Law and Competition in Twentieth Century Europe: Protecting Prometheus*, Oxford: Oxford University Press, 1998, p. 194.

〔24〕 [法]罗歇·布特:《法国竞争法概要》,陈鹏译,载《法学家》1999年第3期。

(三)美国竞争法对经济自由的拓展

在美国人看来,竞争法的产生不仅并非意味着对自由主义古典理论的放弃和终结,而是意味着自由主义的进一步坚持,从另一个角度表明了美国对于自由主义的执着。“它宣布了保持自由竞争是(美国)国家的一项重要政策,标志着公平竞争对垄断行为的一次重大胜利。”〔25〕对此,美国竞争法学者马歇尔·C. 霍华德(Marshall C. Howard)曾精辟地指出:“按传统的观念,反托拉斯法与贸易法规一般并不代表政府的干预。更确切地说,即使它们代表了政府的干预,也仅是为了消除商业流通中的障碍和向消费者提供传播商品的信息。”〔26〕事实上,美国人之所以呼唤反托拉斯法,是因为在美国人看来托拉斯抑制、破坏了自由竞争的市场机制,进而威胁了构成美国社会价值基础的自由理念本身,从而有必要对其加以一定的规制和禁制,以维护和恢复受到威胁、破坏了的竞争自由。当然,采取的方法是对竞争自由本身加以一定的规约和限制,但美国人之所以容忍这种规约和限制,只是因为这种规约和限制对竞争自由的保障和维护来说是必要的;并且,在美国人的法哲学和经济学观念里,这种容忍仅以维护自由公平的竞争机制的正常运转为限。在这里,自由,或者说竞争才是目的,无论干预或者规制,都只是手段,旨在保障竞争机制得以充分有效运行。虽然,自表面视之,竞争法似乎以对市场主体的竞争自由,甚至市场竞争机制本身加诸种种干预和限制为作用,且竞争法事实上也确实是以前此为本域的独特运行机制的,但竞争法并非如其表面那样以对自由本身的否定和排斥为诉求,而是恰恰相反。美国竞争法全部价值的内涵,一言以蔽之曰:为自由而干预自由,并以适应自由竞争的市场机制的正常运转为限度和尺度。从《谢尔曼法》的具体立法背景和指导思想也完全可以看出,美国竞争法从其诞生之日起就以对自由竞争的竞争机制的维护和促进为己任,并锐意剪除任何对自由竞争的机制有效运行构成抑制、阻碍和破坏的因素,以此表明美国将经济自由和经济民主进行到底的决心,而并非意在改变或放弃其经济自由主义和促进竞争的经济哲学本身。正如美国联邦最高法院法官布莱克(Hugo L. Black)在北方太平洋铁路公

---

〔25〕 韩毅:《论19世纪末20世纪初美国的反托拉斯立法运动》,载《中国社会科学院研究生院学报》1994年第5期。

〔26〕 [美]马歇尔·C. 霍华德:《美国反托拉斯法和贸易法规——典型问题与案例分析》,孙南申译,中国社会科学出版社1991年版,第3页。

司诉美国案的判决中所指出,《谢尔曼法》"基于的前提是,无限制的竞争力量的相互作用将产生最佳的经济资源分配、最低的价格、最高的质量和最大的物质进步。由此所提供的环境将有助于保持我们民主的政治和社会制度",[27]即《谢尔曼法》以自由竞争为理念前提。美国竞争法在经济哲学上的定位决定了美国竞争法在美国法律哲学和法律体系中的定位:美国竞争法并不构成对产权自由、契约自由、意思自治等传统私法理念和制度的彻底否定和替代(虽然人们不乏这方面的误解),毋宁说是从另一个反向角度对前此理念和制度的重新确认。易言之,美国竞争法是对美国的自由企业制度及与之密切相关的以产权自由和契约自由为核心的私法法制,从另一个方向所作的一种反向促进和补充,是以对私人经济主体的意思自治加以一定限制的方式来从总体上维护和进一步促进美国的私法理念、私法哲学及奠基于此的美国私法法制。

三、自由法的理念与竞争法的属性分析

竞争与自由在本质上可以说并无二致。市场竞争必须以经济自由发展为条件,竞争的背后是自由,没有自由就没有竞争。英国著名社会学家和哲学家霍布豪斯(Leonard T. Hobhouse)指出,垄断与自由水火不容,"自由竞争原则就是要向垄断开战"。[28] 保护竞争的观念肇端于保护自由的观念。[29] 竞争观的命运与自由主义的兴衰息息相关。

(一)消极自由与积极自由:竞争法的立法目的

"自由"一词在法语中作"Liberté",在德语中则为"Freiheit"。在英语中,"自由"的意蕴非常复杂,有两个词语,一个是"liberty",另一个是"freedom"。两者几乎可以通用,[30]但有些学者认为"freedom"是比较抽象的思想观念,偏向

---

〔27〕 [美]马歇尔·C.霍华德:《美国反托拉斯法和贸易法规——典型问题与案例分析》,孙南申译,中国社会科学出版社1991年版,第1页。

〔28〕 [英]霍布豪斯:《自由主义》,朱曾汶译,商务印书馆2005年版,第4页。

〔29〕 See David J. Gerber, *Law and Competition in Twentieth Century Europe: Protecting Prometheus*, Oxford: Oxford University Press, 1998, p. 17.

〔30〕 See Quentin Skinner, *Liberty before Liberalism*, Cambridge: Cambridge University Press, 2001, p. 5.

哲学与政治,主要指“免于外部控制的依赖或屈从”;而“liberty”则是比较具体的权利保障,偏向法律,主要指的是不依赖于他人的独立的社会资格或身份。[31] 帕特里克·亨利(PatrickHenry)的名言“Give me liberty or give me death”(不自由,毋宁死),用的也是“liberty”这个词。“liberty”主要协调的是人与社会的关系,所以当年严复翻译穆勒的《论自由》时,径直将此书译为《群己权界论》。在中国“五四人的意识深处,并非近代意义‘to be free’(求自由),而是‘to be liberated’(求解放)。这两者虽有关联,但究竟不是一回事。他们所急的,是从传统解放,从旧制度解放,从旧思想解放,从旧的风俗习惯解放,从旧的文学解放。于是,大家一股子劲反权威、反偶像、反旧道德”。[32] 伯林在1958年的《两种自由概念》一文中将自由的概念划分为“消极自由”与“积极自由”。[33] 伯林所谓“积极自由”是指人在“主动”意义上的自由,即作为主体的人作的决定和选择,均基于自身的主动意志而非任何外部力量。一个人是自主的或自决的,就处于“积极”自由的状态中(1iberty to...),这种自由是“从事……的自由”,也就是成为自己主人和行动主体的自由,其所关怀的问题为:“什么东西或什么人,是决定某人做这个、成为这样而不是做那个、成为那样的那种控制或干涉的根源?”[34] 积极自由的要求产生于每个人都力图成为自己的主人的意念,产生于个体自治和自主的愿望。而消极自由是指在“被动”意义上的自由,即人在意志上不受他人强制,在行为上不受他人干涉,亦即“免于强制和干涉”的状态(liberty from...)。积极自由的核心在于自主,强调主体活动的主动性和自治性,而消极自由的重点在于外部力量没有对主体形成束缚和控制,未受他人的干涉。

竞争自由必须通过在市场上建立垄断强制力量的政府的某种干预行为才可提供。社会中必须存在一个单一的实施强制和决策的强制性垄断机构,没有国家的社会在当今是不现实的。现代国家,如同吉登斯所言是暴力集装器,以

---

〔31〕 参见黄克武:《西方自由主义在现代中国》,载黄俊杰编:《中华文化与域外文化的互动与融合》(一),喜玛拉雅研究发展基金会2006年版,第349页。

〔32〕 殷海光、林毓生:《殷海光 林毓生书信录》重校增补本,吉林出版集团有限公司2008年版,第228页。

〔33〕 冯英:《严复自由主义思想解读》,吉林大学出版社2007年版,第20页。

〔34〕 [英]以赛亚·伯林:《自由论》,胡传圣译,译林出版社2003年版,第189页。

暴力垄断为中心形成规模效应,保护市场竞争是国家不可推诿的使命。国家对暴力的垄断,使暴力成为一种可利用的核能源。这使对政治暴力的无序竞争受到限制,民众从干戈困扰不宁中得以解脱,安居乐业成为可能。由于国家在垄断行使暴力方面具有规模经济效应,国家提供产权保护可以使交易费用降低。市场经济最基本的制度前提即在于此,否则,市场经济将无法自我维持。另外,在某种意义上,拥有私产的权利等可以被视为保护个人免受强制的消极自由权利,而努力获得则是一种积极自由。消极自由趋向最低限度的自由,趋向内在权利的守护;而积极自由则趋向最大限度的自由,趋向外在权力的争取。正如瓦尔特·奥肯所说:"生产资料私人所有权是竞争秩序的前提条件,竞争秩序也是避免生产资料私人所有权导致经济和社会不良状态的前提条件。"〔35〕在奥肯的理论中,竞争秩序被称为"规则诱导的自由竞争制度",其形成主体必须是具有权威的国家。〔36〕国家制定竞争秩序的规则,并以"竞争秩序的守护人"的角色出现在市场中。〔37〕许多人都同意这样一个结论,即中国的市场还很不完善,但对建立完善市场的根本性障碍的认识不够全面,通常仅把注意力投诸产权的明晰,而未注意到市场的另一个必要条件,即平等的竞争条件和在市场上选择的自由。〔38〕相对市民法的所有权自由、契约自由,经济活动自由按照费肯杰的解释是相对"保障拥有"(haben)的自由,经济法是"保障获得"(erwerben)的自由,两者存在功能等效。换言之,相对保障既有权对私有财产的支配,经济法是在经济领域保障自由发展的可能性,即对相互竞争自由的保障。恰如美国第二任总统约翰·亚当斯(John Adams)所言,"若无法保有财产,自由必不存在"。〔39〕在一个人的饭碗被有权者掌握后,侈谈独立之精神、自由之思想,统统

〔35〕 Walter Eucken, *Grundsätze der Wirtschaftspolitik*, 6. Aufl., Tübingen: J. C. B. Mohr, 1990, S. 275.

〔36〕 福田敏浩「社会的市場経済の秩序像:オイケンとミュラーアルマック」『滋賀大学経済学部研究年報』第6巻、1999年。

〔37〕 V. Vanberg, Die normativen Grundlagen der Ordnungspolitik, *ORDO Jahrbuch für die Ordnung von Wirtschaft und Gesellschaft*, Bd. 48, 1997, S. 717.

〔38〕 参见茅于轼:《中国人的焦虑从哪里来》,群言出版社 2013 年版,第 196 页。

〔39〕 Charles Francis Adams (ed.), *The Works of John Adams*, Vol. 6, Boston: Little, Brown, 1851, p. 280.

属于画饼充饥。没有个人财产的后果必然是自由的消失,进而的后果势必是精神退化。保障拥有与保障获得相辅相成。如果努力获得的成果不能被拥有,则不会绞尽脑汁去努力获得,而努力获得需要一定“筹码”,使已经拥有能够进一步发展。反垄断法律制度的存在和运行不仅以契约、财产权等相邻法律制度的存在和运行为前提,反垄断法的自由价值与契约法、财产法的法律价值也存在相生、交融和协同的关系。这种产权法律制度提供所有的保障,同时也为自由发展提供了基础,不能被视为一种纯粹的“干预法”,而自由竞争的大宪章也是和所有保护一样的自由保护,构建了自由交易的机制与平台,与所有保护的经济归属法相对的经济自由秩序法同时构成经济法一般的两翼。这属于体制性建构,而非行政手段的干预。

伯林认为,对积极自由的追求必然导致对自由的滥用,积极自由很容易陷入其反面——强制或不自由。[40] 由于个人的能力与机遇不同,市场竞争的结果也因人而异。反垄断虽然保护竞争而不保护竞争者,然而,这种不平等的结果具有累加性,使每个人在下次竞争中处于不同起点。上次竞争的优胜者将处于更有利的位置,而从前的失败者则处于更不利的地位,在以后的角逐中具有更高的失败概率。于是,在竞争中走在前列的人将以更快的步伐前进,而已经落后的人则以更慢的速率移动。竞争优胜的强者享受到自由竞争的滋味,也证实了自由竞争是富有选择作用的过程。他们是自由竞争的结果,可也是自由竞争的结束。他们逐渐演变成一种凌驾于自由之上的私人权力,成为自由企业制度的杀手,这不仅会从根本上消除或阻碍竞争以及竞争得以展开的条件,而且还从根本上否定了市场机制本身。竞争自由的原始理念为自由竞争结果所摧毁,因为竞争者既无,有效竞争亦荡然无存,[41] 在初次竞争与多次竞争所已经形成的悬殊竞争力面前,弱势竞争者只有接受强势竞争者的强迫“竞争自由”。在这种情势下,强者恒强、愈强的竞争自由理念已被曲解,弱势竞争者只有屈从强势竞争者的竞争自由,[42] 大企业的契约自由使小企业丧失竞争自由。经济自由主义其实是指不受政治权力干涉,但可以限制竞争自由的不唯政治权力,也包括

---

〔40〕 参见[英]以赛亚・伯林:《自由论》,胡传圣译,译林出版社 2003 年版,第 204 页。

〔41〕 林秀弥「合併規制の根拠からみた調合合併の規制基準一経済法学からの検討一」『社会科学研究』第 56 巻第 3、4 号、2005 年。

〔42〕 参见单飞跃:《经济法理念与范畴的解析》,中国检察出版社 2002 年版,第 5 页。

经济权力。历史证明,国家对自由的完全放任实际是对自由的践踏,对恃强凌弱的袖手旁观,本质上也是一种专制。其与传统专制的区别仅在于,剥夺他人自由的人不再是君主,而是市场中的强者。因为对于失去自由的人来说,不是被奴役就是被专制,至于专制的主体是政府还是企业,结果都并无二致。卡特尔滥用市场支配地位侵害了整个市场竞争关系中的平等、自由的价值,不唯如此,消费者的自由选择权也被垄断行为野蛮剥夺,消费者的消费需要通常也得不到垄断者的满足,却要支付高昂的代价,所以,经济法为了维护市场竞争关系中自由、平等、公平的价值,对垄断行为予以反对,科以重罚。德国学者奥肯曾言:“竞争自由也意味着排除限制是自由的。”[43]

在众多竞争法目标中,“维持自由竞争的秩序”或是“保护以及促进有效竞争”虽然不可能一枝独大而具有垄断地位,像芝加哥学派认为反托拉斯只用来促进竞争,将经济效率作为反托拉斯法的唯一且终极目标,但的确是第一位的目标,经济自由是反垄断法最基本、最原始的价值目标。许多国家都制定了反托拉斯法,以增强竞争。谢尔曼在国会辩论中曾对《谢尔曼法》的立法目标慷慨陈词:“我们不能屈从于一个君主,我们也不能屈从于一个贸易上的独裁者,享有排除竞争和固定任何商品价格的权力。”[44]美国联邦最高法院法官布莱克在北太平洋铁路公司案中指出:“《谢尔曼法》被设计为经济自由的全面宪章,目的在于维护作为贸易规则的自由和不受束缚的竞争。”[45]1972 年美国联邦最高法院法官马歇尔(Thurgood Marshall)在美国诉托普科联合公司案中振聋发聩地重申:“反托拉斯法,特别是《谢尔曼法》,是自由企业之大宪章。它们对于经济自由和自由企业制度之保护,与权利法案对于我们基本个人自由之保护同样重要。每个个人、所有企业不分大小都被保证享有的自由是参与竞争的自由,是主张活力、想象力、热情和创造力以及可以集合的经济元素的自由。”[46]竞争法是自由主义的产物,而不是国家干预主义的结果。在欧洲,“保护竞争与保护经济自由联系在一起,有时甚至被等同于经济自由,这种自由本身便是一种正当

---

[43] [德]瓦尔特 · 欧根:《经济政策原则》,李道斌译,上海人民出版社 2001 年版,第 37 页。

[44] Senator Sherman, 12 Cong. Rec. 2455ff (1890).

[45] Northern Pacific Railway Co. et al. v. United States, 356 U. S. 1 (1958).

[46] United States v. Topco Assocs., Inc., 405 U. S. 596, 610 (1972).

的社会利益”。[47] 欧洲竞争法的自由价值在德国竞争法中表现得最显著。长期以来,反垄断执法机构认为,竞争法应该致力于建立和确保一个行之有效的竞争机制。要确保这样一个竞争机制,就必须对市场参与者的行为自由进行保护,并维持一个有利于竞争的市场,而无论最后的行为结果如何。这种与弗莱堡学派以及哈耶克的竞争思想紧密相连的结果开放学说,排除了那种认为竞争法应以实现某种特定的目标为导向的理论。[48] 埃利希·霍普曼(Erich Hoppmann)是战后德国最重要的竞争理论家之一,反对把竞争作为实现总体经济目标的工具,强调“竞争的前提是:第一,形成自由的竞争,第二,保持自由的竞争”。[49] 根据霍普曼的理论,竞争政策唯一的、中心的任务是确保竞争的条件,即确保个人的经济自由,卡特尔法的任务是在充满竞争的市场环境中通过反对违反竞争的行为来确保已经存在的竞争。

日本《独占禁止法》的全称是“禁止私人垄断和确保公平交易”,其第1条即明确规定:“本法的目的是通过(a)禁止私人垄断、不当限制交易和不公正的交易方法,(b)防止事业支配力的过度集中,(c)排除用结合、协定等方法,对生产、销售、价格和技术等的不当限制以及其他一切对事业活动的不当约束,(d)从而促进公正而自由的竞争,(e)发挥事业者的创造性,繁荣事业活动,(f)提高雇佣和国民收入的实际水平,(g)以确保一般消费者的利益,(h)促进国民经济民主、健康地发展。”伊从宽与丹宗昭信的观点相同,认为(a)(b)(c)是《独占禁止法》的规制对象;(d)是《独占禁止法》的直接目的;而(e)和(f)则是促进公正而自由的竞争的直接效应,即资源的优化配置;(g)和(h)是(d)的反射性效果,是《独占禁止法》的最终目的,因为经营者的自主经济活动是以消费者利益为中心的竞争;(g)是从一般消费者的层面规定;(h)是从国民经济的观点的规定,两者的内容一致,旨在把竞争带来的利益返还给消费者。从最终目的看,其直接目的也仅为手段,最终目的不仅对直接目的,也对规制对象带来

〔47〕 David J. Gerber, *Law and Competition in Twentieth Century Europe: Protecting Prometheus*, Oxford: Oxford University Press, 1998, p. 418.

〔48〕 参见王晓晔主编:《反垄断法实施中的重大问题》,社会科学文献出版社2010年版,第3页。

〔49〕 Erich Hoppmann, Wettbewerb als Norm der Wettbewerbspolitik, *ORDO: Jahrbuch für die Ordnung von Wirtschaft und Gesellschaft*, Bd. 18, 1967, S. 78.

影响,因此,应当根据现实经济波动的状况,尤其是在反垄断法中适用除外和特别法之间的调整中考虑最终目的,以期将最终竞争效果改变为更适合中长期的措施。[50] 简言之,独占禁止法被定义为促进经济自由的立法,[51]以自由经济的确保促进为基调,以在市场经济意义上的自由经济为本质内容。

从中国竞争法颁布的历史也会发现,我国竞争法的首要立法目的也是促进自由竞争。竞争法的功能在于为和谐自由的竞争打破坚冰,开辟航线,特别是在从计划经济到市场经济的转型过程中,竞争法肩负反行政垄断的历史使命,即伯林所谓以"不让别人妨碍我的选择为要旨"的消极自由或者乔・萨托利所谓"防卫性、保护性的自由",[52]保护企业权利免受强势政治权力的侵犯,同时,形塑企业"以做自己的主人为要旨"的积极自由的公共空间。

(二)经与权:竞争法的自由竞争基本原则

古人强调"事有经有权""经权相交""经权相济",即事情有一般原则,也有变通原则,权与经并行不悖。孟子云:"权,然后知轻重;度,然后知长短。"[53]只有在充分经历了"权"的种种实态变化后,"经"的权威性和基础地位才可以予以确立并能够获得稳定,同样地,对"经"的执持才会更坚固。《春秋・公羊传》桓公十一年云:"权者反于经,然后有善者也。"[54]这就是说,权虽然与经相反,但所谓变通并不是无原则的变通,而是一种有更高原则的变通,旨在实现某种善的目的。这种经权关系一般被概括为"反经合道"说。就本质而言,权不离经。"权"不是为"权"而"权"的,而毋宁是为"经"而"权"的。离开了"经"的"权"被滥用,是失却了任何约束的"权"。一旦权变到连原则都变掉了,就无所谓"权"与"经"的区处。这时的"权",无论如何已经不是"权"本身,已不再获得与"经"相对的"权"的内涵,而是演变成违反原则的离经叛道,不得云"变"而为"反"。所以朱熹强调,"经者,道之常也;权者,道之变也。道是个统体,贯乎经

---

[50] 参见[日]丹宗昭信、伊从宽:《经济法总论》,吉田庆子译,中国法制出版社 2010 年版,第 443 页。

[51] 参见厚谷襄兒「独占禁止法と憲法」『北大法学論集』第 49 卷第 6 号、1999 年。

[52] 乔・萨托利:《民主新论》,冯克利、阎克文译,东方出版社 1998 年版,第 339 页。

[53] 杨伯峻译注:《孟子译注》,中华书局 1960 年版,第 16 页。

[54] 王闿运:《春秋公羊传笺》桓公十一年,黄巽斋点校,岳麓书社 2009 年版,第 196 页。

与权”。[55]

竞争法是自由法的性质,从竞争法的基本原则中可以看出。这一原则直接体现了竞争法的自由法属性。自由竞争原则在不同国家不同的竞争法体系内的表述方式各不相同,但都是竞争法内含的首要原则。例如,匈牙利《关于禁止不正当商业行为和限制竞争 1996 年第 125 号法令》的序言规定:“国会颁布该法令旨在维护自由而公平的竞争。”[56]我国的《反不正当竞争法》和《反垄断法》虽然并没有在第 1 条中直接提出“为促进自由竞争”的字眼,但是均提出“要保护公平竞争”,而公平竞争的前提是自由,即每一个市场主体都有参与竞争的自由,才可能有竞争公平与否的问题。

干预法的观点是一种权宜之策、工具论,首先模糊竞争法的属性,进而动摇竞争法在经济法的地位,最终模糊经济法的根本属性。为了更好地保障自由,必须通过法律限制自由,然而,消极自由观的核心命题之一就是,限制自由本身不能成为限制的目的,对自由的限制本身不能不受限制,法只能为自由而限制自由,否则就可能会背离保障自由的根本目的。拉丁法谚有言:有疑问时,先肯定人民的自由。[57] 市场不是可以随意替换的“范式”,而是一种自由关联。实质正义观提倡“法律抑强扶弱”,却不能诱导法律违背人类最基本的价值——自由。所谓“抑强扶弱”的差别原则只是用于铲除“自由弊端”的手段,其所服务的目的是自由,自由应当永久地被保留,而不应该与“自由弊端”共同被丢弃。如果说自由如同木桶中洗澡的婴儿,那么“自由的弊端”(限制竞争和不正当竞争行为)就如同婴儿制造的“污水”,正确的处理方式是抛弃污水留下婴儿,绝不能将婴儿和污水一股脑倾盆泼泻而出。实质正义之法旨在铲除自由的悖论性产物——不自由,使社会民众普遍赢得真实、持久的自由,是对自由的保护和扩大,而非适得其反地废除和限制自由。

作为平衡和协调一个国家竞争政策和产业政策的产物,竞争法的适用除外制度承载着对反垄断法多元价值目标的统摄与整合,其所秉持的有效竞争和社

[55] 黎靖德编:《朱子语类》卷三十七,王星贤点校,中华书局 1986 年版,第 989 页。

[56] 资料来源:匈牙利政府网:www. gvh. hu/. /Microsoft% 20Word% 20 - % 20jogihatter_magyarpiac_ versenytorveny_2009_06_01_a. pdf,最后访问日期:2019 年 7 月 1 日。

[57] 参见陈樱琴:《公平交易法与经济政策》,台北,翰芦图书出版有限公司 2000 年版,第 298 页。

会公共利益的价值目标是对多元价值目标统合的结果。适用除外制度堪称政府手中一把弹性很大的尺子。适用除外和豁免的范围越广,意味着竞争法作用的范围越窄。无论是将竞争法作为维持市场经济秩序的基本法,抑或使竞争法有名无实,都是靠所谓的适用除外制度来处理的。发达国家在创制竞争法和执法实践中,出于扶持、振兴、改善本国经济结构以及国家管理公共事务的需要,几乎无一例外地在强调市场竞争的同时界定了竞争法适用除外的领域和行业。

1. 德国《反限制竞争法》适用除外的限缩

德国《反限制竞争法》第1条严格的卡特尔禁止("禁止原则")许多例外被限制。所谓的卡特尔禁止的例外,包括承认企业联合行动在特殊条件下合法化的个别豁免和整个经济行业在《反限制竞争法》适用范围外的适用除外。[58] 这些例外规定表现出反市场和反竞争性,市场价格机制完全或部分由政府干预所取代。随着移动通信技术出现、全球化速率加快,在致力于四大基本自由的欧盟内部市场自由化的大背景下,管制革新丕然蔚为潮流,昔日被垄断的电力、煤气、电信、邮政、运输产业淡化管制色彩而回归市场。1990年德国《反限制竞争法》第五次修改,取消了邮政适用除外的规定,交通运输企业虽仍在一定程度上豁免适用该法,但豁免的范围有所缩小。在担任德国联邦卡特尔局局长期间领导了《反限制竞争法》第六次修订的D. 沃尔夫(Dieter Wolf)曾反省道:德国卡特尔法不完善之处之一就在于"适用除外领域过大"。[59] 1998年德国《反限制竞争法》第六次修订前,卡特尔禁止原则不适用于标准和型号卡特尔、条件卡特尔、折扣卡特尔、结构危机卡特尔、合理化卡特尔、专门化卡特尔、中小企业合作卡特尔、出口卡特尔、出口卡特尔和经济部长特批卡特尔。[60] 如此众多的豁免规定,反映出1958年制定《反限制竞争法》之初更美国化的模式系统支持者和

---

〔58〕 Vgl. Volker Emmerich, *Kartellrecht*, München: Verlag C. H. Beck, 1980, § 5, S. 63. f.

〔59〕 [德]D. 沃尔夫:《德国竞争法的经验》,载王晓晔主编:《反垄断法与市场经济》,法律出版社1998年版,第259~260页。

〔60〕 Hartmut Berg, Wettbewerbspolitik. In: *Vahlens Kompendium der Wirtschaftstheorie und Wirtschaftspolitik*. Bd. 2, 7. Auflage, München: Vahlen-Verlag, 1999, S. 344.

卡特尔作为德国经济必要的制度支持者之间的政治妥协。[61] 如果说此前卡特尔禁止以卡特尔或协同行为的企业追求限制的实际目标为要件（对象理论），第六次修订将卡特尔禁止拓展至限制后果存在的范围（结果理论），[62]缩限豁免适用卡特尔禁止原则的卡特尔例外的范围，取消了折扣卡特尔、出口卡特尔和进口卡特尔的豁免特权。在这些领域之所以同样适用自由竞争原则，主要是因为对进出口卡特尔的豁免常与欧盟竞争法促进欧洲统一市场形成的目标相冲突。此次德国《反限制竞争法》修订首次新设了第 7 条第 1 款增订一般性豁免要件，引入了具有补充性质的“补充豁免条款”，即“其他卡特尔”的兜底性一般条款。根据此款规定，限制竞争的协议和决议如有利于改善商品或服务的开发、生产、分配、采购、回收或处理条件，并以适当方式使消费者分享因此产生的利益，则可以豁免适用卡特尔禁令，但以参与企业无法以其他方式达成这种改善效果、此种改善效果同与之相关联的限制竞争之间保持适当关系，且限制竞争不会产生或加强支配市场的地位为限。这一条款由于垄断委员会的广泛的解释空间和竞争例外纳入标准而遭到激烈批评。[63] 显然，此款规定无论从形式上还是内容上，都是仿效《欧洲共同体条约》第 85 条第 3 款制定的。立法者这种创新基于补充性质赋予当局和企业以灵活和合理的对复杂和迅速变化的经济问题的反应能力。然而，这种变化并不意味着德国法“简单”趋同适应共同体法，而是一个新的体系转化。德国《反限制竞争法》第 7 条第 1 款与狭隘的前提相联系，并没有采用《欧洲共同体条约》第 85 条第 3 款中“促进技术进步和经济进步”的要件。推厥其故，是因为“促进技术进步和经济进步”作为一个范围广泛、任意性很大的论据，可囊括产业政策和公共利益方面的许多事由，德国立法机关拒绝将“促进技术进步和经济进步”规定为一般豁免规范的要件之一，意在排除产业政策或公共利益方面的因素对自由竞争的限制和影响，以突出和强化

---

〔61〕 See David J. Gerber, “Constitutionalizing the Economy: German Neo-liberalism, Competition Law and the ‘New’ Europe”, *The American Journal of Comparative Law*, Vol. 42, No. 1, 1994.

〔62〕 Hartmut Berg, Wettbewerbspolitik. In: *Vahlens Kompendium der Wirtschaftstheorie und Wirtschaftspolitik*. Bd. 2., 7. Auflage, München: Vahlen-Verlag, 1999, SS. 336 – 339.

〔63〕 Alexander Eisenkopf, Mehr Wettbewerb durch 6. GWB-Novelle?, *Wirtschaftsdienst*, 1998, Jhrg. 78, H. 10.

竞争原则。修订前,《反限制竞争法》的适用除外包括交通运输、农业、德意志联邦银行、德国复兴信贷银行、金融保险、著作权保护、能源供应,甚至产生于1930年的火柴垄断都属于法定垄断,直到1983年,随着德意志帝国向瑞士克罗伊格康采恩最后一批贷款的清偿才被取消。而根据第六次的修订内容,与欧盟法相协调,交通运输、供电、供气等为了生存照顾目的之公用事业例外领域被取消,在第一编第五章中不适用《反限制竞争法》某些重要禁令的领域只有农业生产者企业(第28条)、信贷经济与保险(第29条)、著作权保护协会(第30条)、体育(第31条,转播权不适用,但涉及业余体育)。

与1998年《反限制竞争法》第六次修订和《能源经济法》第一次修订同步进行一样,2005年《反限制竞争法》第七次修订和《能源经济法》第二次修订也是同步进行的。并且,同样均肇端于对欧盟法律发展的亦步亦趋,进一步呈现出自由化、欧洲化的特质。欧盟理事会通过的执行《欧洲共同体条约》第81条和第82条规定的竞争规则的《第1/2003号条例》(又称"现代化条例")充分体现了放松管制和分权理念,规定成员国竞争主管机关和法院应当优先适用《欧洲共同体条约》第81条和第82条的规定来处理这两条规定调整范围内的限制竞争行为,取消了委员会对于豁免的垄断审批权。与此同时,欧盟发布关于加快欧盟能源市场开放的指令(2003/54/EG和2003/55/EG号指令),[64]要求欧盟各成员国最迟在2004年对所有供应非民用电力和天然气的能源供应市场开放,从2007年7月1日起对供应所有顾客的能源供应市场全面开放。第七次修订后的《反限制竞争法》第2条第1款,借鉴了《欧洲共同体条约》第81条第3款的规定,建立了一般豁免制度:企业之间的协议、企业协会的决定及企业之间的协调行为,在允许消费者直接享受福利、有利于改善商品生产或流通、促进技术或经济进步的同时,没有对企业施加获得这些目标并不是必不可少的限制,或没有提供企业排除争议商品实质竞争的可能,应该免于适用该法第1条的禁止性规定。而第七次修订后的《反限制竞争法》第2条第2款规定,通过实施

---

〔64〕 Richtlinie 2003/54/EG des Europäischen Parlamentsund des Rates vom 26. Juni 2003 über gemeinsame Vorschriftenfür den Elektrizitätsbinnenmarkt und zur Aufhebung der Richtlinie96/92/EG, ABl. Nr. L 176 S. 37. Richtlinie 2003/55/EG des Europäischen Parlaments und des Rates vom 26. Juni 2003 über gemeinsame Vorschriften für den Erdgasbinnenmarkt und zur Aufhebung der Richtlinie 98/30/EG, ABl. Nr. L 176 S. 57.

"动态链接"将欧盟集体豁免条例范围从国家层面扩展到欧盟层面,与该领域的变动与时俱进。与此同时,第七次修订后的德国《反限制竞争法》废除了原来第2~6条的有关标准条款和条件卡特尔、合理化卡特尔、结构危机卡特尔和紧急情况卡特尔等法定豁免的规定,取消了原第8条部长授权的卡特尔规定。但是,按照原《反限制竞争法》规定获得豁免的协议其有效期可以延长至2007年12月31日。修订时唯一保留的是中小企业卡特尔豁免的规定,即现行《反限制竞争法》第3条规定(原第4条第1款)。德国立法者认为,这种轻微卡特尔豁免的规定有利于鼓励中小企业通过合作提高市场地位,即使损害了这些企业之间的竞争但仍然有积极的效果。在第七次修订后,信用和保险业、体育业的适用除外被取消,现在仅保留了农业(第28条)和报纸、杂志行业的转售价格维持(第30条,原第15条)的适用除外规定。[65]

2005年德国对网络型公用事业的监管进行改革,在原邮电监管局的基础上,将其监管权限扩大至电力、天然气、邮政、电信和铁路领域,更名为联邦网络局。虽然根据2005年修订的《能源经济法》对网络运营企业的监管统归于管制机关,在网络运营企业方面的权限从卡特尔局转移到管制机关,但这并不表示卡特尔监管在电力供应和燃气供应领域失去了意义。卡特尔局仍然有权在管制机关作出决定时在内部进行参与及协助,并对依据《欧洲共同体条约》第81条和《反限制竞争法》第1条、《欧洲共同体条约》第82条和《反限制竞争法》第19条对能源供应企业的卡特尔禁止和滥用市场支配地位的问题进行监管。[66]《反限制竞争法》第19条规定:如果一个占市场支配地位的企业作为某类商品或者工商业服务的供应者或者需求者,提出与有效竞争环境下理应获取的报酬或其他交易条件相背离的报酬或交易条件,构成滥用市场支配地位;在此,特别应当考虑在有效竞争的同类市场上企业可能采取的行为方式。在该规定"有效竞争的同类市场"背后,是德国卡特尔局在处理滥用市场支配地位案件中一贯采取的比较市场方法,即在确定企业的市场支配地位后,将其交易对价与一个

〔65〕 See Rainer Bechtold & Martin Buntscheck, Die 7. GWB-Novelle und die Entwicklung des deutschen Kartellrechts, *Neue Juristische Wochenschrift*, Bd. 58, H. 41, 2005, S. 2966.

〔66〕 参见[德]贡特·库纳:《德国能源管制的现状和前景》,王艳虎译,载南京大学-哥廷根大学中德法学研究所编:《中德法学论坛》(第5辑),南京大学出版社2007年版,第103~104页。

设想中的、有效竞争环境下企业极有可能给出的交易对价进行比较,以此判断是否存在滥用行为。然而,这种方法对于德国的电力市场来说却是不合适的。德国从未有过有效竞争的电力市场,比较标准采样本身就存在不确定性,德国联邦卡特尔局还必须自己证明该采样是合适的,且与被调查企业要求的对价是有明显差距的。这种调查举证程序使联邦卡特尔局不堪重负,所以,德国于2007 年 12 月 18 日通过《应对食品贸易和能源领域内价格滥用行为法》,该法规定比较标准不再是有效竞争环境下的交易对价,而是"其他供电企业"的交易对价与交易条件,由企业证明差距合理性的举证责任倒置,减轻卡特尔局的负担。2011 年德国《反限制竞争法》第八次修订期间,因为联邦委员会敦促在这些方面的适用除外规则,认为供水领域运输存在市场力量明确排除,在公共健康保险领域应该保持社会的目的优先,借助经济评估标准后果堪忧,所以此次修订法定医疗保险或对竞争法适用性问题没有提出解决方案。主流观点认为,德国《反限制竞争法》第 29 条对能源市场特殊滥用监管的适用不应该延长,批评该规定阻碍竞争发展。德国反垄断法对公用事业从"一般豁免、例外适用"到"一般适用、例外豁免"的态度变化,顺应了公用事业引进竞争机制的改革需要,也灵敏地追随了国际上公用事业在一定范围被纳入竞争法管辖下的拓展趋势,所贯穿始终的理念是将电力行业尽可能地置于市场调控下,降低国家干预的程度,使基础能源领域从原来的垄断结构转向自由的市场经济结构。

《电信法》被德国法学界认为是在一定程度上"专门适用于电信领域的特别反垄断法",[67] 虽然这种观点不一定准确,但根据德国《电信法》第 2 条第 3 款的规定,《电信法》的适用不影响《反限制竞争法》有关规定的效力。1998 年 1 月 1 日,在德国历史上存在 125 年的邮电部被正式取消,取而代之的德国电信与邮政监督管理局的目的就在于设置一个管理机构来专门负责电信领域的产业竞争监管,以作为联邦卡特尔局行使市场监管职权的补充。这种并行管辖权的重要意义在于,既考虑了联邦卡特尔局具有高效的反垄断职能,又兼顾了电信与邮政监督管理局在电信领域不容置疑的高效管理职能。依据德国《电信法》第 33 条第 1 款提起的一项滥用市场支配地位指控被电信与邮政监督管理局否决后,亦必须再根据德国《反限制竞争法》第 19 条第 4 款第 4 项审查接入

〔67〕 Bernd Holznagel, Axel Bysikiewicz, Christoph Enaux, Christian Nienhaus (hrsg.), *Grundzüge des Telekommunikationsrechts*, Münster: LIT Verlag, 2000, S. 51.

权。德国《电信法》第 82 条明确规定,联邦卡特尔局可以对电信领域实施管辖。这意味着德国电信与邮政监督管理局虽然有权处理电信和邮政市场上的滥用行为,但在界定相关市场以及认定企业的市场地位方面,则须征求联邦卡特尔局的意见。此外,联邦卡特尔局在处理电信和邮政市场上的企业并购以及卡特尔案件方面有专属管辖权。由此可见,专门法在放松监管的大趋势下并没有反权为经,《反限制竞争法》从另外一个维度全面保护由专业监管所创造的竞争环境。

德国电信股份公司作为德国电信市场最大的经营者,是从德国联邦邮政公司中剥离演变而来的,其前身是 1947 年设立的德意志联邦邮政局的邮政电讯部,在 1989 年前曾被舆论称为“庞大无比的官僚机构”。电信业自由化后,德国电信市场对境内外全面开放。德国电信经营的市话网络因此面临两种进入:一种是来自竞争者的接入,即德国电信向新进入市场的其他电信服务商开放电信网络的批发接入,其网络的使用费被称为“批发价”;另一种是普通终端用户的接入,即德国电信因向其客户和消费者提供电信服务的零售接入,其价格被称为“零售价”。根据德国《电信法》第 25 条第 1 款的规定,德国电信公司网络的批发价格须得到德国电信与邮政监督管理局的批准;而在零售接入方面,政府只是规定了最高限价。德国电信公司一方面作为德国电信市场(该案中的上游市场)网络基础设施的垄断者,另一方面又参与电信下游市场的竞争,向消费者提供模拟电话、数字窄带连接(ISDN)、宽带接入(ADSL)以及其他各种电信服务。尽管德国电信向进入电信市场的其他服务商开放了宽带网络,但由于向这些电信服务商收取的网络批发价高于德国电信对其直接用户收取的价格,导致其他电信服务商在德国电信下游市场不能抵消成本,入不敷出,难以为继。[68]因此,十余家相关企业于 1999 年投诉德国电信为排除竞争对手实施价格挤压。欧盟委员会 2003 年 5 月认定,德国电信作为一个占市场支配地位的企业,1998 年起对其竞争者和电信终端用户按月收取和一次性收取的费用中存在滥用行为,严重损害了市话网络接入市场的竞争,违反了《欧洲共同体条约》第 82 条的规定。虽然德国电信的批发价和零售价自 1988 年起就受到国内特殊行业的监管,这可以作为一个对德国电信减轻责任的条件,但不能由此成为德国电信推

〔68〕 参见王晓晔主编:《竞争执法能力建设》,社会科学文献出版社 2012 年版,第 221 页。

卸责任的遁词。基于此,欧盟委员会对德国电信处以 1260 万欧元的罚款。德国电信不服欧盟委员会的处罚决定,向欧盟初审法院提起申诉,认为委员会的做法损害了法律稳定性和德国电信的合法利益。德国电信强调,自己作为被监管的企业,没有足够的活动余地以避免价格挤压,因为这两个价格都是德国电信与邮政监督管理局进行价格监管的直接后果,自己在这方面只能被动地遵守监管机构的决定。欧盟初审法院 2008 年的判决指出,尽管德国电信的网络批发价和零售价存在政府监管,其定价行为满足国内监管机构的规制要求,但不能认为价格行为只要不违反行业监管就是合法的。在本案中,政府在宽带零售价方面仅规定了最高限价,德国电信在遵守价格监管的同时具有一定的自主权,本来应能动地通过提高零售价的方式避免价格挤压,却滥用自己的定价权,制定一个大大低于最高限价的零售价,由此导致对宽带批发商的价格挤压。如果德国电信提高零售价,其他电信服务商就可以在零售价和批发价之间得到价差空间,从而使具有同等效率的下游竞争者获得正常利润,得以在德国电信市场生存下去。法院还赞成委员会关于德国电信至少可以通过提高宽带入网费来减少价格挤压的观点,指出:因为进入电信下游市场的竞争者必须支付网络批发价,这种价格挤压的结果就是排除竞争。排除竞争仅依据价格挤压行为本身存在即可而无须证明反竞争效果的存在。这种排除竞争的意图明显无疑,以至于委员会根本不需要进行举证。德国电信的宽带批发和宽带零售受到政府监管的事实不能解除其必须遵守《欧洲共同体条约》第 82 条规定的义务。即便德国电信与邮政监督管理局在德国电信服务进行定价时没有考虑其应当遵守条约第 82 条规定的义务,欧盟委员会关于德国电信滥用行为的决定也是合法的。尽管德国电信的宽带定价依据监管机构的规定是合法的,即在批发价方面遵守了一个固定的价格,在零售价方面亦未超过最高限价,但其可以自行决定的行为严重地排除了竞争。法院还指出,如果监管机构要求企业从事限制竞争行为,在这种情况下,企业对自己限制竞争行为可以不承担责任。然而,如果国家法律使被监管的企业仍然有一定的自由裁量权,企业在一定程度上仍然可以自主决策,不能从欧盟竞争法得到豁免。在本案中,德国电信本来可以通过提高宽带上网的价格来提高零售价,但应为而不为,违反了欧盟竞争法,不能以“国家行为”和“政府监管”等为由得到豁免。[69] 欧盟委员会和欧盟初审法院关

---

〔69〕 Deutsche Telekom v. Commission, Case T-271/03, [2008] ECR II 000.

于德国电信案的决定和判决说明,对垄断企业来说,即便其定价行为是在法律赋予其自由经营决策权力的范围内,且该行为没有违反电信行业监管部门的要求,但企业如果在政府允许其自由裁量的范围内存在滥用行为,该行为仍然可能触发反垄断法执法程序。这一案件本身是在德国主动自由化转型进程中内外力量交织与冲突的纽结,欧盟对竞争政策在德国电信市场的贯彻落实具有明显的促进和助推作用。

2. 日本《独占禁止法》适用除外的变迁

日本1947年《独占禁止法》是第二次世界大战之后的产物,是针对日本当时经济中存在的高度集中的体制依照美国反托拉斯法的思想制定的。作为经济民主的一部分,《独占禁止法》的颁布,在某种意义上说可以与大约在同期制定的《日本宪法》相提并论,可谓在经济领域的基本法律,被称为“支持自由竞争经济的基本法”,〔70〕标志着日本经济法的基本性质从战争时期的“统制经济型”转变为第二次世界大战后的“竞争秩序维持型”〔71〕。但在美国政府压力下促成的较为苛刻的独占禁止法在日本文化中并未扎根,在为强力所屈服并不心悦诚服必然引发社会舆情的强力反弹。竞争秩序维持政策在战后的独占禁止法体制下不容易固化。〔72〕 在该法规颁布后不久,有关对各项法律进行大幅度缓调整的呼声开始出现,于是,1947年11月颁布了《关于〈禁止私人垄断及确保公正交易法〉适用除外等的法律》,开启偏离预设轨迹之渐。1947年的《独占禁止法》禁止控股公司、严格限制股份所有和兼任职务以及解散不正当的卡特尔等来抑制资本的集中和集聚,原则上禁止卡特尔等限制私人团体的政策等。1949年《独占禁止法》第一次修订,废止了对企业相互持股的禁令,放宽了企业兼并的限制。美日合约签订后,日本政府便提出了修改独占禁止法的方案,在遭到了美国政府的明确反对后,日本政府只好进行变通,于1952年制定了《安定特定中小企业临时处置法》和《输出交易法》,分别对特殊的小企业允许成立萧条卡特尔,对出口企业批准成立出口卡特尔,作为“独占禁止法”的例外。随着国

〔70〕 栗田誠「日本の独占禁止法制度の行方と東アジア競争法への示唆」『千葉大学法学論集』第29卷第1、2号、2014年。

〔71〕 舟田正之「経済法序説(1)」『立教法学』第90号、2014年。

〔72〕 参见丹宗昭信「経済統制法の経済的意義と反競争的性格」『北大法学論集』第27卷第3~4号、1977年。

际政治环境和美国对日本态度的转变,反垄断政策从原来的"严格运用的方针"开始转化为"尽力运用的方针",商界人士甚至提出将"独占禁止法"修改为"独占规制监视法"。[73] 1953 年的独占禁止法修订对日本产业组织结构进行了影响最大、触及原有独占禁止法原则精神最深的调整。首先,删除了有关禁止性卡特尔的具体规定,将所谓"萧条卡特尔"作为例外加以合法化,并在形式上将事业者团体法从独占禁止法中分离开来;其次,放宽对有关企业股份的持有、管理人员的兼职以及企业兼并等管制,将转售价格限制作为例外加以合法化。自 20 世纪 50 年代中期以后的 10 多年间,独占禁止法制度处于卑微憋屈的境况,疲软无力,无法雄起,而限制竞争政策则气宇轩昂傲然处于强势。1963 年以后的 10 年间,日本有关独占禁止法适用除外的立法多达 49 个,[74] 层出迭见的适用除外将《独占禁止法》解构得支离破碎,堪称反垄断豁免领域最宽和独占禁止法律规定最详尽的国家。

在整个 20 世纪 60 年代,以日本经济总体战参谋本部自居的通产省"新产业体制论"占据产业经济理论的主导地位,力主通过独占禁止法的缓和来实现垄断与集中,进而增强日本的竞争力,公正交易委员会的地位甚为尴尬,在实施独占禁止法方面困难重重。不断扩展竞争法的适用例外,是自由经济法和计划经济法彼此之间反转的积渐致变路径,独占禁止法作为经济基本法的特征被相应弱化。[75] 由于关于垄断状态的规定几乎没有实施过,因此被戏称为日本独占禁止法上的"装饰品"。1989 年 9 月 16 日,英国《经济学家》杂志上的一篇文章在评价日本独占禁止法及其实施情况时甚至指出:"该法本身长满牙齿,而问题是它所指定的执行机构已经被训练得不能咬人。"[76] 日本公正交易委员会执行独占禁止法缺乏热情,以致违法者并不重视委员会的意见。"不叫也不咬的狗"常被日本国内外媒体引用来讥讽日本公正交易委员会不作为的休眠时期和日

---

〔73〕 青木俊昭「規制緩和~独占禁止法ガイドライン・公正競争について. 一競争政策と中小流通業一」『企業環境研究年報』第 I 号、1996 年。

〔74〕 参见张湘赣:《中国反垄断问题研究》,中国财政经济出版社 2004 年版,第 44 页。

〔75〕 高宮晋「政府と企業との関係:独占禁止法を中心として」『經營學論集』第 31 号、1959 年。

〔76〕 The Economist, September 16, 1989. 原文是"The law itself has teeth in plenty; the problem is that its designated watchdog has been trained not to bite"。

本独占禁止法有名无实的形骸化。日本公正交易委员会委员糸田省吾于2000年2月22日在英国皇家国际学院组织的一次会议上，对这种说法加以辩白，认为日本独占禁止法并不软弱，日本公正交易委员会每年大约要调查200个案件，对30个左右的案件采取行政处理措施，这些业绩也表明其会大声吼叫并狠咬违法者。[77] 在高度成长的"破格成功"过程中，通产省是"日本股份公司的司令塔"的评价深入人心，"万能通产省"在海外威名远扬。但气欲凌云，声可裂石，可偶一为之尔，"是可为天下之常法乎？不可为常者，其圣人之法乎"？[78] 理论上，这种产业政策如同服用激素，刺激经济一飞冲天、超常增长，是可以在特定时空背景下行诸一时的权宜之策而非能够垂以永式的常经大法，一旦操作过当，会对竞争政策发生喧宾夺主之畸形效果。长此以往的亢奋高涨必然导致严重失衡，产业的垄断化趋势日益明显，必须避免产业政策主管机关不当援引产业政策的抗辩或过度主张广泛的产业政策，造成竞争秩序的破坏或反竞争的效果。竹内弘高对日本在国际上成功的20种产业和失败的7种产业进行详细比较后得出结论：日本成功的产业大多没有产业政策的支持，失败的产业恰恰是产业政策管束过多，限制竞争较多的部门尤其如此。[79] 三轮芳郎对日本产业政策对高度经济增长具有积极贡献有效功能"常识"的实证研究颇具颠覆性，其指出，过去日本的政府管制最强而有力的产业在于服务业，特别是金融、运输、能源被统称为三大管制产业，此外尚有通讯产业。在制造业中，不是没有专门的管制法律存在，就是管制力量薄弱，然而，日本战后的经济发展却是以制造业，尤其是以造船、汽车、电机、电子、机械产业等为中心实现异军突起。[80] 由此或可觇知，所谓因为政府的强力管制始有当今日本经济之语实有值得商榷空间。反倒是，从日本金融、通信等产业的发展看，昔日强力管制使此等产业受到

---

〔77〕 Shogo Itoda, Japan Fair Trade Commission Barks, "Yesterday, Today and Tomorrow: Competition Policy of Japan", Accessed May 15, 2020. http://www.jftc.go.jp/en/policy_enforcement/speeches/1999/00_0222.html.

〔78〕 刘扬忠编选：《欧阳修集》，凤凰出版社2014年版，第225页。

〔79〕 原田泰「法人税減税とTPPで復活する日本」『Voice』2014年3月号。

〔80〕 三輪芳朗「大型合併の効果—新日本製鉄と第一勧業銀行」、三輪芳朗『日本の企業と産業組織』東京大学出版会、1990年、頁319～332。

过度保护,进而导致其后来在国际竞争上终不敌他国,渐呈低落态势。[81] 实施产业政策并没有达到提高产业竞争优势、促进产业发展的目的,在某种意义上说明了拔苗助长式直接干预市场型产业政策导致的不良后果应该引以为训。在日美两国于1989年开始的结构性障碍立法提案权谈判达成协议中,美国向日本施压,严厉抨击其行政指导缺乏客观规则,日本政府承诺采取措施加强独占禁止法的执行、加强独占禁止法的应用和解释工作、废除部分独占禁止法豁免条款。在经济全球化的大趋势下,日本对自由公平竞争环境的追求日益凸显,鉴于国内的困境和外界的压力,在产业政策法庇佑下经济顺风顺水、龙跃虎跳的荣光消退后,日本,开始重新反省产业政策和大集团战略,昔日沮败于产业政策法的竞争政策、市场机制被迫摆到前所未有的高度,政治家和管理者开始有动力投入资源发展竞争法。1997年、1998年、1999年和2000年,日本数度修订独占禁止法,大幅削减独占禁止法适用除外制度,不断加强公平交易委员会的权限,试图通过减少政府干预促进竞争,最后将整个经济运营机制从"官主导"变为"民自律"。1999年,日本对《海上运输法》《航空法》中有关适用除外的规定进行修正,对卡特尔适用除外予以废止。2000年,日本废止自然垄断行业适用除外制度,并加强民事损害赔偿制度。2002年5月对企业合并制度进行修正,企业合并后总资产达到100亿日元以上和参加合并的单个企业资产超过10亿日元以上应当在合并前向公正交易委员会进行申报,并将对法人的罚款上限由1亿日元提高到5亿日元。2005年,日本再度对独占禁止法进行大幅修订。这次修订是在响应欧美各国强化竞争法的实施,以及亚洲各国经济、特别是中国经济快速崛起的背景下进行的,大幅提高行政罚款并扩大适用对象,导入了欧美国家实施有效的责任豁免制度,扩大了公正交易委员会对有犯罪嫌疑的案件的调查权限,显示出日本政府在新世纪强化独占禁止法在维护市场竞争秩序中基础作用的政策导向。

3. 我国《反垄断法》适用除外的界定

我国《反垄断法》第7条规定:"国有经济占控制地位的关系国民经济命脉和国家安全的行业以及依法实行专营专卖的行业,国家对其经营者的合法经营活动予以保护,并对经营者的经营行为及其商品和服务的价格依法实施监管和

---

〔81〕 参见黄铭杰:《公平交易法之理论与实务——不同意见书》,学术文化事业有限公司2002年版,第87页。

调控,维护消费者利益,促进技术进步。"根据立法者的解释,该条中的"国有经济占控制地位的关系国民经济命脉和国家安全的行业"包括了自然垄断行业和公用行业。该条规定,一方面强调了国家对这些行业的保护,另一方面也明确了这种保护并非反垄断法的适用除外,国家经营的经济事业也是反垄断法所规制的对象范围。[82] 但很多学者对该法第 7 条的存在颇为诟病,认为将第 7 条置于《反垄断法》总则不伦不类,且第 7 条内容浅陋。一方面,是考虑目前我国对特定行业定位不清晰,自然垄断性行业和竞争性行业混为一体的现实;另一方面,也是出于顺应以放松管制、引入竞争为核心的传统垄断性行业改革的世界性潮流,为今后的立法预留空间的作准备。我国《反垄断法》仅在第 56 条规定:"农业生产者及农村经济组织在农产品生产、加工、销售、运输、储存等经营活动中实施的联合或者协同行为,不适用本法。"这种规定无疑体现了当代世界对管制行业的反垄断从适用除外到一体适用的发展趋势,意味着电力、铁路、燃气、自来水、通信、金融、保险、能源等传统垄断性行业,再不能以属于适用除外行业为由排除反垄断法的适用。

针对国务院国有资产监督管理委员会(以下简称国资委)2006 年划定的军工、电网电力、石油石化、电信、煤炭、民航、航运等关系国家安全和国民经济命脉的七大重要行业和关键领域,在《反垄断法》立法过程中,部分人大常委会委员对国资委曾将现存事实上的国有企业的垄断地位不加分析地一律合法化为法定垄断地位提出批评,认为这无异于停止经济改革的步伐,阻碍社会主义市场经济体制的建立和完善,建议应当由法律对《反垄断法》第 7 条中"国有经济占控制地位的关系国民经济命脉和国家安全的行业"进行清晰的定义,用竞争政策加以统领。确实,我国经济运行中自然垄断、经济垄断和行政垄断"三位一体"的纠葛局面,国资委提及的七大领域,既有关乎国防安全和经济安全、承担政策性任务的军工行业和石油行业以及属于自然垄断行业的电网(不包括电力)、电信(主要指电信网络建设部分)、民航(主要指民航基础设施),也有电力、石化、煤炭、民航(非基础设施部分)、电信(非网络建设部分)、航运等竞争性行业。前者为非竞争性行业,确定国有资本的合法垄断地位,排除反垄断法的适用有经济或政治上的合理性,后者属竞争性行业,引入竞争机制可以激励

---

[82] 参见全国人大常委会法制工作委员会经济法室编:《中华人民共和国反垄断法条文说明、立法理由及相关规定》,北京大学出版社 2007 年版,第 33 ~ 34 页。

创新、降低成本、提高生产力、增加社会财富,符合社会主义市场经济的要求。虽然这些行业对国民经济洵属至关重要,但引入竞争机制并不会损害行业和国民经济的发展,国有经济的法定垄断地位在这些行业不具备经济合理性和必要性。我国目前对特定行业进行规制的《电力法》《铁路法》《电信法》等专门法律、法规的存在,并不意味着该特定行业获得了豁免适用《反垄断法》的特权。

美国诉跨密苏里运输协会案〔83〕促使美国联邦最高法院确立了垄断行业不能以受行业监管法规制为由,适用反托拉斯法的豁免。就概念而言,适用除外和豁免的根据都是基于合理主义的考虑,但适用除外具有法定性,直接取决于法律明文规定,法官没有自由裁量权。对适用除外领域所发生的行为,在一定的范围内允许或维护一种垄断性市场结构,或使某些限制竞争行为合法化,反垄断法根本不予规制,只有当当事人的行为超出许可的限度时,才有可能适用反垄断法。这本身说明适用除外是有限度的,绝不允许具有垄断地位的企业滥用这种地位随意损害消费者利益,妨碍相关市场的竞争。在反垄断法限制竞争协议规制、滥用支配地位规制、企业合并规制三大主要支柱中,只有限制竞争协议领域存在豁免的问题,而任何滥用支配地位的行为只要符合违法要件,均是不予豁免的。在欧洲,被监管的行业一般不能从反垄断法得到豁免。例如,煤气公司拥有垄断地位本身是合法的,不适用反垄断法关于市场结构的限制性规定,但如果当事人的行为超出了这一限度,滥用市场支配地位强制消费者购买其所指定的煤气灶具;如若不然,便采取不予通气等"卡脖子"行为,则构成对其支配地位的滥用,仍难逃反垄断法禁止垄断企业滥用其支配地位的恢恢法网。而且,法律往往在将一个特定领域设定为适用除外范围的同时,还会附加相应的条件。例如,德国《反限制竞争法》第 28 条在将农业的部分领域予以除外时附加了"以不包含价格约束并且不排除竞争为限"的重要条件。又如,根据某些法律规定可以豁免的特定行为,在本质上仍属于对市场竞争有一定损害的限制性行为,在获得豁免时必须遵循一定的条件和程序,且在获得豁免后,须受到反垄断机构的监督。德国《反限制竞争法》对被豁免的卡特尔主要采取附加条件(期限)、修改协议、撤回豁免、宣布协议无效的方式进行监督和规制。〔84〕 从文

---

〔83〕 United States v. Trans-Missouri Freight Association, et al. ,53Fed 346,1897.

〔84〕 参见刘桂清:《反垄断法中的产业政策与竞争政策》,北京大学出版社 2010 年版,第 58 页。

义解释的角度看,我国《反垄断法》第 7 条规定中“国家对其经营者的合法经营活动予以保护”不应理解为特定行业适用除外制度或豁免制度,至多可以理解为是对垄断国企合法垄断地位的认可和保护而非对其垄断行为的豁免。垄断可以分为垄断状态和垄断行为。垄断状态本身一般并不违法,只有在此基础上实施垄断行为才属于《反垄断法》规制的对象。作为市场主体之一的国有企业,虽然目前业已获得的垄断地位为国家所承认并予以保护,但国家并没有豁免此类企业以游离于《反垄断法》之外的特权,如果这类在相关市场中处于“孤家寡人”状态的垄断性企业利用自己的垄断优势地位肆意打击排挤竞争对手,挤占民营企业的生存空间,对相关市场的竞争造成了排除、限制的影响,则理所当然应该受到竞争法的规制和处罚,不能以该法第 7 条规定作为护身符逃避竞争法的规制。从目的解释的角度看,该法第 7 条规定也不应属于适用除外条款。我国《反垄断法》第 1 条规定:为了预防和制止垄断行为,保护市场公平竞争,提高经济运行效率,维护消费者利益和社会公共利益,促进社会主义市场经济健康发展,制定本法。由此可见,我国竞争法的立法目的是保护市场公平竞争、提高经济效率、保护消费者和社会公共利益,促进市场经济的健康发展。人们似乎很难拒绝这样一个结论:倘若垄断国有企业滥用市场地位、实施不公平竞争,严重损害了社会和公共利益,阻碍了社会主义市场经济体制的良性发展,这些与竞争法的立法宗旨和立法目的背道而驰的行为就可能成为竞争法制裁的对象。我国《反垄断法》第 6 条规定:“具有市场支配地位的经营者,不得滥用市场支配地位,排除、限制竞争。”第 8 条规定:“行政机关和法律、法规授权的具有管理公共事务职能的组织不得滥用行政权力,排除、限制竞争。”从法律规定的逻辑结构来看,更合理的解释是,该法第 7 条介于第 6 条和第 8 条之间,这 3 个条文针对的都是具有市场支配地位或强势地位的主体所进行的滥用强势地位行为,只不过国有企业的支配地位问题有既不同于一般支配性企业,也不同于行政机关的特殊性,故而单列一条予以强调。如果将该法第 7 条理解为反垄断法除外适用条款,则与上下文缺少逻辑上的关联性。该法第 7 条虽然是针对国有企业的保护条款,但实际上耐人寻味的是,其重心在于与该法第 6 条和第 8 条共同构成对滥用市场支配地位行为进行法律监督和调整,与除外条款的旨趣相去甚远。我国《反垄断法》作为“经济法核心”,有必要明确对特定行业不适用除外制度,对包括特定行业在内的各种行业的垄断行为都应予以规制,对我国《反垄断法》第 7 条规定的应然内涵予以解释,使《反垄断法》成为具有内恰性、确定性和可预见性的规范体系,明确执法对象,便于反垄断执法机构进行反垄断审查,以实现我国《反垄断法》的立法目的,体现"社会本位"的立法本位观,避免特定行业中反垄断法竞争保护的缺失。

"特别法优于一般法",是与"上位法优于下位法""后法优于前法"相并列的法律基本适用规则之一。我国《立法法》第 83 条所称的"一般规定"与"特别规定"即是"一般法"与"特别法"。特别法优于一般法的原则所提出的法律解释规则基于这样的预设:立法者并不想在此建立规则,实际的应用范围阙如。特别法与一般法所调整的对象具有种属关系或总分关系。在"特别法优于一般法的原则"法律意义上的特别法只是事实要件具有一般法所有特点的法律规则,这些一般法规范至少包括更广泛的特点。[85] 两个法律规则如同具有交集的两个集合,在这种情况下,特别法规则无助于解决规范冲突,无法应用特别法原则。[86] 由于"特别法""一般法"之间存在"具体与一般"的关系,因而需要优先适用特别法殊无可疑,否则,特别的规定就会丧失存在的意义。有学者认为,反垄断法是市场经济的基本法律,与国家进行特殊监管的产业部门法相比,并不居于"上位",因此,在二者发生冲突时,是以"特别法优于一般法为一般原则"。[87] 有学者在研究公用事业领域的反垄断问题后认为,对于公用事业的垄断来说,"反垄断法"是普通法,调整相关公用事业的法如电信法、邮政法、电力法、铁路法等是特别法,特别法对其垄断如有具体规定,作为普通法的"反垄断法"也就只好开绿灯放行;同时,"反垄断法"应当普遍适用于公用事业领域,在该领域的专门法没有规定时,须适用反垄断法的一般规定,反垄断法起辅助和兜底作用。[88] 在其他法律或产业政策已经明确规定的情况下,反垄断法应尊重其他法律的规定。反垄断法和行业监管法不是简单的一般法和特别法关系。

---

〔85〕 Franz Bydlinski, *Juristische Methodenlehre und Rechtsbegriff*, 2. Aufl., Berlin: Springer Verlag, 1991, S. 465; Karl Larenz, *Methodenlehre der Rechtswissenschaft*, 6. Aufl., Berlin: Springer Verlag, 1991, S. 267.

〔86〕 Reinhold Zippelius, *Juristische Methodenlehre*, 7. Aufl., München: Beck, 1999, S. 39.

〔87〕 参见[日]丹宗昭信、伊从宽:《经济法总论》,吉田庆子译,中国法制出版社 2010 年版,第 564 页。

〔88〕 参见史际春:《公用事业引入竞争机制与〈反垄断法〉》,载《法学家》2002 年第 6 期。

如果以事业法优于竞争法,规制市场准入和定价的部门法往往使竞争法边缘化,那么,根据我国《立法法》第 92 条所规定的"同一机关制定的法律、行政法规、地方性法规、自治条例和单行条例、规章,特别规定与一般规定不一致的,适用特别规定;新的规定与旧的规定不一致的,适用新的规定"的规则,我国《铁路法》《电力法》《电信法》等行业监管法所包含的反垄断的条款与反垄断法不一致时,要优先适用,则完全有可能成为行政垄断天然容身之处,致使行业利益、部门利益继续以合法外观大行其道,反垄断法存在被架空的风险。反垄断法作为市场经济基本法,当行业性法律中的特别规定与反垄断法不一致时,只有在特别规定不抵触反垄断法的目的和宗旨时,才可优先适用,不能完全排除反垄断法适用。2012 年发布的最高人民法院《关于审理因垄断行为引发的民事纠纷案件应用法律若干问题的规定》第 9 条关于个人或者单位起诉公用企业或者其他依法具有独占地位的经营者时举证责任倒置的规定,既有效地保护了原告的利益、减轻了其举证负担,也从侧面印证了垄断国企同样应适用《反垄断法》,不得违反竞争法一般原理。正如美国学者亚历山大 · M. 比克尔(Alexander M. Bickel)曾说道:"没有一个良好的社会能够是不讲原则的,也没有一个富有生机的社会是完全被原则支配的。"[89] 在多数情况下,指导性原则与权宜地妥协两个要求需要同时考虑。在任何一个国家的法律制度中,其中某些最引人注目,甚至辉煌的时刻往往是在某个高级法院对某个抽象原则表示认可的时候。[90] 就现实情况而言,我国以产业政策为导向的经济调控手段决定了国家直接干预为其主要方式,国家在许多行业直接拥有所有权,在投资的优先领域等方面具有决定权,与产业政策相比,异质性的竞争政策能起到的作用较小。唯其如此,在党的十五大提出"使市场在国家宏观调控下对资源配置起基础性作用"的基础上,党的十八届三中全会首次将市场在资源配置中的地位由基础性提高到决定性的层面,避免被理解为"基础性作用"之上还有一个更高层面的政府"决定性作用"。在"诸神争吵的时代",无所适从是普遍现象,但秉持自由竞争法的价值选择已成定局,坚定不移以此为原则,寸步不让,通过竞争法对特定行业的特

---

〔89〕 [美]亚历山大 · M. 比克尔:《最小危险的部门——政治法庭上的最高法院》,姚中秋译,北京大学出版社 2007 年版,第 66 ~ 67 页。

〔90〕 参见[美]凯斯 · R. 孙斯坦:《法律推理与政治冲突》,金彰武、胡爱平、高建勋译,法律出版社 2004 年版,第 36 页。

定行为加以制约,进一步明确“竞争倡导”的行为取向,逐步压缩基于特别法授权的国有企业垄断空间。

四、竞争法的调整手段

(一)干预的表象与自由的实质

即便古典自由主义高调鼓吹对经济的放任主义,但也不苟同无政府主义者将自由视为一种放任自流的状态,将法律视为对自由的完全束缚和限制,在权其轻重后将国家视为必不可少的恶,从而与无政府主义分道扬镳。按照自由主义的理论,法律并非自由的天敌。出于自由本身的原因必须限制自由,限制的手段只能是法律,自由唯有在法律的限制范围内方能存在。任何法律对自由的限制也意味着对自由的保障。自由乃是法律的造物,法律所不及之所,必有暴政之肆虐。〔91〕 故而,卢梭在《论人类不平等的起源和基础》中说:“任何人都不能摆脱法律的光荣支配,这是一种有益而温和的枷锁,最骄傲的头颅也柔顺地戴着这种枷锁。”〔92〕1793 年法国公布的《人权与公民权利宣言》宣布:“自由就是属于各人得为不侵害他人权利的行为的权力;它以自然为原则,以公正为准则;以法律为保障;其道德上的限制表现于下列格言:己所不欲,勿施于人。”事实上,包括洛克、布莱斯通、孟德斯鸠、麦迪逊、贡斯当在内的著名自由主义者,都不是放任经济的鼓吹者。“对他们来说,自由主义意味着法治与宪法国家,自由则是政治自由,而不是自由贸易的经济原则,更不是适者生存律。”〔93〕自由主义以理性主义为主要内容,也以其为限制。真正的自由主义绝不主张为所欲为,而是主张为所应为,行所当行。因为前者实际上是放纵,放纵恰好是自由主义的内在敌人,后者强调的是一种积极进取的权利,离开这个思想的一切自由,都可能蜕变为自由主义的谬种。如果每个人享有的自由都没有限度,那么从整

〔91〕 参见[英]哈耶克:《法律、立法与自由》,邓正来、张守东、李静冰译,中国大百科全书出版社 2000 年版,第 82 页。

〔92〕 [法]卢梭:《论人类不平等的起源和基础》,吴绪译,生活·读书·新知三联书店 1957 年版,第 2 页。

〔93〕 吴绪、杨人楩选译:《十八世纪末法国资产阶级革命》,商务印书馆 1962 年版,第 110 页。

体上看,每个人又都会失去自由,从而产生混乱,其结果必然是不自由。每个人的自由都会颠覆所有其他人拥有的无限自由,即不受限制的自由。[94] 这种情形有如行人以为自己有在车道上漫步的自由,车夫也就有了在人行道上开车之自由,其结果是行人和车夫都与自由失之交臂。[95] 自由并非无所不在、无所不包,而是蕴含着义务、责任。哈耶克(Hayek)直接继承了洛克(Rock)的观点,并经常引用洛克的观点借以强化证成其终生持守的“自由与法律乃是一”[96]的基本观点。“自由主义的论点,是赞成尽可能地运用竞争力量作为协调人类各种努力的工具,而不是主张让事态放任自流。它是以这种信念为基础的:只要能创造出有效的竞争,这就是再好不过的指导个人努力的方法。它并不否认,甚至还强调,为了竞争能有益地运行,需要一种精心想出的法律框架,而现存的和以往的法律无不具有严重的缺陷。它也不否认,在不可能创造出使竞争有效的必要条件的地方,我们就必须采用其他指导经济活动的方法。”[97]详言之,企业在市场上的契约自由与营业自由是市场得以运作的必要基础条件,自无疑问,但自由如毫无限制地被使用,必然是万人令干预万人的自由,或唯余强者自由的无垠旷野,真正的自由本身归于澌灭。因此,市场经济自由的实现,须具有一定的基础或框架条件。如果使用自由的目的或效果是将实现自由运作的基础或条件本身予以摧毁,那么行为人主张其自由的正当性基础将不复存在。竞争法如同牵引风筝的细线,风筝被线拉住,但可以自由飞翔于高空,而没有线的风筝无法被牵引操控逆风而升,在空中断了线的风筝则只能以跌落尘埃告终。通过法律寻找自由,就是在法律允许的范围内自由起舞,在法律节拍的调控下自由徜徉。没有范围,舞不成形;没有节拍,歌不成调。竞争法既是他人竞争自由的保障,也是实现自身竞争自由的前提。己立立人,己达达人,为法律保护每一个人为竞争目的而享有经济行动自由。

---

[94] 参见[英]哈耶克:《致命的自负》,冯克利等译,中国社会科学出版社 2000 年版,第 70 页。

[95] 参见中国社会科学院新闻研究所、《新闻研究资料》编辑部编辑:《新闻研究资料》(总第 49 辑),中国社会科学出版社 1990 年版,第 44 页。

[96] [英]哈耶克:《法律、立法与自由》(第 1 卷),邓正来等译,中国大百科全书出版社 2000 年版,第 83 页。

[97] [英]哈耶克:《通往奴役之路》,中国社会科学出版社 1997 年版,第 41 页。

自由主义观念中的市场主体,是"具有充分的理性和意思、自律性地开拓自己命运的'经济人'";[98] 自由主义视野中的政府需要承担两项任务,即建立市场体系的政治前提(基本法律与秩序、保护产权和维护合同制度)和建立维护某些公用事业及某些公共制度(积累资本以促进技术和组织创新),此外,就是放任经济活动完全自由,政府承担"守夜人"职责。即使是自由主义的坚定卫士,当代新自由主义思潮的代表人物哈耶克的总体思想是注重自发秩序,但他同时也强调,可以将市场系统的运作理解为一种通功易事秩序的竞赛,这是一种创造财富的竞赛,而不是博弈论里的零和博弈,[99] 本身需要有一整套的法律框架加以维护。哈耶克指出,成功地将竞争用作社会组织的原则,排除了对经济生活某种形式的强制性干预,但他承认有时会有助于其运作的其他形式的强制性干预,甚至还必需某种形式的政府行为。"重要的是不要把对这种计划的反对意见与教条的自由放任态度混淆起来。自由主义的论点,是赞成尽可能地运用竞争力量作为协调人类各种努力的工具,而不是主张让事态放任自流。它是以这种信念为基础的:只要能创造出有效的竞争,这就是再好不过的指导个人努力的方法。它并不否认,甚至还强调,为了竞争能有益地运行,需要一种精心想出的法律框架,而现存的和以往的法律无不具有严重的缺陷。它也不否认,在不可能创造出使竞争有效的必要条件的地方,我们就必须采用其它指导经济活动的方法。"[100]

自由携带着自我毁灭的种子,无限自由总是包含为自由而取消自由的内涵。易言之,自由是一种稀有和脆弱的被培育出来的植物。竞争被证明是确保自由的手段,但只能是有效的竞争才能保证自由,而且保证的是相对的自由。自由反过来又是市场经济竞争的出发点,并最终从制度上来保证竞争。由是而言,保护经济自由需要经济法的干预,即建立、维护和恢复经济自由,制定反限制竞争法和反不正当竞争法。经济自由的一再自我毁灭,尤其是在 1933 年的

---

[98] [日]牧野英一:《私法中的人——以民法财产法为中心》,载梁慧星主编:《民商法论丛》(第 8 卷),法律出版社 1997 年版,第 170 页。

[99] See F. A. Hayek, *Law, Legislation and Liberty: A New Statement of the Liberal Principles of Justice and Political Economy*, Vol. 2, London: Routledge, 2013, p. 275.

[100] [英]哈耶克:《通往奴役之路》,王明毅、冯兴元等译,中国社会科学出版社 1997 年版,第 40 ~ 41 页。

“魏玛经历”成为有目共睹的事实,即个体理性行为可能导致非最佳结果,自由的全面行使可能导致其自我放弃。魏玛共和国的命运表明,无限制的民主本身包含通向专政的自由。对利益的无限追求促成了日益激烈的竞争,在其背后亦潜藏着对竞争的自我否定,即竞争本身天然地涌动着垄断的欲望。在奥肯(Okun)及其同道看来,历史证明,竞争易受到破坏,因为企业更喜欢私下(契约)管理生意而不是竞争,也因为它们经常能够获得水平的经济实力。秩序自由主义者具有保守(崇尚个人自由)和激进(严格管制垄断)的特性,将竞争法理解为阻止这种竞争过程退化的手段。竞争法通过创造和维护竞争,使其兴旺繁荣来“强化”竞争。竞争法这一概念本身包含着一个根本性的矛盾。竞争要求经济活动的参与者享有自由,免于约束的自由是竞争的力量之源,法律限制行动、减少自由,似乎与竞争机制不凿枘不合。这种表面上的不一致演化为与其有关的两种观点和利益之间的对立:一方专注于受法律限制者受到的短期的法律影响;另一方则着眼于不进行这种限制所造成的长期后果。这两种观点的冲突演绎了一部无休无止的戏剧。

法律规则可以被分为授权性规制和限制性规则两类。授权性规则是指规定人们可为或不可为一定行为以及要求其他人为或不为一定行为的规则,规定行为人的“可为模式”,包括职权性规则和权利性规则。任何部门法中均存在这两种规则,而我们此处反复申辩的竞争法法律性质或者说法律品格与此规则属性无关。限制性规定阻碍某些特定种类的交易,例如,对未成年人或者无行为能力的人订立的合同效力限制规定也是对契约自由的限制,但无妨我们对于民法权利本位性质的研判。在一些情况下,限制性规则也可能是授权的尤利西斯把自己绑在船桅上使自己能够安全地听到海妖美妙动人的歌声。从经济上来说,公司可能会接受对其自由的限制以获得这些限制给市场带来的利润。[101] 竞争法的主要任务,是制定市场竞争活动的游戏规则,而不是预设市场行为的结果。殆因自由竞争虽为一种发现的过程,但竞争活动却不是处在一种完全脱序或无任何规则可循的无政府状态。法律仍应制订市场参与者所应共同遵守的游戏规则。至于游戏规则的制订方法,主要是以负面清单的方式,揭示市场参与者所不得为的限制竞争或不公平竞争的行为,而不是以正面清单的方式,告

[101] 参见[美]弗兰克·B.克罗斯、罗伯特·A.普伦蒂斯:《法律与公司金融》,伍巧芳、高汉译,北京大学出版社2011年版,第11页。

诉企业应如何竞争,盖此属于企业经济活动自由的范畴,不应由法律直接地干涉。而市场绩效管制直接规制企业市场结果,本身脱离了游戏规则的制订,进入了决定游戏结果的领域。[102] 对于任何社会现象,我们既不能仅看到其存在的表面,即"定在",也不能仅看到其存在的内在规定,即客观精神,而应该把事物的表面现象和内在规定统加以认识。竞争法的调整表现为一种对自由竞争的"忤合",既"背反"又"趋合"、既互逆又互补的对立辩证统一。自由的悖论构成竞争法性质的反悖。即便干预法论者也不得不承认,干预只是竞争法的外在表现形式,自由才是竞争法的实质表现,进行干预是为了实现最终自由的目标,干预是实现自由的手段,自由是最终目的。在评价竞争法时,我们不能本末倒置。

(二)反垄断法与私法对竞争机制的保护殊途同归

耶林(YeLin)在《法律的目的》中指出,"竞争是利己主义的社会自治的"。[103] 竞争在调动人性中自利本能、自主意识上具有巨大威力,将短缺转化为丰裕,但竞争具有不完全的自我保持属性。[104] 喋喋不休的宣传一种让经济权力无拘无束的社会达尔文主义,演变为最可怕的梦魇。在 18 世纪、19 世纪自由主义的全盛时期,合同自由作为合同法的完美法则,成为达到正义的万能钥匙,因而严重混淆了自由主义和经济"放任主义"的不同。在自然界,万物咸其自己而已,其自生、自灭不受任何外力的主宰;在人世间,每一个体都能"自利""自能""自治",只要不受外力主宰,就可得自由,"自由,则物各得其所自致,而天择之用存其最宜,太平之盛可不期而自至"。[105] 这种主张混淆社会与自然,放任主义恰恰以自然状态为模本,任乎自化,但人与人的社会是人文的,市场经济本身是文明产物而非野蛮的自然状态。竞争不是自然选择的过程,而是在具体的社会关系网络之中人与人之间博弈的产物,这种博弈的结果具有理性选择的集体无理性。对反竞争行为坐视不管,自由竞争本身也将暴露在风险中,不会

---

[102] 参见吴秀明:《竞争法制之发轫与展开》,台北,元照出版有限公司 2004 年版,第 193 页。

[103] Rudolph vonJhering, *Der Zweck im Recht*, 4. Aufl., Wiesbaden: Breitkopf & Hartel, 1904, S. 105.

[104] See Peter Quante, *Kartellrechtliche Ausnahmeregelungen in Deutschland und den USA*, Münster: LIT Verlag, 2004, S. 4.

[105] 王栻主编:《严复集》(第 4 册),中华书局 1986 年版,第 1082 页。

臻于天堂而将沦入人间地狱。市场经济并不是“全自动的”,而是“半自动的”,是一种社会机构,需要监管的是人们在市场上作出的行为。[106] 个体理性导致集体不理性,以致通功易事无法进行下去,对机能性障碍予以清除,成为现代社会的新常态,即现代性的表现。可以说,自由市场制度本身就是一种战略性干预,可以将企业间的竞争转化为社会利益。[107] 没有竞争的经济是缺乏效率的经济,而不加规范的竞争则是破坏经济的竞争。竞争政策追求的既非严格限制的管制型竞争,也非自由放任的完全竞争,而是追求有效竞争的状态,使竞争水平维持在最佳状态,从而促进资源配置的优化,提升经济运行的效率。[108] 竞争被视为一种由国家主持的演出。[109] 这里的关键是国家的引导角色,其提供法律框架和主要关注竞争秩序的维系,确定参与者的一般的游戏规则。

自由是有限度的,而且就在秩序本身受到自由威胁的地方。只有将自然规律和法律规律结合起来,才能建立一个完善的经济秩序,因为仅仅经济的自然秩序或者国家的法律秩序都不足以保障一个真正有意义的经济秩序。有人会想当然地认为竞争法属于干预法,主要原因在于竞争法中所规定的调整手段,即政府执法部门的监督管理权力使得竞争法具有浓厚的行政色彩。对此,笔者认为不能如此简单的归类认定。竞争法的动机不在于行政权对经济的干预,而在于其本身的经济自由、社会公义等。尽管在中国的竞争法体系内,竞争法具有一定程度上的行政色彩,但并不能因此就生成竞争法的干预法本质。《反垄断法》和《反不正当竞争法》担负为国家保护自由而限制自由的重任,国家干预虽形式上与自由对立,但实质上仍是为了保障自由。[110] 竞争法不过是承载自由

---

[106] 参见[美]罗伯茨:《自由放任资本主义的失败》,秦伟译,生活·读书·新知三联书店2014年版,第9页。

[107] 参见刘长喜:《企业社会责任与可持续发展研究:基于利益相关者和社会契约的视角》,上海财经大学出版社2009年版,第73页。

[108] 参见徐士英:《竞争政策研究:国际比较与中国选择》,法律出版社2013年版,第6页。

[109] See Ralf Ptak, Soziale Marktwirtschaft und Neoliberalismus: Eindeutscher Sonderweg, In Christoph Butterwegge, Bettina Lösch, Ralf Ptak (hrsg.), *Neoliberalismus : Analysen und Alternativen, Wiesbaden: VS Verlag für Sozialwissenschaften*, 2008, S. 75.

[110] 参见薛克鹏:《经济法基本范畴研究》,北京大学出版社2013年版,第123页。

的躯壳,通过特定时空的有限理性来体现、维护并促进自由的内核,其属性乃自由法。

逃避市场竞争的压力是所有市场参与者的本性。从经验的角度来看,市场参与者喜欢的肯定不是竞争,而是更多的利润。因此,如果能够弱化相互竞争来获得更多利润,则不会有谁去单纯地为了竞争而竞争。寡占企业更是往往避免进行零利性的割喉竞争、毁灭性竞争,取而代之以透过明示或默示的合意、一致行为或相互模仿的价格领导制,寻求一定的共识或共同行为模式,划分彼此利益范围及势力版图,尽量互相尊重,从而在市场上所展现出来的常常并非剧烈的利益冲突与攘夺,而是利益分配妥协后的一片和谐熙洽景象。在现实中,保护"幼稚产业"的理由往往会排除竞争,但许多产业往往已经有了成人的胃口,还会学婴儿嗷嗷待哺一样哭叫,继续游说、吁请政府提供帮助对抗竞争,所以自由竞争既是一种自发秩序,也是自然而然的社会产物。

极端自由主义者认为,垄断的形成并不是生产集中的终止,而是新的生产集中的开始。因为垄断不仅不能消灭竞争,而且在垄断的基础上又产生出新的竞争,即垄断竞争。在由生产集中走向垄断的过程中,竞争转化为垄断,垄断又加剧着竞争,垄断程度越高,竞争越激烈。在垄断资本主义阶段,垄断竞争和自由竞争并存。按照这种观点,市场具有自我调节机制,完全无须外部干预,任何干预都会减少自由,完全没有政府干预的自律市场是最自由的。芝加哥学派的新自由主义代表人物波斯纳(Posner)的《反托拉斯法》实际上就是这种"反反托拉斯法"的力作,从市场原教旨主义立场出发而完全无视"市场失灵"。这种想象忽略了一个基本事实:市场在国家中是社会基本制度的一部分。但我国一些学者又基于这种市场失灵,似是而非地将竞争法视为一种政府干预法。按照这种观点,竞争法是国家干预市场经济的法律形式,因此,干预是竞争法最大的特征。市场经济具有自身固有的缺陷,在某些条件下会出现市场失灵,市场自身无法克服市场失灵,需要借助国家的力量,竞争法就是国家干预市场竞争的法律载体之一。无论是美国的《谢尔曼法》,还是德国的《反限制竞争法》,其本质都是国家干预市场经济过程,克服因不正当竞争与限制竞争产生的市场失灵的法律载体。不仅如此,竞争法更多体现的是国家强制性的权力干预,主要表现在禁止经营者从事反竞争行为,设置专门行政执法机关调查处理违法行为,对违法者予以行政处罚,严重者甚至要适用刑罚。

事实上,波斯纳的"反反托拉斯法"主张与前述将竞争法视为干预法的观点,就本质而言是一个硬币的两面,存在片面性,延续着边沁(Bentham)"每一条法律都是罪恶,因为每一条法律都是对自由的破坏"这种话语的流绪。在涉他性行为中,每个人的自由可能相互冲突。当冲突存在时,限制一个人的自由以便保存另一人的自由成为必要,正像美国联邦最高法院的一位法官所言,"我移动我的拳头的自由必须受到你的下巴的接近程度的限制"。[111] 由英国思想家约翰·密尔(John Mil)《论自由》最早提出来的,并得到后人进一步发展的伤害原则("伤害别人的原则"的简称)构成法律对自由限制的边界,亦即严复在《〈群己权界论〉译凡例》中讨论过儒家的"絜矩之道"与西方自由的关系时所言之意:"人得自繇,必以他人之自繇为界,此则《大学》絜矩之道,君子所恃以平天下者矣。"[112] 除非是以相等的价格出售较好的产品或以较低的价格出售同等产品,现有的企业不能自由地排除竞争者。自由的理念由此堕落为仅仅是对自由企业的鼓吹,这意味着"那些其收入、闲暇和安全都高枕无忧的人拥有完全的自由,而人民大众仅拥有微薄的自由,尽管他们徒劳地试图利用自己的民主权利来获得某种保护,以免遭那些有钱人的权力的侵害"。[113] 正是由于法国大革命时期卒因演变成了自由引导野兽,所以罗兰夫人严厉抨击曰:"自由啊自由,多少罪恶假汝之名以行!"[114] 但是,如果"没有权力和压制的社会是不存在的,强力不发挥作用的世界也是不存在的"。[115] 如果自由对人类而言是本质性的,自由是施加全人类的义务。自由存在的样式,是其本身之一的义务。自由是自然法、人的本质的法。对于这样的法,自由表现为一种责任、义务。如奖牌的前后

---

〔111〕 Milton Friedman, *Capitalism and Freedom*, Chicago: University Of Chicago Press, 2002, p. 30.

〔112〕 王栻主编:《严复集》(第1册),中华书局1986年版,第132页。

〔113〕 [英]卡尔·波兰尼:《大转型:我们时代的政治与经济起源》,冯钢、刘阳译,浙江人民出版社2007年版,第217页。

〔114〕 原文为:Ô liberté, que de crimes on commet en ton nom! 资料来源:巴黎城市网:https://www.editionsdefallois.com/livre/madame-roland/,最后访问日期:2019年6月3日。

〔115〕 [美]哈维:《新自由主义简史》,王钦译,上海译文出版社2010年版,第43页。

两面一样,全部自由雕刻着这些义务。[116] 市场的自愈能力虽被寄望甚殷,但揆诸市场经济的现实状况,在许多情况下,垄断企业一旦在竞争中占得上风,容易形成经久罔替的持续性垄断,仅仅依靠市场本身力量难以撼动、瓦解垄断企业的市场支配地位,甚至仅仅迫使垄断企业不得不调整其排除竞争或榨取交易相对人行为,转而从事效能竞争行为,难之又难。必须承认,市场自我治愈力量乃有时而穷,不具效率的独占或寡占企业在市场上仍旧长存者比比皆是。自由放任的竞争最终导致自我毁灭,需要竞争法的限制竞争行为和不正当竞争行为进行限制、禁阻。如果一个企业的权势大到使其竞争对手,不论大小,都要在其默许下才能生存,利用自身滥用市场支配地位褫夺其他企业进入市场的机会,经营者集中所产生的巨大影响而严重损害竞争,那么反垄断法其实以维系市场正常竞争机制于不坠为己任,保护在相关市场活动企业的积极自由。这种基底上所具备的充沛自由精神与产品质量法等市场监管法在原理上不可混为一谈。正是这样,德国联邦卡特尔局第一任局长麦斯特梅克尔(Mestme cker)虽然是第二代新自由主义代表,但将"受到管理的竞争"(der verwaltete wettbewerb)作为行为指南。[117] 虽然我国经济法学界往往将竞争法作为市场规制法,以此与市场监管法作出适当分际,但仍然没有充分重视、彰显和评定竞争法的市场促进法的功能与精义,遮蔽、漠视企业主体地位,将作为一般经济法的反垄断法混同于作为特殊经济法的经济干预法。反垄断法作为经济自由大宪章的功能更重要的在于保护而非局限于规制。

许多学者都将私法中的契约自由作为给予企业自我主宰和自我发展的外形整体和形式表达,视为企业或个人的一项基本权利,对政府理性经济规制提出的要求,必须在制度设计和安排上来加以保障。但是,在这些学者认为保障契约自由典型地表现了市场经济自由本性的同时,保障竞争自由的反垄断却不被一视同仁,一概混而称之为干预措施。这反映出观念上根深蒂固的二元对立,将政府和市场视为各不相属,即便不是毒蛇猛兽,也是一种外部的异己,自

〔116〕 参见白石正樹「自由の意味:R. ポランの政治哲学」『創価法学』第 36 巻第 1 号、2006 年。

〔117〕 See Ernst-Joachim Mestmäcker, *Der verwaltete Wettbewerb: Eine vergleichende Untersuchung über den Schutz von Freiheit und Lauterkeit im Wettbewerbsrecht*, Tübingen: Mohr Siebeck, 1984.

觉与不自觉认同市场有机体对一切外部干预的拒斥,将反垄断视为偶然的有形之手不自在的干预而不是自由市场自反性机制的常态制度框架。这种方式的经济调整措施被称为"规制经济"。它们不是"外铄的",而是在社会必要的地方至少基于法律基础是体系自身的。在竞争可能损害效率的情况下,通过竞争的适度抑制来提高经济效率和消费者的福利,旨在根据限制竞争自由的一个合理的标准构建促进竞争、保障竞争系统的制度。在竞争不充分的情况下,需要的不是政府对竞争的规制,而是竞争秩序的培育,国家公权力作用于私人市场竞争关系时形成的一种"建构性"竞争关系。

20 世纪,所有欧洲国家都或多或少地存在政府对经济活动的干预。这些干预或者是战争期间政府干预经济的延续,或者是作为基本经济政策的组成部分,而竞争法则常常被用于减少这些管制,用于制止单一大企业或企业集团对市场的扭曲(尤其当这些企业得到了政策援助或政策保护时)。欧盟正是以竞争自由为利器打破共同体市场内部的贸易壁垒。如果认可市场基本教义信仰,认为自由市场更善于调控竞争力量,更善于分配资源和满足消费需求,而政府的职责就是为充满竞争的自由市场扫清障碍,并建立相应的保障机制,那么,竞争法的实施恰恰与此不谋而合。以中国出租车行业为例,许多人企图利用反垄断法撬动出租车行业的改革,行业管制与反垄断法的激烈交锋在此一清二楚。早就有欧洲的评论家指出,欧洲联盟力图"调节"交通或通讯时,就会制定出一些规章制度,欧洲竞争法就是一部巨大的用来制定反对规章制度的机器。如果将反垄断视为干预法,则呈现罔顾竞争法客观事实的学术思想市场混淆色彩,抹杀其在市场自由化方面的战略性价值,名不副实,名不正言不顺。反垄断法的名称因国而异,美国称为"反托拉斯法";德国称该法律领域为"反限制竞争法",一般称为"卡特尔法";日本将反垄断法称为"独占禁止法";英国称为"限制性商业惯例法";法国称为"价格和竞争自由法"。各国对反垄断法这一法律领域的不同称谓,反映了各国独特的法律传统和政治、经济观念。虽然各国反垄断法的侧重点有所不同,但它们调整的对象和保护的利益在很大程度上却有共同之处,就是反对、匡正垄断活动和其他限制竞争的行为,保护自由竞争。人们对"反垄断"一词的语义理解往往导致一种对于反垄断中企业集中控制的法律性质的误判。事实上,反垄断的目的不在于限制甚至禁止企业之间的并购行为,而更多地在于鼓励,鼓励有利于消费者福利提高的并购。

西方自由市场和法律均植根于自由主义的础石,而为西方奉为至上的竞争法恰好是对自由的一种反叛和限制,是干预性的,体现了国家因素的渗透和介入。但反垄断法的核心不是不让政府干预经济,而是因为现实的经济不存在完善和自由竞争的前提条件,形形色色的市场势力、各式各样进入市场的障碍、市场信息的不全面以及国家的限制竞争性的法规等,使经济生活中的限制竞争不仅不是例外现象,而且处处可见。因此,在多数情况下,市场并不具备自我调节以维护自由竞争的能力。市场竞争性的维护在不同程度上却毫无例外地需要国家的外在力量。此时,国家的任务,就是通过反垄断法和各种经济政策调节市场上的竞争,在竞争的条件下实现最大的经济效益和有效维护消费者的利益。在这个意义上,芝加哥学派在论战中并未真正取得最终的胜利。正因如此,我国有学者认为,在划分公法与私法的国家,竞争法被纳入公法或不归属于私法的范畴,属于"经济法"领域;纵然不区分公法和私法、不划分经济法部门的国家,仍有学者将竞争法视为"经济法中发展水平最高的一个分支"。[118] 这种观点具有将竞争法乃至经济法理解为干预法的色彩,不过即便如此,我们应该看到,这种干预性立法,更多体现了对竞争行为的限制,是反向的、消极性的、防御式的,通过划定竞争行为的合理边界或曰底线,禁阻他人僭越,抵抗对他人权利有可能带来妨害的行为。竞争法并不通过积极权利的赋予与扩张倡扬一种进取和首创精神,而是对市场力量的一种被动"限制",其目的在于追求自由、公平的竞争,使竞争有法可依、有章可循。

一种现象"为什么目的"而发生的问题,与另一种现象"因什么原因"而发生的问题息息相关。[119] 在20世纪30年代经济危机后,自由竞争价值不被珍视而酿致远较反垄断激进的经济上的干涉主义,以整体经济发展所需、振兴产业等"公益"促进为理由,积极地、主动地介入私人的经济活动,限制其竞争或营业的自由,进行经济统制及管制。此为德国和日本等国当年最为积极推行的政策,而美国则属于较为右倾的政策取向,竞争政策在种种社会剧烈震荡之后仍是兀立不倒的原因,富兰克林·D.罗斯福明确昭布"自由竞争的实现乃工商企

---

〔118〕 [美]施米托夫:《国际贸易法文选》,程家瑞编辑、赵秀文选译,中国大百科全书出版社1993年版,第34页。

〔119〕 参见《李达文集》编辑组编:《李达文集》(第2卷),人民出版社1981年版,第200页。

业所能期盼的最低程度的管制”。[120] 反垄断法和经济管制两者在渊源上泾渭分明。竞争是美国市场经济体制的核心和灵魂,美国有关市场经济的各种立法无不是围绕这一核心和灵魂展开的。美国经济中的基本商业公共政策在于促进和维护竞争,以此作为最理想的资源分配手段。美国竞争法以促进和维护竞争为己任,这既是美国竞争法的价值定位,同时也规定了美国竞争法的全部价值取向。传统私法以自由产权、契约自由等工具从正面为竞争机制的充分运行提供基础法律平台,而反垄断法则从另一个角度为竞争机制的正常运行扫除障碍,扫除那些伴生自由竞争而来、自由竞争异化产物、对竞争机制正常发挥功能构成障碍的各种限制竞争行为、反竞争行为等各种异在因素,从而保障竞争机制得以充分有效运行,殊途同归,异趋同调。本质上,反托拉斯法对市场力量是一种“被动的限制”。恰如美国空军上校沃尔特·希契科克(Walter Hitchcock)所言,自由不是白来的。[121] 采用一种法律或规则只是造成一种特定的成本分摊方式,每个人其实都不得不为此缴纳一种“自由税”。即便按照科斯定理,任何制度都是具有成本的,绝非在无摩擦力状态下的自由运动,所以美式新自由主义将竞争法等同于管制而必欲彻底沦葬之的主张不足为训。对市场自由的限制,反而能真正维护竞争的自由;作为自由市场“宪章”的西方竞争法,其地位之高不是因为它给予了市场多少自由,相反地,却是以对自由的干预为基础。这一貌似诡谲的“悖论”,却合乎情理。竞争法的干预尽管出自国家有形之手,却根植于市场的土壤,建制于“自由市场”的底盘上,是市场自由要求干预,干预是维护自由竞争的干预,没有对自由的干预,也就不存在不干预的自由。以此而言,干预只不过是自由市场的另外一种展现而已。政府笼罩在市场上的权力之手越来越强劲,“实际的政府干预就是必要的。这种社会的控制与其说是对自由企业体制本身进行限制,还不如说是用来扩大企业在市场上的总体自由”。[122]

---

[120] [美]吉斯特:《美国垄断史:帝国的缔造者和他们的敌人》,傅浩译,经济科学出版社 2004 年版,第 97 页。

[121] 资料来源:黑人领袖网:https://nationalcenter.org/project21/2015/05/22,最后访问日期:2019 年 6 月 3 日。

[122] [美]马歇尔·C. 霍华德:《美国反托拉斯与贸易法规》,孙南申译,中国社会科学出版社 1991 年版,第 4 页。

五、一个需要解释的问题:放松规制与反垄断的关系

(一)竞争政策的功能

竞争是市场经济的生命,法治是竞争的保证。反垄断法是市场机制恢复法,其市场法的特征较为鲜明。[123] 正如有学者所言,在历史上,“任何危机时期,反垄断似乎都是一个国家无法负担的奢侈品”。[124] 竞争政策作为间接性的“政府管制”方式,与政府直接管制和宏观调控共同构成了危机化解的有效方式。竞争政策尽管并不直接介入经济运行,但却能够在防范危机方面起到重要的防火墙作用,化解可能产生的结构性风险。从本质来看,竞争政策也是政府调节经济的一种方式,但其与其他政府管制方式迥然不同。竞争政策以笃信自由竞争为其政策前提,其实施无疑会对政府管制和调控形成反作用。而正是这一反作用,使竞争政策成为确保市场机制正常运行的“防护伞”,防止其他经济政策对市场结构和市场机制造成侵蚀;通过确保各种干预措施在市场失灵的范围内活动,维护市场经济的良性竞争机制,实现公平竞争的最大社会利益。面对政府直接管制和宏观经济干预的加强,竞争政策在维护市场竞争机制方面具有平衡协调的作用,防止政府强化监管和加强调控给市场竞争带来的负面影响,与其他经济政策形成有效制衡。[125] 正如德国弗莱堡学派代表人物瓦尔特 · 奥肯所言:“竞争秩序跟法制国家一样,所应该创造的只是一种架构,即在不妨碍他人自由空间的前提下充分保证每一个人的行为自由。果真如此,人类的自由将达至均衡。”[126] 以“自由主义的干涉主义”代替曼彻斯特的自由放任的弗莱堡学派强调,国家的这种经济作用,不是直接干预、任意干预,而是强调建立“竞

---

[123] 参见王斐民:《反垄断法视野中的中国产业政策法》,法律出版社 2013 年版,第 11 页。

[124] Daniel Crane,“Antitrust Enforcement during National Crises: An Unhappy History”, *Global Competition Review*, Vol. 12, No. 1, 2008.

[125] 参见徐士英:《竞争政策研究:国际比较与中国选择》,法律出版社 2013 年版,第 10 页。

[126] Walter Eucken, *Grundlagen der Nationalökonomie*, Berlin: Springer-Verlag, 1959, S. 156.

争秩序”,建立一个原则上自由但同时又负有社会义务的社会和经济制度。所以,弗莱堡学派又被称为秩序自由主义。秩序自由主义者将经济秩序与在其中进行的个体经济经过相区别,形成、设置整个国民经济基本秩序的政策被称为经济秩序政策,建立和维护、改变经济秩序的法律被称为经济秩序法。秩序政策和经济秩序法与涉及个别具体的经济过程的经济政策以及(在广义上的)经济统制法明显不同。[127] 经济规制直接实现一定的经济政策目的,也被称为“直接规制”。例如,价格的上限规制,通过禁止超过一定价格的交易,其目的是直接压制价格。与此相对,反限制竞争法是为了市场竞争的公平和自由,仅起着一种维持比赛规则的作用,通常被称为“间接的规制”。秩序自由主义者将自己“秩序政策”的观点称为“间接管制”。政府不能“直接命令”经济“过程”,仅仅创造使这些过程运行的“形式”或结构性条件。

前美国司法部反垄断局局长查尔斯·F. 鲁尔(Charles F. Rule)认为,反垄断法是基于美国资本主义的传统制定的,即要通过“看不见的手”配置社会资源,提高企业的经济效率和提高社会福利。其核心是要政府履行其维护自由的市场经济的义务,使之既不受私人的限制竞争性的损害,也不受国家的限制竞争性的干预。[128] 在这个意义上,企业合并规制制度不是限制企业合并的制度,而是促进企业合并的制度,是促进企业合并按照有利于市场竞争方向发展的制度。美国经济学家往往将考察政府干预商业活动分为两种主要方法:反托拉斯政策和产业管制。同时认为,管制则意味着政府更大程度的介入,包括经济管制和社会管制两种类型。经济管制专注于电信、电力、铁路运输、航空运输、自来水和天然气供应、银行、证券、保险等主要存在自然垄断和存在信息偏好的某一特定产业,管制的范围从规定价格和产出的行为到亲自控制和运营企业;社会管制涉及所有的产业,以保障劳动者和消费者的安全、健康、卫生、环境保护、防止灾害为目的,对物品和服务的质量和随之产生的各种活动制定一定标准,并禁止、限制特定行为的规制。与管制不同,反托拉斯政策是一种保证商业“公

---

〔127〕 参见舟田正之「経済法序説(1)」『立教法学』第90号、2014年。

〔128〕 See James F Rill, Die Anwendung des Antitrustrechts in den 90er Jahren, *Wirtschaft und Wettbewerb*, H. 7 - 8, 1990, S. 596.

平”竞争的政策,对行为准则和可接受的行为类型加以限定,违反的公司将被起诉。[129] 著名经济学家斯蒂格勒(Stiegler)认为,竞争政策的基本作用“就是消除对个人自由的各种限制,使付出更大努力的人得到较好的报偿,以促使人们增强个人能力”。[130] 这与产业管制具有迥然不同的价值取向。竞争法从市场竞争的制度性保障出发,着重市场竞争自由与公平的维护。[131] 事业规制法采取“竞争性排斥制度”,在制度上采取竞争不发生的结构,按照政策判断而不是竞争。易言之,传统的政府规制因各种原因承认垄断,不适合于竞争机制,以保护垄断、避免竞争为前提;而竞争政策以垄断原则上不允许为前提,具有防止垄断不良影响的功能。

苏永钦在《私法自治与公平法的管制——公平法第二十四条的功用与滥用》中,基本上按照费肯杰(Fikentscher)先生关于一般经济法与特殊经济法的理论,将经济法可分为两种:一是以否定市场机制为前提(市场失灵),针对一定时期建立替代市场的全面管制(战时经济),或针对一定产业建立替代市场的局部管制;二是以肯定市场机制为前提,针对人为障碍加以排除,以健全市场机制。从形式上看,两种经济法都是自治法的例外,限制了契约自由及其他事业自主决策的空间,但前者是全部或局部的排除自治,以管制替代;后者则只是依靠自治的限制以矫正被扭曲的自治,实际上是要建立一个更健全的自治环境,或许可以说是对民法的批判,但不是对自治理念的批判。也可以说,相对“市场替代规范”,这种“市场调整规范”,只是把徒具自治形式的“市场运作规范”进一步地“实质化”[132] 让自治的理念更能落实,使竞争者认为是在以追求利益最大化的方式行事。在自由化的大纛之下被解除管制的领域之所以需要以公平法这类法律进行再管制,原因就在于避免前门赶走了国家对市场机制的干预,

---

[129] 参见[美]博依斯:《新管理经济学》(修订本),刘伟译,中国市场出版社2013年版,第352~353页。

[130] [美]施蒂格勒:《经济政策的目标》,载库尔特·勒布、托马斯·盖尔·穆尔编:《施蒂格勒论文精粹》,吴珠华译,商务印书馆1999年版,第119页。

[131] 参见刘孔中:《公平交易法》,台北,元照出版有限公司2003年版,第52页。

[132] Claus-Wilhelm Canaris, Wandlungen des Schuldvertragsrechts-Tendenzen zu seiner „Materialisierung“, *Archiv für die civilistische Praxis*, Bd. 200, H. 3/4, 2000, S. 1 ff.

后门进来私人对市场机制的干扰。[133]

(二)竞争政策与产业政策的关系

如果把竞争政策理解为干预性的产业政策的一部分,那么,指责其作为政府管制限制了经济自由也就不无道理。事实上,促进自由的竞争政策和干预性的产业政策之间往往没有明确的界限。从语言学角度来看,甚至后来为各国学界所广泛接受的"竞争政策"这一术语,最初也是欧洲经济学家将竞争法规提供给政府作为干预与规范竞争性市场活动的工具时所采用的一个概念。[134] 人们常把垄断性市场权力与因规模经济、外部效应以及信息不完备而导致的市场失灵等量齐观。实现福利最优似乎舍政府干预而不可。但屡见不鲜的是,特定群体利益往往纠缠其中。干预本来是为了修正市场失灵,却被以社会公平名义提出的分配问题和权利主张赢得先手,结果,不仅市场失灵依然故我,而且又产生了政府失灵。出于这一原因,竞争政策应该只局限于防止限制竞争,即通过制订游戏规则来建立一种竞争秩序,因此,竞争法具有经济宪法的作用。保障各个企业的生存、发展和结构不是政府竞争政策的任务。竞争法被称为"符合市场本质的竞争管制",[135]强调竞争本身价值的结果。竞争法上的管制主旨均在以维护竞争功能的市场结构以及市场行为的管制为主,较为拒斥市场绩效管制。在这种所谓"管制"模式下,市场结果如何,由市场自行决定。竞争法的目的是保护或治愈竞争而非取代竞争,与"市场结果管制"的旨趣大相径庭。唯其如斯,弗莱堡学派在区分经济秩序和经济过程的基础上,主张国家应避免直接干预经济过程(过程政策,Prozesspolitik),须专注于落实竞争秩序这一经济秩序(秩序政策,Ordnungspolitik),以实现社会财富的增长和个人自由。积极的竞争政策固然意味着国家作为仲裁人对竞争进行干预,常常被欧盟委员会指代产业政策,但这并不是说国家穿上球队的球衣躬亲参加比赛,更不是说国家如果不喜欢比赛的结果,就可以任意对此加以修正、操纵,这场比赛不可以由自由裁量

---

[133] 参见苏永钦:《私法自治与公平法的管制——公平法第二十四条的功用与滥用》,载廖义男、刘华美、吴秀明等主编:《公平交易法施行九周年学术研讨会论文集》,台北,元照出版有限公司2001年版,第367~368页。

[134] 参见刘桂清:《反垄断法中的产业政策与竞争政策》,北京大学出版社2010年版,第17页。

[135] 吴秀明:《竞争法制之发轫与展开》,台北,元照出版有限公司2004年版,第191页。

的政策干预而中断,国家在过程调控中需要保持最大的克制,坚持竞争政策与为个别事件控制的国家竞争监督之间的基本分殊。[136] 竞争政策的任务是,一方面,保障市场参与者的行动和决策自由(个体保护,Individualschutz);另一方面,竞争作为匿名的控制和操控机制保证预定的经济目标(制度保护,Institutionsschutz),以确保一个良好的市场供应。就本质而言,竞争法基本上是以保护市场竞争作为立法的主要目的,以竞争机制"制度保护"作为旨归,对"自由竞争的限制"(市场支配)和"阻碍公平竞争"(不公平竞争)行为进行规制,[137] 虽然也兼顾市场参与者及消费者的"个体保护",但一般是附带、间接或反射保护结果,尤其是对消费者的保护,多属于此种性质。[138] 竞争政策开启确保在市场活动和经济生活参与者的自由发挥空间。

竞争政策视垄断为大敌,将垄断当作竞争性市场中最具破坏性的现象,因而极力予以限制。与此相反,产业政策则往往鼓励垄断。产业政策的鼓吹者主张适当地集中和垄断,可以创造出"规模经济"的效率,大垄断企业在国际竞争中具有天然的优势,对提高一国经济的国际竞争力有益无害。竞争政策是从维护竞争性的市场结构出发,禁止企业从事联合限制竞争的行为,控制企业的合并行为,不允许具有市场支配地位或优势地位的企业滥用市场优势。为了促使产业政策的成功,政府经常限制该产业部门内的自由竞争,辅助或强制卡特尔组织的成立,产业政策无疑是对垄断具有亲和性的经济政策。就低开发或开发中国家而言,为了早日跻身发达国家之林,扶植策略性、重点性产业,协助、支援该产业内的研究、发展,辅导产业转型,以加速本国产业升级目标被置于当仁不让的首要之务,自由竞争原理在国家整体经济赶超战略前提下退避三舍的让步被视为理所当然。使原本立意甚佳的国家介入徒滋烦扰,甚而不少为介入而介入的管制,对市场经济社会自主、自律性的发展形成一股挥之不去的阴霾。[139]

---

[136] 参见何梦笔主编:《秩序自由主义:德国秩序政策论集》,董靖等译,中国社会科学出版社 2002 年版,第 89 页。

[137] [日]丹宗昭信、伊从宽:《经济法总论》,吉田庆子译,中国法制出版社 2010 年版,第 8 页。

[138] 参见吴秀明:《竞争法制之发轫与展开》,台北,元照出版有限公司 2004 年版,第 193 页。

[139] 参见黄铭杰:《公平交易法之理论与实务——不同意见书》,学术文化事业有限公司 2002 年版,第 20 页。

与竞争政策不同,作为干预性的产业政策法表现出不同的运作模式。竞争政策对竞争机制的维护可能会影响某些产业竞争力的强化。而国家对具体产业实施产业政策的目的主要是增强产业的竞争力,但产业政策在增强产业竞争力的同时,政府屏蔽竞争培育的超级明星企业由于没有强大的国内竞争对手,通常也就不具有国际竞争力,因为这种在纯粹人造温室内培育成长的冠军根本没有经过竞争的洗礼,缺乏竞争压力的砥砺,弱不禁风。晋升锦标赛可能促使政府向企业伸出温暖的帮助之手从而有利于经济增长,但也会引发政府向弱势群体伸出更冷酷的“掠夺之手”。经济发展有了傲世的奇迹,但也存在失手之处。保护政策导致这些巨无霸成为“人工饲养的老虎”,缺乏竞争力。相反,竞争政策虽然以培育娇嫩的竞争机制为目标,但其方式却将企业推向海阔天空的强劲市场竞争中栉风沐雨。以我国产业竞争为例,家用电器业由于各地方政府的推进形成了过多的重复建设和恶性竞争,但结果是经过恶性竞争存活下来的家用电器企业既形成了规模经济,同时也在国际竞争中奠定了根基。国际国内大量经验说明,很多成功的产业和企业发展案例,都不是政府政策选择的结果,而是从激烈的市场竞争中脱颖而出者。国内市场上的有效竞争能够砥砺本国企业在国际市场的竞争力,因为只有在国内市场上经受过考验和锻炼的企业才能适应国际市场的需求,在国际竞争中求生存、谋发展。

(三)剖析反垄断法与管制体系

有学者认为,管制是政府直接干预微观经济主体活动的一种行为方式。国家对经济的反垄断和管制规制都同属于国家对经济在微观层面上的直接规制,对市场主体的经济活动和竞争地位具有较直接的影响力。依据政府对微观经济活动干预的路径,管制通常可分为直接管制和间接管制。日本经济法学家丹宗昭信指出,国家对经济的干预通常被称为经济规制。国家干预经济有两种类型:一种是传统的日本行政法中政府通过采用许可权的自由市场经济控制(规制);另一种是在美国可以看到的,自由市场中限制竞争的垄断或卡特尔等的规制、可能形成非竞争市场结构的某些企业合并规制或不公平交易方法造成公平交易阻碍规制等自由竞争秩序维持的规制。这是由反垄断和反不正当竞争法的竞争法维护自由竞争的规制。在日本,规制的概念这两种类型规制含义不加区别使用的情况相对多见。[140] 在将反垄断法视为一种规制的情况下,不是在国家限制私人自由和权利的法的意义上,而是控制在市场经济中一定行为或市场结果的意义上使用。在这个意义上,民商法等私法在原则上也可以说具有间接规制的特征。[141] 独占禁止法与民商法等私法一样,都是形成市场经济的基础。

日本学者植草益将行业监管界定为政府通过设立独立监管机构对特定行业进行直接的技术与经济监管,而反垄断则是作为间接监管手段,不直接介入市场主体的决策,仅对阻碍市场机制发挥职能的行为进行限制。直接管制是政府的相关机构通过有关进入价格、许可标准、收费等法规直接对企业市场行为施加的管制;间接管制是由政府的司法机构通过一定的法律程序对企业的不正当竞争和垄断行为进行的管制。在这种论述中,前面已经明确将管制界定为政府直接干预微观经济主体活动的一种行为方式,后面又依据政府对微观经济活动干预的路径将管制区分为直接管制和间接管制,明显自相矛盾。事实上,政府管制的目的是解决市场失灵,维持市场经济秩序,促进市场竞争,最终扩大公共福利。管制的概念包含一个共同的行为特征,即政府依据法规对企业的市场进入、价格决定、产品质量和服务条件施加直接的行政干预。狭义的规制概念按照丹尼尔·F. 史普博(Daniel F. Spurbo)在《规制与市场》一书中的界定,是指"行政机构制定直接干预市场机制或间接改变企业和消费者供需决策的一般规则并加以执行的一种特殊行为"。[142] 即便将竞争法视为一种对市场间接管制的学者也承认,特别经济法与竞争法对市场运作的干预,在规范重心及管制理念等方面并不相同。[143] 直接规制是指政府依据一定的法规、制度对企业和国民经济活动主动、直接进行的规制;而间接规制是指为了维护竞争的秩序和规则,在企业行为、市场作用等发生扭曲的情况下,由国家介入使市场恢复正常运行。

---

[140] 参见丹宗昭信「公法私法二元論についての一省察:経済法とくに独占禁止法の法体系中における位置づけの観点から見て」『大東文化大学法学研究所報』第 21 号、2001 年。

[141] 参见舟田正之「経済法序説(1)」『立教法学』第 90 号、2014 年。

[142] 丹尼尔·史普博:《管制与市场》,余晖、何帆、钱家骏、周维富译,上海三联书店、上海人民出版社 1999 年版,第 45 页。

[143] See Giles H. Burgess, *The Economics of Regulation and Antitrust*, Prentice Hall: Addsion Wesley, 1995, pp. 200 - 201.

竞争法或者被一些中国经济法学者所说的市场规制法,从性质上来界定应该属于间接规制,作为悬在市场权力头上的一柄“达摩克利斯之剑”,平时引而不发。反垄断政策通过制定和执行法律规范,以间接的方式维护自由平等的竞争秩序,防范和制止企业的不公平竞争行为,其核心理念服膺竞争性的市场能够提高经济效益。反垄断法的制度与实践,是根植于市场本身,在尊重市场并认识到市场不足条件下而进行的调整机制,其本质上是市场思维的有机组成部分,根本价值在于恢复市场有效(而非完全)竞争。逻辑上推导的反垄断制度应当是如此发生并发挥作用的:鉴于竞争在市场经济条件中对资源配置的重要作用,经济竞争被作为一种追求的价值目标为人类社会所弥足珍惜,由于经济竞争本身蕴含否定自身的力量,包括在竞争过程中发生的不正当竞争行为,以及在竞争结果上形成的协同行动或垄断(寡头)状态,这些情形都会抑制市场中的有效竞争,而市场本身对此却无能为力,不得不借助市场外力量以恢复有效竞争。反垄断法的三项基本制度为企业联合或共同行为划定了界限,既是对竞争自由的限制,也是对竞争自由的保护:禁止垄断协议(卡特尔)是为了防止财产自由、契约自由和营业自由的滥用,以保护竞争自由;禁止滥用市场支配地位是为了保护竞争者不受市场势力的强制,维护的是竞争者的自主、自愿交易;控制经营者集中属于事前控制制度,是为了防止市场势力的形成。实力严重不对称的失衡竞争如果没有安全阀的节制,犹如汽车只有动力系统而没有安全制动系统,等待我们的将是车毁人亡。企业并购,广事经营,本身是经济发展的推动力,但集中控制并非“罩”在企业头顶上一块已经封死了的坚固的混凝土板,严重损害有效竞争恰是集中控制判断实体标准。从对自由竞争的作用效果来讲,反垄断和管制体系分别代表了国家促进竞争和限制竞争两者判然不同的权力体系。政府管制,是指政府采取审批或认证等手段直接介入经济主体的决策,以提高社会福利水平。其基本依据是市场竞争虽然从总体上看积极意义显著,但也存在失灵之处,从而使政府干预必不可少。有些学者从时间定位上区分竞争政策与监管,认为反垄断法是通过禁止滥用市场垄断地位等手段对企业的反竞争行为进行事后的、惩罚性的否定,而监管则通过许可等方式对企业进行事前的、预防性的控制,其效力作用于企业行为发生之前。较事后手段而言,事前制定的效率标准可以起到对企业提高效率的指引性作用,并可提高法律的可预见性与透明度。上述区分不一定恰当,因为对企业集中控制而言,通常也是要求符合一定门槛标准的企业集中,依其采取事前申报异议制或事前申报许可制而应事前向竞争政策主管机关提出申报或申请许可,至于竞争政策主管机关则依企业集中审查标准,判定是否提出异议或进行实质审查,而就企业集中对整体经济利益与限制竞争的取舍衡量,以决定是否禁止、驳回或许可其企业集中。

竞争法的基本理念是维护市场经济制度,虽然以政府干预的形式出现,但是和直接管制等其他政府干预不同,并非试图替代市场机制,而是着眼于促进市场机制有效地发挥职能。反垄断法来源于对市场的辩证认知,对市场制度中的公平和竞争充满信赖和敬意;但是,却无时无刻不在警惕这样一种危险,一种由竞争的盲目性带来的危险。市场制度由于市场经济规律自我修正的缺乏,呼求着反垄断法的守护。谢怀栻在评论我国台湾地区的"公平交易法"时指出,从表面上看,该法对企业似乎限制很多,并不注重企业的利益,实际上,维护市场交易秩序、确保自由公平竞争,正是企业的长远利益之所在。[144] 如果没有反垄断法,市场准入的行政规制法尤其发达。竞争法其功能首先在于维持市场的正常运作,限制当局的任意干预与国营企业的势力。产业政策有明确的产业指向,而竞争政策没有明确的产业指向。产业政策并不是扶持经济中的所有行业,在资源总量给定的条件下,某些受到产业政策扶持的行业和企业获得的增加的资源,即是某些不受扶持的行业和企业减少的资源,因此,产业政策是非中性的,从静态效率上看是非帕累托改进的。产业政策从主导产业的选择到重点企业的识别不是通过市场竞争实现的自然选择过程,而是政府根据其认知水平作出的人为选择。政府通过对资源配置进行直接干预的方式来实现产业政策的目标,可能导致直接帮助某些竞争者。竞争政策旨在创造平等的良性竞争环境,并不是借助政府力量来为企业消除市场中的问题,而是通过营造一个公平、有序的市场环境和竞争秩序,创造条件发挥市场自身解决问题的功能,使市场的参与者通过市场竞争实现优胜劣汰,通过市场竞争和价格机制实现产业成长和企业竞争力的提高。在这一过程中,政府既是"有为",也是"无为"。前者表现在政府制定和提供竞争政策方面,后者则表现在市场的运行过程中。这就要求政府虽然是社会经济发展的"局内人",但在市场运行的过程中应以"局外人"的审慎心态,中立客观地观察市场优胜劣汰机制的运转,并在适当的情况下对竞争政策予以调整,使之适应市场发展的要求。

---

〔144〕 参见谢怀栻:《台湾经济法》,中国广播电视出版社 1993 年版,第 230 页。

自由竞争法重在追求经济的效益,而非分配之公平,促进“动的安全”,反垄断法的作用主要是对现有市场中的企业行为及相互关系进行调整。反垄断法以特定企业行为在特定市场中的竞争效果来评判相关企业是否违反了反垄断法,包括相关产品的市场界定、企业的市场份额、反竞争效果与有利影响的权衡等。市场准入是反垄断法调整中的一个重要考虑因素,但对市场准入的考虑是静态的,主要基于严格界定内的市场中的现有主体,基于现有产业政策下的竞争状况的考虑。相对于产业政策的宏观调控,反垄断法则属于微观调整。反垄断法是规制经济行为的法律,但该法在许多重要方面与传统上所谓的“规制”有所区别。反垄断法侧重维持某些基本竞争规则,而规制更倾向于针对特定产业。由于“规制就是对竞争的限制”,[145]这使规制与反垄断之间存在一些微妙的冲突。以美国为例,美国电话电报公司在 1984 年被分拆出一个继承了母公司名称的新 AT&T 公司(专营长途电话业务)和 7 个本地电话公司(“贝尔七兄弟”),并非违反电信法,而是违反了竞争法,对其提起诉讼的也是美国联邦司法部而非联邦电信管制委员会。事实上,当年作为美国电话电报公司在长途通信服务领域的重要竞争对手,微波通讯公司进入市场也遭到电信管制委员会的反对,却获得司法部的支持。甚至电信管制委员会在相当一段时间内与美国电话电报公司处于同样立场,联袂对抗法院引入竞争的努力并因此败诉。在韦里孙通讯公司诉科蒂斯·特林科律师事务所案中,美国联邦最高法院认为,法院或反托拉斯执法机关不可能像管制机构一样,对商品价格作日常监督或管制。[146]从历史上看,大部分经济管制一开始就是规避竞争的产物。美国反垄断法产生于 100 多年前的自由竞争市场模式中,其目的是保护市场竞争。而管制的出现,正如波斯纳指出,无论在理论和经验上的研究都表明,是相关行业为了防止“过度”竞争争取来的。[147] 反托拉斯的目的是让市场在工作时能够运作,而管

[145] 王自力:《垄断行业中的〈反垄断法〉实施问题》,载《政法论丛》2010 年第 1 期。

[146] Verizon Communications, Inc. v. Law Offices of Curtis v. Trinko, LLP, 124 S. Ct. 872 (2204).

[147] See Richard A. Posner, "Theories of Economic Regulation", *The Bell Journal of Economics and Management Science*, Vol. 5, No. 2, 1974.

制是具体制定价格和数量的规则。当市场失灵时,反托拉斯不能取代管制。[148]竞争法的直接目的在于促进自由竞争,而政府管制常常不同程度地抑制或取代了自由竞争。唯其如此,受管制的产业以及政府管制行为本身是否需要接受竞争法审查一直争论不休。发达国家出现的放松管制的趋势,实际上是向反垄断法的一种回归。

(四)美国放松管制的精神实质

反垄断法是自由竞争的市场机制的守护神,其首要任务就在于维持自由公平的竞争秩序,将竞争的作用发挥到最大。而政府经济管制的任务就在于,控制或消除行业中的过度竞争或低效率的竞争,建立自然垄断性行业所要求的价格、产品及服务种类、标准、市场进入或退出的条件等,实现资源的优化配置,保证自然垄断企业稳定发展,保障社会公共产品持续、有效的供给。其中,价格和企业数量是两个最主要的变量。因此,价格管制和进入管制是两种最基本的管制方法。通过价格管制把价格和利润保持在一个既不失公平又刺激企业积极性的水平上;进入管制的目标则是把企业数量控制在一定的数量以避免重复建设、过度竞争。可以说,反垄断法主要规定的是不能做什么,通常不会强制设定某一行业产品与服务的价格,而政府管制告诉企业的是应该做什么以及如何给产品定价。我国《价格法》中的部分条款是反垄断法的重要法律组成。如该法第14条规定,经营者不得"相互串通,操纵市场价格,损害其他经营者或者消费者的合法权益",这是对正当价格行为的一般与概括性要求。政府管制则对价格管制作出具体规定。例如,澳大利亚电力管制法律规定,竞争和消费者委员会制定输电网价;配电电网定价由州立法规定,州立管制机构进行管理;而特许顾客定价、零售定价等由州立规章来调整。在澳大利亚电力价格管制中,主要内容包括防止交叉补贴的现象发生、控制地区电力公司对小用户的供电价格、控制输配电价格。我国的《铁路法》《航空法》《电力法》等一系列法律和《电信管理条例》等特定行业的一大批规章制度,是政府干预的主要工具。反垄断法是救济性的,通过制裁性规范和事后规制来弥补因行为造成的后果,从而校正行为后的市场秩序。政府管制是控制性的,它通过事前和事中的规范来控制行为的过程,从而维护行为前和行为中的市场秩序。例如,企业在经营中形成垄

[148] See Dennis W. Carlton, "Does Antitrust Need to be Modernized?", *Journal of Economic Perspectives*, Vol. 21, No. 3, 2007.

断价格,反垄断机构对其进行处理,对价格进行重新调整,在事实上也起到价格控制的效果,但对价格的这一干预是事后的,而管制机构对管制行业的定价却是事前的;反垄断机构根据"基础设施"理论开放网络,也是在违法事件发生后针对特定对象的,而管制机关的市场准入标准也是事前的,针对被管制行业的不特定主体。反垄断机构不会积极主动地对价格、准入等问题进行干预,而只是在个案中进行裁量。绝大多数国家的反垄断执法机构都是由反垄断法直接确定的,通行的做法是将反垄断执法机构规定为独立的执法机构,美国、日本等一些国家的反垄断执法机构甚至享有行政权、准司法权和准立法权。由于反垄断执法机构的管制对象是各行各业的企业,其市场行为极其复杂,因此,大多数国家对反垄断执法人员的法学和经济学专业水平和执法经验有明确要求。在市场经济条件下,政府管制的实施机构通常也是根据立法机构制定的有关法律设立的独立的执法机构。不同的是,每个受管制行业一般设置一个行业管制机构,其职责主要是制定具体管制措施、工作程序以及执行管制相关事宜。行业管制机构与所在行业的企业关系是长期的,对企业的监督是连续的,因此,行业性管制机构对受管制对象拥有较充分的信息。以美国为例,反托拉斯法律虽然被视为传统的非市场的控制方法,但司法部与联邦贸易委员会对发生在所有行业中所有违反法律的行为有监管权,而其他的非市场控制由一个特定的机构来监管经济生活的一个具体的产业或地区。州际商务委员会监管地面运输,联邦储备系统监管银行业,证券交易委员会监管证券业,联邦航空局监管航空业,联邦通信委员会监管通信业。

长期以来,关于政府干预的改革在越来越多的经济体中扮演重要角色。尽管不同的国家存在显著差别,但是,大多数国家(尤其是发展中国家)的规制改革主要包括前国有企业的私有化、市场自由化、普遍服务义务的重新界定、在经济中引入竞争等。规制缓和致力于公平、自由竞争秩序为中心的经济社会秩序,拆除或放松限制这种竞争秩序法律制度,堪称对在经济社会中竞争维持秩序原则的信赖。[149] 在完全解除管制的行业,反垄断法无疑要充分发挥作用,在部分解除管制的行业,竞争与监管并存并举,因此,在监管行业如何处理竞争法与行业管制之间的关系显得至关重要。一方面,解除管制政策中所谓的"管制",乃是针对竞争法或竞争政策以外之政府管制事项,使一般私人和企

〔149〕 参见正田彬「規制緩和と経済法の視点」『学術の動向』第3卷第9号、1998年。

业拥有更广阔的自由活动空间,可以自由地发挥其企业家精神;另一方面,在放松管制的同时引入竞争,政府还必须相应制定一些配套的规范与规则,使其能够控制这种竞争的进入。因为竞争本身需要一些重要的新的制度性补充来保证。可以说,竞争政策与解除管制政策实居于两分一体关系,只有齐头并进,解除管制政策的施行才会收到应有的实效性。在引入竞争的同时,政府在竞争机制有效运转前对放松管制企业的监管实际上始终是必要的,应该加强管制制度的建设,以管制的方法来放松管制,即"管制重建",强调"小而能"政府的精干管制。与此同时,更多的自由隐含着更多滥用自由的可能性,为确保市场中的自由竞争,遂有强化竞争法规范取缔功能的必要性,以确保各个企业于市场上活动的自由。[150] 解除管制政策所释放出来的自由活动空间,使竞争政策较之过去任何时期在整体国民经济发展中所扮演的角色空前重要。在推动解除"管制"的同时必须强化竞争法的"管制"内容,此实为经济法制发展过程中所导致的矛盾现象。日本《独占禁止法》之所以制定后至1990年长达43年的期间中,仅历经3次重要的修正,但1991年后不到10年的时间内,频仍修法已达7次之多,即此之由也。

在许多人的印象中,美国联邦贸易委员会放松规制的同时往往伴随反托拉斯法实施的弱化,两者如影随形,这成为竞争法是一种干预法的佐证。通过对反垄断政策发展的回顾表明,反垄断政策的目标与时俱进,反垄断法的经济学方法的实际引入似乎很大程度依赖于人们所读的经济学圣经。美国联邦最高法院在1958年北太平洋铁路公司案中重申:谢尔曼法被设计为一个全面的经济自由宪章,目的是维护自由和不受约束的竞争。[151] 在美国诉纽约美孚真空油有限公司案中,谢尔曼法案被誉为"自由宪章"。[152] 约翰·保罗·史蒂文斯(John Paul Stevens)在《自由的第三个分支》中指出:"谢尔曼法恰当地被描述为一个自由宪章,它的目的是提高独立的决策者的机会。"[153] 路易斯·施瓦兹在《美国反垄断法和自由企业》中认为,反垄断一直是基于这样的信念:"集中经济

[150] 参见黄铭杰:《经济法基本性格论》,载《政大法学评论》1997年第58期。

[151] Northern Pac. Ry. Co. v. United States, 356 U. S. 1, 4(1956).

[152] United States v. Socony Vacuum Oil Co. , 310 U. S. 150, 221(1940).

[153] John Paul Stevens, *The Third Branch of Liberty*, University of Miami Law Review, Vol. 41, No. 2, 1986.

力量的往往支配政府,因此导致专制社会。"[154] 这种观点的前提是,不受限制的互动竞争力量将产生经济资源的最佳配置、最低价格、最高的质量和最大的物质进步,与此同时,为保护民主政治和社会制度提供一个有利的环境。美式新自由主义认为,即便竞争在现实中不存在,潜在的竞争将应运而生,获得良好的市场表现,无须政府监管。虽然克莱顿法案往往被视为政府控制的商业行为,但其动机是确保竞争潜力的最大效能,从而减少政府控制企业和市场结构的任何理由。反垄断政策在托拉斯被万夫所指的旧时光里畅行无阻,但在20世纪20年代面对国际竞争显得落后于时代。因此,尤其与芝加哥大学有关的一些经济学家,开始产生支持市场结构的积极政府控制的想法。如同呼吁放松反托拉斯在20世纪20年代奠定了塞勒－凯弗维尔(Saler Keverville)反兼并法的基础结构,倡导并购控制和分散化的措施奠定了第二代芝加哥学派学者的知识生成,除了竞争禁止,没有任何反垄断政策的经济科学依据,在任何情况下,大多数行业可以被视为是完全竞争的。从美国第二代芝加哥学派发展出的竞争法视角来看,竞争法以及任何形式的政府行为都不过是一种规制的形式,必然代表着政府对经济自由发挥作用进行干涉,因此本身就是损害经济效率的因素。[155] 世界上真正需要反对的垄断只有一种,就是政府用行政法规限制导致的垄断。其他所谓的"垄断"在市场中实际并不存在,只是竞争的表现。在这种情况下,放松规制其实就是反垄断的平行线,所谓"规制"只是"垄断"的代名词,所谓"放松"实乃"反对"的同义词。从这种角度来看,这可谓反垄断法自由法性质的生动体现。正因为放松管制,企业兼并很可能在约束相对减少的情况下迅速发展,似乎反垄断法束手无为,但我们应该看到这恰恰是反垄断导致的经济自由化的结果。在经济全球化时代,放松企业并购控制,这是反垄断法在新的时空条件下的因应,同样可以证明其对竞争自由空间的拓展。

主张"回到亚当·斯密"的美国新自由主义认为,虽然反托拉斯法旨在促进

---

[154] Louis Schwartz, "American Antitrust Laws and Free Enterprise", *World Competition*, Vol. 2, No. 1, 1978.

[155] See Frank Easterbrook, "The Limits of Antitrust", *Texas Law Review*, Vol. 63, No. 1, 1984.

竞争、防止垄断,[156]但其实际上创造了一个悖论:“自由竞争者因为其自由竞争的作用有限,所以都被同时保存”;[157]政府的介入实际上阻碍了竞争,[158]垄断权力主要是由于政府干预引起的,减少政府干预会强化竞争。然而,白宫采取这种新自由主义的放任态度,并非完全基于经济理论,而是惧怕美国在国际经济中地位的边缘化。这种思想和实践其实是有重心的,体现美国式阴法阳儒的产业政策,是美国实用主义和市场原旨主义的融合。可以说,美国的现代产业政策源于日本产业政策的实践。美国在第二次世界大战后在钢铁、汽车业等多个行业举世无匹,但与日本借助产业政策在20世纪60~70年代迅速崛起形成鲜明对比的是,美国经济在20世纪70年代后期开始衰退,企业国际竞争力趋于下降。国际差异的悬殊和恢复企业国际竞争力的社会呼吁,使美国掀起了学习“制造业之神”日本公司治理机制与政府模型的高潮,这也在一定程度上促使反托拉斯法走向缓和。激烈的国外竞争,尤其是面对日本与欧洲的挑战,“民族工业”的问题在美国开始备受关注。以汽车工业为例,由于日本汽车的大举入侵,美国三大汽车公司的安逸局面被打破。随着更多的国外企业跨入美国的经济门槛,为争夺市场份额,美国国土上展开了强有力的竞争,美国本土原有的生产、销售格局与定价方式被打乱。全球化风潮横扫世界,美国公司却发现自己与庞大的外国竞争力相差不远,而后者却是以与美国不同且限制较少的规则在运作。所谓追求“严格的反托拉斯政策”被归咎为困境产生的原因之一,因此,倡导以放松反垄断政策的经济和产业的灵活化。[159] 人们普遍认为,建立在错误观念和陈旧落伍原则上的反托拉斯法案对美国经济的发展造成严重的障碍,使

---

[156] See Roger D. Blair & David L. Kaserman, *Antitrust Economics*, Homewood, Illinois: Richard D. Irwin. 1985, p. 25.

[157] Kelvin Jones, *Law and Economy: The Legal Regulation of Corporate Capital*, London: Academic Press, 1982, p. 109.

[158] See Benjamin A. Rogge, *Can Capitalism Survive?* Indianapolis: Liberty Fund, 1979, p. 23.

[159] 参见西田達昭「産業組織論の理論的系譜と規制緩和」『国際教養学部紀要』第1卷第3号、2005年。

企业界损失很大,[160]外国竞争的威胁成了比反托拉斯法更有力的加强市场秩序的工具,卸下政府的经济镣铐将会令经济进步。际此时艰方亟,结构主义时代以严厉著称的竞争执法已经没有了存在的土壤,经济效率甚至被一些人尊奉为反托拉斯法的唯一目的。在美国,所谓放宽,是在放宽管制的同时放宽对市场秩序的规制,使本国企业能够放开手脚大展长才。这是放宽对本国企业的自律,认同其他国家的低度竞争法律控制,让美国企业可以没有反托拉斯的限制而进行合并,以达到"世界级"的规模,从而在全球市场上具有竞争力,以期符合美国本国自身利益。莱斯特·瑟罗(Lester Thurow)直言不讳:"过去的反托拉斯法可以应用在美国企业身上,但对外国人却不适用;你可以用反托拉斯来指控福特和通用汽车合资的事实,却不能反对丰田和通用有合作行为。三菱集团在我们的法令下是不合法的,但三菱派系中的其他成员却全都在美国境内。如果美国大企业设在日本,而日本的却设在美国,到底要用哪个标准来判定才说得通?""美国应该废除它的反托拉斯法",因为"19 世纪的做法在准备迎接 21 世纪的时候已不适用"。[161] 受新自由主义经济学理念的影响,在反垄断法领域也呈现"放松管制"的趋势。美国一连串的管制放松政策和放松基于反托拉斯法的管制相连动而实施。

虽然解除管制的趋势开始于 1978 年,美国卡特政府签署《解除空运管制法案》(TheAirline Deregulation Act),但里根政府加快了这一步伐,将天然气、石油和航运价格留给"看不见的手"指导,减小联邦政府干预的范围,以及赋予私营企业更多的权利。里根在其第一任总统就职典礼上出口惊人:"政府并不是解决问题的方法,政府本身才是问题所在。"[162]美国经济振衰起弊成为当务之急,里根就职后立即宣布成立了一个由布什副总统牵头的工作班子研究这一问题,撤回政府的干涉,让自由市场机制自动修正所面临的问题。放松规制的一个重要方面是放松反垄断、反兼并。在组织上,自命为"近乎不可救药的嗜血的自由

---

[160] 参见[美]路易士、阿里森:《全球经济大战》,黄宏义译,中国友谊出版公司 1985 年版,第 180 页。

[161] Lester C. Thurow, *The Zero-sum Society: Distribution and the Possibilities for Economic Change*, New York: Basic Books, 1980, p. 146.

[162] 钱满素主编:《自由的刻度 缔造美国文明的 40 篇经典文献》,东方出版社 2016 年版,第 419 页。

主义者”[163]的里根任命威廉 · 巴克斯特(William Baxster)和詹姆斯 · 米勒(James Miller)分别担任美国司法部反托拉斯局局长和联邦贸易委员会主席,波斯纳、伊斯特布鲁克(Frank Hoover Easterbrook)等先后被任命为联邦法院的法官,以商务部长马尔科姆 · 鲍德里奇(Malcolm Baldridge)为首的里根政府的高官向国会提出了一揽子修订反托拉斯法的提议。1982 年有 5 项反托拉斯法修正案提交国会,包括兼并现代化法、反托拉斯损害赔偿改善法、管理人员兼任法、外贸反托拉斯改善法和强化衰退产业竞争力法,这实际上是美国企图通过放宽反托拉斯法来促进企业竞争力的产业政策行为。1984 年,美国对《克莱顿法》作了重大修改,对兼并活动基本上采取放任态度,实际上迫使《克莱顿法案》的反兼并规定在立法上安乐死亡。[164] 1977 年的西尔维尼亚案[165]的判决被称为美国反托拉斯现代史上的“珠穆朗玛峰”,民粹主义的反托拉斯哲学被彻底抛弃。1983 年司法部起诉美国钢铁业朗坦科—沃特公司与共和钢铁公司之间的兼并,[166]但遭到美国商务部的强烈批评,声称为了增强美国钢铁业在国际市场上的竞争力必须认可该项兼并。这一案件促使司法部在出台 1984 年《横向并购指南》时更多地考虑了兼并效率收益,为放宽兼并控制标准作了铺垫。在鼓励企业间合作方面,1984 年的《国家合作研究法》和 1993 年的《国家合作研究与生产法》,均反映了美国通过放宽反托拉斯政策以促进联合研究与开发和合作生产的倾向。2000 年出台的《竞争者之间合作的反托拉斯指南》则进一步为竞争者联合开拓国际市场、合作研究与开发、联合生产提供了法律依据。

具有讽刺意味的是,在里根政府时期,美国政府当局发誓说要保证一种高度竞争的市场经济,反而对重要的反垄断行动不予重视。[167] 相反,反托拉斯法被作为管制措施被美式新自由主义所管制,这主要是由于管制的定义在争论中

[163] [美]杰夫 · 马德里克:《政府与市场的博弈:20 世纪 70 年代以来金融的胜利与美国衰落》,李春梅、朱洁译,机械工业出版社 2013 年版,第 104 页。

[164] 参见[美]图尔、塞缪尔斯主编:《作为一个权力体系的经济》,商务印书馆 2012 年版,第 466 页。

[165] Continental T. V. ,Inc. v. GTE Sylvanla Inc. ,433 U. S. 36(1977).

[166] United States v. LTV Corp,746 F. 2d 51(1984).

[167] 参见[美]斯坦利 · 布德尔:《变化中的资本主义:美国商业发展史》,郭军译,中信出版社 2013 年版,第 344 页。

被弄得一塌糊涂。本来,反托拉斯法被芝加哥学派的代表人物又称为一种基础性的“游戏规则”,[168]在美式新自由主义大行其道之际横决网罟时大刀阔斧削减,事情即是如此辩证,竞争法对市场竞争的影响为利于竞争或反竞争在具体语境中见仁见智。政府对托拉斯行为的松绑,更导致产业盟主直接并购主要竞争对手。在兼并狂潮的10年间,里根政府的司法部实际上不采取反托拉斯行动,“无为而治”,对此几乎是一路大开绿灯,既不管也不制。从政策的实际执行情况来看,“兼并狂潮”成为20世纪80年代的特色,1982年到1986年向司法部提交的5万件合并申请中遭到司法部明确反对的仅有81件,许多在以前很可能遭到反对的合并都得到了批准。在20世纪80年代发生的美国历史上第四次企业合并浪潮不但在合并总数上远远超过前三次,而且在交易金额上更是达到了空前的程度。显然,这与整个20世纪80年代反托拉斯当局对合并采取的放任立场不无关系。所以,我国学者据此认为,整个20世纪80年代,无论对企业合并还是大企业的行为,反托拉斯当局都非常宽容,“美国反托拉斯政策由严厉彻底转变成了最低限度的干预”[169]。美国已从20世纪60年代最积极进行反垄断执法的国家,截然转变为20世纪80年代最不积极进行反垄断执法的国家。

六、结　　论

恰如费肯杰所言,在德国竞争法领域,长期未解决的边界问题即在于,反限制竞争法与国家干预,特别是在总体调控框架内的关系。[170] 自由主义的信条要求政府“别管生意人的事”,可是但每当大萧条出现,生意人又欢迎政府回来。[171] 这是中外通则。反垄断如何进行?竞争法的精神何在?干预论甚嚣尘

---

[168] [美]约瑟夫·E.斯蒂格利茨:《社会主义向何处去:经济体制转型的理论与证据》,吉林人民出版社2011年版,第291页。

[169] 辜海笑:《美国反托拉斯理论与政策》,中国经济出版社2005年版,第31页。

[170] 参见[德]沃尔夫冈·费肯杰:《经济法》(第2卷),张世明译,中国民主法制出版社2009年版,第203页。

[171] See Norman Stone, *Europe Transformed* 1878 – 1919, Glasgow: Fontana Books, 1983, p. 1.

上,响彻云霄。这在经济法中存在思想混乱,乃兹议纷纷,是此学不明故耳。殊不知必须考虑形与神、体与用,不能矫枉过正。三心二意,阳儒阴法,丢失其灵魂,竞争法就会与“经济宪法”之名相背离,称为“干预宪法”亦不为过。市场与非市场间的选择并不是一种单纯的状态选择,而是一种程度上的选择。人们在看到市场机制的缺陷,准备伸出“有形之手”进行干预前,也要低头看看这只“手”的不完善之处。经济法的国家干预不是为了干预而干预,而是为了自由而干预,否则势必造成权大于法、权干预法、权代替法、无法可依、有法不依的现象普遍存在。从本质上讲,经济法是“综合系统调整法”“平衡协调法”“经济民主与经济集中对立统一法”“社会(责任)本位法”。竞争法的基本品质和精神特征是一种自由法,旨在形成一种自由竞争的机制,干预来、干预去是干预不出经济繁荣的。马克思和恩格斯在《共产党宣言》中早已指出:“每个人的自由发展是一切人的自由发展的条件。”[172] 政府应当是竞争的守护神。自由仰仗于法律,法律作为公共产品弘扬自由,阻隔自由的摩擦而不是阻隔自由本身。在现实社会中,一己之自由乃以不得侵越他人权利为界限。真正的自由必须建立在理性与现实和解的基础上,这类似亚里士多德所说的将自由思想与有意义的选择合二为一的中庸之道。民法对于平等主体的权利保障主要属于平脚的平等,而竞争法作为对于民法的扬弃并不构成与民法的对立,继续在自由精神的阐扬发挥方面不遗余力,从而促进这个国家中的自由更上层楼,不至于如阿纳托尔·法朗士(Anatole France)曾经所嘲笑的在形式正义或者形式自由的理念之下,“法律在其雄伟壮观的平等中禁止富人像穷人一样露宿桥下、行乞街头和偷窃面包”[173]。在20世纪20年代作家G. K. 切特斯顿(G. K. Chesterton)的寓言《黄鸟》中,作为“自由至上主义者”的主人公狂热地追求打破各种限制,将鸟儿从笼中放出,可一旦出了笼子,金丝雀就被树林里的野生鸟所袭击。[174] 如果管制属于禁锢鸟儿的樊笼,那么竞争法如同使鸟儿在空中飞翔的空气,空气有阻

---

〔172〕 [德]马克思、恩格斯:《马克思恩格斯选集》,中共中央马克思、恩格斯、列宁、斯大林著作编译局编译,人民出版社1972年版,第273页。

〔173〕 [德]沃尔夫冈·费肯杰:《经济法》(第2卷),张世明译,中国民主法制出版社2009年版,第159页。

〔174〕 See George W. Carey, *Freedom and Virtue: The Conservative/Libertarian Debate*, Wilmington, Delaware: Intercollegiate Studies Institute, 2004, p. 179.

力也有浮力,没有阻力也就没有浮力。鸟儿虽然也许感到有空气的阻力而不能更加游刃有余地自由翱翔,岂知没有空气,就会从根本上断送其天高任鸟飞的梦想。在这种情况下,尽管存在空气的阻力,但与鸟笼的束缚不能等同视之,其并不构成对鸟儿自由自在展翅冲天的束缚,鸟儿的飞翔是自由的,并没有受到他人的强制。自由竞争所追求的是一种免于外在强制的自由,但又绝不是摆脱一切外在强制。反限制竞争法的目的就在于高举竞争自由的旗帜,而规制是市场赖以维系的基础,是对市场状态的确认,其底线就在于确保市场的正常运作,以市场效率为中心。反垄断往往被轻率而先验地贴上政府挥舞大棒强行暴力干预经济的标签,竞争法往往被肤浅地界视为干预法,以致"竞争法是国家干预经济之法"竟成口头常语,这种"紧箍咒"的诬称大谬不然。竞争法的主轴实际上是亲市场的,与市场具有亲缘关系,始终忠实于市场机制,并不扼制摧毁自由竞争。在这一意义上,竞争法倡导市场理性,其中所体现的实际上是为了不干预而进行的干预。我们必须对竞争法的基本性格凝聚共识,对竞争法的"质的规定性"必须明确认识,不能将竞争法与家长式政府干预混为一谈,对两者的区别视而不见。

Protecting Prometheus: Free Competition Character of Antimonopoly Law

Zhang Shiming

Abstract: In David Gerber's words, the "identity" of competition law is still ambiguous, often superficially defined as intervention law, so that "competition law is the law of state intervention in the economy" has become an oral phrase. If the nature of anti-monopoly is vague, it will lead to many confusions in practice, and bring about arguments such as the regulating object of competition law including two kinds of economic relations: competition relationship and competition management relationship. Contrary to the view of competition law as Interventionsrecht, competition law is regarded as Freiheitsrecht. From Carter's country to the implementation of the idea of order liberalism in Germany, from price control to the new competition law in France, such legislative historydemonstrates the character of anti-monopoly law has become increasingly distinctive. The system and practice of anti-monopoly law is an adjustment mechanism rooted in the market itself, respecting the market and recognizing the shortage of the market. It is essentially an organic part of market thinking, and its fundamental value lies in restoring effective market competition. Academic circles must have a consensus on the basic feature of competition law, a clear awareness to the "definite quality" of competition law, and not confuse competition law with paternalistic government intervention.

Key words: Antitrust law; Intervention law; Freedom law; Regulation

跨界的视域：西方知识产权研究菁藻与东方观察*

邵　科**

内容摘要：

本文探究西方知识产权研究六大主题表里相依的关系。这六大主题以跨学科为根本特征，涵盖国际关系学、史学、哲学、社会心理学、经济学及全球治理学。将此六大主题综合研判，可以彰显全球知识产权学的深刻全貌。然而，正如本文指出的，全球知识产权学尚须吸纳一东方视角，即将中国文化、历史与哲学融入相关的讨论中，方能进一步产生应对国际新形势挑战的灵感。

关键词：

知识产权　全球治理　中国文化

在西方学界，知识产权应当是跨学科程度最高的领域之一。这个领域活力充沛、名家辈出，产生了大量令人叹为观止的研究，由世界顶级刊物或出版社印行。这其实并不奇怪，因为知识产权涉及的是人类大脑产生的一切创造力，故而必然横跨自然科学和人文科学的前沿类别。事实上，西方知识产权研究的许多学者都具有跨学科背景。将他们的研究列陈一处，将是一幅珠联璧合的图景——通过深入狼烟四起的全球知识产权纷争，他们不但凝视矛盾冲突的情势、分析革新的可能。可他们并不满足于此，于是向内向上追溯，去探究知识产权存在或消亡的历史性和正当性，及其背后和创造力原理及目的相关的甚深命题。

---

* 本文系教育部人文社科一般项目“康德法学思想研究及其对我国法治建设的启示”(11YJC820172)的阶段性成果。

** 澳大利亚西澳大学法学院教授。

2018年以来,美国在全球贸易及法律问题上不只与中国交恶,亦对一些盟友步步逼索。唯因西方知识产权研究汗牛充栋,本文实不能穷尽其所有门类与著作,因而不是文献回顾或研究述评。本文的目的,是在跨界的视域中加入一种东方的角度,镌切西方知识产权研究的英华,以供含撷。

一、国际关系学:昭示知识霸权的全球统治

以国际关系学的视域作为理解西方知识产权研究的开端,一点也不唐突。这两个看似不搭界的学科之结合,能够瞬间昭示数十年来知识产权全球化的实相,而这一实相则是我们当前及未来知识产权热议话题的本源。

昭示这一现象,需要对国际关系领域有精深的把握,也需要田野研究(fieldwork)的支撑。世界贸易组织(World Trade Organization,WTO)辖下的《与贸易有关的知识产权协议》(TRIPs)不只是一套规范全球知识产权行为的法律文本和实务手册,它在根本上是全球政治经济变迁的一部分。何以在1994年的那个时代会产生TRIPs这个试图捍卫西方产业集团私欲的强势知识产权体系?2003年,美国国际关系学者苏珊·赛尔教授(Susan Sell)对此作出了突破性的贡献。那一年,她在剑桥大学出版社发行了一部名为《私柄和众法》(*Private Power,Public Law*)的专著。[1] 在该书中,赛尔指出,从20世纪70年代开始,全球资本主义的结构(structure)逐渐染渍于新自由主义的意识形态。[2] 这种新自由主义的本质是美国经济学家戴维·孔兹教授(David Kotz)所称的"在很大程度上不受约束的资本主义"。[3] 因之,它很快表现出驰骋全球的恣意任性,最终造就了哈佛大学国际政治经济学家澹宁·罗爵克教授(Dani Rodrik)在其2017年新著《直言贸易:如何构建神志正常的世界经济》中

---

〔1〕 Susan K. Sell, *Private Power, Public Law: The Globalization of Intellectual Property Rights*, Cambridge University Press, 2003.

〔2〕 Ibid., p. 17.

〔3〕 David Kotz, "Globalization and Neoliberalism", *Rethinking Marxism*, Vol. 14:2 (2002), p. 64.

批评的西方精英的“过度全球化”(hyper-globalization)。[4] 赛尔认为,正是这种全球资本主义,刺激了作为国际关系主要施动者(agent)西方商业集团的口味,并使这些施动者蜂攒蚁集,合成一种高度联动(mobilized)、能够影响各方的游说结构。这种结构化的施动(structured agency)十分有效,以致区区12个美国大型跨国公司的领袖竟能用一己私利为TRIPs塑形,使美国的经济利益凌驾于他国主权和国情之上。[5]

若像看电视剧《纸牌屋》一样,神会西方商业精英们“在商言商”的情态,明白赛尔所说的如何精巧运用商业伎俩,来“激情地追逐知识产权的目标”,则要么亲历跨国交易,要么进行田野研究。[6] 在田野研究方面,我们尤其要感谢全球知识产权和发展议题领军人物、澳大利亚社会科学院院士、澳大利亚国立大学荣休教授彼得·达沃豪斯(Peter Drahos)。就在赛尔出版其专著的前一年(2002年),达沃豪斯出版了《信息封建主义》(*Information Feudalism*)一书。[7] 封建主义是一种源自欧洲黑暗封建史的修辞,借喻垄断、把持知识创造之意。书中的叙述惟妙惟肖。叫嚣着“把他投入监狱”的美国国际知识产权联盟(IIPA)高管,却自以为是的美国软件商、怀揣紧张与憧憬飞往欧洲的穷国代表,令识者会心一笑。[8] 这是采访了全球500多位人士后撰成的“纪实文学”,使人能够身临其境地体会哈佛大学法学教授劳伦斯·莱斯格(Lawrence Lessig)的读后感——令人彻悟美国为何要对发展中国家施以“情无可原的不必要伤害”。这些史诗般的田野资料,源于达沃豪斯和其学友约翰·布莱特怀特教授(John Braithwaite)合著的近700页的《全球商业规则》(Global Business Regulation)。本文将在第五部分提及这本用西方规则研究全球化的开宗立本之作。

---

〔4〕 Dani Rodrik, *Straight Talk on Trade: Ideas for a Sane World Economy*, Princeton: Princeton University Press, 2017, pp. 13 – 14.

〔5〕 Susan K. Sell, *Private Power, Public Law: The Globalization of Intellectual Property Rights*, Cambridge University Press, 2003, pp. 1 – 3.

〔6〕 Ibid., p. 8.

〔7〕 Peter Drahos, John Braithwaite. *Information Feudalism: Who Owns the Knowledge Economy?* London: Earthscan, 2002.

〔8〕 Ibid., pp. 19, 26, 111.

另一本知识产权田野研究的典范，是达沃豪斯教授 2010 年在剑桥大学出版社的《全球知识治理》(*The Global Governance of Knowledge*)。[9] 在这一采访了 45 个国家的官员、律师、商人、平民的大成之作笔下，略施恩惠的美国专利局官员、缺衣少药的菲律宾妇女、小国瞠目结舌的地方首长，犹如一段段真实的电影片断。它为知识产权和国际关系研究打开了新的维度，让我们看到无孔不入的施动者如何各辟蹊径，在已经不能遂其欲的全球知识产权规则协同化之外"创造性地"安营扎寨、修建各种通向自我利益的、外行难悉其详的规则栈道，以强化利益集团的全球私税征敛体系(private taxation)。它让我们进一步了悟探赜索隐而不是宏观叙事的重要性。换言之，若将知识产权国际条约、法律和规则的文本比作曲谱，那么我们不在其中、天真烂漫的人唱不出它特殊的腔调，更辨不出它的弦外之音。[10]

知识产权的国际关系学视角，对凝视美国正在发起的全球贸易纷争有极深裨益。这些贸易纷争不仅包括美中贸易战，也包括美国和澳大利亚、加拿大等盟友之间，在美式自由贸易协定知识产权条款上看似波澜不惊的嫌隙。这些盘根错节的纷争，都指向美国主导的知识霸权全球统治的实相。这一实相的本质是知识掌控型的全球阶层固化，其原理是贸易胁迫和棘齿机制(ratchet effect)：一旦其他国家进入美国设计的土豆换电影、玉米换药品的捆绑交易，而又不能在知识产权问题上遂美国饕餮之欲，则要么损失贸易机遇，要么面临报复行为，而且这个"紧箍咒"会想尽办法越念越紧。[11] 持续参悟这一真相，不仅需要在法律和案例上用力，更需要在犬牙交错的实相细节上神会。中国未来的复兴、全球新秩序的建构，不可能回避这些要害问题。

---

[9] See Peter Drahos, *The Global Governance of Knowledge*: *Patent Offices and their Clients*, Cambridge: Cambridge University Press, 2010.

[10] 关于文本和真实意涵的关系，See Drahos with Braithwaite, Information Feudalism, ix。

[11] See Drahos with Braithwaite, *Information Feudalism*: *Who Owns the Knowledge Economy*? London: Earthscan, 2002, p. 11. Peter Drahos, "Does It Really Matter If Trump Pulls The Us Out Of The World Trade Organization?", *Policy Forum*, Australian National University, 26 September 2018. Peter Drahos & John Braithwaite, "Hegemony Based on Knowledge: The Role of Intellectual Property", 21 *Law* in Context 204(2003), p. 204.

二、史学:对西方中心论的解构与驱魅

仅从国际关系学一域来观察全球知识产权的症结,可能无法荡除我们心灵深处挥之不去的所谓“西方中心”依赖。这种被雅理读书创始人、华东师范大学教授田雷生动地描述为在中国找病理、到外国找药方的“外国法的某某制度及其对中国的启示”的思维定式,虽已开始离我们而去,但由于我们对外国社会的细节所知如此之少,这种定势曾经给予的惊喜、希冀,却有可能不时回返。[12]

实则对于西方人士,特别是已经将知识产权内化为“堪比宗教信仰”的西方商业人士,这种荡除或驱魅也绝非易事。[13] 有一个捷径,是深入了解现代知识产权法律、观念及行为的欧美传统宗谱。为此,西方一些学者沉潜于知识产权的史学研究之中。欧美知识产权历史研究从100多年前就开始了,但过去几十年则日渐接近后现代主义的某些方法论。后现代主义的流派极其繁杂,但总体上均认同解构主义领军人物、法国学者利奥塔(Jean-François Lyotard)所说的“对大叙事(metanarratives)的怀疑”。[14] 这些大叙事可能是福柯(Foucawlt)所说的被权力制造、强化或抛弃的话语,也可以是一种遐想式的、缺乏时空点及细节的,或是“这山看着那山高”的“浪漫主义”。

相关研究首先要归功于约翰·费瑟(John Feather)、莱曼·帕特森(Lyman Ray Patterson)等英美学者在三四十年前的努力。[15] 1993年,哈佛大学出版社发行的欧洲文学出版史权威马克·诺斯(Mark Rose)之名著《作者和所有权人》

---

〔12〕 田雷:《第二次的相逢——论外国法研究的历史转向及其中国问题意识》,载《探索与争鸣》2017年第4期。

〔13〕 用“宗教信仰”来描述西方商业群体的思维定势。See Jerome H. Reichman, “Intellectual Property in the Twenty-First Century: Will the Developing Countries Lead or Follow?”, See Ruth L. Okediji ed., *Intellectual Property Rights: Legal and Economic Challenges for Development*, Oxford: Oxford University Press, 2014, p. 113.

〔14〕 Jean-François Lyotard, *The Post-modern Condition: A Report on Knowledge*, Manchester: University of Manchester Press, 1984, xxiv.

〔15〕 Lyman Ray Patterson, *Copyright in Historical Perspective*, Nashville: Vanderby University Press, 1968; John Feather, *A History of British Publishing*, London: Routledge, 1988.

(Authors and Owners),则是行文优雅、史学和文学功底都颇深的佳制。[16] 当跟随这些学者向上追溯 16 世纪以来的欧美知识产权史时,我们会惊奇地发现,在国际关系学视域里看到的知识霸权全球统治实相,其原委都可以在它的欧美传统宗谱中寻根。概言之,于 17 世纪英国宗教和政治审查需要中诞生的印刷垄断,不但造就了现代版权法,也定下了整个西方知识产权强势财产信仰的基调。在那个时代,并非是作者权利意识的觉醒改变了世界,而是利益群体在面对国会反垄断之役时的游说、联动和蜂攒蚁集,定义了历史。最终,他们在立法和思想上完成了对英国伟大哲学家约翰·洛克(John Loke,1632 ~ 1704)自然权利学说的踹染,并沉淀为今天西方强势知识产权思维的底色。17 世纪蜷缩在伦敦和巴黎的垄断商给知识产权刷上洛克底色是历史的遗憾。彼时他们的视野如此之小,怎能想见数百年后的未来? 1640 年左右,伦敦的出版商只有 23 个。[17] 他们当然不可能晓得,在 1644 年左右遥远的中国,仅南京和苏州两地的出版社就约有 200 个,从事着极其繁荣的创作事业。[18]

在欧洲底色漫长的沉淀过程中,正如剑桥大学知识产权中心主任莱昂内尔·本特利(Lionel Bently)等人指出的,自 19 世纪以来,反对这种底色的声音在西方叙事中遭到"边缘化、嘲弄、排除甚至禁止",只有支持正史的观点才得以保留。[19] 顺着这种思维定式,渐渐地,19 世纪上半期美国国会声称"世上没有什么国际版权"的历史被忘却了,而 1842 年英国版权法修订时所展现的强大的

---

〔16〕 Mark Rose, *Authors and Owners: The Invention of Copyright*, Cambridge, Massachusetts: Harvard University Press, 1993.

〔17〕 关于伦敦出版社的数量, See Helen Smith, "The Publishing Trade in Shakespeare's Time", in Andrew Murphy ed., *A Concise Companion to Shakespeare and the Text*, Malden: Blackwell, 2010, p. 19。

〔18〕 有关统计,参见张秀民:《中国印刷史》,上海人民出版社 1989 年版,第 343 ~ 348 页、第 365 ~ 372 页。

〔19〕 Brad Sherman & Lionel Bently, *The Making of Modern Intellectual Property Law: The British Experience*, 1760 – 1911, Cambridge: Cambridge University Press, 1999.

公益传统也被忘却了。[20] 如此沉淀之后,留下的只有神圣的、普世的、不容置疑的、作为人权的西方知识产权,当然,还有其对立面——无耻的、罪恶的、神情麻木的非西方国家的知识产权盗贼。由之,他们才能在各种场合风度翩翩地认真指出发展中国家的错误,告诉人们特朗普总统再也不能容忍偷盗美国知识产权、获取不义之财(ill-gotten gains)的行为。[21]

由上可见,西方知识产权历史学者的贡献,是对所谓的"神圣的"西方知识产权普世价值的驱魅。这具有直接的现实意义,因为它瓦解了西方利益群体义正词严的体面,将人瞬时带入深层思考。但是,这种去西方中心论的解构与驱魅,却只成就了一半工作,不免有亏月残璧之叹。世界上不只有西方,所以去西方中心的脚步不可以不走向东方,去了解后殖民主义研究权威爱德华·萨义德(Edward Said)笔下让东方蒙冤的"东方主义"(orientalism),包括美国法学家络德睦(Teemu Ruskola)所批评的令人陷入"自我殖民"的法律东方主义。[22] 东方主义是西方中心论的子嗣,它将东方视为落后的、特殊的存在,这种思维定式是田雷教授所称"在中国找病理、到外国找药方"的至深渊源,也是哈佛大学教授安守廉(William Alford)影响了西方整整一代人的"窃书为雅罪"中国史论之基础。[23]

---

〔20〕 引文出自 1838 年美国国会参议院报告。The U. S. Government Printing Office, Congressional Serial Set, Vol. 6, Blair & Rives, 1838, No. 494 – 1 to 3. 有关这方面杰出的研究, See Meredith L. McGill, *American Literature and the Culture of Reprinting*, 1834 – 1853, Philadelphia: University of Pennsylvania Press, 2003; James J. Barnes, *Authors, Publishers and Politicians: The Quest for an Anglo-American Copyright Agreement* 1815 – 1854, London: Routledge & Kegan Paul, 1974; Catherine Seville, *Literary Copyright Reform in Early Victorian England: The Framing of the* 1842 *Copyright Act*, Cambridge: Cambridge University Press, 1999。

〔21〕 See United States Intellectual Property Enforcement Coordinator, Annual Intellectual Property Report to Congress, 2018 – 3, p. 25.

〔22〕 Edward W. Said, *Orientalism*, New York: Pantheon Books, 1978. Teemu Ruskola, *Legal Orientalism: China, the United States, and Modern Law*, Cambridge, Massachusetts: Harvard University Press, 2013.

〔23〕 See William P. Alford, *To Steal a Book is an Elegant Offense: Intellectual Property Law in Chinese Civilization*, Stanford University Press, 1995.

在安守廉的论述里,中华文化与皇朝体制并未像 17~18 世纪的欧洲那样,激起作者和发明者争取“不受政府权力干扰的”自由权利。[24] 这种大叙事是浪漫主义和西方中心论的混合,它如此流行,甚至成为去西方中心论者的营养来源,成全了一种“西方中心化的去西方中心观”。[25] 比如,在对中国文化精深神妙的创造力(creativity)传统一无所知的情况下,安守廉臆造的中国人宽容盗版的恶习被“贬词褒用”,被当作相对主义视角里正面的价值观,用以反证西方知识产权原创观念的非普世性。[26] 颠倒若此,令人扼腕。我们倘要在知识产权研究上完成去西方中心的工作,就需要走入真正的东方。[27]

三、哲学:从权利、功利到人文境界

国际关系学和史学领域对欧美知识产权现状和传统的揭示,尚须哲学向内探索的温火调理。依前述,17 世纪以来欧洲知识产权历史的宗谱里传承着今日西方强势知识产权的宗风,这个宗风的鼻祖就是被踹染过的洛克学说。毫无疑问,洛克生在一个自由和财产需要舒展的时代,因而他天赋人权的自然权利说广受爱戴。把自己诚实劳动的成果包好带回家,小心翼翼地视之为不可侵犯的财产,这种尊严大概没人会忍心否定。况且,洛克还明确告诫道,不能自私,要在公有领域里面留下足够且好的原始物什,让别人也有个劳动的去处。[28] 但问

〔24〕 See William P. Alford, *To Steal a Book is an Elegant Offense*: *Intellectual Property Law in Chinese Civilization*, Stanford University Press, 1995, p. 18.

〔25〕 关于许多反西方的观点本身也是西方中心论的精彩阐述, See John M. Hobson, *The Eurocentric Conception of World Politics*: *Western International Theory*, 1760 - 2010, Cambridge: Cambridge University Press, 2012。

〔26〕 这方面的失误, See Carla Hesse, “The Rise of Intellectual Property, 700 B. C. - A. D. 2000: an Idea in the Balance”, *Dœdalus*(2002), pp. 26 - 29。

〔27〕 作为首个从汉学视角探究安说之误的学人,我深感此一任务的迫切性。参见邵科:《窃书不算偷?——如何剖析中国版权史及传统创新观》,载《知识产权年刊》,北京大学出版社 2012 年版,第 39~56 页。

〔28〕 洛克之原说, See John Locke, “Second Treatise of Government”, Peter Lasletted., *Two Treatises of Government*, London, 1821, pp. 209 - 210。

题在于,本质上属于"占有欲的个人主义"(possessive individualism)的洛克学说,能否描摹创造力的目的和特性呢?[29]比如,我们是想世世代代守着一堆原始而充足的物什,还是希望生生不息地创造出更好的生活?创造出来的、不再原始的新知,是否应当尽快成为公有领域的物什?作诗和采野果、种桃子一样吗?前者是否可以主张绝对的、强势的独占权?知识产权是对智力劳动唯一的回报方式吗?面对即将逝去的垄断和荣华,17世纪伦敦的出版商们在雇用几个法学家向英国国会不停上呈说帖时,将作者和创造成果的关系仓皇地称作地权、父权,复又称作天赋人权,最后只有洛克的天赋人权被国会采纳。[30] 当是时,这些人难道做到格物穷理了吗?

这些问题让哲学家们感到懊恼。让他们更加懊恼的,是洛克学说强势财产权和另一有争议的学说效益主义的汇合。效益主义认为,知识周流无形,其性不争(non-rival),弗能独据(non-excludable),故极易复制,倘若不功利地授予知识产权,人们就失去了创造、投资有益社会之新知的动力。这两种学说的汇合威力无比,它们渐渐形成一种弥漫于西方政界、商界和司法界的极度化约的表述——一方面是神圣的、辛勤劳动取得的个人财产权,另一方面是最大经济回报的需要。[31] 将这种思维缩句,便可得到它的中心思想——"因为智力成果,所以财产权"。用哈佛大学著名法学家威廉·费歇尔教授(William Fisher)的话来说,人们开始不自觉地将知识产权认作"和土地或其他有形私人财产一样的

---

〔29〕 "占有欲的个人主义"的说法,See Jessica M. Silbey, "Comparative Tales of Origins and Access: Intellectual Property and the Rhetoric of Social Change", 61 *Case Western Reserve Law Review*, 2010, p. 200。

〔30〕 See Mark Rose, *Authors and Owners: The Invention of Copyright*, Cambridge, Massachusetts: Harvard University Press, 1993, p. 41.

〔31〕 关于这些知识产权哲学的综合阐述, See Justin Hughes, "The Philosophy of Intellectual Property", 77 *The Georgetown Law Journal* 287 (1988)。关于效益主义原理, See Edwin C. Hettinger, "Justifying Intellectual Property", 18 *Philosophy & Public Affairs* 31 (1989)。关于汇合, See William Fisher, "Theories of Intellectual Property", in Stephen R. Munzer ed., New Essays in the Legal and Political Theory of Property, Cambridge: Cambridge University Press, 2001, pp. 173 – 174。

权利,因而需要用同样的全副法律盔甲来保卫”。[32] 在这种思维里,人们不再相互提醒为他人着想,更不再思考有形物和无形物的区别。大家先验地认为,只要产生了智力成果,功勋即可标名,只待长享富贵。至于分配正义、创造力的目的或是宽容弱势的必要性,都在化约、缩句中消隐了。[33] 这种“占有欲的个人主义”必然导致的思维,正是西方强势的全球知识产权的“原生家庭”,它定格了无数西方商业领袖、政客和律师的心灵和习性。

除了一些将洛克自由主义老店稍加修葺、骏业重开的新洛克主义者外,大部分法学家想的是别具旗鼓、建立一种能够送走旧哲学的新哲学。[34] 可以说,在新哲学真正追求的视野中,财产权早已不是唯一的途径,更不是唯一的目的,甚至知识公域也不再是问题根本。[35] 总体而言,他们在不由自主地探索一种超越权利及功利的人文境界,人的发展(human development)、人类荣昌(human flourishing)或是美好的生活(good life)变成了思考的中心。正如美国加州大学教授马哈薇·桑德(Madhavi Sunder)在2012年由耶鲁大学出版社锓刻的《从商品到美好生活》(*From Goods to a Good Life*)一书中精辟指出的,“若在全球高度上看创新和文化流通的经济和社会维度”,我们看到的是“权力和知识上的极度不平等”,所以知识产权法律必须要能促进人的发展、使全人类活得更好。[36]

---

〔32〕 William Fisher, “The Growth of Intellectual Property: A History of the Ownership of Ideas in the United States”, in David Vaver ed., *Intellectual Property Rights: Critical Concepts in Law*, Vol. 1, London: Routledge, 2006, p. 85.

〔33〕 马哈薇·桑德指出,效益主义的根本错误,在于它对知识传播(distribution)的忽视。Madhavi Sunder, “IP3”, 59 *Stanford Law Review* (2006), p. 284.

〔34〕 新洛克主义者如波士顿大学教授温迪·戈登、加州大学法学教授罗伯特·默吉斯的成果尤著。Wendy J. Gordon, “A Property Right in Self-Expression: Equality and Individualism in the Natural Law of Intellectual Property”, 102 *Yale Law Journal* 1533 (1993); Robert P. Merges, *Justifying Intellectual Property*, Cambridge, Massachusetts: Harvard University Press, 2011.

〔35〕 知识公域早年的研究者包括詹姆士·波义尔(James Boyle)、尤蔡·本克莱(Yochai Benkler)、劳伦斯·莱斯格(Lawrence Lessig)等,也提到2001年在美国杜克大学举办的一场学术会议。

〔36〕 Madhavi Sunder, *From Goods to a Good Life: Intellectual Property and Global Justice*, New Haven: Yale University Press, 2012, pp. 2-3.

撇去文化之别,桑德的观点和笔者基于中国文化提出的“身心安顿的雅境”实是一派。[37] 这种人文视域有着“无物则何所感”的深刻的认识论基础。[38] 用受众理论(reception theory)创始人汉思·尧斯(Hans-Robert Jauss)的话来说,知识创造是作者和公众在互动中共同推进的“辩证过程”[39]。当然,西方思潮中对这种辩证过程存在强化公域、忽视个人创造的倾向。而笔者的研究则表明,中国文化对这一过程的理解是圆融的,讲求创造者和受众两全的、“依境而生”的(creatio in situ)、成己成人的高度创生力,以完成宇宙未完成的创化使命。[40]

应当说,西方知识产权的新哲学是一个高度开放的领域。它发轫于对欧美强势知识产权造成的法律、政策及全球困境的批判,故必然要集中攻治旧哲学的病灶。如此,有时又难免矫枉过正,如轻视个人创造,以及对原始粗糙的知识公域之偏袒。新洛克主义者、加州大学法学教授罗伯特·默吉斯(Robert Merges)作了调和的努力。在2011年由哈佛大学出版社出版的《为知识产权正名》(*Justifying Intellectual Property*)一书中,他提醒人们“尊重、回报创造者”的正当性。[41] 这一点十分重要,也完全可以成为高度开放的新哲学的一部分。新哲学的流派固然琳琅满目,但大家观察旧哲学的脉象,所见实乃“占有欲的个人主义”一症,或是美国著名知识产权学者麦克·考睿教授(Michael Carrier)所说的“知识产权的财产化”(propertization of IP)这个过去数十年间在美国出现的“最具革命性的法律变迁”。[42] 默吉斯修正洛克主义财产权思路的努力,也是针对此症。

---

〔37〕 参见邵则宪:《昭隆传统之大美:中国文化如何成为全球治理的建构者》,清华大学出版社2019年版,第6章。

〔38〕 参见章锡琛点校:《张载集》张子语录《语录上》,中华书局1978年版,第313页。

〔39〕 Robert C. Holub, *Reception Theory*: *A Critical Introduction*, London: Methuen, 1984, pp. 57-58.

〔40〕 参见邵则宪:《昭隆传统之大美:中国文化如何成为全球治理的建构者》,清华大学出版社2019年版,第2章。

〔41〕 See Robert P. Merges, *Justifying Intellectual Property*, Cambridge, Massachusetts: Harvard University Press, 2011, ix.

〔42〕 Michael A. Carrier, “Cabining Intellectual Property through a Property Paradigm”, 54 *Duke Law Journal*, 2004, pp. 4-7.

因此,知识产权究竟是何名相,并不重要,重要的是它需要超越旧哲学设定的“因为智力成果,所以财产权”这种“小生境”思维的上限,进入远为宽广的、达沃豪斯(Drahos)教授在西方知识产权哲学研究领域的开山之作《知识产权哲学》(*A Philosophy of Intellectual Property*)中提倡的人文关怀的境界。[43] 正是在这个层面上,全球化的知识产权才能真正产生包容共赢的建树;也正是在这个层面上,西方和东方得以会通,令笔者自由地、彻底地跳出西方语境的缠绕,在深妙的中国文化中采颉全球知识治理大生境论的灵感。这就是笔者在清华大学出版社 2019 年出版的《昭隆传统之大美》一书中,呈现的中国文化诚敬参与人类命运共同体建构的一种真切可能性。

四、社会心理学与经济学:知识产权立身之本

在国际关系学、史学和哲学之外,社会学也是西方知识产权研究的重要领域。这一领域和上述的新哲学有许多内在的联结点。比如,创造的动能究竟是什么?如果这一动能不限于知识产权,那么旧哲学是否还能成立?

以往对人的创造动能的论述多是经验性的,比如,以美国兴起的知识共享和自由软件运动为例来说明创作者并不一定需要知识产权,这实际属于心理学的范畴。30 年前,哈佛大学教授泰瑞莎·艾默白(Teresa M. Amabile)等的研究指出,环境提供的激发人们兴趣、愉悦、满足及挑战性的动力导向(motivational orientation)和创造力之间存在积极、强烈的关系。[44] 美国知识产权学者杰茜卡·思倍教授(Jessica Silbey)对这种现象进行了深入一线的田野研究。她用 4 年时间穿梭于小说家、画家、雕塑家、生物学家、软件工程师、律师和企业人士之间,并将调研成果写入斯坦福大学出版社 2015 年发行的《顿悟之迷》(*The Eureka Myth*)一书。她的结论印证了艾默白的心理学观察,通过社会学的方法论发现了知识产权法律通常认知和现实创造动能的脱节。不单许多创造者并不清楚知识产权的作用,更有许多艺术家只是渴望不影响创作心情的稳定饭

[43] See Peter Drahos, *A Philosophy of Intellectual Property*, Aldershot: Dartmouth, 1996.

[44] See Beth A. Hennessey & Teresa M. Amabile, “The Conditions of Creativity”, in Robert J. Sternberg ed., *The Nature of Creativity: Contemporary Psychological Perspectives*, Cambridge: Cambridge University Press, 1988, p. 11.

碗,却并不在意版税的功能。许多创作者并不富裕,但仍勤劳不辍。许多美国科技公司对知识产权侵权的容忍度,也远高于一般想象。[45]

与其说思倍的研究颠覆了创造动能的经济学基础,毋宁说她仅证明了创造动能的多样性。笔者认为,理解这一点仍应求诸社会心理学。社会心理学研究的是社会环境对人的想法、感受和行为的影响。简言之,人的观念或因时而异、随境而迁。比如,在传统儒家社会中,士人君子虽然可以在创作上获得多样化的收益,但却不锱铢必较,且十分重视版权对名节的保护使用。相反,欧洲早期对作者名誉并不在意,而剑桥大学教授凯瑟琳·赛维尔(Catherine Seville)则指出,直到19世纪,英国仍保留了"著书不可言利"的绅士传统,为稻粱谋者令人蔑视。[46] 可见,同样是保守的传统社会,中西方读书人的观念却非一轨。[47] 同理,在现代社会,合理的知识产权保护可以为许多人获得更丰足、可靠的生活提供助益,它也已经成为千千万万中国创业青年实现理想的动力。因此,由社会心理学观之,思倍的研究只是描述了创造动能的某些种类,并不能排除在一定的社会环境下普遍出现旧哲学中效益主义所说的知识产权经济动能的正当性。

在社会心理学之外,效益主义似乎也揭示了知识产权保护投资确定性的经济学原理。但是,正如美国著名经济学家威廉·兰德斯(William M. Landes)和法经济学运动重要人物理查德·波斯纳(Richard A. Posner)2003年在哈佛大学出版社发行的《知识产权法的经济结构》(*The Economic Structure of Intellectual Property Law*)中指出的,经济学可以证明知识产权(包括其权利限制)的基本合理性,但缺乏法律保护将减少创造动能的说法"无法在现有知识框架内获得充分支持"。[48] 2005年,著名经济学家凯斯·马斯科斯(Keith Maskus)和世界知识产权组织(World Intellectual Property Organization,WIPO)首席经济学家卡斯

---

〔45〕 See Jessica Silbey, *The Eureka Myth: Creators, Innovators, and Everyday Intellectual Property*, Stanford University Press, 2015.

〔46〕 Seville, Literary Copyright Reform in Early Victorian England, pp. 27 – 28.

〔47〕 参见邵则宪:《昭隆传统之大美:中国文化如何成为全球治理的建构者》,清华大学出版社2019年版,第4章。

〔48〕 William M. Landes & Richard A. Posner, *The Economic Structure of Intellectual Property Law*, *Cambridge*, Massachusetts: Harvard University Press, 2003, pp. 9 – 10.

登・分克(Carsten Fink),在牛津大学出版社出版了一本世界银行研究人员的文集,分析了知识产权在全球范围内对促进发展、降低贫困及助益发展中国家创新的可能性,同时他也指出,发展中国家一揽子地(one-size-fit-all)采用科技领先国家的知识产权标准是不可行的。[49]

作为毫无经济学背景的学者,笔者只能谦恭地重申包括马斯科斯和分克在内的经济学家的一个观点,即虽然经济学关注知识产权问题已经有 40 年的历史,但对于知识产权和未来全球人类社会发展的关系却尚无确论。[50] 波士顿大学的法经济学家麦克・墨勒(Michael J. Meurer)和詹姆士・北森(James Bessen)在 2009 年由普林斯顿大学出版社刻印的《失败的专利》(*Patent Failure*)一书中指出,专利无法提供可预料的财产权,其诉讼成本高昂,超出了激励的价值。[51] 经济学家米歇尔・博俊(Michele Boldrin)和戴维・莱文(David K. Levine)2008 年在剑桥大学出版社梓行的《反对知识垄断》(*Against Intellectual Monopoly*)一书甚至认为,废除现行的知识产权制度并代以其他激励模式,全球经济将更公平有效。[52] 这些和我们直觉相违的观点或需商榷,但至少可以说明,在知识产权跨界研究的路上,我们尚须广目四方,不为当下眼界定格。

五、全球治理学:规则更化、思想开蒙和文化交洽

倘说国际关系学的视角是西方知识产权研究的肯綮,那么,史学、哲学、社会心理学及经济学则是固其魂魄。此时再来研析全球知识产权具体的秩序变革,顿有清凉之感。

这种具体的秩序变革,实当是一个全球治理的概念。作为规范人类大脑产生的创造力的法律,知识产权跨越国际法的不同领域,是教育、医疗、公共健康、

---

〔49〕 See Carsten Fink & Keith E. Maskus ed., *Intellectual Property and Development: Lessons from Recent Economic Research*, Oxford: Oxford University Press, 2005, pp. 2 – 13.

〔50〕 Ibid., p. 13.

〔51〕 See Michael J. Meurer & James Bessen, *Patent Failure: How Judges, Bureaucrats, and Lawyers Put Innovators at Risk*, Princeton: Princeton University Press, 2009.

〔52〕 See Michele Boldrin & David K. Levine, *Against Intellectual Monopoly*, Cambridge: Cambridge University Press, 2008.

环境危机、气候变暖、生物多样性、粮食安全、创新经济、美好生活及身心安顿的雅静等全球治理主题之要津。[53] 前文提及，达沃豪斯和布莱特怀特2000年在剑桥大学出版社出版了近700页的巨著《全球商业规则》(*Global Business Regulation*)。该书在采访了500多个国际政治与商业领袖之后得出了一个结论——当代全球化的根本特征并非是全球贸易、人口流动、文化往来这些表象，而是西方规则的全球化，且尤在通过掌控知识优势来影响全球财富和权力分配的知识产权领域为著。[54] 2016年以来，西方规则全球化的特征，在美国政府对各国的嗔怨咎责中日益浮出水面，让更多人看到了前述国际关系学视角呈现的生动细节。可以预见，如何应对西方规则全球化新的“波罗塞戏”对世界各国新的挑战，未来将成为世界核心话题。

在回顾TRIPs 20多年跌宕起伏的历史之后，世界著名法学家、哈佛大学教授露思·渥可德冀(Ruth Okediji)极为精辟地写道：

> 发达国家应当明白过来，不论是在发展中国家市场或其本国市场，对经济和制度现实的底线(baseline)讨价还价，充其量不过是一种鼠目寸光的策略。至少，TRIPs 21年的历史应当已经让全球社会体会到，一个国家对本国福祉的斟酌思量不可能隐忍不发，(有利本国的)法律创新(legal innovation)则必定会萌生，以作为对某些轻率鲁莽的国际条约的抵制。[55]

2017年，英国著名知识产权学者、伦敦政治经济学院教授肯恩·夏德伦(Ken Shadlen)在牛津大学出版社刊行了其新著《联盟与遵从》(*Coalitions and*

---

[53] 这方面的研究极为丰富，see Tzen Wong & Graham Dutfield ed., *Intellectual Property and Human Development: Current Trends and Future Scenarios*, New York: Cambridge University Press, 2011; Ruth L. Okediji ed., *Intellectual Property Rights: Legal and Economic Challenges for Development*, Oxford: Oxford University Press, 2014。

[54] See John Braithwaite & Peter Drahos, *Global Business Regulation*, Cambridge: Cambridge University Press, 2000, p. 10, pp. 27 – 30.

[55] See Ruth L. Okediji, "Legal Innovation in International Intellectual Property Relations: Revisiting Twenty-One Years of the Trips Agreement", 36 *University of Pennsylvania Journal of International Law* (2014), p. 267.

Compliance),揭示20年来拉丁美洲阿根廷、巴西和墨西哥3国在美国巨大压力下接受美式专利制度的过程。该书在结尾指出,美国主导的国际政治经济体系并不关心国家间的能力差距(capacity gaps),一味索求强势知识产权,却没有帮助他国进行作为本土创新前提的基础设施建设。他形象地比喻道,这就好比到商场转了一圈,出来时才发现只是买了些不合身的衣服。由于在棘齿机制下已经没有回头路,这些国家乃各显神勇,有的自己当针线匠,有的到健身房改变体型,在手忙脚乱之中作出法律和政策的创制,以创造性地谋求本国发展空间。[56]只是,他们没有中国的实力、才华和回旋余地,几乎大施宏图无望。

夏德伦的拉丁美洲3国"深度游",印证了前述渥可德冀的警世语。实则反抗及法律创新不仅是发展中国家的揭竿而起,也是加拿大、澳大利亚等美国盟友的不平之鸣。可见,没有一个国家会真心实意地服膺美国主导的全球知识霸权统治,在创制法律和政策时罔顾国情民命。归根结底,和金融、国防、教育等领域一样,知识产权也属于国家主权的范畴。过去全球化的特性是西方规则的全球化,但未来的全球治理一定会彰显去西方中心化的法律创新,而且这种创新将从内国法走向区域法,最终走向国际法。2017年9月,仍留在现已更名为《跨太平洋伙伴全面进展协定》(Comprehensive Progressive Trans-Pacific Partnership,CPTPP)内的11个创始国(包括日本、新西兰和加拿大)暂缓美国扔下的强势知识产权条款施行的决定,正是这一世界潮流的端倪。而《中澳自由贸易协定》(ChAFTA)中追求共赢的知识产权条款,则已经被澳洲称为不同于美国霸凌的"范例"[57](precedent)。当然,正如渥可德冀(Okediji)教授指出的,全球规则的改变不必推翻现有国际条约秩序,而是应当在20多年间由各国一同戮力、衔泥筑成的TRIPs平衡机制上继续前行。[58] 它希望给予各国充分参与

[56] See Kenneth C. Shadlen, *Coalitions and Compliance*: *The Political Economy of Pharmaceutical Patents in Latin America*, Oxford: Oxford University Press, 2017, pp. 245 – 246.

[57] Joint Standing Committee on Treaties of The Parliament of the Commonwealth of Australia, Report 154: Free Trade Agreement between the Government of Australia and the Government of the People's Republic of China (Canberra 15 June 2015), p. 22.

[58] See Ruth L. Okediji, "Legal Innovation in International Intellectual Property Relations: Revisiting Twenty-One Years of the Trips Agreement", 36 *University of Pennsylvania Journal of International Law* (2014), p. 267.

的机会,以期创设一种包容共赢、多彩多姿的人类命运共同体。

不过,只谋求全球规则的革新,尚不能构成未来真正的全球治理学。前文已然表明,西方知识产权的"原生家庭"传承着欧美宗谱中"堪比宗教信仰"的强势宗风。任何国家的抵制和法律创新,都会面临这种强势宗风长年熏染的心灵习性本能的反弹,使包容共赢的新秩序变革步履维艰。由 2018 年 10 月达成的、被加拿大媒体称为不平等条约的《美国、墨西哥及加拿大协定》(United States-Mexico-Canada Agreement,USMCA),即可窥一斑。在谋求法律创新和全球规则变革的同时,尚须继续反思西方知识产权旧哲学自诩为所谓普世价值的"小生境"。观察以上西方知识产权研究,可知西方的旧哲学、旧思想并非度人之金方。相反,它恰恰是需要"开蒙"的对象。

开蒙是豁目开襟的大事,它实在需要非西方文化养分的补给。21 世纪初,英国著名法学家威廉·特文宁教授(William Twining)在对普遍法理学(general jurisprudence)的建构中就指出,全球化不能等同于集权化、同一化、西方化,而应当由不同文化平等地参与。[59] 但这绝非易事,因为思想的差异深植于历史和文化的悬殊之中,这才是全球治理更化革新最困难的关隘。比如,前面提到了哈佛大学安守廉教授"窃书为雅罪"的中国史论。何以这误世之说,影响了西方整整一代人?为什么西方的律师、商人、政府官员和谈判者,都只道中国素无创新传统、只会专一模仿剿袭?他们意识深处颠倒的中国文化偏见。

所以,全球治理学不啻是规则更化一事,它根本上需要文化的交洽。将中国文化的正道诚恳地、全景地舒展开来,让外人有所闻、有所思、有所感,从而对这种文化心生敬意,这就是文化交洽的真途。它绝不强加于人,只求建立跨文化的基本共识,如包容、共赢的思维,以及人文境界里全球美好生活的仁意。这样,才能完成旧思想的开蒙,进而给全球规则的更化砌下四平八稳的柱石。如何寻得中国文化复兴的切实路径,使之能够融化文化偏见的坚冰、自如参与全球治理的建构?这正是笔者在《昭隆传统之大美》一书中方法论阐述的切要。

---

[59] See William Twining, *Globalization and Legal Theory*, Cambridge: Cambridge University Press,2000.

六、结　　语

通过横跨西方知识产权研究六大主题,将其合并成一部纪录大片,让我们看到知识霸权全球统治的景象,以及这种统治历史的、思想的、现实的局限,还有它早就写进欧美知识产权传统宗谱中的心灵习性。这种宏大的跨界视域,绝非缥缈的务虚之学。恰恰相反,其目的在于谋求表里精粗之无所不明,如此方能大用于实学,即对当下及未来全球知识产权的解决方案,提供烛炬指归。[60]

此刻,我们面对的不只是贸易战的纷扰,还有创造美好生活的无限可能。但是,全球治理视野里的法律创新苟要登高行远,则必定要先洞彻文化隔阂的始末,使人心交洽有容。其间津梁,实在于昭阐中国文化仁和周正的人文境界。

Interdisciplinarity: Essence of Western Intellectual Property Studies and an Eastern Perspective

Shao Ke

Abstract: This paper explores the deep relations among six core facets of Western intellectual property studies. The six facets, inherently interdisciplinary, include international relations, history, philosophy, social psychology, economics, and global governance. Putting these facets together reveals a comprehensive and profound landscape of global intellectual property scholarship. But such a scholarship, as this paper argues, can only be further enhanced to meet challenges from new international contexts if an Eastern perspective that brings Chinese culture, history and philosophy into the debate is established.

Key words: Intellectual property; Global governance; Chinese culture

〔60〕 表里精粗一语,借自朱子"众物之表里精粗无不到,而吾心之全体大用无不明矣"之句。(宋)朱熹:《四书章句集注》大学章句《右传之四章释本末》,《乾隆御览四库全书荟要》本,第 6a 页。

健康权*

——当代卫生法的基石

王晨光**

内容摘要:

健康不仅是个人幸福的前提,而且是民族复兴和国家发展的基础,因此,没有全民健康就没有全面小康。健康的至关重要性推动了法律层面上健康权的异军突起,使健康权成为新一代国际人权法的重要内容,进而被很多国家的宪法和法律认可和保障。本文对健康权的形成、内涵、特点和法律表述进行了全面和深入的分析,对健康权的作用、可诉性和保障机制等实践问题进行了比较研究,对健康权带来的挑战以及法学和法治体系将出现的相应变革进行了回应和论证。在此基础上,笔者认为:健康权的出现将推动当代卫生法体系的发展;健康权是该体系建构的基石,政府保障健康权的职责则是其支柱。

关键词:

健康权　健康权可诉性　世卫组织　卫生法　卫生法体系　政府职责

健康事大,事关每一个人,是其安身立命的前提和追求幸福生活的基本条件。毫不夸张地说,在现代社会中,每个人从出生到去世都离不开提供健康服务的专业人员,无时无刻不在关注和维护自身的健康。不仅如此,健康还事关民族复兴和国家强盛的大局,是一项重大民生工程。“人民的获得感、幸福感、安全感都离不开健康。”〔1〕“没有人民健康就没有全面

---

* 本文系国家社会科学基金西部项目:“公私合作(PPP)视域下的‘新公共卫生’法律规制机制研究”(项目编号:17XFX004)的阶段性成果。

** 清华大学法学院教授,博士生导师。

〔1〕 杨迪、崔元苑:《“经济要发展,健康要上去”习近平为健康中国建设再发令》,载中国新闻网:http://www.chinanews.com/gn/2018/04-17/8493322.shtml,最后访问日期:2019年5月6日。

小康。"[2]正是如此,"因病返贫","因病致贫"成为朝野共识的奔向小康的一个主要障碍。[3] 从国际层面来看,健康事关人类社会的共同命运。联合国千年发展目标所归纳出的8项目标中有5项都与健康有关(消除贫困和饥饿、降低婴儿死亡率、改善产妇保健、与艾滋病和疟疾及其他疾病作斗争、保持环境的可持续能力)。[4] 为此,我国在国际舞台上积极参与全球健康治理,履行2030年可持续发展议程国际承诺的重大举措,尤其是在推进"一带一路"建设中,制定具体实施方案,把卫生交流合作作为其中一个重要方面。[5] 综上所述,无论是从个体,还是从民族和国际社会的角度看,健康的至关重要性日益凸显。为回应时代的呼唤,中共中央和国务院制定了《"健康中国2030"规划纲要》,把健康提升到国家战略的层面,打造实现全面小康和社会主义现代化的坚实基础。

一、健康权由来及发展

健康重要性的凸显和"健康中国"的提出,必然要反映在法律层面上,从而促使"健康权"这一新型法律权益的产生,推动卫生法治的发展。

为什么说健康权是一种新的权益? 这是因为,相比生命权而言,健康权的出现要晚得多。从古代到中世纪的漫长历史长河中,个人的人生非常短暂,其

[2] 习近平:《没有全民健康,就没有全面小康》,载中国经济网:http://www.ce.cn/xwzx/gnsz/szyw/201608/21/t20160821_15085250.shtml,最后访问日期:2019年5月6日。

[3] 国务院办公厅:《国务院办公厅关于全面实施城乡居民大病保险的意见》,2015年7月28日;李斌:《"十二五"医疗卫生事业改革发展确定重大成就》,2015年10月13日在"辉煌十二五"系列报告会上的报告,载央视新闻频道网:http://news.cntv.cn/zhibo/tuwen/sewylws/index.shtml,最后访问日期:2019年5月6日;国家卫计委等十五个中央部门:《关于实施健康扶贫工程指导意见》,载国家卫计委网:http://www.nhfpc.gov.cn/caiwusi/s7785/201606/d16de85e75644074843142dbc207f65d.shtml,最后访问日期:2019年5月6日。

[4] 《联合国千年发展目标》,载联合国网:http://www.un.org/zh/millenniumgoals/,最后访问日期:2019年5月6日。

[5] 国家卫计委办公厅:《国家卫生计生委关于推进"一带一路"卫生交流合作三年实施方案》,2015年10月14日发布。

出生后平均寿命一直徘徊在25岁上下；到1750年，瑞典和北欧一带的人的平均寿命达到38岁；此后，人的平均寿命缓慢增长。[6] 文艺复兴和工业革命之后，人的寿命得到较快提高；现代医学的发展也进一步延长了人的寿命。在1800年左右，欧洲人的平均寿命为30岁；1900年为50岁；在1900年，美国人平均可预期寿命还是47.5岁，1930年是60岁，但是到了20世纪60年代，则达到70岁。[7] 在2015年，全球人均可预期寿命为71.4岁，美国为79.3岁，瑞典为84岁，日本为83.7岁。[8] 我国1949年的人均预期寿命仅有35岁，1981年为67.9岁，2016年为76.5岁。[9] 在无法长期保障人的生命的情况下，人们首要关注的是生命能否存续的问题，而非生活的质量。因此，随着人类进入文明社会生命权就同步产生，而健康权则是在人均可预期寿命显著提高后才逐步为人所重视并成为新的法律权益。

与生命权相比，健康权是现代权利，是第二次世界大战之后随着当代国际人权法的出台和发展才出现的法律概念。[10] 尽管在第二次世界大战前，包含健康权内容的社会经济权利在一些国家宪法和法律中有所体现，但是，作为独立法律概念的健康权并未出现。这一传统可以追溯到英国为应对圈地运动造成的贫困等社会问题制定的《济贫法》(1601年)和《住所法》(1662年)；德国俾斯

[6] See John R. Wilmoth, "Increase of Human Longevity: Past, Present and Future", *The Japanese Journal of Population*, Vol. 9, No. 1 (March 2011), pp. 155 - 156. John R. Wilmoth, "Demography of Longevity: Past, Present and Future Trends", *Experimental Gerontology*, Vol. 35, 2000, p. 1113.

[7] See Barnert Berin, "George Stolnith and Aaron Tenebein, Mortality Trends of Males and Females over the Ages", *Transactions of Society of Actuaries*, Vol. 41, 1989, p. 11.

[8] WHO, World Health Statistics 2017, http://apps. who. int/iris/bitstream/handle/10665/255336/9789241565486 - eng. pdf? sequence = 1, Accessed May 6, 2019.

[9] 国务院新闻办公室：《中国健康事业的发展与人权进步》(白皮书)，2017年9月29日。

[10] See John Tobin, *The Right to Health in International Law*, Oxford University Press, 2011, p. 22. Katharine Young & Julieta Lemaitre, "The Comparative Fortunes of the Right to Health: Two Takes of Justiciability in Colombia and South Africa", *Harvard Human Rights Journal*, Vol. 26, 2013, p. 181.

麦时期制定的《健康保险法》(1883年)、《工伤意外保险法》(1884年)、《老年人与残疾人保险法》(1889年)和《劳工保障法》(1891年)。这些法律规定为下层民众的基本生活条件以及医疗卫生提供基本保障。

把健康权作为基本人权纳入宪法性法律的努力始于法国大革命,受到法国大革命激励的医师和改革者呼吁把健康权作为平等权的组成部分纳入《人权和公民权宣言》,但最终并未被接受。[11] 墨西哥于1843年制定的《宪法》包括了政府对保障公共卫生的责任;1919年的德国《魏玛宪法》和1925年的《智利宪法》都有类似包括保障公共卫生和健康保险的社会和经济权利。[12] 更为明确和具体的健康权则是1936年的《苏维埃宪法》第42条规定,"苏联公民有获得健康保障的权利","该权利由国家医疗机构提供的免费和优质的医疗服务所保障"。[13]

第二次世界大战中,由德日法西斯实行的大规模种族灭绝、侵略战争,以及毫无人性的活体实验和对人的残害,促使人类社会进行深刻反思。时任美国总统罗斯福在1941年1月6日发表的国情咨文中提出"建立基于四种基本的人类自由",即言论和表达自由、信仰自由、免于匮乏的自由和免于恐惧的自由。其中,免于匮乏的自由"就是中经济上每个国家保障其居民的健康和平生活"。[14] 这些权利构成了所谓"第二权利法案",即以社会保障权为主要内容又区别于"宪法权利"的"宪法性承诺"。[15] 罗斯福总统的夫人埃莉诺·罗斯福对"四大自由"的提出起到了重要作用,她在后来担任联合国人权委员会主席时,

---

[11] Hiroaki Matsuura, The Effect of a Constitutional Right to Health on Population Health in 157 Countries, 1970 – 2007: The Role of Democratic Governance, Working Paper No. 106, Program on the Global Demography of Aging, July 2013. Accessed May 6, 2019. http://cdn1.sph.harward.edu/wp-content/uploads/sites/1288/2013/10/PGDA_WP_106.pdf.

[12] Ibid.

[13] 1936年《苏维埃宪法》,载布克内尔大学网:http://www.departments.bucknell.edu/russian/const/77conS02.html,最后访问日期:2019年5月6日。

[14] [美]凯斯·桑斯坦:《罗斯福宪法:第二权利法案的历史与未来》,毕竞悦、高瞰译,中国政法大学出版社2016年版,第75~77页。

[15] 同上书,第91页。

进一步把这些社会保障权利纳入后来形成的人权宣言中。[16] 在制定《联合国人权宣言》的过程中,各国代表和起草小组成员就哪些权利是基本人权展开了激烈、冗长的争论,反映出在人权问题上各国代表在意识形态、文化传统、哲学、经济形态和地缘政治层面的差异甚至是对立。[17]

与该宣言制定同步,1945 年召开的联合国制宪会议(The United Nations Conference on International Organization)通过了由施思明(Szeming Sze,中国代表团团长宋子文的私人秘书)、卡尔·依万(Karl Evang,挪威代表团成员)和吉拉尔多·保拉·苏扎(Geraldo De Paula Souza,巴西代表团成员)三位医生提出的在原国际联盟世界卫生组织(The League of nations Health Organization)的基础上"召开国际卫生会议以成立一个主管全球卫生事务的机构"的建议。[18] 该建议被 1946 年 2 月举行的经济和社会理事会通过。1946 年 6 ~ 7 月国际健康大会(International Health Conference)召开,在讨论其组织法的过程中,施思明参与了该法的序言起草,并坚持对健康进行界定。[19] 最终,世界卫生组织的《组织法》(WHO Constitution)于 1946 年 7 月 22 日获得了共 61 个国家的签署,于 1948 年 4 月 7 日正式生效,并率先宣布,"健康是身体、精神与社会的全部的美满状态,不仅是免病或残弱";并明确规定:"享受可能获得的最高健康标准是每个人的基本权利之一,不因种族、宗教政治信仰、经济及社会条件而有区别。"该法第 1 条开宗明义地规定:"世界卫生组织(以下简称「本组织」)的目的是使

---

〔16〕 参见[美]玛丽·安·葛兰顿:《美丽新世界:"世界人权宣言"诞生记》,刘铁圣译,中国政法大学出版社 2016 年版,第 40 页;[美]凯斯·桑斯坦:《罗斯福宪法:第二权利法案的历史与未来》,毕竟悦、高瞰译,中国政法大学出版社 2016 年版,第 76 ~ 77 页。

〔17〕 See John F. Sears, Eleanor Roosevelt and the Universal Declaration of Human Rights, The Task Force-Celebrating Eleanor Roosevelt, 2008. Accessed May 6, 2019. http://www.hunter.cuny.edu/the-lgbt-center/repository/files/Eleanor%20Roosevelt%20-%20The%20Universal%20Declaration%20of%20Human%20Rights.pdf.

〔18〕 Sze, Szeming, "Forum Interview with Szeming Sze", *World Health Forum*, Vol. 9, 1988, pp. 29 - 34, Accessed May 6, 2019. http://apps.who.int/iris/bitstream/handle/10665/46414/WHF_1988_9_1_p29-34.pdf;jsessionid=AC97BDBB714B61B7417CAAB5E55B688C?sequence=1.

〔19〕 Ibid.

全世界人民获得可能达到的最高的健康水平。”可见,该法是最早在世界上从法律角度提出健康“是每个人的基本权利”的法律文件。它不仅把健康权列为个人的基本人权,而且同时指出,“全世界人民的健康是谋求和平与安全的基础,有赖于个人与国家的充分合作”,“各国政府对人民健康负有一定的责任,唯有采取充分的卫生和社会措施才能够实现”,明确指出了政府要承担保障人民健康的责任,从而使健康权得到切实的法律保障。

值得庆幸的是,尽管争论激烈,但最终形成的《世界人权宣言》(1848 年)不仅把生命权和自由权等传统权利列为基本人权,而且把“尊严权”“受教育权”“健康权”等一系列新的人权概念纳入其中。该宣言第 25 条规定:“人人享受为维持他本人和家属的健康和福利所需的生活水准的权利,包括……医疗和必要的社会服务。”至此,“健康权”作为区别于“生命权”的新型人权随着《世卫组织组织法》和《世界人权宣言》的制定而产生,这些人权概念在随后的《经济、社会及文化权利国际公约》(1966 年)(以下简称《经社文权利公约》)和《公民权利及政治权利国际公约》(1976 年)中得到进一步的阐述和规定。承认健康权的国际人权条约还有:1965 年的《消除一切形式种族歧视国际公约》第 5(e)(4)条,1979 年的《消除对妇女一切形式歧视公约》第 11(1)(f)条、第 12 条和第 14(2)(b)条,1989 年的《保护所有移徙工人及其家庭成员权利国际公约》第 28 条、第 43(e)条和第 45(c)条,2006 年的《残疾人权利公约》第 25 条。[20]

上述国际文件中的新人权概念也逐步为各国国内法所接受,实现了从国际法向国内法的转变。例如,法国 1946 年 10 月制定的《法国宪法》序言就规定了“保障所有人,尤其是儿童、母亲和老年工人的健康”,所有人“都有权从社会获得适当的生存资料”。[21] 日本 1946 年 11 月 3 日通过的《日本宪法》第 25 条规定,“所有国民都享有维持最低限度的有益健康和有教养的生活的权利”。

据统计,源于大陆法系和社会主义法系的国家,如西班牙、意大利、阿尔及利亚、莫桑比克、巴西、墨西哥、菲律宾、韩国、俄罗斯、匈牙利、保加利亚、蒙古、古巴等国的宪法都明确规定了健康权及其保障。

---

〔20〕 Office of the UNHCHR & WHO, The Right to Health—Fact Sheet No. 31, 2007.

〔21〕 1946 Constitution of France, Accessed May 6, 2019. www.elysee.fr/elysee/anglais/the_institutions/founding_texts/preambule_to_the_27th_of_october_1946_constitution/preambule_to_the_27th_of_october_1946_constitution.20243.html.

与此相反,普通法系国家的宪法一般都没有健康权的规定。英国在 1998 年通过《人权法案》把健康权纳入其法律之中;印度则是通过最高法院对宪法生存权的解释,间接地通过司法渠道保护健康权;南非作为例外,其宪法明确规定了国民享有健康权。[22] 即便南非的宪法有此规定,这一权利的实现仍受制于其社会经济和医学的发展水平,有待政府的实施和法院的司法保障。虽然多数普通法国家或没有成文宪法或宪法里没有健康权这 3 个字,但是,发达国家,尤其是福利国家对健康权实际保障的渠道并不少,其力度也不低,通过制定一系列有关医疗卫生体制和健康保障的法律,建立了各具特色的医疗健康制度。[23] 例如,英国议会于 1946 年通过了《国民健康服务法案》(National Health Service Act),据此英国在 1948 年建立了国民健康服务体系。又如,美国国会于 1965 年通过了《社会保险法案》,其第十八章《老年人和残疾人医疗保险》建立了为 65 岁以上老年人提供医疗保险的制度(Medicare),第十九章作为对社会保险法案的修改,建立了为低收入人及其子女提供医疗援助的制度(Medicaid);2010 年通过了《患者保护和可负担法案》(Patient Protection and Affordable Care Act),进一步扩大医疗保险的范围。[24] 医疗卫生保障、健康保障已成为西方社会保障体系中最重要的构成部分;这些国家又因此健康权在其制度中有相当坚实的法律基础。

有学者把不同国家宪法对健康权的表述分为 5 类,即"愿景式陈述"(aspiration)、"资格享有式陈述"(或"赋权式")(entitlement)、"义务式陈述"(duty)、"纲领式陈述"(programmatic)和"条约指引式陈述"(referential),统计出全世界 193 个国家中有 67.5% 的国家(130 个)在宪法(包括成文和不成文宪

---

[22] Hiroaki Matsuura, supra note[11], Appendix to The Effect of a Constitutional Right to Health on Population Health in 157 countries, 1970 – 2007: the Role of Democratic Governance.

[23] See Eleanor Kinney & Brian Alexander Clark, "Provisions for Health and Health Care in the Constitutions of the Countries of the World", *Cornell International Law Journal*, Vol. 37, 2004, p. 294.

[24] See Thomas Rice, Pauline Rosenau, et al., "United States of America: Health system Review", *Health Systems in Transition*, Vol. 15, No. 3, 2013, pp. 35 – 37.

法)条文中规定了健康或健康服务。[25] 根据不同的标准,有学者认为:在所有签署了《经济、社会及文化权利国际公约》的 160 多个国家中,约 1/3 的(56 个)国家在其宪法或法律中规定了健康权。[26] 也有学者认为:基于对 157 个国家宪法的研究,仅有 61 个国家把健康权规定为宪法权利。[27]

综上所述,健康权的产生有以下几个特点:(1)是在第二次世界大战前后出现的、从属于"第二代人权"的新人权;(2)是现代医学发展极大地提高了人的可预期寿命的产物;(3)经历了从国际法扩展到国内宪法和法律的发展路径;(4)继承了人类社会发展进程中所有文明基因,成为启蒙运动、工业革命、拉美国家天主教正义观念、大萧条、当代福利国家、社会主义以及罗斯福等政治家观念等多种因素综合影响的产物。[28]

二、中国法律中的健康权

尽管健康权在国际层面不断得以普及,但是它并没有在各国法学和健康领

---

[25] Eleanor Kinney & Brian Alexander Clark, "Provisions for Health and Health Care in the Constitutions of the Countries of the World", *Cornell International Law Journal*, Vol. 37, 2004, p. 294, Appendix I. 本文根据其文章后附录的统计表计算出上述数字。

[26] See Gunilla Backman, Paul Hunt Rajat Khosla, et al. , Health systems and the right to health: an assessment of 194 countries, The Lancet, Vol. 372, Dec. 13, 2008, p. 2059. 本文根据该文的统计表计算出上述数字。

[27] See Hiroaki Matsuura, The Effect of a Constitutional right to Health on Population Health in 157 Countries, 1970 – 2007: the Role of Democratic Governance, Working Paper No. 106, Program on the Global Demography of Aging, July 2013. Accessed May 6, 2019. http://cdn1. sph. harward. edu/wp-content/uploads/sites/1288/2013/10/PGDA_WP_106. pdf. 本文根据该文的统计表计算出上述数字。

[28] See John Tobin, *The Right to Health in International Law*, Oxford University Press, 2011, p. 22. Katharine Young & Julieta Lemaitre, "The Comparative Fortunes of the Right to Health: Two Takes of Justiciability in Colombia and South Africa", *Harvard human rights Journal*, Vol. 26, 2013, p. 9.

域得到广泛认同,被贬至第二代人权所处的“前夫(妻)之子女”的地位,[29]或被边缘化,甚至不为人熟悉。[30] 在讨论我国《基本医疗卫生和健康促进法》(草案)时,就有不少法学界人士对“健康权”的概念提出质疑。这一方面说明它在我国还不为人熟悉,还需要对健康权进行充分的研究;另一方面也揭示出健康权面对的理论和实践挑战,说明通过确立健康权从而推动我国健康法治发展的任务相当艰巨。

健康权在我国法律体系中是否存在呢?确实,我国《宪法》中没有“健康权”3个字。由于这一原因,有些国外学者把我国划入宪法没有健康权规范的类别。[31] 但是,如果对我国《宪法》进行体系性解读,就会发现其中有一系列保障人权、促进卫生健康事业发展的条文:

第33条第3款规定:“国家尊重和保障人权”。

第21条规定:“国家发展医疗卫生事业,发展现代医药和我国传统医药,鼓励和支持农村集体经济组织、国家企业事业组织和街道组织举办各种医疗卫生设施,开展群众性的卫生活动,保护人民健康。国家发展体育事业,开展群众性的体育活动,增强人民体质。”

第26条第1款规定:“国家保护和改善生活环境和生态环境,防治污染和其他公害。”

---

〔29〕 AeyalGross, *The Right to Health in an Era of Privatisation and Globalisation*, from Daphne Barak-Erez & Aeyal Gross, Exploring Social Rights: Between Theory and Practice, Hart Publishing, 2007, p. 290.

〔30〕 See Paul Hunt, “The Right to Health: from the margins to the mainstream”, *The Lancet*, Vol. 360, Dec. 7, 2002, p. 1878. Virginia Leary, “The right to Health in International Human Rights Law”, *health and Human Rights*, Vol. 1, No. 1, Autumn, 1994, p. 24.

〔31〕 Hiroaki Matsuura, The Effect of a Constitutional right to Health on Population Health in 157 Countries, 1970 – 2007: the Role of Democratic Governance, Working Paper No. 106, Program on the Global Demography of Aging, July 2013. Accessed May 6, 2019. http://cdn1.sph.harward.edu/wp-content/uploads/sites/1288/2013/10/PGDA_WP_106.pdf; See Gunilla Backman, Paul Hunt Rajat Khosla, et al., Health systems and the right to health: an assessment of 194 countries, The Lancet, Vol. 372, Dec. 13, 2008, p. 2059. 本文根据该文的统计表计算出上述数字。

第36第3款规定:“国家保护正常的宗教活动。任何人不得利用宗教进行破坏社会秩序、损害公民身体健康、妨碍国家教育制度的活动。”

第45条第1款规定:“中华人民共和国公民在年老、疾病或者丧失劳动能力的情况下,有从国家和社会获得物质帮助的权利。国家发展为公民享受这些权利所需要的社会保险、社会救济和医疗卫生事业。”

第45条第1款的规定与《联合国人权宣言》第25条第1款后半段的表述,即“在遭到失业、疾病、残废、守寡、衰老或在其他不能控制的情况下丧失谋生能力时,有权享受保障”,基本一致。它们都采用了在特定条件下获得服务的方法进行表述,带有一定的被动形态。但是,该款并没有采用前半段主动宣示权利的表述,即“人人有权享受为维持他本人和家属的健康和福利所需的生活水准,包括食物、衣着、住房、医疗和必要的社会服务”。这就一定程度上削弱了健康权作为积极权利的色彩和重要性,导致出现某种误读,甚至怀疑我国宪法是否有健康权。

其实,将上述我国《宪法》条文综合在一起进行体系性解释,不难发现:这些规定成为健康权在我国《宪法》上的依据及其规范内涵:第一,公民健康不受侵犯(第33条第3款、第36条第3款);第二,公民在患病时有权从国家和社会获得医疗照护、物质给付和其他服务(第33条第3款、第45条第1款);第三,国家应发展医疗卫生事业、体育事业、保护生活和生态环境,从而保护和促进公民健康(《宪法》第21条、第26条第1款)。[32] 上述三方面的内容包含了健康权的特色丰富的内涵。首先,它包括传统人权中不受侵犯和干预的自由权(freedom),即掌握自己身体、健康及其相关信息的自由、未经同意不受强行治疗和试验的自由、决定自身保健或治疗方案的处分权;其主要表现形式为民法意义上“自然人享有的生命权、身体权、健康权”。[33] 其次,包括积极人权概念中的资格赋予权或享有权(entitlement),即平等和及时获得与社会经济发展水平相适应的基本医疗服务和医疗保障、享有保持最高水平健康的机会、防治和控制疾病、获得基本药物、保障孕妇和儿童健康、获得有关健康教育和信息、参与国家和社区有关健康决策等权利;其主要表现形式为社会法和人权法意义上

〔32〕 参见焦洪昌:《论作为基本权利的健康权》,载《中国政法大学学报》2010年第1期。

〔33〕 《民法总则》第110条。

获得医疗、健康和公共卫生服务的权利。最后,包括政府为了保障积极人权所承担的发展医疗健康事业、提供人人享有的基本医疗服务和公共卫生服务、监管医疗卫生质量、筹措支付医疗费用等职责(duty);其主要表现形式为宪法和行政法意义上政府发展和管理医疗健康事业、提供相应公共服务的责任和权限。可见,“健康权”作为我国法律确立和保障的公民基本权利,不仅包括公民基于民法所享有的身体完整和健康不受侵犯的内容,也包括基于社会法和公法所享有的获得相应医疗服务等权利;此外,还包括政府基于宪法和行政法而承担的职责。因此,仅仅把健康权归结为“获得物质帮助权”既无法体现健康权内在的丰富内涵,也跟不上人民日益增长的医疗健康需求。此外,我国是世界卫生组织的创始国之一,自 1972 年恢复在该组织中的合法地位以来,积极参与全球健康治理和医疗卫生活动。该组织的《世界卫生组织组织法》及一系列文件也承载着我国对国际社会和我国公民所作出的保障健康的承诺。

综上所述,随着我国经济社会的发展,特别是“健康中国战略”的提出,根据国际健康权和人权理论的发展,可以得出一个结论:虽然我国宪法没有明确采用“健康权”的文字,但是纵观宪法全文和时代发展,我国宪法中确实包含了健康权的内容。这一观点已得到法学界很多学者的认可。[34] 全国人大常委会公布的《基本医疗卫生和健康促进法》(草案)充分认识到这一点,根据《宪法》有关规定,把健康权作为该法的核心概念,把健康权单独辟为一章加以规范。这无疑是进一步拓展我国宪法中健康权内涵的重要举措。可以预见,该法的制定将会极大地推动我国健康权和医疗健康法治的发展。

三、健康权——引发风暴的蝴蝶振翅?

健康权进入《世界卫生组织组织法》和《联合国人权宣言》并未给健康权的争论画上句号。相反,引发了更多国际法和国内法层面上的争论。有相当多的学者认为健康权并非真正意义上的法律权利,缺乏哲学基础,难以在法律上明

---

〔34〕 参见焦洪昌:《论作为基本权利的健康权》,载《中国政法大学学报》2010 年第 1 期;曲相霏:《外国宪法事例中的健康权保障》,载《求是学刊》2009 年第 4 期;曹艳林:《公民健康权利法律保障初探》,载《中国卫生法制》2008 年第 1 期;雷华顺、岳远雷:《论我国公民第健康权及其保障》,载《中国卫生事业管理》2008 年第 2 期。

确界定,更无法得到充足的财政支撑或在司法进程中得到落实,[35]因而不过是一种宣示和引导,而非法定权利。美国国务院更是宣称:“不存在对与健康有关的权利和义务的性质和范围的国际共识。”[36]因而,不能不深入考虑健康权的法律意义。

(一)健康权与其他权利的区别与关系

健康权在第二次世界大战后成为法律上独立的权利,这就带来如何区别健康权与生命权的问题。众所周知,生命权是人生存的前提;自人类进入文明社会以来,一直是法律加以保护的基本人权。汉高祖刘邦得天下,入关后废除繁苛法令,仅约法三章,“杀人者死,伤人及盗抵罪”。[37] 美国思想家和文学家拉尔夫·爱默生(Ralph Emerson)说:“首要的财富是健康。”[38]可见,生命权的至关重要性。

没有生命当然也就没有健康;但是,有生命并不一定就有健康。人生有赖于生命而存在,而生命的最佳状态则有赖于健康。可以说,健康是生命的追求,没有健康的生命就是脆弱的生命抑或为毫无质量的生命权。就个人而言,没有健康便无法充分享受其他各项权利,甚至会丧失权利;就民族而言,没有全民健康就没有全面小康。这个道理不言自明。如此而言,生命权和健康权虽然紧密联系在一起,在内容上亦有重合,但却并非同一概念。从逻辑学角度讲,生命权概念的外延更大,健康权概念的外延则小;但是,外延大的概念的内涵不一定丰

---

[35] See John Tobin, *The Right to Health in International Law*, Oxford University Press, 2011, p. 22. Katharine Young & Julieta Lemaitre, “The Comparative Fortunes of the Right to Health: Two Takes of Justiciability in Colombia and South Africa”, *Harvard human rights Journal*, Vol. 26, 2013, p. 4. Philip Barlow, “Health Care Is Not a Human Right”, *BMJ*, Vol. 319, 31 July 1999, p. 321.

[36] Observations by the United States of America on “The Right to Health, Fact Sheet No. 31”, issued on 22 Dec. 2008, fromhttps://www.state.gov/documents/organization/138850.pdf.

[37] (汉)司马迁:《史记》卷八《高祖本纪第八》。

[38] See AeyalGross, *The Right to Health in an Era of Privatisation and Globalisation*, from Daphne Barak-Erez & Aeyal Gross, Exploring Social Rights: Between Theory and Practice, Hart Publishing, 2007, p. 289.

富,外延小的却反而可能更丰富。也就是说,生命权的外延大于健康权,生命存在的时候健康可能已经没有了。虽然健康权的外延小,但是其内涵更丰富。例如,每个存活的人都有生命,却并不一定都有健康。什么是健康？难有统一的标准。健康是相对的概念;没有人的健康能够达到完全尽善尽美的状态。健康概念更为复杂,其内涵更为丰富,远比判断生命是否存在要困难得多。因此,健康权独立于生命权也自然是在情在理的逻辑必然。

健康权一旦独立于生命权,二者就难免会产生冲突。例如,民法上无行为能力人和限制行为能力人的生命处于存续状态,其法定权利也都存在,但由于其健康或年龄的原因导致其无法行使或正确行使其权利。对此,法律规定其权利由其监护人代为行使。又如,随着人的可预期寿命的延长,带来人生最后阶段的延长。在生命存在而身体已发生不可逆转的恶化或健康完全丧失时,是否可以采取安宁或姑息疗法而非积极治疗？甚至允许当事人选择安乐死呢？除了危重患者和老年人外,对很多求医问药的患者而言也会出现健康权与生命权冲突的问题,比如,为了救命而接受损害健康的化疗等治疗手段,为了挽救更多的生命而实验新药或新的疗法。这些在法律上极具争议的问题概源于健康权与生命权的分离。在我国进入老龄化社会和后工业化时期后,这些权利冲突和相应的法律纠结会日益突出,从而为法学提出了更大的挑战。

此外,健康权与其他权利尤其是财产权、人身自由权、选举权等传统民事权和公民权不同:对后者的侵犯可以通过法律等手段得以恢复或矫正,但是,对健康权的侵犯或阻碍所带来的健康损害则很难得到恢复。联合国经济社会和文化权利委员会认为:“健康权与实现国际人权宪章中所载的其他人权密切相关又相互依赖,包括获得食物、住房、工作教育和人的尊严的权利以及生命权不受歧视的权利:平等禁止使用酷刑、隐私权获得信息的权利、结社集会和行动自由。所有这些权利和其他权利和自由都与健康权密不可分。”[39]这个特点也带来如何保障健康权的实施以及如何在法律上对侵犯健康权的行为进行处理和矫正的问题。

---

〔39〕 The Committee on Economic, Social and Cultural Rights, CESCR General Comment No. 14: The Right to the Highest Attainable Standard of Health (Art. 12), Adopted on 11 August 2000.

(二)健康权建构的新动向

对健康权内涵的认识如同其他社会权,"是一个逐渐被明确"的过程。[40] 在《世界卫生组织组织法》和《联合国人权宣言》出台后,第 21 届联合国大会于 1966 年 12 月 16 日通过《经社文权利公约》和《公民权利和政治权利国际公约》,供各国签署、批准和加入;《经社文权利公约》于 1976 年 1 月 3 日正式生效。与《世界卫生组织组织法》相同,该公约第 12 条规定:"本公约缔约各国承认人人有权享有能达到的最高的体质和心理健康的标准。"该条第 2 款提出了"为充分实现这一权利而采取的步骤应包括为达到下列目标所需的步骤",包括:"(甲)减低死胎率和婴儿死亡率,和使儿童得到健康的发育;(乙)改善环境卫生和工业卫生的各个方面;(丙)预防、治疗和控制传染病、风土病、职业病以及其他的疾病;(丁)创造保证人人在患病时能得到医疗照顾的条件。"

但是,从最初提出健康权到 20 世纪末近半个世纪的时间内,该权利处于"冬眠"状态,人权专家们对该权利的探讨一直进展缓慢。[41] 联合国经济社会和文化权利委员会在冷战结束后开始就社会和经济权利进行深入研究,于 1993 年 12 月 6 日举行了"健康权一般性讨论";世界卫生组织于 1993 年发布了《关于健康的妇女人权》;泛美国家卫生组织在 20 世纪 80 年代和 90 年代也对健康权进行了一系列讨论,并最终决定采用健康权概念。[42] 2000 年 8 月 11 日,联合国经济社会和文化权利委员会发布了《〈经社文权利公约〉执行过程中出现的实质性问题》,即"第 14 号一般性意见(2000)",对该公约第 12 条的适用进行了深入解释。其后,基于该一般性意见,联合国人权事务高级专员办事处和世界卫生组织于 2007 年 8 月联合发布了《健康权——概况介绍第 31 号》,其要点包括:(1)界定健康权并陈述一系列国际公约对健康权的规定,指出把健康权与保

---

〔40〕 See Virginia Leary, "The Right to Health in International Human Rights Law", *Health and Human Rights*, Vol. 1, No. 1, Autumn 1994, p. 27.

〔41〕 See John Tobin, *The Right to Health in International Law*, Oxford University Press, 2011, p. 22. Katharine Young & Julieta Lemaitre, "The Comparative Fortunes of the Right to Health: Two Takes of Justiciability in Colombia and South Africa", *Harvard human rights Journal*, Vol. 26, 2013, p. 1.

〔42〕 See Virginia Leary, "The Right to Health in International Human Rights Law", *Health and Human Rights*, Vol. 1, No. 1, Autumn 1994, pp. 29 – 30.

健的获取以及医院的建设相联系并没有错,但是"健康权保护的比这要更为广泛"的"一系列要素"(安全饮用水和卫生设备、安全食物、适当营养和住房、健康工作和环境条件、健康教育和信息、两性平等),以帮助我们健康地生活;(2)划定健康权的内容,即包括自由和权利;(3)提出健康设备、物品和服务提供的一系列原则,即非歧视(nondiscrimination)、可及性(availability,指公共卫生和健康服务充分可及)、可获得性(accessibility,指切实可以获取)、可接受性(acceptability,指在医学和文化上可以被接受)及优质性(quality,指安全有效高质量)原则;(4)澄清一些误区,如①健康权不等于维持健康状态的权利(the right to health is NOT the same as the right to healthy),②健康权不仅仅是一个长期的规划目标(the right to health is NOT only a programmatic goal attained in the long term),而且要求政府毫不迟疑地采取切实可行的措施,③国家财政困难不能使其免除采取实现健康权的义务(a country's difficult financial situation does NOT absolve it from having to take action to realize the right to health);(5)指出健康权与其他人权紧密相连;(6)明确如何保障特定群体(妇女、儿童和青少年、残疾人、移民、艾滋病毒携带者)的健康权;(7)强调政府和其他各方(包括国际组织、国家和政府机构及私营机构)对保障公民健康权负有的规划、组织、实施、监测的责任等内容。[43]

上述内容把抽象的健康权概念实体化为具体的行动方案和措施,极大地推动了健康权的发展;但同时,也引发了进一步的争论。美国国务院对该情况介绍的保留意见就是一个极好的例证。它意图论证:健康权只是一个"愿景"(aspiration)或"终极目标"(ultimate goal),而非一个现实的权利;该文件使用"国家"而非"签字国"的概念,导致该公约适用于所有国家(包括非签字国)的印象;该文件对条约监督机构的解释、对生育相关权利的用词、对非国家行动者的用语等都有错误。[44]

(三)健康权的内涵

如前所述,健康权内涵丰富,作为复合性的权利,既包括自由也包括权利。

---

[43] Office of the UNHCHR & WHO, The Right to Health—Fact Sheet No. 31, 2007.

[44] Observations by the United States of America on "The Right to Health, Fact Sheet No. 31", issued on 22 Dec. 2008, fromhttps://www.state.gov/documents/organization/138850.pdf.

1. 自由首先意味着意思自治;其次意味着不受外界外力的支配。沿着这一思路,可以把健康权的自由分为两部分:决定自身健康的自由和免于对自身健康干预的自由。

(1)决定自身健康的自由,即从权利主体意思自治的维度阐发的自由。其主要意思是"我的健康我做主",包括获取和掌握自己身体、生活方式、健康保障、性和生育状况及相关信息,以及决定采取哪些行为和手段的自由。对这一自由权的认同和支持,导致医疗服务关系从"父爱式"或"医生为主"的传统医疗服务模式转变到"患者中心"式的当代医疗服务模式;推动了医事法上的"知情同意权"、安乐死等生命归宿的"选择权"、参加医药实验的"决定权"等新型权益和制度的产生。任何权利都有界限,这一自由权也有其法律上的界限,即其行使必须以依法和不侵犯他人合法权益为边界。难题是,权利的边界并非清晰不变,这一自由权的运行也带来许多新的法律问题,如婚检等医疗检验和传染病或艾滋病等疾病监测的法律定位(强制与选择)、吸毒人员和精神疾病患者等人员的强制治疗、个人健康风险与公众健康的矛盾等问题,而这些新问题的出现也必然挑战现有的法律规范和原理。

(2)免于对自身健康干预的自由,即从权利主体与他人和外界关系的维度阐发的自由。包括"免遭未经同意所进行的医疗,诸如医学实验和研究或强迫绝育,以及免遭酷刑或其他形式的残忍、不人道或有辱人格的待遇或惩罚"。[45]这些"免于"式自由是对第二次世界大战中灭绝人性的活体实验和摧残人身健康的法西斯手段反思后的产物。这一自由权是基于前一项决定自身健康自由而延伸出来的自由,但免于式自由的保障主要不取决于权利人,而取决于外在实体,即取决于掌握权力的政府机构或掌握其他经济或社会实力的机构和人员,因此,对该自由权的保障主要靠民事、行政和刑事法律体系的健全和相应法律手段的应用。

自由具有消极权利的性质,即不需要他人的介入和帮助,只要尊重这些权利,不去干预和侵犯。法律对健康权中的自由权所起的作用是保护其不受侵犯并制裁对其的侵犯。

---

[45] The Committee on Economic, Social and Cultural Rights, CESCR General Comment No. 14: The Right to the Highest Attainable Standard of Health (Art. 12), Adopted on 11 August 2000.

2.健康权还包括享有权。包括:享有能够为每个人平等地提供达到最佳健康水平的健康体系、预防、治疗和控制疾病、获得基本药物、获得妇幼保健和生殖保健、平等和及时地获得基本医疗、获得健康相关教育和信息,以及在国家和社区层面参与健康决策的权利。[46] 健康权具有包容性,内容随着社会经济等因素的变化和医学科学技术的发展而扩展。健康享有权亦是如此,它所享有的内容也会不断变化和扩展。但是在各项国际公约和文件中,享有权的范围并没有明确确定,从而使这一权利在理论上备受质疑,在实践中难题频发。例如,健康是被限制在不得病的范围内,还是扩展到没有功能性障碍?被限制在生物医学概念上的伤残,还是扩展到如同整容手术等采取的治疗?有学者认为,健康的范围应当被限定在病理学的范围内,即免除疾病。这一界定显然比世卫组织的界定要窄。因此,世界卫生组织在2001年世界卫生大会上制定了《国际功能、残疾和健康分类》(International Classification of Functioning, Disability and Health),采取了一个"涵盖了损伤、行为限制和参与困难"的更包容性的概念。[47]

在实践中,由于概念范围和含义不确定,健康权在很多国家都遇到公民享有的医疗服务的范围如何确定的问题。而这一问题又与特定国家的经济实力、医学水平、医疗体制和医疗保险等问题交织在一起。享有权是界定在基本医疗服务包的范围还是大病的范围?可以说,没有一个国家可以无限地提供所有健康服务。实际上,国际公约和文件中并没有要求提供无限的健康服务。《经社文权利公约》第2条的表述是"逐渐达到本公约中所承认第权利的充分实现",该公约第12条所说的是"可能达到的"。联合国经济社会及文化委员会2000年在《〈经社文权利公约〉执行过程中出现的实质性问题》(第14号一般性意见2000)中就该公约第12条进行了解释,认为:"对世界各地数以百万的人来说,充分享有健康权仍是一个遥远的目标。而且在很多情况下,特别是对那些生活

---

〔46〕 The Committee on Economic, Social and Cultural Rights, CESCR General Comment No. 14: The Right to the Highest Attainable Standard of Health (Art. 12), Adopted on 11 August 2000.

〔47〕 See John Tobin, *The Right to Health in International Law*, Oxford University Press, 2011, p. 22. Katharine Young & Julieta Lemaitre, "The Comparative Fortunes of the Right to Health: Two Takes of Justiciability in Colombia and South Africa", *Harvard Human Rights Journal*, Vol. 26, 2013, pp. 127 – 129.

贫困的人,这个目标正变得越来越遥远。”“第12条第1款的‘能达到的最高的健康标准’概念,既考虑进了个人的生理和社会经济先决条件,也考虑进了国家掌握的资源。”[48]联合国人权高专办事处和世卫组织于2007年发布的《健康权——概况介绍第31号》也承认:“当审议在某一特定国际对这一权利的实现情况时,当时的资源可利用性和发展背景也会被考虑在内。”同时,它又强调“没有哪个国家可以以资源匮乏为理由而为未能遵守其义务做辩解”。[49]

结合上述文件,可以清楚地看到:每个国家在决定健康服务的范围时,应当考虑社会、经济、医学、技术、物品等资源的现实状况,提供与社会经济发展水平相适应的健康服务。同时,健康服务可以分为不同的层次和类型,各国应当根据自身的资源和各种条件,确保“低水平的核心”(minimum core)健康服务的平等提供。[50] 为了使健康服务不会超越国家承受能力,有些国家如南非在宪法中把健康权保障划定“在可利用的资源范围内,逐步实现”;有些国家如日本把健康服务划定在“维持最低”的范围内;有些国家如卢森堡、墨西哥则把医疗服务划定在“法律规定”的范围内。[51] 虽然大多数国家宪法并没有对此加以任何限定,但一般都有法律规定的程序,通过国会或政府主管部门,定期对健康服务的范围、财政预算和拨款进行公开讨论并予以调整。政府在其中起着至关重要的作用。例如,以色列卫生部通过法定程序从国会获得年度财政预算,根据各疾病基金的签约人数和签约人年龄结构等因素设计出向疾病基金支付医疗经费的计算公式,并通过经费的分配对其进行监督和检查,不断调整和修改医疗服务体制。医疗服务包的内容每年都需要调整。从1997年开始,以色列政府通过立法规定了对医疗服务包包含的项目进行增删的公开程序,由卫生部按照该

---

〔48〕 The Committee on Economic, Social and Cultural Rights, CESCR General Comment No. 14, supra note[39].

〔49〕 Office of the UNHCHR & WHO, The Right to Health—Fact Sheet No. 31, 2007, supra note[20].

〔50〕 See Katharine Young, “The Minimum Core of Economic and Social Rights: A Concept in Search of Content”, *The Yale Journal of International Law*, Vol. 33:113, 2008.

〔51〕 Eleanor Kinney & Brian Alexander Clark, “Provisions for Health and Health Care in the Constitutions of the Countries of the World”, *Cornell International Law Journal*, Vol. 37, 2004, Appendix I.

公开程序确定医疗服务包的内容。[52]

与自由权相比，享有权属于积极权利，即需要他人尤其是政府提供帮助才能实现。多数社会、经济和文化权利都属于积极人权，需要国家、社会和他人提供帮助。比如，教育权依靠国家建立保障公民享有教育的教育体制，依靠教师和学校提供教学，否则教育权就实现不了。健康权也是如此，如果国家不建立提供医疗服务的医疗卫生体制，没有医院和医生的医疗服务，健康权则无从谈起。从这个意义上讲，健康权要求国家政府承担提供服务的责任。健康权不仅是个人的权利，而且是政府的义务。法律对健康权中的享有权应当发挥支持其获得相应医疗服务的权利，以及规范政府和医疗服务机构和人员提供相应服务的职责和义务。

(四)健康权的司法保障

健康权作为法定权利，必然需要有一套相应的权利保障机制、程序和措施。健康权经国家宪法、法律或判例确立后，需要国家机构和健康主管部门制定相应的法律法规，建立和完善医疗卫生体系和制度，为全体公民平等地提供尽可能高的健康服务。在这些程序中，如果产生纠纷，很可能形成健康权的诉讼。因此，健康权的司法保障是一个绕不开的问题。一般而言，诉讼是激活权利的最佳途径，但前提是该权利具有可诉性。健康权是否具有可诉性呢？不同的国家和法律制度给出了不同回答。值得注意的是，可以提起健康权(包括广义的经济、社会和文化权利)诉讼的国家多是发展中国家；健康权的可诉性也不代表它是唯一或最重要的保证政府履行其提供健康服务的渠道。[53]

在有些国家，健康权具有可诉性(justiciability)。“全球大约70%的宪法都有与健康有关的保障，而其中健康权具有可诉性的占大约40%。”[54]健康权可

---

〔52〕 See Bruce Rosen, Ruth waitzberg & Sherry Merkur, "Israel Health System Review", *Health Systems in Transition*, Vol. 17, No. 6, 2015, pp. 57–58.

〔53〕 See Jennifer Sellin, "Justiciability of the Right to Health—Access to Medicine: the South African and Indian Experience", *Erasmus Law Review*, Vol. 2, Issue 4, 2009, p. 446.

〔54〕 Colleen M. Flood and Aeyal Gross, Litigating the Right to Health: WhatCan We Learn from a Comparative Law and healthcare Systems Approach? Accessed May 6, 2019. https://www.hhrjournal.org/2014/09/litigating-the-right-to-health-what-can-we-learn-from-a-comparative-law-and-health-care-systems-approach-2/.

以诉讼化(judicialization)的国家主要是大陆法系(尤其是拉美)国家,如巴西、阿根廷、智利、哥伦比亚、墨西哥、秘鲁、南非、意大利、以色列、波兰、俄罗斯等。[55] 健康权诉讼最普及的是巴西,以至被称为“巴西模式”。在结束了军政府统治后,1988 年《巴西宪法》把国际人权公约等国际法律都纳入其国内法,不仅公民和政治权利,一系列经济、社会和文化权利都得到宪法的承认。在最初的 10 年内,社会权利还被认为是“纲领性权利”(programmatic rights),但从 20 世纪 90 年代末开始,健康权诉讼急剧增加,并影响到其他国家(主要是拉美国家)。根据巴西联邦卫生部发布的信息,“在 2003 年至 2009 年,联邦政府是 5323 件诉讼案件的被告,为此花费了 159,303 万雷亚尔(8000 万美元)”。该部发布的最新的数据显示,“从 2009 年至 2012 年,案件数量(全国)增加了 25%(10,498 件至 13,051 件)”。“国家司法会议(Conselho Macional de Justica)发现,巴西所有法院和裁判所在 2015 年共有 854,506 件与健康有关的诉讼案件,其中 470,000(略少于 50%)件是针对国家健康体系的诉讼,其他是针对私人机构的诉讼。针对国家健康系统的案件中,有 42% 是仅要求获得药品的诉讼,32% 是要求得到住院治疗和药品的诉讼;12% 是仅要求住院治疗的诉讼,16% 是一般健康服务的诉讼。”[56] 巴西健康权诉讼案件的绝大多数是由个人提起的诉讼,原告的胜诉率也极高,从而形成了所谓的“巴西模式”。[57]

仅从诉讼增长率和胜诉率来看,司法在保障健康权方面发挥了巨大的作用。但同时,司法机构在保护健康权中的积极作为(司法能动主义)引发了激烈的争论。[58] 赞成者认为,这是通过司法保障健康的最成功范例,是普及健康权的最佳途径,是通过健康权诉讼约束政府乱作为或不作为以及弥补政府失误的

---

[55] See Richardo Perlingeiro, “Recognizing the Public Right to Healthcare: The Approach of Brazilian Courts”, *Rev Fort Saublica*, 32(2), 2014, p. 135.

[56] Octavio Luiz Motta Ferraz, The Right to Health in the Courts of Brazil 10 Years on: Still Worsening Health Inequities? (draft, 25. 6. 2017), May 2, 2018 downloaded from tap://www. globaljusticeacademy. ed. ac. uk/__data/assets/pdf_file/0009/233847/Ferraz2017The_Right_to_Health_in_the_Courts_of_Brazil_10_years_on_Onati. pdf. (原文数据如此)

[57] Ibid. (该文作者认为没有系统和完整的统计数字)

[58] See Joao Biehl, Adriana Petryna, et al., “Judicialisation of the Right to Health in Brazil”, *The Lancet*, Vol. 373, June 2009, p. 2183.

有效手段,是使弱势群体得到健康保障的制度。尽管他们也认为需要进行必要的改进,如允许集团诉讼以节约诉讼成本,建立特殊法庭和吸收医学等专家参与审判,但却都为该模式大唱赞歌。其中最主要的观点是,如果没有诉讼,政府就不会主动发展医疗卫生事业和扩大健康服务的范围,也会以资源有限等借口放缓提供和提高医疗服务的进度。[59]

但也有不少学者表示了不同意见。这些意见主要如下:

(1)诉讼并没有推动健康服务的均等化和公平化。诉讼数量和原告胜诉率并不代表巴西健康服务和整个医疗卫生体系的成就,恰恰相反,实际上违反了健康服务的均等化、全覆盖和非歧视原则。有研究表明,“大多数州一级的案件集中在少数几个南部和东南部富裕州”,南里奥格兰德、米纳斯吉拉斯、里约热内卢和圣保罗“四个州的(健康权)诉讼加在一起占全国诉讼量的82%”。[60]因此,“巴西的健康权诉讼并没有使穷人受益。就整体而言,能够受益的是有能力雇用律师和运用法院的少数人,他们可以迫使政府提供昂贵的治疗,而这些治疗依照任何可能对宪法健康权进行解释都无法从公共卫生体系内获取的”。[61]

(2)健康权诉讼使司法机构不仅审查立法和行政机构运行的合法性,而且代行了立法和行政机构的财政决策和实施权力。一般而言,法官关注的是个案中的个体正义,而非公众的群体正义。而健康服务具有公共性,需要考虑众多诸如资源、价格、医学发展、药物可及性、公共健康、分配的公平性和平等性等问

[59] See Joao Biehl, Mariana Socal & Joseph Amon, “The Judicialization of Health and the Quest for State Accountability: Evidence from 1262 lawsuits for Access to Medicines in Southern Brazil”, *Health and Human Rights*, Vol. 18, No. 1, June 2016, pp. 2009 – 2018. Richardo Perlingeiro, “Recognizing the Public Right to Healthcare: The Approach of Brazilian Courts”, *Rev Fort Saublica*, 32(2), 2014, p. 135.

[60] Octavio Luiz Motta Ferraz, The Right to Health in the Courts of Brazil 10 Years on: Still Worsening Health Inequities? (draft, 25. 6. 2017), May 2, 2018 downloaded from tap://www. globaljusticeacademy. ed. ac. uk/__data/assets/pdf_file/0009/233847/Ferraz2017The_Right_to_Health_in_the_Courts_of_Brazil_10_years_on_Onati. pdf. (原文数据如此)

[61] Octavio Luiz Motta Ferraz, “Harming the Poor Through Social Rights Litigation: Lessons from Brazil”, *Texas Law Review*, Vol. 89, 2011, p. 1667.

题,需要进行综合平衡。立法和行政机构由于其所处地位,能够从全局出发进行规划和操作,而法官面对的是个体,很难做到了解全局和平衡各种利益冲突,因此,其判决难以像立法和行政主管机构那样周全。由于地位和职权不同,司法机构,尤其是像巴西法院那样具有司法能动性的法院,在健康权诉讼中往往会越俎代庖。2009年巴西最高法院发布了一项决定,要求法院考虑为什么立法和行政机构没有把诉讼请求的药物和治疗包括在服务范围内,考虑国家的财政资源的有限性和需求的无限性。但是,该决定并没有法律强制力,因此收效甚微。[62]

(3)健康权诉讼增加了额外支出。健康权诉讼的诉讼成本侵占了更多卫生支出;胜诉判决或和解只是使少数人获益;政府为执行判决需要提供健康服务项目外的药物(项目内一般为仿制药,而项目外则为更贵的原研药)和治疗手段;为少数人的大额支付造成了其他为更多公众服务的项目经费的减少。

(4)作为积极人权的健康权与作为消极人权的公民和政治权具有很大不同。[63] 前者需要国家和社会为其提供服务,后者则不需要国家和他人干预。因此,在消极人权受到侵犯时,司法救济手段是停止侵害并进行赔偿。健康权则较为复杂,它有消极部分(自由权),对这部分权利的侵犯可以按照消极人权的保障方法进行制止和赔偿;又有积极部分(而且是主要部分),对这部分权利侵犯的司法救济则不是不作为,也不是赔偿,而是要求提供健康服务,迫使有关机构积极作为。一般而言,政府或有关机构没有作为都有相应的原因,如该项给付没有现行法律、政策或规则的根据。如果法院判令上述机构进行给付,就会产生实际上突破现行规则界限并对其进行更改或废除的结果,而大陆法系国家的司法机构并不具有这种权力和能力;如果不改变现行规则,则判决仅是法外特例,并不会产生普惠大众的良性结果。

正因如此,健康权的可诉性一直就处于争议的旋涡中;而大多数国家也没有赋予健康权可诉性。在赋予健康权可诉性的国家中,原告胜诉率也都不像巴

[62] See Mariana Mota Prado, *Provision of Health Care Services and the Right to Health in Brazil*, from The Right to Health at the Public/Private Divide: A Global Comparative Study, Cambridge University Press, 2014, pp. 341 – 342.

[63] See Jennifer Sellin, "Justiciability of the Right to Health—Access to Medicine: the South African and Indian Experience", *Erasmus Law Review*, Vol. 02, Issue 04, 2009, p. 451.

西那样高。以南非为例,《南非宪法》因对健康有较多保障性规定,被称为“健康宪法”。在少数几个有关健康权的诉讼中(如“苏布拉玛尼诉卫生部长案”,Soobramoney v. Minister of Health),法院均引用该国宪法第27条“在可利用的资源范围内,逐步实现这些权利”的规定,考虑到当地仅有20台肾透析设备的现实,驳回率原告要求提供终身肾透析治疗的诉求。[64] 但是,在2002年卫生部长诉治疗行动委员会案(Minister of Health v. Treatment Action Committee, 2002)中,南非最高法院依据宪法健康权规定否定了卫生部出于抗艾药(奈韦拉平)安全性考虑,规定仅在18个实验场所使用,而不得在其他场所广泛使用的决定。最高法院考虑到该药是阻断母婴艾滋病毒传播的药物,涉及婴儿健康,具有紧迫性,且费用很低(低于2美元),该药的安全性没有问题,故认为卫生部的限制不符合“逐步实现”的宪法要求,否定了卫生部的决定。[65] 该判决被认为是打破了南非在健康权诉讼上的司法克制,积极介入到推动健康权实施的进程中。其实这里还有另一个因素,即此案中的原告(上诉审的被告)不是个体公民,而是民间团体;其诉求不是给某一个体提供健康服务,而是对特定的社会弱势群体提供服务;诉讼目的不在于具体的药品提供,而是以改变政府行政决策和决定为目的。这种以公益为目的、以审查现行健康政策和决定为诉求的诉讼与其他由个体提起和以具体给付为诉求的诉讼有显著的区别,值得各国借鉴。

从超出个案正义的角度来看,即使以追求具体赔偿为目的的诉讼未能胜诉,也会产生积极的社会效果,即提供了一个民众参与的公共平台,对相关的健康政策和决定进行讨论,即便是原告诉求没有得到支持,也会引起公众和主管部门的高度重视,审查相关决策和决定的合法性和公平性。例如,在很多欧美国家提起的针对烟草公司的诉讼,尽管从严格的侵权责任“因果关系”基础上,很难证实原告所受健康损害是由吸烟直接造成的,因而很难作出支持原告诉求的判决,但是这些烟草诉讼所形成的巨大社会压力则迫使烟草公司不得不以庭

---

〔64〕 See Jennifer Sellin, “Justiciability of the Right to Health—Access to Medicine: the South African and Indian Experience”, *Erasmus Law Review*, Vol. 2, Issue 4, 2009, p. 456.

〔65〕 Charles Ngwena, *The Right to Health in Post-Apartheid Ear South Africa*, Chapter 9 from Advancing the Human Right to Health, Oxford University Press, 2013. Jennifer Sellin, “Justiciability of the Right to Health—Access to Medicine: the South African and Indian Experience”, *Erasmus Law Review*, Vol. 2, Issue 4, 2009, pp. 45 - 458.

外和解的方式支付巨额和解费或为公共健康提供巨额资金。[66] 故而,健康权的可诉性具有超出个案的公共参与平台的意义。在这一意义上,对健康权可诉性的探讨和实践已经不局限于是否能够胜诉的层面,而是提升到通过个案引起公众和主管部门深入讨论相关政策和决定合法性和正当性的层面上。

(五)健康权的保障离不开政府职责

公民有健康权,相应地,政府就是一个义务主体。在医疗卫生领域,政府职责非常突出,其职责不可推卸。

1. 现实医疗体制证明政府不可缺位。在健康领域,随着工业化、城市化的发展,政府负有不可推卸的职责。1854 年伦敦苏活区(Soho)发生霍乱,当时医学很不发达,找不到其发生原因。一位公共卫生督察员经实地调查,发现造成霍乱的原因是霍乱病患者的排泄物污染了抽水井的地下水源,导致饮用水污染,造成整个街区霍乱病暴发。该卫生监督员把抽水泵封掉,疫情得以控制。[67]

两次世界大战后,人们发现健康问题不仅是医学问题,而且是社会问题,与生活方式、环境、贫困、战争等社会因素密切相连。健康不仅是细菌或病毒造成的个人的事情,而是社会方方面面众多因素导致的社会问题。因此,政府对健康负有不可推卸的职责,在消除贫困、提供可持续发展、建设绿色宜居环境、消除战争等方面的作用无可取代。

第二次世界大战之后,英国建立了世界上第一个国民健康服务体系(National Health Service,NHS),这是英国人非常自豪的体系,政府通过税收形成政府财政,通过政府财政建立全覆盖的全民医疗服务体系。其口号是“在接受医疗服务的时候不付费”(No payment at service)。除了建立更具竞争力的“内部市场”外,[68] 这一制度历经几届政府而不改。政府在健康领域中的巨大作用可见一斑。

美国是典型的在健康领域采取自由市场经济的国家,但同时它也是全世界

---

〔66〕 See Richard A Daynard, Clive Bates, Neil Francey, “Tobacco Litigation Worldwide”, *BMJ* VOL. 320, 8 Jan., 2000, pp. 111 – 112.

〔67〕 See Lawrence Gostin, *Public Health Law*: *Power*, *Duty*, *Restraint*, *University of California* Press, 2nd Ed., pp. 19 – 20.

〔68〕 Carol proper, Simon Burgess & Denise, “Competition and Quality: Evidence from NHS Internal Market 1991 – 9”, *The Economic Journal*, Vol. 118, Jan., 2008.

医疗开支最高的国家。除了由政府出钱支持的针对老年人的医疗保险制度、贫困人群的医疗援助和退伍军人医疗制度(the Veterans Affairs Healthcare System)外,医疗支出主要依靠雇主和自己买保险,因此,造成约4000万人没有任何医疗保险。奥巴马全力推动的2010年《可负担医疗法案》(the Affordable Care Act)通过强制购买医疗保险,建立全民医疗保险和全民健康服务,“由于该法的作用,没有保险的人口数量占比从2010年的16%下降到2015年的9.1%”,“没有医保的人数从2010年的4900万人下降到2015年的2900万人”。[69] 美国医疗费用也高,“美国2016年医疗卫生费用总开支占GDP的17.2%”。尽管是市场模式上的健康体系,政府的作用也显而易见,“政府的经费投入占医疗总开支的近一半”。[70]

从美国宪政发展历史看,从北美13州开始,美国社会就把州政府管理公共事务(卫生、安全、秩序和公共福祉等事项)的权力当作理所应当的制度安排。该项权力被称为“规制权”(police power)。“‘规制权’是最著名的描述在规制涉及公共福祉的私人利益方面,主权政府自然拥有的权力。”“作为内在的主权表征,州(政府)具有规制权。作为先于联邦政府成立的主权政府,除非宪法特别规定外,州(政府)保留了这些主权。”该权力包括以下原则:“政府的目的三促进公共福祉;州采取规制行动的权力允许对私人利益进行限制;以及州政府具有范围宽泛的(规制)权。”[71] 可见,美国历史传统和法律传统具有政府管理公共事务(尤其是健康事务)的规制权力,这也是奥巴马政府推行“强制购买医保”的一个法理和传统基础。英美两国的医疗体制完全不同,但无论奉行何种理论,政府的作用都不容忽视。

我国在改革开放初期,随着市场经济的推进,原来计划经济体制下的医疗体制已无法延续,而政府在医疗领域中的投资由于种种原因不断下降。一方面,原有城市“公费医疗”与农村的“赤脚医生”格局随着社会和市场的发展已

---

[69] Barack Obama,“United States Health Care Reform Progress to Date and Next Step”, *JAMA*, Vol. 316(5), Aug., 2016, pp. 525 – 532.

[70] OECD, *Health at a Glance* 2017: *OECD Indicators*, OECD Publishing, 2017, pp. 132, 134.

[71] Lawrence Gostin, *Public Health Law*: *Power*, *Duty*, *Restraint*, *University of California* Press. 2nd Ed., pp. 91 – 92.

成为历史;另一方面,包括医疗服务在内的社会保障体制并未建立,市场化的倾向日趋明显。有些地方甚至提出了"建设靠国家,吃饭靠自己"的精神,要求医院要在"以工助医、以副补主"等方面"取得新成绩"。[72] 政府自觉或不自觉地退出导致我国医改走上了一段弯路,直到2009年3月17日《中共中央 国务院关于深化医药卫生体制改革的意见》出台,才明确提出:"强化政府在基本医疗卫生制度中的责任,加强政府在制度、规划、筹资、服务、监管等方面的职责,维护公共医疗卫生的公益性,促进公平公正。"

2. 医疗卫生事业的性质决定了政府的职责。为什么政府在医疗卫生领域负有不可推卸的职责? 首先,医药服务具有公共产品或准公共产品的性质,具有排他性,即一个人的消费并不意味着他人接受服务机会的减少。健康权是每个公民的基本权利,每个人都不能被排除在使用和接受公共产品的范围外。公共产品谁来保障? 作为代表人民行使公共权力的政府义不容辞,这也与医疗卫生的公益性质相一致。医疗服务作为公共产品需要政府通过立法和制度进行建构并保障其公平科学地运行。但是,这并不等于所有公共服务仅仅由政府一手来操办,也不等于不要市场机制;公益性不能简单地被理解为不要钱或不要成本核算等基本市场规律。英国的全民医疗服务体制内也建立了"内部市场"以增加其效率和激励机制,我国当前医改提出的鼓励社会办医、公立医院管办分离、医生多点执业等措施就是在坚持公益化的方向下改革的具体措施。

3. 市场失灵也是政府必须承担职责的重要原因。市场在公共服务领域常常失灵。市场以供求关系为调节机制,以追求利润为最终目的,这是市场机制的本性。但是,健康作为基本人权,健康服务作为公共产品或准公共产品则以人的需要(need)为调节机制,以健康为最高追求。所以市场和健康服务追求的目的不同,市场在医疗服务领域不能起决定作用,而是起到一定的调节和辅助作用。对于弱势群体需要政府的制度性安排才能保障,像我国正在采取的城市反哺农村、工业反哺农业、保障社会弱势群体等措施和制度安排,不可能由市场自发进行,而只能由政府来承担,发挥主导作用。《世界卫生组织组织法》也明确规定:"各国政府对人民健康负有一定的责任,唯有采取充分的卫生和社会措

---

[72] 王虎峰:《中国医疗卫生体制改革30年进程 分析存在的问题》,载《发展和改革蓝皮书》2008年10月8日,资料来源:新华社网:http://health.sohu.com/20081008/n259909384.shtml,最后访问日期:2019年5月6日。

施才能够实现。”《经社文权利公约》第2条规定：“本公约缔约各国承担保证，本公约所宣布的权利应予以普遍行使，而不得有……任何歧视。”《阿拉木图宣言》第V条规定：“政府对其人民的健康负有责任，该责任只有通过提供充分的健康和社会措施才能实现。”

4. 政府发挥作用的方式是什么呢？有专家认为，政府作用的方式包括：(1)收集、分析和提供信息，包括健康教育；(2)规制，即通过制定法律，建立和规范医疗卫生领域的制度、机制，如分级诊疗，分诊转诊制度等；(3)指令，即提供立法或行政决策制定强制性措施，比如一类疫苗接种、公共场所禁烟、食品标识等；(4)融资和提供经费，即政府要承担医疗卫生事业的筹资和分配责任，因此医疗卫生不是技术问题，而是具有强烈政治、经济、社会性质的问题；(5)提供服务，即政府要规划、组织、参与和监管医疗服务，但是，政府提供医疗服务并不是简单地由政府包办一切，而是通过管办分离、社会办医、第三方参与等多种措施，在政府的监管下充分发挥社会力量。[73]

此外，政府还有一些负面清单，虽然政府起主导作用，但是有些事政府是不能做的。它们包括：(1)不能让下层民众为富人买单；(2)不能让穷人对公共支出建立的公共卫生服务付费；(3)不能把公共财政支出与公共机构提供服务挂钩，不能因公共财政支出就要由公立医院获得，从而形成垄断；(4)不能简单地向任何健康要求(demand)，而是向健康需要(need)提供资源。[74]

总之，健康权的重要性不容置疑，但健康权的保障则离不开政府的决定性作用。健康权是医疗卫生事业和健康法治的权利基础，政府是其建立、运行和完善的主要支柱，两者相辅相成、缺一不可，共同成为建构医疗卫生事业和健康法治大厦的基础。

---

[73] See Philip Musgrove, Public and Private Role in Health: Theory and Financing Patterns, The World Bank, HNP Discussion Paper, July 1996, pp. 6 – 8. Accessed by May 6, 2019. https://openknowledge.worldbank.org/handle/10986/13656.

[74] See Philip Musgrove, Public and Private Role in Health: Theory and Financing Patterns, The World Bank, HNP Discussion Paper, July 1996, p. 55. Accessed by May 6, 2019. https://openknowledge.worldbank.org/handle/10986/13656.

四、健康权对法学发展的推动

传统法律体系往往把涉及卫生领域的法律,如药品管理法、医师法、传染病防治法等,归为行政法的范畴,把现实社会中医药领域中的法律冲突,如医患关系、医疗事故纠纷等,解释成民事合同或侵权问题。按照传统的法律分类和观念,这种划分似乎天经地义,无可厚非。但是,如果这种观念已经无法跟上和解释现实社会提出的问题,理论创新的必要性也就无法抵挡了。法律部门的划分不仅不应当是一成不变的僵化桎梏,甚至削足适履,扭曲社会现实去适应传统法律分类之履,反而应当以社会重大问题为导向,破除传统观念,推动法学和法律体系的创新。

什么是卫生法体系?卫生领域的法律能够独立门户,成为我国法律体系中的一员吗?当下的回答显然以否定为多。卫生法概念似乎很难进入传统法学的法眼。但如前所述,社会发展的需求是法律体系发展的驱动力和导向仪,因此有必要首先对新的社会需求及其对法律的影响进行分析。

法学界公认,一个独立法律部门的成立应当满足4个条件,即该部门法调整的特定对象(社会关系)、调整的手段、相应领域的社会重要性和相应法律规范的数量。满足后两个条件已经不是问题。医药卫生领域的社会重要性已经突显,并被政府、社会和民众广泛接受。医药卫生领域的法律规范也已不计其数,从国际法规范到国内法规范,仅仅应对艾滋病的国内法律规范(包括行政法规、部门规章、地方法规和地方规范性文件)就有数百件之多。[75]

但是,卫生法能够满足法律部门划分的前两个条件吗?否定意见往往以医药卫生领域的法律规范已经归于行政法、民法、商法、经济法、刑法等不同部门为由,否认卫生法存在的必要性。既定的并非就一定具有当然的,甚至是永恒的合理性。世间万物,变动不居。明者因时而变,知者随事而制。

医药卫生领域的法律规范虽然被分散于各种不同部门法中,就社会关系的

---

〔75〕 根据笔者2015年12月1日对“北大法宝”法律数据库的查询,在标题中包含“艾滋病”关键词的行政法规有12件、部门规章有133件、地方性法规有21件、地方政府规章有16件、地方规范性文件有902件。这些法规规章和文件中有不少已经废止或失效。即便如此,其数量也出人意料。

特殊性而言,它们所调整的对象(社会关系)则具有区别于其他部门的共同性。比如,提供医疗服务往往被界定为合同关系;而合同关系最明显的特征包括等价有偿、自愿和地位平等。但是,医疗服务的性质是根据需要(need)而非要求(demand)而提供,其范围也不可能仅仅依据等价原则来提供,无论挂号费是多少,医生对于患者的医疗服务的质量与范围都不能仅以挂号费来限定。对于医疗急救救助、基本医疗服务和公共卫生服务等众多医药卫生服务都不可能完全遵循等价有偿的原则来处理。如果完全按照等价有偿原则来界定医疗服务,只能造成医生成为追逐市场利润的主体和医患关系加剧恶化的局面。

医疗服务在一定意义上是公共产品,公共产品分配的均等化是我国医药卫生体制改革的一个重大理论和实践问题。尽管不能否定医疗服务的市场运作,但也不能完全用市场中的商业或民事合同来界定医疗服务。此外,医疗服务的当事人也并非纯粹地位平等的当事人。不仅医疗服务提供方具有专业医学知识和医疗技术,从而造成双方信息完全不对等,而且,在一定程度上,公民有权获得基本医疗服务和公共卫生服务,国家和社会有责任提供这些服务。大病医保、对艾滋病毒携带者提供"四免一关怀"等服务都不能用简单地用民事或商事合同来解释。这些服务是权利人和义务人之间根据法律规定应当提供和享有的服务,而非简单的市场上平等主体间的自愿合同服务。

就医疗关系恶化的主要导火索——医疗责任和医疗事故——而言,也不能简单地用侵权责任法来处理。俗话说,"是药三分毒"。无论是药物治疗,还是其他治疗,都会对人身造成一定的损害。医疗服务是以小害防治大害,而这其中的界限不可能截然划清。那么,毒性或侵入多大程度才没有造成侵权呢?加上医药学本身是一个不断深化和拓展的学科和领域,医学和医疗技术水平有限,不可能包治百病,其发展往往要应对挑战甚至有一定代价,因此,充满未知和不确定性。例如,药品的临床试验或超出常规的新治疗手段的尝试就是医学和药学发展中不可逾越的过程,因而也必然要付出代价。因此,法律必须要给医药科学发展留有充足的空间,鼓励医药科学的发展,满足民众对健康的期待。这些因素和考量也给侵权责任法在医药卫生领域的适用提出了革命性挑战,使我们重新考虑是否用简单的侵权法规范来处理医疗责任和事故纠纷。此外,卫生法调整的对象也并非传统的地位不平等的行政法律关系。因而,在医疗服务中要强调"生命和健康至上""以患者为中心"和"知情同意"等基本原则。

就第二项标准即法律调整手段而言,卫生法涉及众多主体,即国家有关主管部门、患者、医药服务提供者、医药企业、保险公司等第三方,其调整手段必然包括民事、行政,甚至刑事等调整手段。按照传统民事和行政法律关系的划分,卫生领域的立法、执法和司法不可能仅仅适用某一单项的法律调整手段,而要综合民事、行政、商事和刑事的多元调整手段。这也为卫生法作为独特的法律领域提供了有力的支撑。

基于上述分析,作为一个规范特定重大社会领域——健康领域——的独特领域法,即卫生法,已经呼之欲出。我国立法部门正在着手起草的《基本医疗卫生与健康促进法》和修订的《药品管理法》将会成为医药卫生法体系的基本法律。以这些卫生基本法为主干,建构和完善卫生法体系已成为我国立法的一项重大工程。而我国《宪法》规定的健康权为这一体系的建立和完善提供了坚实的基石。

概括而言,卫生法体系应当包括以下 3 个相对独立的领域,即医疗卫生法、公共卫生法、健康产品法(食品、药品、化妆品、医疗器械和保健用品等)。此外,生命医学伦理也应成为与卫生法体系相关并与其他学科交叉的独立领域。由于医疗卫生法调整医疗服务提供者与单个患者之间的关系,公共卫生法调整政府有关机构、公共卫生提供者与公众之间的关系,健康产品法则调整主管部门、研发机构、企业、流通和使用者及患者之间的关系,加之调整手段也有不同侧重,这些子部门成为卫生法体系中的不同分支。环视世界各国和地区的卫生法体制发现,很多国家和地区都有单行的“医事法”(“国民健康法”“医疗服务法”等)、“公共卫生法”、“医疗保险法”、“药事法”、“医师法”、“职业环境安全法”等分支领域的单行法。未雨绸缪,应当通盘考虑我国卫生法体系的建构。

基于上述分类,正在起草中的《基本医疗卫生与健康促进法》作为综合性和基础性法律,应以健康权为出发点和归宿,以保证人民健康为宗旨,把医疗卫生服务作为主线,对所有相关的医疗卫生主体、其权利和义务、医疗卫生体制、医疗服务类型、其程序和基本原则进行系统的顶层设计。它应该具有为相应医疗卫生、公共卫生、医疗卫生机构和人员、筹资支出、卫生监管、药物使用、医学教育和科研等分支部门的具体立法和制度建设提供法律基础的作用,充分发挥其框架式的基础性法律的作用。如同装修房屋,要事先考虑到今后(包括当前)要使用的照明、电器设备的情况,埋好电线,预留数量充足、布局合理的电源插座,打好基础,将来的照明、电器等设备都可以接入这些插座。

可以预见,该法不会取代我国现有的如《献血法》《传染病防治法》《精神卫生法》《医师法》等法律,也不可能完全否定将来需要制定的如《医疗机构法》《医疗保险法》《医疗纠纷预防与处理条例》等法律法规,而是提供处于基础性地位的宏观框架式法律,为推动这些法律法规的制定和修订、为卫生领域的法治化和医药卫生体制改革提供持续的动力和可靠的法律根据,为医药卫生体制改革的深化提供坚实的法律基础。

五、结　　语

总之,健康权是一项新兴的法律权利,保障健康权是我国医药卫生体制改革的最高宗旨。通过对健康权的深入研究能够推动卫生法学的蓬勃发展,以其为基础,以政府职责为支柱,才能建构健全的卫生法体系,达成全社会的共识,实现全民健康以至全面小康的最终目标。

Right to Health: the Cornerstone of Modern Health Law

Wang Chenguang

Abstract: Health is not only the precondition of personal wellbeing, but also the foundation of national rejuvenation and prosperity. Logically, where there is no population health, there is no all-round well-off society. The significance of health trigs off the emergence of right to health in the legal field. Right to health therefore becomes one of the important integral parts of new generation of international human rights, and is further recognized and protected by constitution and law in many countries. This paper conducts comprehensive and in-depth analysis of the formation, contents, traits and legal expressions of the right to health, carries out a comparative study of the practical issues of its functions, justiciability and enforcement mechanisms, responds to the challenges brought about by the right to health and expounds the possible consequent changes of the legal science and the legal system. On these bases, the article concludes that right to health will promote further development of the contemporary health law, and that right to health forms the foundation of health law while the accountability of the government constitutes its main pillar.

Key words: Right to Health; Justiciability of Right to Health; WHO; Health Law; Health Law System; Governmental Responsibility

新时代生态法治理论体系的构建*

刘　莉**

内容摘要：

新时代生态法治理论体系的构建，对于落实习近平生态文明思想具有重要意义。构建生态法治理论体系，要厘清理论的基石、理论的关键内核、理论的体系外延。习近平生态文明思想为生态法治理论体系的构建提供了指导，“和谐共生论”是生态法治理论的基石，“两山论”是生态法治理论的关键内核，“生态环境制度论”“生态红线论”“生态系统论”“人类命运共同体论”则构成了生态法治理论的体系外延。三个方面内容的相互结合，共同构成了新时代生态法治的理论体系。

关键词：

生态法治　生态法治理论体系　生态文明思想　生态文明建设

新时代生态法治理论属于习近平生态文明思想的重要内容之一，它主张将生态文明建设纳入依法治国的框架中，强调生态文明建设的法治路径。它主要包含以下几方面的内容：第一，主张用法治来保障生态文明的建设；第二，完善生态立法并且保证生态法律法规的有效实施；第三，完善与促进生态文明建设相配套的法律法规；第四，建立并严格落实生态文明建设法律责任制度。[1] 习近平生态文明思想为生态法治理论提供了丰富的思想渊源，其中，“和谐共生论”“两山论”“生态环境保护制度论”“生态红线论”“生态系统治理论”“人类

* 本文系陕西省2019年社科基金“山水林田湖草系统治理的秦岭生态环境保护法治模式探索”的阶段性成果。

** 西安建筑科技大学文学院教授。

〔1〕 参见莫纪宏：《论习近平新时代中国特色社会主义生态法治思想的特征》，载《新疆师范大学学报》（哲学社会科学版）2018年第2期。

命运共同体论”等,是我们理解习近平生态文明思想的关键,同时为构建生态法治理论体系提供了丰富的思想内涵。本文以习近平生态文明思想的内容为基础,并结合法学范畴体系的相关理论,以期构建一个新时代的生态法治理论体系,为进一步落实习近平生态文明思想,促进我国生态文明建设的持续发展奠定理论根基。

一、构建生态法治理论体系的三要素

生态文明的法治建设是环境法学研究的主要内容。环境法学从开始就是以“革命者”形象示人的,兼有“边缘”和“前沿”的双重地位特征,它不仅对传统部门法学进行着革故与鼎新(或称解构与建构),且与其他生态、环境学科群也进行着交叉与互鉴。[2] 习近平新时代生态法治思想理论体系的构建,应当要以环境法学作为背景依托。所谓思想理论体系,是思想家或学者借助于逻辑方法,对现实生活的中感性材料进行科学抽象,将已有的知性与理性知识进行整理和升华所建立起来的一个范畴体系。[3] 因此,要以法学范畴体系的相关理论为基础,并结合环境法学研究的特殊方法。笔者认为,构建习近平生态法治思想理论体系的核心要把握以下3个要素:第一,该理论的基石;第二,该理论的关键内核;第三,该理论的体系外延。

(一)理论的基石

确定基石是生态文明法治研究的逻辑起点。任何一种成熟的理论体系外延,都必须有自己的基石研究,这是研究的起点和根本;基石是某一理论立场、观点和方法的集中体现,因而其是区别于其他理论体系的标记。[4] 在现代西方法哲学中,有无自己的区别性基石研究标志是划分各个学派的基本标准之一。[5] 基石研究规定了本理论体系与其他理论体系的实质内涵和相互关系。离开基石研究,其他研究内容就变成了一个个孤立的、内涵无法确定和辨识的

[2] 参见侯佳儒、王明远:《边缘与前沿:当代法学背景中的环境法学》,载《政治与法律》2016年第10期。

[3] 参见张文显:《论法学范畴体系》,载《江西社会科学》2004年第4期。

[4] 参见张文显:《法哲学范畴研究》,中国政法大学出版社2001年版,第334页。

[5] 参见张文显:《论法学范畴体系》,载《江西社会科学》2004年第4期。

概念。如果将整个理论架构理解为法律现象之网的纽结,那么基石研究就是总纽结,也是研究开始的标志。基石研究的作用在于将各种概念、关键内容和体系安排系统地排列组合起来,帮助人们确定研究内容的窗口、研究问题的进路以及综合分析资料的方法。在某种意义上,基石研究是看待事物结构或模式的初始。在环境问题暴露初期,环境法的研究似乎更加需要应急法治的研究逻辑——目的论逻辑,即只要目的正当,方式和手段在所不问,[6]但这种应急法治毕竟不是长久之策,可能导致法律虚无主义,因而这种思维是不能常态化的。因此,目前的生态文明法治研究还须回归到基本的法学研究的理路中去,即通过寻找、划定基石范畴将我国目前的生态文明法治建设研究转向实然型研究内涵。

(二)理论的关键内核

关键内核确定了生态文明法治研究的核心本质。一个理论体系的关键内核处于该理论体系的中心位置,它是对现象总体的普遍联系、普遍本质、一般规律的高度抽象。[7] 理论的基石是属于理论关键内核的主导部分,基石是整个理论体系的逻辑起点,因此,理论的关键内核的范围是大于理论基石的。[8] 从建构上讲,亚里士多德、康德、黑格尔、马克思等都对建构关键内核有过不同尝试,强调关键内核的形成遵循由现象到本质、由初级本质到深层本质、由简单到复杂、由抽象到具体的原则。从特征上讲,关键内核具有本质性、推导性的特征,关键内核是法学研究重要议题的本质寻求。一般认为,关键内核是通过若干个不同的内核比较分析得出的,单个内核是对法律现象的局部反映,关键内核是对法律现象的核心反映,是法律认识成果的总结和总计。单个内核层次化分析后会得到关键内核,因而不同的单个内核在反映法律现象的深度、广度以及科学抽象化程度等方面存在差别,亦即单个内核所包容的知识量和结构量存在差别,可划分为不同层次的内核。在目前的生态文明法治建设进程中,确定关键内核是法治建设走向成熟的必由之路,尤其针对生态文明研究来讲,关键内核研究是一个亟待加强的薄弱环节,这将可能会是确定所有研究内容本源的重要依据,也是进行跨学科交流和学科内对话的前提条件。同时,这对年轻的环境

---

[6] 参见韩从容:《"环境应急"的法律界定》,载《科学社会主义》2012 年第 3 期。

[7] 参见张文显:《论法学范畴体系》,载《江西社会科学》2004 年第 4 期。

[8] 同上。

法学科发展来说也是极其重要的,也更有助于推动我国生态文明的法治建设。

(三)理论的体系外延

体系外延是生态文明法治建设研究内容的整体架构。体系是人类在一定历史阶段理论发展和体系形成的水平的指示器。[9] 一门学科成熟的标志,总是以将经过长期积累理性知识的成果——概念、范畴、定律和原理系统化,从而形成科学的理论体系为表现。[10] 理论体系并不显现为零碎知识的汇集或许多科学事实的机械凑合,而是遵循一定的内部结构,并按照该结构向外延伸的知识体系,或者可将其表述为反映对象本质、对象发展规律的概念系统。研究不同生态文明问题的体系共同构成环境法学体系外延。社会治理处于一个系统中,各种不同的社会功能被分化出来,形成不同的子系统,社会各子系统实现了运行上的闭合,独立承担不同的功能,具有"自创生"的系统。[11] 同时,各子系统之间又相互并行,通过相互之间的"结构耦合"实现整个社会的共生演化,[12] 主要通过变异、选择、稳定化三重要素实现。[13] 这就表明,在功能分化的社会系统中,一方面,各子系统都在独立封闭的运行之中,各自都有自己运行的规律,且因社会系统不断进行分化,并不存在处于中心系统的子系统;另一方面,社会各子系统之间处于相互影响状态,进行着必要转换。作为运行于法律系统中的环境法学,一边是在自己系统中闭合运行,另一边要从其他系统中获得认知,且较之其他部门法学,后者尤为重要。生态文明涉及的法律并非孤立存在,其处于社会有机体中,关于生态环境问题的法律制定与实施同时也是一种社会现象,会牵涉社会的政治、经济、文化以及其他一系列因素,生态环境问题的法律制度与政治制度、经济制度一样,都是社会有机体的组成部分。将复杂的生态环境

---

〔9〕 参见张文显:《论法学的范畴意识、范畴体系与基石范畴》,载《法学研究》1991 年第 3 期。

〔10〕 同上。

〔11〕 参见陆宇峰:《"自创生"系统论法学:一种理解现代法律的新思路》,载《政法论坛》2014 年第 4 期。

〔12〕 参见李忠夏:《法治国的宪法内涵——迈向功能分化社会的宪法观》,载《法学研究》2017 年第 2 期。

〔13〕 N. Luhmann, Die Gesellschaft der Gesellschaft, Suhrkamp, Frankfurt am Main 1997, p. 425.

法律问题，分成尽量多的子问题，并通过一定顺序进行排列组合，[14]从而能够更好地按照顺序来依次解决，最终就会按步骤地实现生态文明的最终目标。生态文明治理的过程就是将社会系统作出体系的整理与界定，研究一个综合的复杂社会系统，最终形成完整的生态治理体系外延。

二、新时代生态法治理论基石的证成

生态法治思想理论的基石是生态文明法治建设的立场、观点和方法的集约表现，是生态文明建设理论研究的开始，也是生态文明建设的标志。习近平新时代生态文明思想提出的“始于人与自然的和谐共生，终于人与自然和谐相处”的目标，构成生态文明法治建设的基石。

（一）生态法治理论的基石：“和谐共生论”

习近平总书记强调：“万物各得其和以生，各得其养以成。中华文明始终强调天人合一、尊重自然。”[15]新时代生态文明逻辑，就是以“合”为精髓，以“和”为贵，和谐共生。党的十九大报告揭示的新时代生态文明逻辑，完整阐述了习近平总书记“生态兴则文明兴、生态衰则文明衰”[16]的科学判断。人与自然是一个生命共同体的思想，贯彻于新时代生态文明逻辑始终，体现了“你中有我，我中有你”的科学内涵。人具有主观能动性，不仅能够利用自然、改造自然、发展文明成果，同时，也能够利用文明成果回馈自然、修复自然，实现更高级形式的“人与自然和谐共生”，这就是生态文明建设。生态文明建设的根本目标也是最核心价值的体现，即坚持和谐共生。生态文明建设以“人与自然和谐共生”为价值追求，是人类文明的新阶段、新形态，不仅阐释了生态与发展的辩证关系，同时也为推进生态文明建设指明了方向，为经济发展传授了良方。综上，“和谐

[14] 进行排列时，有一个顺序，这个顺序就被韦伯和哈贝马斯称其为“界定”，法学理论称其为“界定”或“识别”，法学方法论中称其为“诠释”。

[15] 《领袖用典：万物各得其和以生，各得其养以成》，载搜狐网：http://www.sohu.com/a/309964690_692703，最后访问日期：2019年8月11日。

[16] 《习近平讲故事：生态兴则文明兴生态衰则文明衰》，载中国共产党新闻网：http://cpc.people.com.cn/n1/2018/1206/c64094-30445855.html，最后访问日期：2019年8月11日。

共生论”构成生态法治思想的理论基石范畴。

(二)基石的证成:自然科学与社会科学的和谐

人与自然和谐共生是生态文明的基石,亦是研究生态文明的开端,环境法治研究的逻辑起点在于确定环境法研究的特色基石,生态文明法治的目标也在于实现人与自然的和谐共生,两者不谋而合。

人类为自然界中的一分子,应尊重包括人在内的所有自然界的构成部分,人类没有凌驾于其他因子的权利和条件。这种关系,被北宋思想家张载意为:“天地之塞吾其体,天地之川吾其性,民吾同胞,物勿与也。”这是我国古代“天人合一”思想的体现。人与自然的和谐相处,是人类在经历了20世纪环境污染、生态破坏和资源危机之后,在总结了人与自然关系的经验基础上,经过反复的思考和自我反省而出现的新的理念,代表了对人类与自然关系的重新理解。1992年《关于环境与发展的里约宣言》明确指出:“文明人必须认识到地球的整体性和相互依存性”,人类“应享有以与自然相和谐的方式过健康而富有生产成果生活的权利”。而习近平总书记“坚持和谐共生”的论断正是将人与自然的关系重新梳理后的改变,提出随着人类的成熟和全面发展,人类应该能够与生态圈内的所有生命体同甘共苦、和谐共处。

基于和谐论的概念、理论方法及应用主要内容,有学者构建了和谐论的学科体系外延、理论方法和技术方法。[17] 理论方法部分包括和谐论的思想、观念、和谐论的五要素;技术方法主要是指和谐评估与和谐调控。人与自然的和谐主要涵盖了社会生产力与自然生产力的和谐;经济再生产与自然再生产的和谐;经济系统与生态系统的和谐。人与自然相互之间构成的调控系统中应该由人来调节,因为在人和自然的对象性关系中,人是主体。多年来,人类在笛卡尔、牛顿所建构的“主客二分论”的研究范式下,将统一的物质世界分为人类社会和自然界,进而形成自然科学与社会科学的区分,并在其项下又分化出无数的专业学科,从而彻底地把人和人类社会同自然界分离开来,这种研究范式延伸至法学领域所体现出的作用即在于,在法学研究中确立了主客体绝对二分的研究模式。在生态环境共生系统下,法学界对这样研究范式进行了质疑与解构,力图在人与自然和谐共生的关系模式下,架构一种全新的“主客一体化”的研究范

〔17〕 参见左其亭:《和谐论及其应用的关键问题探讨》,载《南水北调与水利科技》2009年第7期。

式，这种多元的思维风格和主客一体化的新视角为环境法学研究打开了一扇新视窗。[18] 人和自然关系之间的一系列问题，常常就是由观念上的错误导致的，如排污、开荒等行为就是最好的例子。因此，需要建立有效的社会制度，保证人与自然能够和谐共处。

生态文明法律制度建设的交叉性与边缘性以及横跨自然科学与人文社会科学的属性体现了其复杂性与独立性。一方面，从自然科学的角度观察，生态平衡与达尔文的“物竞天择”进化论相竞合，自然界在“物竞天择”的驱动下达到动态平衡，人类作为其中生态系统的消费者应当依赖自然、服从自然规律；另一方面，从人文社会科学的角度看，人类最基本的活动是生产活动，而生产活动是人类能动地改造自然的物质活动。从法理上讲，法律制度的制定、完善、修订以及运行的过程，都需要保持同一目标，这个目标是法治建设的起点指导。这样的法治才能做到目标统一，否则法治建设就会成为无本之木、无水之源，整个法治建设也会处于涣散的局面。而人与自然的和谐发展，当然构成生态法治思想的最终价值目标，而这一目标则构成了生态法治思想的理论基石。

三、新时代生态法治理论内核的证成

关键内核是法学研究的重点，反映法律关系的本质核心，习近平总书记巧妙地用“两山理论”较系统地表述了经济建设和环境保护之间由现象到本质、由初级本质到深层本质的关系，强调关键内核的形成遵循由简到繁的原则，为如何平衡经济建设和环境保护关系提出指导方向。

（一）生态法治理论的关键内核：“两山论”

2013 年 9 月习近平总书记在哈萨克斯坦纳扎尔巴耶夫大学提出了“两山论”的重要论述：“我们既要绿水青山，也要金山银山。宁要绿水青山，不要金山银山，而且绿水青山就是金山银山。绝不能为换取经济的一时发展来以牺牲生态环境为代价。”[19]2014 年 3 月习近平总书记在“两会”期间参加贵州代表团审

〔18〕 王治河：《后现代主义的建设性向度》，载《中国社会科学》1997 年第 1 期。

〔19〕 《习近平在哈萨克斯坦纳扎尔巴耶夫大学发表重要演讲》，载中国共产党新闻网：http://cpc.people.com.cn/n/2013/0908/c64094-22843681.html，最后访问日期：2019 年 8 月 11 日。

议时指出:"保护生态环境就是保护生产力,绿水青山和金山银山绝不是对立的,关键在人,关键在思路。保护生态环境就是保护生产力,改善生态环境就是发展生产力。"[20] 2018 年 4 月 11 日至 13 日,习近平总书记在海南考察时强调:"青山绿水、碧海蓝天是海南最强的优势和最大的本钱,要把保护生态环境作为海南发展的根本立足点,牢固树立绿水青山就是金山银山的理念,像对待生命一样对待这一片海上绿洲和这一汪湛蓝海水,努力在建设社会主义生态文明方面作出更大成绩。"[21] 至此,习近平总书记著名的"两山理论"正式形成。"绿水青山"与"金山银山"的阐述深刻揭示了经济发展与环境保护的本质关系,指明了实现发展与保护的内在统一、相互促进、协调共生的方法论。以往以牺牲环境为代价的资源消耗型经济发展模式,在新发展理念下必须予以摒弃,经济发展与环境保护能够且必然共生共存。

(二)关键内核的证成:衡平经济发展与环境保护的关系

经济建设和环境保护的冲突成为社会发展的桎梏,究其原因在于没有厘清经济建设和环境保护的关系。习近平生态文明思想将这两者的关系分析后,得出"绿水青山就是金山银山"的论断,彻底摆正了经济建设和环境保护的关系,指出了两者冲突的核心是利益关系的不协调。其实,经济利益和环境利益的冲突历来存在利益解构[22] 的不同。利益解构具有工具理性[23] 的性质,是在利益法学中开展利益分析的必要前提,只有先经过利益解构,才能具体分析出事物发展过程中的"利益症结"。具体至环境法学而言,环境影响评价制度是对环境保护与经济发展进行利益解构的一项重要制度,必须要在考虑各方面的综合因素之后进行利益横平、利益衡量取舍。环境利益与经济利益之间的衡量比较方法应该设计为"宽口径",在结合一般环境利益和经济利益的自身特点基础上构

[20] 《习近平参加贵州代表团审议》,载人民网:http://politics.people.com.cn/n/2014/0308/c70731-24568542.html,最后访问日期:2019 年 8 月 11 日。

[21] 《习近平在海南考察》,载新华网:http://www.xinhuanet.com/2018-04/13/c_129850414.htm,最后访问日期:2019 年 8 月 11 日。

[22] 利益解构是开展利益分析的前提条件,具体案件中的利益构造是复杂的,需要对其内部进行解构,而最好的解构工具就是类型化。

[23] "工具理性"源于马克斯·韦伯的合理性概念,是一种"目的—手段"理性,为达到某种实践目的所运用的具有工具效应的中介手段。

建多元化的利益衡量方法。必须承认的是,几乎所有的法律规范都是人类利益衡量的产物,这在西方国家的立法中表现得尤为明显,各利益集团选出代表进行利益诉求的表达,立法者经过利益衡量[24]后,判断出要优先保护的利益,再用法律语言把利益的层次结构及位阶确认在法律规范中,最终形成了利益的秩序规范。环境影响评价制度是运用经济效率分析的工具进行利益衡量,在多种假设方案中对每种方案可能产生的经济激励效果进行衡量比较,最终选择出能够使整体利益得到最佳优化整合的方案。其中,环境的恢复能力是进行利益衡量时的重要参考。另外,利益衡平实际上一个持续的过程,在最初展开衡量比较并作出决定后,必须注重对各方利益的再次衡平,而再次利益衡平则主要通过利益补偿的方式来实现。"两山理论",贯彻了创新、协调、绿色开放共享的理念,提出在衡量经济利益和环境保护的基础上为社会发展提供重要的指导方向,已然成为研究一切与生态法治相关问题的关键核心。

四、习近平生态法治理论外延的证成

生态文明建设是一个系统工程,其中将涉及各类社会功能,形成不同的子系统,融入环境法律制定和实施的各个环节中。习近平新时代生态法治思想关注到了生态文明建设中涉及的一系列社会因素,将其分层次设定不同的法律制度,成为构成社会治理体系的有机组成部分,完成了生态法治理论的体系外延。

(一)生态法治理论的体系外延:"生态环境制度论""生态红线论""生态系统论"和"人类命运共同体论"

目前,我国已经将生态文明建设推入顶层设计和总体布局中,通过制定一系列重要法规制度,用最严格的法律制度形式进行生态治国,进而形成一套合理的制度体系,使其成为建设生态文明最重要的法治保障。习近平新时代生态文明思想从国内法层面和国际法层面逐步论述制度体系建设的思路。从国内层面看,需要建立三个层级的制度体系。

---

[24] 这里的"利益衡量"主要是指立法阶段中的利益衡量,而非司法阶段中的利益衡量。立法阶段中的"利益衡量"具体指立法者通过对相关利益主体的利益进行衡量之后,将所确立的利益层次结构和利益位阶用法律条文的形式表达出来的一种过程。

1. 国内第一层级制度体系:生态环境法律制度论

2013年5月24日习近平总书记在中共中央政治局第六次集体学习时指出:“只有实行最严格的制度、最严密的法治,才能为生态文明建设提供可靠保障。要牢固树立生态红线的观念。在生态环境保护问题上,就是要不能越雷池一步,否则就应该受到惩罚。要建立责任追究制度,对那些不顾生态环境盲目决策、造成严重后果的人,必须追究其责任,而且应该终身追究。”[25]为了明确生态文明建设的总体要求、目标愿景,国家已经建立生态文明制度体系,明确重点任务和相关制度。2015年9月,《生态文明体制改革总体方案》提出的8项制度,成为生态文明体制建设的“四梁八柱”:自然资源资产产权、国土开发保护、空间规划体系外延、资源总量管理和节约、资源有偿使用和补偿、环境治理体系外延、市场体系外延、绩效考核和责任追究。建设生态文明需要人类行为的转变,对人类行为的最佳调整方式是由国家制定或认可的调整人们社会关系的行为规范——法律。通过制定一系列有关生态文明的法律制度,更有效地完成生态文明建设。

2. 国内第二层级制度体系:生态红线论

2015年12月20日习近平总书记在中央城市工作会议上的讲话中指出:“要控制城市开发强度,划定水体保护线、绿地系统线、基础设施建设控制线、历史文化保护线、永久基本农田和生态保护红线,防止‘摊大饼’式扩张,推动形成绿色低碳的生产生活方式和城市建设运营模式。”[26]2017年2月23~24日,习近平总书记在北京考察时指出,“要以环境承载力为硬约束,确定人口总量上线,划定生态红线和城市开发边界”。[27] 2017年2月中共中央办公厅、国务院办公厅印发《关于划定并严守生态保护红线的若干意见》,明确到2020年年底前,将全面完成生态保护红线划定、勘界定标,基本建立生态保护红线制度。这

---

〔25〕《习近平主持中共中央政治局第六次集体学习并讲话》,载中华人民共和国中央人民政府网:http://www.gov.cn/xinwen/2018-06/30/content_5302445.htm,最后访问日期:2019年8月11日。

〔26〕《习近平在中央城市工作会议上发表重要讲话》,载新华网:http://www.xinhuanet.com//politics/2015-12/22/c_128556772.htm,最后访问日期:2019年8月11日。

〔27〕《习近平在北京考察》,载中国共产党新闻网:http://cpc.people.com.cn/n1/2017/0225/c64094-29107166.html,最后访问日期:2019年8月11日。

为生态文明建设设置第二道更为严格的法治措施，用法律制度强化生态保护红线刚性约束，落实地方各级党委和政府主体责任，形成一整套生态保护红线管控和激励制度。

3. 国内第三层级制度体系：生态系统治理论

2013 年 11 月 9 日习近平总书记在《关于〈中共中央关于全面深化改革若干问题的决定〉的说明》中指出："我们要认识到，山水林田湖是一个生命共同体，人的命脉在田，田的命脉在水，水的命脉在山，山的命脉在土，土的命脉在树……如果种树的只管种树、治水的只管治水、护田的单纯护田，很容易顾此失彼，最终造成生态的系统性破坏。由一个部门行使所有国土空间用途管制职责，对山水林田湖进行统一保护、统一修复是十分必要的。"中共十九大报告中又提出"山水林田湖草"的系统治理，山水林田湖是一个生命共同体。习近平总书记对这个生命共同体精彩阐释："如果破坏了山、砍光了林，也就破坏了水，山就变成了秃山，水就变成了洪水，泥沙俱下，地就变成了没有养分的不毛之地，水土流失、沟壑纵横。""草木不植成，国之贫也。草木植成，国之富也。"尊重生态规律，运用法律和其他学科手段对生态系统进行系统监管，将环境治理作为系统工程，才能实现生态文明。

4. 国际层面：人类命运共同体论

2015 年 11 月 30 日习近平总书记在气候变化巴黎大会开幕式上的讲话中指出："作为全球治理的一个重要领域，应对气候变化的全球努力是一面镜子，给我们思考和探索未来全球治理模式、推动建设人类命运共同体带来宝贵启示。"[28]生态危机、环境危机成为全球挑战，没有哪个国家可以置身事外、独善其身。国际社会应该携手同行，构筑尊崇自然、绿色发展的生态体系外延，共谋全球生态文明建设之路，保护好人类赖以生存的地球家园。2017 年 1 月 18 日习近平总书记在瑞士日内瓦万国宫发表题为"共同构建人类命运共同体"的主旨演讲，提道："《巴黎协定》的达成是全球气候治理史上的里程碑。各方要共同推动协定实施。中国将继续采取行动应对气候变化，百分之百承担自己的义

---

〔28〕《习近平在气候变化巴黎大会开幕式上的讲话》，载新华网：http://www.xinhuanet.com/world/2015-12/01/c_1117309642.htm，最后访问日期：2019 年 8 月 11 日。

务。"[29]这些论断表明,习近平生态文明思想已经超越我国的界限,关注全人类的命运,将国际生态保护纳入中国行动,在生态文明建设中彰显了大国风范与世界担当。

(二)体系外延维度的证成:法律体系外延的建设

"有法可依"是实现生态文明建设的前提基础,法律制度体系外延的整体建设才能够完成生态文明各个相关因素的考虑。从宏观看,习近平生态文明的法治建设的体系从社会治理的基本要求逐步上升为高级系统要求,从国内层面扩展至国际层面,进行了纵横全方位的立体架构。

1. 国内层面的制度体系外延的架构

我国的生态文明法律制度体系的建立分为如下几个步骤。

一是生态文明基本法律制度的构建。法律是利益矫正的工具,生态文明建设涉及多方利益,关系自然环境的生态平衡和社会环境的多元利益衡平,科学合理的法律制度治理才是唯一手段。法律制度的设立是进行生态文明治理的法律规范,将生态和谐作为整体的指导和支撑是环境公平与正义的本质。其结果具有深入环境社会生活的渗透性,操作具有巨大的强制性,运行具有高度的自主性。

二是通过设立明确的生态红线制度,实施最严格的管理。生态红线制度的具体内容包括确认并保护实现环境与资源承载能力所需的最小空间,保障生态系统服务功能的持续实现。目前,我国的生态红线制度包含了生态功能红线、环境质量红线、资源利用红线三大类型,涉及生态空间保护、污染物浓度控制、污染物总量控制、能源利用、水资源利用、土地资源利用等多个领域,体现了国家保障国土安全、环境安全与资源安全的治理界限,也是现阶段我国生态文明制度建设的重要内容之一。目前,已经形成的最严格的水资源管理制度就是基于水文学的理论,寻求影响水资源的各相关的生态因子(如湿地、植被、湖泊、林田等)在生态系统中的公平位置,协同生态学等多学科知识研究生态系统治理制度的科学合理性,分析法治模式的自然规律标准、法理学规律标准等阐释生态红线制度内涵,达到了最严格管理生态环境的效果。

三是进行系统性的法律制度的构建。在地球上各生态系统共生的前提下,

[29] 《习近平主席在联合国日内瓦总部的演讲》,载新华网:http://www.xinhuanet.com/world/2017-01/19/c_1120340081.htm,最后访问日期:2019 年 8 月 11 日。

使各生态系统以及相邻的生态关系相互影响、相互促进。习近平总书记科学阐述了人与自然之间唇齿相依的共生关系，深刻揭示了山水林田湖草系统统筹优化对人类健康生存与永续发展的意义。山水林田湖草是一个生命共同体。生态是统一的自然系统，是各种自然要素相互依存而实现循环的自然链条。要将山水林田湖草作为一个整体、一个系统，进行统筹规划、全面治理，不能顾此失彼，须有轻有重。必须牢固树立“山水林田湖草是一个生命共同体”的理念，全面落实统筹山水林田湖草系统治理的要求。将单个的环境问题的研究关键内核扩展到相邻的生态系统，因为生态系统是一个整体，湿地系统、土地系统、植被植物系统、生物系统之间的关系都是不可忽略的，关注单个环境问题与相邻生态系统各个生态因子的变化是必要的，生态系统治理开启，设立生态系统法律制度将会是进行生态文明建设的主要保障。

2. 国际层面的制度体系外延的架构

全球环境治理都是各国基于自己利益的考虑，但是环境问题与每个国家切身利益最直接相关，相对于军事问题、文化问题等，更有利于形成统一的治理体系。我们只有一个地球，保护环境、促进人与环境和谐共生，是全人类的共同心声，是国际社会的共同愿望。习近平总书记的“人类命运共同体论”将生态文明建设推向全球，提出人类命运共同体是解脱全球环境治理的金钥匙。这种论断与已有的国际环境合作有着异曲同工的反响。历史上“全球伙伴关系”的出现及相关活动是“人类命运共同体”论断的一个例证；1992 年的《里约宣言》中有关全球生存伙伴与发展伙伴关系的规定是一次完美的印证。而在实践领域，全球公域治理，如国际海底区域、外层空间、两极地区等，都是国际环境共同保护的重要名词，成为人类共同体的例证。法律是规则，是制度化的建设。要采用制度选择的方法分析人类命运共同体，因此通过法律制度来实现人类共同的利益是可行的。从社会治理的现实看，经济学家发现通过制度建设来改变社会，最终和法学家走到一起，实现社会制度建设；从国际环境法的发展看，全球已经过渡到用国际环境法规则进行国际环境法律治理的时代。习近平生态文明思想中的人类命运共同体论，适时将生态文明建设推广至全世界范围内，在体现我国文化传统的基础上与人类命运共同体的概念有千丝万缕的联系，主张共谋全球的生态文明建设，从整体的生态文明思想中找出了法治意蕴。

五、结　　论

总体来看,习近平生态法治理论主要回答了三个问题:生态文明法治建设的基点是什么;生态文明法治建设的关键本质是什么;怎样完成生态文明法治建设的体系。“和谐共生论”提出了生态文明兴衰论,提出坚持和谐共生是实现生态文明建设的基础和起点,体现了习近平生态文明建设的最终目标定位以及理想宏图的实现,也是生态文明法治建设的立法目的;从法治思想上看,其包含了基石研究的维度。“两山论”指出“绿水青山就是金山银山”,辩证地揭示了经济发展和环境保护的内在关系,点明了生态文明建设的核心本质,从法治思想上形成了关键内核研究的维度。“生态环境保护制度论”“生态红线论”“生态系统治理论”是实现生态文明建设的具体法律制度设计,从基本的生态环境保护制度的创设到生态红线制度的设计,再到生态系统治理的制度体系体现了我国生态文明法律制度建设的三级保护制度。“人类命运共同体论”将生态文明建设的法治体系推广至全人类的范畴,鼓励全世界人民共同进行生态文明建设。这 4 个论点,从国内 3 个层次的法律措施延伸至国际措施的行使,是体系外延维度的研究。至此,通过对理论的基石、关键内核和体系外延这 3 个要素的论证,完成了对习近平生态法治理论体系的整体构建。

The Construction of the Theoretical System
of Ecological Rule of Law in the New Era

Liu Li

Abstract: The construction of the theoretical system of ecological rule of law in the new era is of great significance to the implementation of Xi Jinping's thought of ecological civilization. To construct the theoretical system of ecological rule of law, the cornerstone of the theory, the key core of the theory and the system extension of the theory should be clarified. Xi Jinping's ecological civilization thought provides ideological nourishment for the construction of ecological rule of law theory system. "Harmony symbiosis theory" is the cornerstone of ecological rule of law theory. "Two mountains theory" is the key core of ecological rule of law theory, and "ecological environment system theory" "ecological red line" "ecosystem theory" and "human destiny community theory" constitute the system extension of the ecological rule of law theory. The combination of the three aspects together constitutes the theoretical system of ecological rule of law in the new era.

Key words: Ecological rule of law; Ecological rule of law theory system; Ecological civilization thought; Ecological civilization construction

法哲学专题

系统理论如何安放人

祁春轶*

内容摘要：

基于客观建构主义的认识论立场，系统理论的理论旨趣和研究视角，在于透过客体对建立在沟通基础上的社会系统进行事实研究。由此出发，人的主体性问题不再是系统理论的中心问题，甚至从系统理论的视角观察，人也被重新论题化。但是，人对社会过程的建构所具有的重要性并未如批评者所言被否定了。因为在系统理论的分析中，显示出人对社会系统的重要意义在于，人的心理意识系统与社会系统之间存在的结构耦合关系。进而，在"人与社会的关系"中，系统理论视角转换的贡献在于，它揭示了社会系统这样的非个体性结构的存在，这使对人的关怀和安放不再如传统主体哲学和社会理论那样盲目，而是现实的和革命性的。

关键词：

社会系统　心理意识系统　意义　结构耦合　激扰

引　言

在卢曼(Lu Man)关于"社会系统"30年长期研究计划的实施中，各异的批评之声在健康的学术生长空间中不断传来。这些批评之声中，最有分量的无异是来自法兰克福学派批判理论的代表人物哈贝马斯(Habermas)。在《在事实与规范之间》一书中，哈贝马斯认为，系统理论是一种社会科学的功能主义，它把从参与者角度来说具有约束性或一般意义的全部东西都中立化了。他批评了在卢曼的系统理论中，作为主体，构造自己的世界、参与共同生活世界，反而失

* 中南财经政法大学法学院副教授。

去了它的位置。系统理论客观主义的描述,撇开了行动者的自我理解,使法律规范和法律行动都失去了与法律运行内在的理解过程之间的联系。〔1〕 这是一种合理的批评,抑或只是一种理论上的误解?系统理论中的人的主体性是缺失的吗?

卢曼在研究中,把大部分精力都放在对社会系统及其子系统的研究上。在他的早期理论中,社会系统环境中的人常常只是在论述的核心脉络的余光中,不时被提起。在1971年出版的由哈贝马斯和卢曼共同署名的论战文集《社会的理论还是社会技术——系统理论的研究贡献了什么?》中,可以看到论战是在较宏观的层面上,讨论系统理论中的"意义""真""意识形态"等问题。〔2〕 如果有理由认为卢曼关于"在1984年以前所发表的东西只是做准备工作",是研究的"零系列"这样的说法是认真的,那么关于卢曼究竟是如何回答"社会系统与人"的关系,就应该在他中后期的论述中寻找。在1995年出版的《社会学的启蒙之六》中,集结了卢曼对这个问题进行思考的14篇已发表的论文,因而它还有一个副标题,就是"社会学与人"。在这本书里,卢曼在运作闭合的基础上,讨论心理系统和社会系统、意识的自创生,以及意识如何参与沟通中;讨论沟通中的"个人"这一形式、主体、主体间性、人权等;讨论"涵括"与"排除"等问题。〔3〕

在这些讨论中,卢曼的立场仍然是以社会系统运作上的闭合为立足点,人是在"意识对沟通的参与层面上"进行讨论。在这种视角下,人的主体性的确不是系统理论的中心问题。基于系统的自创生,人的确在系统面前不具有自以为"是"的主导性。但是,系统理论研究的重点,恰恰使下面这个问题可以被看见和能够被讨论,即面对功能分化下社会子系统林立的社会,人处于怎样的生存境况中?在理论法律社会学的视角下,系统理论究竟如何安放人、关心人、给予

〔1〕 参见[德]哈贝马斯:《在事实与规范之间》,童世骏译,生活·读书·新知三联书店2014年版,第3页、第59~63页。

〔2〕 Jürgen Habermas und Niklas Luhmann, Theorie der Gesellschaft oder Sozialtechnologie-Was leistet die Systemforschung? Suhrkamp Verlag, 1971.

〔3〕 Niklas Luhmann, Soziologische Aufklärung 6 – Die Soziologie und der Mensch, 3. Auflage, VS Verlag für Sozialwissenschaften 2008.

人主体地位？本文旨在尝试对这一问题进行初步探讨。[4]

一、系统理论的研究视角

系统理论法学与西方传统法学理论的不同在于，它从客观建构主义的认识论立场出发，将社会描述为一个由诸沟通构成的社会系统。在功能分化的现代社会，这个社会系统又分化为若干子系统，法律系统是其中之一。沟通是社会系统的元素，也是系统无法再细分的最后单元。经由将沟通与沟通不断地衔接起来，系统进行再生产并进行自我维持，即实现自创生。[5]

这种认识论立场的选取，是和卢曼自始的理论旨趣与观察视角联系在一起的。例如，在对社会系统之子系统——法律系统进行研究时，卢曼表明他的理论旨趣不在于继续在法的"本质"（Natur，Wesen）上进行争论，而是研究法的界限（Grenzen des Rechts）。这条界限不是透过观察者以分析的方式作出，而是透过客体，以具体的方式作出。因为如果以分析的方式作出，每个观察者都会有权利主张自身观察的客观性，这就会使客观性丧失了判断的依据。所以"法律自己决定了法律之界限为何"，它决定了何者属于法律，何者不属于法律。法律在运作上实现的封闭性，就是奠基于这种"运作上建构主义"的认识论之上。[6]

以客体的方式划出社会系统的界限（或者具体的法律系统的界限），是坚持

---

〔4〕 在对"法律如何可能"进行阐释时，对这一问题进行的初步分析，参见宾凯：《法律如何可能：通过"二阶观察"的系统建构——进入卢曼法律社会学的核心》，载《北大法律评论》编辑委员会编：《北大法律评论》（第7卷·第2辑），北京大学出版社2006年版，第353～380页。

〔5〕 "自创生"概念是生物学家和神经生理学家马图拉纳和法芮拉提出的，这个概念是用来描述生命体组织的特点，即一个构成体自己生产和制造出构成它自己的组成部分，如细胞。卢曼把自创生概念引入社会学领域，用自创生描述"社会系统透过元素生产来进行自我制造与自我维持"。参见［德］格奥尔格·凯纳、阿明·纳西希：《卢曼社会系统理论导引》，鲁贵显译，巨流图书公司2000年版，第62～77页。

〔6〕 参见［德］尼可拉斯·鲁曼：《社会中的法》，国立编译馆主译，李君韬译，台北，五南图书出版股份有限公司2009年版，第36～38页、第64～66页。对这种研究视角意义的阐释，参见泮伟江：《超越"错误法社会学"》，载《中外法学》2018年第1期。

了事实研究的立场。所以,卢曼的研究是从社会学(或者进一步的法社会学)的外在视角作出的。社会学研究传统自始所主张的就是,用经验性、实证性的(自然)科学的观察方法,而非以往的哲理和思辨性的方法对社会进行研究。例如,孔德提出“实证主义”研究时的思想预设就是,存在一个现实世界,社会学家的任务是揭示和描述这个世界,对真实存在的关系进行精确和完整的呈现。而理解外部世界的途径主要有两种:一是开展调查,二是建构理论以揭示规律,二者之间前者对后者是必不可少的。[7] 涂尔干(Durkheim)对“社会事实”的研究即受此启发。作为社会学认识客体的社会事实外在于行动者并具有强制性的社会结构、文化规范和价值观。社会学研究与社会哲学的区分就在于,社会学把事实看作“物”,像研究物质一样研究社会事实,对其进行描述、观察,确定其定义和种类,解释其意义,确定相互的因果联系和社会功能等。[8] 韦伯(Weber)的研究虽然既关注“社会行动”可观察的外部表现,又关注“社会行动”的主观意义,但是他的“理解社会学”在对主观意义进行解释时,仍然像所有科学的观察一样,进行“理解的确证”。[9]

卢曼坚守了社会学传统自始所主张的对事实进行的研究,虽然他运用的核心概念和选取的研究进路完全不同于以往。[10] 如其所述,系统理论的法社会学诉求的对象是科学本身,所有陈述都完全停留在被社会学确认作事实的层次。所以在这个意义上,所有的概念都有一个经验上的指涉。但是,系统理论的事实研究并不等于把所有的陈述都限缩在经验上,这是为了避免迷失在经验的细节性之中而丧失了理论上的抽象。例如,在对法律系统进行的事实研究中,剪除了各种诉诸某个“较高层次”而对应然价值进行分配的做法。因为,“对于社

---

[7] 参见[法]奥古斯特·孔德:《论实证精神》,黄建华译,商务印书馆 2001 年版,第 9~34 页。

[8] 相关论述,可参见[法]E. 迪尔凯姆:《社会学方法的准则》,狄玉明译,商务印书馆 2016 年版。

[9] [德]马克斯·韦伯:《社会学的基本概念》,顾忠华译,广西师范大学出版社 2011 年版,第 21~48 页。

[10] 基于对“经验”和“意义”的重新理解,阐述卢曼所进行的“事实研究”与传统法社会学所进行的“事实研究”之间的不同,参见泮伟江:《超越“错误法社会学”》,载《中外法学》2018 年第 1 期。

会学家而言,在法律之上,并不存在'法之理念',对于社会学家而言,关于'超越制定法的法律'的想象,也早该扬弃"。这样,系统是一个由事实上被执行的诸运作所构成的关联,这些运作便是沟通;规范概念只指涉着一个特定的、事实性预期的形式;"效力"只是意味着,"当法律借着效力象征而被标示为现行有效的时候,它就会被适用";法律的现实性只能蕴含于运作当中,而非任何一种理念性中,这些运作生产和再生产着具有法律专门性的意义。[11]

二、系统理论研究视角下的人

系统理论这种对社会构成的认识,打破了素来以主体哲学的概念方式对社会进行的解释,即认为人是社会活动的最小单元,全社会是由人以及人之间的社会关系组成的。[12] 在这种视角下,对人的观察和描述就发生了如下转变:人从处于社会之中变为处于社会系统外的环境中,从完整的人变为碎片化的人,从生命体的人变为沟通单元中的人。

(一)从社会之中到社会之外

在以往对社会的研究中,"Societas"概念下的传统观点是,人是社会中的人,进而个体(Individuum)、个体性(Individualität)成为研究的对象。[13] 在个体概念下,人被视为自我或世界的主体(Subject),进而每个个人的主体性(Subjekivität)得到更多考虑。[14] 因为人是社会中的人,所以社会学通过(人

〔11〕 参见[德]尼可拉斯·鲁曼:《社会中的法》,国立编译馆主译,李君韬译,台北,五南图书出版股份有限公司2009年版,第50~52页、第64~66页。

〔12〕 参见[德]格奥尔格·凯纳、阿明·纳西希:《卢曼社会系统理论导引》,鲁贵显译,巨流图书公司2000年版,第84~85页。从这个角度印证法律作为法律事件体系的文章,参见泮伟江:《法律是由规则组成的体系吗?》,载《政治与法律》2018年第12期。

〔13〕 从18世纪开始,社会学研究开始主张把个体和社会分开,不再从人的地域属性来定义人的自然属性,而是发展出关于的"人"的更强烈的个体观念。个体(Individuum)这个词也获得了新的含义。Niklas Luhmann, Einführung in die Systemtheorie, Carl-Auer-Systeme Verlag 2002, S. 247.

〔14〕 主体理论在哲学中居于重要地位。Niklas Luhmann, Einführung in die Systemtheorie, SS. 248–249.

的)行动理论(Handlungstheorie)对个体和社会的关系进行思考。行动概念通常考虑的是每个单个的人,而非把不同的人联系在一起的过程。人置身于行动的背后,是行动的起因、行动的发起人,或者是行动者本身。[15] 但是,行动只是对社会进行描述的产物,它并不能把个体和社会区别开来,因为行动既可能具有个体意义,也同时可能具有社会意义。

在系统理论的视角下,人不再是社会的组成部分,因为社会是由沟通构成的。沟通是一个选择过程,这个过程由信息(information)、告知(mitteilung)、理解(verstehen)三个阶段构成。每一个信息都是在一个可能性领域中作出的选择,对此,又有许多的告知可能性可供使用,而被告知的信息又可以这种或那种方式被理解。“当信息被择取,诸多告知可能性中的一个被选取,并且多个理解可能性中的一个被择取的时候,沟通就出现了。”[16] 沟通和生命一样,都是演化进程中的一种强健的、借助自创生实现形式上高度灵活的存在。

因此,沟通不会是一个个体行动的结果,因为信息、告知、理解这三个选择的起源不可能回溯到单一的主体,而至少是两个以上的主体。虽然在沟通中有诸多心理意识系统参与选择,但是,这并不能改变沟通的构成和运作方式。心理系统可能在其自身的运作中对信息进行理解,但是这时的理解只是某个进行理解的意识内部的运作(思想或观念),它不会未经沟通的选择就进入沟通中。沟通建立的是一个独立的、动力来自自己的过程。这就是卢曼所说的,“只有沟通才能沟通”,人无法进行沟通。[17] 这一点在文章的第三部分会详细展开。

由此,在系统理论的视角下,人不再是通过沟通进行自创生的社会组成元素,人不属于社会系统。按照系统理论对系统/环境的区分,一切所观察到的,若不在系统内,就在系统的环境中。所以,从社会系统的角度来看,人就从社会

---

〔15〕 这和角色(Rolle)这个概念有关,角色可以针对每一个人量身打造,但同时角色也可以由不同的人承担。Niklas Luhmann, Einführung in die Systemtheorie, S. 251.

〔16〕 [德]格奥尔格 · 凯纳、阿明 · 纳西希:《卢曼社会系统理论导引》,鲁贵显译,巨流图书公司 2000 年版,第 102 ~ 103 页。

〔17〕 同上书,第 85 ~ 87 页、第 103 页。需要注意的是,这里的“沟通”具有正文里所述的特定意义,并非通常所说的人们在交往中互通观点的宽泛意义。

之中被排除出去,只存在于社会的环境中。[18]

(二)从完整的人到碎片化的人

因为系统理论是从系统/环境的区分出发,所以人也被从这个角度进行观察。一般来说,一个完整意义上的人,既有身体又有心灵,既能行动也能思考,他的身体有各种生理机能和化学过程,他的心理活动能组织观点、进行推理、运用想象、有所表达。但是,从系统的角度来看,人无法成为一个独立的系统,而是由诸多独立运作的系统组成,这些系统包括身体—有机系统、免疫系统、神经生理系统、心理意识系统等。人之所以不是一个独立的系统,原因在于发生在人上的诸多运作中,没有一个能涵盖各种不同系统的、能够自创生的统一单元。[19]

在哲学和社会学传统中,人与人在关联下进行沟通。但是,现在人不被视为沟通的创造者,人不能沟通,因为人的各种系统都自我闭合运作。以系统理论的概念描述来看,并不存在介于两个或更多心理意识系统之间的沟通。我们无法直接参与另一个意识系统的观念中,最多只能假设,另一个意识系统在这一刻正在进行某个想法。但这个假设只是我们自己的想法,只是我们自己意识系统的运作。[20] 但是,通过在递回性的过程中,不断地将一个沟通衔接到另一个沟通上,社会系统成为一个自我指涉的、在运作上自成一体的系统。就社会系统的沟通而言,心理意识系统也只能是在社会系统通过信息、告知、理解不断确立意义的途径中作出它的片段的贡献,而且这还要以社会的共生作为前提条件,否则个体心理意识系统对信息、告知、理解的贡献

---

〔18〕 对“空无一人”的社会的论述参见宾凯:《法律如何可能:通过“二阶观察”的系统建构——进入卢曼法律社会学的核心》,载《北大法律评论》编辑委员会编:《北大法律评论》(第7卷·第2辑),北京大学出版社2006年版,第361~372页。

〔19〕 参见[德]格奥尔格·凯纳、阿明·纳西希:《卢曼社会系统理论导引》,鲁贵显译,巨流图书公司2000年版,第85~86页。

〔20〕 因此,在这个意义上,参与沟通的诸心理系统对彼此而言都是无可透视的黑箱子。参见[德]格奥尔格·凯纳、阿明·纳西希:《卢曼社会系统理论导引》,鲁贵显译,巨流图书公司2000年版,第84~92页。

不过是诸多碎片。[21]

因此,在作为沟通系统的社会中,并不存在任何一个完整意义上的人。社会是一个在经验上可以观察的、在不断进行的诸多沟通中存在的系统,这一系统独立于人类有机体系统、心理系统、神经生理系统等诸多系统。但是,对于碎片化的人的诸系统来说,有机体系统、心理系统与沟通系统具有更明显的需要澄清的关系。这就是卢曼所说的对系统在运作上自成一体的研究,如果研究个体,那也是把研究重心放在社会系统的有机装置和精神装置上。[22]

(三)从生命体的人到沟通单元中的人

在系统理论视角下,人虽然从社会之中移至社会之外,从完整的人变为碎片化的诸系统,而且这些系统都位于社会系统的环境中,但存在一种需要,即在全社会理论的沟通概念下去谈论人。

个人(person)这个概念成为沟通中被建构出来的单元,它指的是社会系统所要发送到的对象(adressater)。当作为沟通单元中的个人被建构出来时,它既不是完全的生命体的人,也不是简单的心理意识系统,而是沟通的建构物和沟通的指认点(identificationspunkte)。这时,沟通被化简为(告知的)行动,并被归因于个人。行为期望也可以相应地归因到这样的个人上。[23] 因此,"个人"只是对作为对象的人类个体进行观察的一种形式。社会各系统是通过"个人"这个沟通的建构物和指认点与自然人产生接触。

---

〔21〕 卢曼批评了威尔・马腾斯的观点,在马腾斯看来,信息、告知、理解这三部分可以被界定为沟通的心理基础和身体基础。信息、告知、理解都必须有身体和心理的有效参与,在此之上才有沟通,才有社会。当信息、告知、理解成为一体,又会对参与的诸心理系统产生反作用。卢曼认为,把意识状态引入沟通中,对沟通是有消解作用的,关键原因在于所言并非所思,即人的意识和实际的意义表达可能并不一致,如在言不由衷、虚伪地表情达意等情况下。Niklas Luhmann, Einführung in die Systemtheorie, SS. 260 – 263.

〔22〕 Niklas Luhmann, Soziologische Aufklärung 6 – Die Soziologie und der Mensch, 3. Auflage, VS Verlag für Sozialwissenschaften 2008, SS. 26 – 27, 121 – 124.

〔23〕 还存在一种情况,人会成为沟通的建构物。当系统把个人(person)作为沟通的论题,这时个人也成为沟通的指认点。例如,在沟通中可以把某个人作为论题进行讨论。参见[德]格奥尔格・凯纳、阿明・纳西希:《卢曼社会系统理论导引》,鲁贵显译,巨流图书公司2000年版,第109页、第118页。

在系统理论的论述中,仍然会在社会沟通中谈论当事人,谈论法官,谈论行政官员,谈论一个普通的酒店老板,这都是为了对社会系统环境中的人进行观察而作出的系统内的建构。尽管此时的人是沟通单元中的个人,但是在我们从二阶观察的角度去看社会系统和人的关系时,这时的人是生命体的人的碎片化,并且,其中某些系统和社会系统存在值得考察的关系。

三、社会系统与人的结构耦合

系统理论观察角度导致的结果是,人失去了他在传统哲学和社会学理论中的优先地位。古典人文主义及其问题关怀的前提被改变了。人不是沟通的主体,人不再是创造者,人只是社会的环境,但是,这并不意味着“人对社会过程的建构所具有的一切重要性都因此被否定掉”。[24] 与传统观点相比,现在人并非变得不重要了,而是在更具体的问题层面上变得重要,并使问题变得针锋相对。系统理论并不是目中无“人”,批评社会系统中人的完全缺位实际是一种理论上的误解。人对社会系统的重要意义在于,碎片化的人的系统与社会系统之间存在的结构耦合关系。在这种耦合关系中,被凸显出来的是心理意识系统(以及与心理意识系统紧密耦合的身体—有机系统)。没有心理意识系统与社会系统的结构耦合,整个社会系统都是不能存在的。正是在这种观点下,系统理论明确了人的主体的存在价值及其与社会系统的关联。

(一)碎片化的人的心理意识系统

虽然社会系统内发生的是“沟通制造沟通”的自我指涉过程,但是社会系统在递回性地生产其沟通元素时,必须以某些环境条件为前提。每个沟通,都要依靠某些(实际上是两个或者多个)有机系统、神经系统、心理系统的状态,并必须有至少两个心理意识系统的参与。这是人身上相关系统为沟通过程作出的

〔24〕 [德]格奥尔格·凯纳、阿明·纳西希:《卢曼社会系统理论导引》,鲁贵显译,巨流图书公司2000年版,第88页。

无可取代的贡献(虽然它们仍旧是来自环境的贡献)。[25]

那么,心理意识系统是什么样的系统?首先,它也是一个自创生的系统,也是借由元素(作为独立的单元)的递回性再生产来自我制造和自我维持。其次,心理意识系统运作的元素是思想(gedanke)和观念(vorstellung)。思想和观念都是事件(ereignis),事件的意思就是在出现的当下就要再消失。思想就是在一刹那出现,在下一刻消失,被下一个新的思想取代。所以意识由一个意识状态移到另一个意识状态,意识的自创生就是持续地编织或多或少清晰的思想。最后,因为自创生系统都要依赖环境供给特定的能量和物质,所以意识依赖于特定的环境协助。这个环境既包括空气、水、地球、周遭的物质环境,也包括身体、大脑等。这就说明了心理意识系统和身体—有机系统、神经生理系统、自然界等的关系。[26]

(二)心理意识系统与社会系统的结构耦合

在系统理论中,一个系统在运作上是自成一体的,因此也是闭合的。但是,这种闭合并非对环境的完全封闭和隔离。结构耦合就是描述系统与环境关系的一种形式,它是从观察者的角度才能看到的,只有观察者才能把不同事物组织在一起,才能同时考察两个系统,并思考它们如何联系在一起。

"结构耦合"取自马图拉纳在生物学上的概念,它试图说明的是,系统如何与环境连接,又不至于损害系统的自治和运作上的闭合。[27] 如果一个系统持续地以其环境中的特定属性为前提,并在结构上依赖于此,那么就应该说存在结

---

[25] 但是,沟通不能被化约为参与沟通者身上的诸系统状态,沟通不仅是生命、神经活动,或者意识活动。因为沟通建立起的是独立的、茁生的秩序层次。参见[德]格奥尔格·凯纳、阿明·纳西希:《卢曼社会系统理论导引》,鲁贵显译,巨流图书公司 2000 年版,第 87~92 页。

[26] 卢曼将大脑和意识系统进行区分,大脑不生产思想和观念,它在意识的环境中。只不过意识在生产思想时,依赖于某些环境的贡献——尤其是某些大脑运作过程。参见[德]格奥尔格·凯纳、阿明·纳西希:《卢曼社会系统理论导引》,鲁贵显译,巨流图书公司 2000 年版,第 78~82 页。

[27] Niklas Luhmann, Soziologische Aufklärung 6 – Die Soziologie und der Mensch, S. 32.

构耦合。[28] 因此,当系统只有与环境中的特定属性兼容才能建构其结构,就说一个系统的结构发展与其环境中的该部分属性是结构耦合的。[29] 结构耦合标示出的是系统之间特定的依赖/独立关系,既相互依赖又互为对方的环境(如意识和大脑之间的结构耦合关系)。结构耦合具有以下特点。第一,结构耦合有一种选择功能,它建构出一定的渠道(Kanäle),系统通过这种渠道对具有解构作用的来自环境的影响进行排除,同时,系统也是通过这种渠道被影响。这样,系统和环境的关系可能是激扰的、扰动的,有时甚至是破坏性的、毁灭性的(如有机体的死亡导致意识丧失)。[30] 第二,结构耦合导致的是系统与环境的共同演化。系统可以依赖共同演化的成果,在结构耦合的框架内,对外部激扰在内部进行反应,即作为信息进行解读和加工。[31]

那么,如何准确描述心理意识系统与社会系统之间的耦合关系?

首先,心理意识系统在社会系统的环境中具有特殊的地位,“唯有在意识层次上,全社会才会被其环境影响”。[32] 不是物理、化学、神经生理等运作,而是只有意识才能引发沟通,干扰、扰动沟通。社会系统只能和意识耦合在一起,这是由沟通先在的不足所决定的。沟通不能进行感知,它既不能看、不能听,也不

---

〔28〕 但是,结构耦合并不同于运作上的耦合,因为运作上的耦合只发生在耦合事件存在的那一刻,无法持存。参见[德]尼可拉斯・鲁曼:《社会中的法》,国立编译馆主译,李君韬译,台北,五南图书出版股份有限公司2009年版,第490~491页。

〔29〕 Niklas Luhmann, Einführung in die Systemtheorie, S. 269. “结构”概念指的是组成部分之间的具体关系,即在持续的生产过程中,各组成部分的个别顺序与衔接。因此,一方面,结构标示出在系统中被允许的衔接可能性的限制,结构进行选择,使系统的自创生不能借由任意的元素,而只能借由特定的元素进行生产;另一方面,结构通过将个别元素的持续生产加以结构化,使系统在结构上是可变的系统。参见[德]格奥尔格・凯纳、阿明・纳西希:《卢曼社会系统理论导引》,鲁贵显译,巨流图书公司2000年版,第64页、第116页。

〔30〕 因此,结构耦合的形式在选择与谁进行结构耦合时,限制并借此减轻了环境对系统的影响。参见[德]尼可拉斯・鲁曼:《社会中的法》,国立编译馆主译,李君韬译,台北,五南图书出版股份有限公司2009年版,第491页。

〔31〕 Niklas Luhmann, Soziologische Aufklärung 6 – Die Soziologie und der Mensch, SS. 16 – 17.

〔32〕 [德]尼可拉斯・鲁曼:《社会中的法》,国立编译馆主译,李君韬译,台北,五南图书出版股份有限公司2009年版,第493页。

能感受;而意识能够进行感知,意识的功效就是感知。人具有意识,并通过感知把外部世界转换到意识中。任何沟通,都必须通过意识的过滤器,在系统的环境中进行。在这个意义上沟通完全依赖于意识(而意识又依赖于大脑)。沟通只有借助意识、通过意识才能运转,沟通只对意识有反应,因此,经由意识过程的沟通的敏感性和不稳定性也会提高。〔33〕

其次,仍然需要指出的是,沟通系统和心理意识系统虽然在结构上是耦合的,但是它们仍然是各自独立运作而不重叠的。意识不进行沟通,意识是串连起一个个思想的自我指涉的系统。这个世界上有多少个人,就有多少个自我指涉的封闭的心理意识系统,因此,意识作为思想的过程,无法进入沟通。同样,沟通在运作上并不是意识,沟通无法确认参与沟通的意识系统在想什么。这可以通过日常生活经验得到证明。例如,我们虽然在参与一场对话,但是我们的思想可能走在另一条路上,甚至在天马行空。因此,我们可以参与沟通,但是无法彼此沟通,因为在沟通中我们不能看透沟通参与者的脑袋,即不能参与对话同伴当时的思想中。

最后,心理意识系统不能以因果方式来指导、决定社会系统的沟通。因为至少有第二个意识系统参与沟通,所以沟通就不能回溯到个别意识系统。而且,沟通也无法归结到所谓的集体意识,这是因为沟通系统是自我指涉的自成一体的系统,它有自身固有的运作逻辑和规范性。心理意识系统可能在沟通中交换思想,并相互了解各自当下的想法,但是这只是沟通性的宣称,是沟通系统的运作。而具体的心理意识系统可能认为已经完全理解对话同伴的思想,但也仍然只是他的思想,是在他意识系统里的运作。所以,在欠缺信任的交谈中,即使达成了共识,心理意识也难以形成对该共识的牢固确认。总之,"沟通进行沟通,而不进行思考。意识进行思考,而不进行沟通"。〔34〕 在日常生活工作中,我们常常感到"身不由己",感到一种体制性力量的存在限制我们的行为,就是系统的沟通所带来的结果。

(三)心理意识系统与社会系统耦合的机制

为什么社会系统只能和意识耦合在一起? 这是因为,心理意识系统和社会

---

〔33〕 Niklas Luhmann, Einführung in die Systemtheorie, SS. 270 – 274.

〔34〕 [德]格奥尔格·凯纳、阿明·纳西希:《卢曼社会系统理论导引》,鲁贵显译,巨流图书公司 2000 年版,第 89 ~ 93 页。

系统都是建构意义并使用意义的系统，而其他类型的系统，如身体—有机系统或神经系统，都不使用意义。意义建构起来的是实现性（Akutualität）与可能性（Möglichkeit）这两者的区分。已被实现的情况会导致无聊，[35]会迫使系统从可能性领域中寻找新的情况，并使之在下一刻实现。意义就是不断地对实现性/可能性的区分重新进行安排，不断地将可能性加以实现。正是因为实现性的状况不断改变，所以系统必须不断在待实现的诸多可能性中作出选择，而已被实现的事物指出了进一步的衔接可能性。[36] 从心理系统来看，意识以思想来生产思想，每个思想都有一个意向结构，即后续的可能性，而这些可能性中的一个会在下一刻被实现。从社会系统来看，每个沟通也有一个意向结构，它会指向某些东西，被意指的东西也指出某些衔接的可能性。意义同时使复杂性的化约和复杂性的保持成为可能。意义能够化约复杂性，是因为选择性的取用、暂时性的择用是可能的。每个意义都重新整合了蕴含在所有复杂之中的选择强迫，每个意义都引起特定的衔接可能性，并使其他可能性成为不可能的、困难的，或变为太过遥远的，或者暂时地将其他可能性加以排除。同时，复杂性不会被摧毁，反而是供进一步的系统运作使用。“随着每一个意义、任意一个意义，无可掌握的高度复杂性（世界的复杂性）就一起呈现出来，并且供心理系统和社会系统所使用。”[37]

那么，社会系统和心理意识系统如何耦合在一起？无论是社会系统，还是心理意识系统，都需要建立一定的形式，或者一直建立新的形式，来对沟通或者思想的任意性加以限制，决定什么继续遵循下去、什么被排除在外、什么必须被启用或重新启用。这种一定的形式就是“意义”。语言，于此作为时间上较固定的意义储存器，有着特殊的重要性。意识与沟通，心理系统与社会系统结构耦

[35] 例如，在意识中，一个思想不会进行反复单纯地不断重复，因为那是“没有意义的”。在至少两个心理意识系统参与的社会系统中，沟通在信息、告知、理解自身的驱动中，也不会停留在不断重复的告知（理解也是以告知的形式出现）中。

[36] Niklas Luhmann, Soziale Systeme-Grundriß einer allgemeinen Theorie, Suhrkamp Verlag 1984, SS. 92 – 105.

[37] Niklas Luhmann, Soziale Systeme, S. 94.

合的机制(mechanismus)就是语言,这是和语言的诸多属性联系在一起的。[38]语言具有双重性,既可以在心理意义上,也可以在沟通意义上使用。同时,语言并不排除两种系统的运作分别各自展开。一方面,在心理层面上,语言是注意力的捕捉器,这指的是,在多种声响中,人们能轻易辨别出话语的声音,并试图理解它说了什么。并且,一旦进入有效的交谈,人们的注意力就停留在话语上,而无暇他顾。因此,语言保证了意识始终在场。另一方面,在沟通层面上,鉴于肢体语言的有限性,语言对沟通中的意义传输或意义固定都不可或缺。[39] 而且,语言始终寻求被理解,而理解在沟通中必不可少。[40]

在社会沟通的演化史上,这种结构耦合的机制从语言(sprache)又发展为文字(schrift),最后是书刊印刷(buchdruck)。文字是语言的一种实现形式,它解决了空间—时间维度之沟通不能的问题。借助文字,特定有限空间中的语言被记录下来,可以时间上回溯的方式进行查看。"空间—时间维度的沟通不能"之所以是一个需要解决的重要问题,是因为社会如何记忆并重复使用被选择记忆的信息是社会演化中十分重要的任务。例如,在法律系统的分出过程中,依托于普遍化的语言和文字,法律制造了自身的意义系统。在文字的帮助下,具体化的法律规范得以形成,规范性预期的稳定化才成为可能。进而,在印刷术被广泛使用后,大量的文本得以产生,进一步的社会功能区分逐渐形成。在法律

---

〔38〕 卢曼对语言的符号价值、语言对构建和理解社会的基础性意涵的强调,体现了哲学的语言学转向对构建社会科学观察方式的根本性影响。参见刘涛:《文字与法律演化:卢曼系统理论的视角》,载《社会学评论》2016年第5期。

〔39〕 Niklas Luhmann, Einführung in die Systemtheorie, SS. 275 – 278.

〔40〕 在哈贝马斯的交往行为理论中,语言是一种行为,理解者(verstehenden)并没有被纳入行为整体中,并在行为中建构相应的规范性要求。而在卢曼的沟通概念中,理解在沟通中是单元行动(Unit Act)的一部分,人们没有必要去区分言语行为或沟通行为的不同类型,如哈贝马斯所做的那样。这里涉及的问题实际是,如何建构沟通这个概念。另外,要指出的是,在沟通中的理解和在意识系统中的理解不一样。对于沟通来说,意识系统的"理解"永远是一种"本体界"的东西,沟通的"理解"只局限在沟通自己的"现象界"。在沟通中,一个信息和告知组成的表达(陈述、行为)是否被理解,只能通过另外一个表达来判断。

作为社会常态性规范的基础上，普遍的规范性预期得以成为现实。[41] 在全社会中，正是随着语言、文字、书刊印刷的出现，沟通系统逐渐从与之并行的意识之感知和思考过程中区分出来。[42] 但是，在沟通系统区分出来的同时，也奠定了它和心理意识系统之间通过对意义的共同建构和使用而形成的结构耦合关系。

四、系统林立中的人的自我持存

系统理论在事实层面上揭示了由沟通组成的社会系统的存在。由于人的心理意识系统和社会系统，通过对意义的共同使用而形成结构耦合，人对社会过程的建构所具有的重要性就在于，社会沟通在意识层次上受到的激扰和影响。并且，基于结构耦合所导致的系统与环境的共同演化关系，心理意识系统对社会系统的沟通过程所具有的重要意义是始终在场，不可无视的。

在“人与社会的关系”上，如果转换视角，不是从社会系统出发，而是从人的诸系统出发来观察系统理论的视角转换，那么它更大的理论贡献就显现出来，一方面，揭示了社会系统这样的非个体性结构的存在，使这种非个体性结构的逻辑扩张对人类的身/心完整性的威胁是可以观察和描述的。这种揭示不仅是能做到在社会系统总体层面上的，也能是在各子系统的具体层面上的。与“资本主义生产过程中对象的丧失和被对象奴役”“理性化扩张下责任伦理产生的铁笼”“压迫性社会系统对生活世界的殖民”“卡塞罗群岛中现代社会治理对人的规训”这些理论观点相比，它对非个体性结构的逻辑扩张对人类身心威胁的描述更彻底、也更全面。并且，在社会系统的诸多子系统间结构耦合的视角下，系统理论更是提供了对这种非个体性结构的内在机理进行分析的具体进路。[43] 另一方面，系统理论也指引出在社会系统面前遭受非个体化的结构性力量激扰的人类实现其自我保存的途径。面对系统的破坏性激扰，人如何保障自我持存？在系统面前，人如何彰显和运用自身的主体意识？系统理论的重要推进者

〔41〕 更详尽的关于文字与法律演化的关系，参见刘涛：《文字与法律演化：卢曼系统理论的视角》，载《社会学评论》2016 年第 5 期。

〔42〕 Niklas Luhmann, Soziologische Aufklärung 6 – Die Soziologie und der Mensch, SS. 42, 47.

〔43〕 对于这一点，笔者将以法律系统与人之间的关系为中心，另文详述。

托依布纳(Toy Bona)对这些问题作出了回答。[44]

(一)人的现实生存境况

沟通创造了独立于人类心智的意义世界,而且,人类创造性地运用了各种社会沟通子系统促进生存发展。[45] 例如,运用政治系统的沟通形成有集体约束力的决定;运用法律系统的沟通实现规范性预期的稳定化;运用经济系统的沟通实现支付、投资、竞争;运用科学系统的沟通发现和运用真知和客观规律;运用大众传媒系统的沟通进行快速、大范围的信息传递等。

但是,与此同时发生的问题是,这些沟通系统在自创生的运作中对人类的完整性产生威胁,伤害人类、奴役人类、甚至终结人类的生存。例如,纳粹通过一系列政治命令在集中营中实施种族灭绝;司法人员遵循法定程序作成实体上错误的裁判,以追责的形式剥夺人的自由和生命;跨国企业为追逐利润对药品的过高定价促使无力购买药品的病患者提前死亡;在匿名的科学沟通中,为了获得科学发现而实施人体实验;在大众传媒的沟通网络中为了点击率扭曲公众意见的形成过程,乃至毁灭真实的民意等。[46]

虽然社会系统的沟通过程不能侵入人的躯体和灵魂,但是作为沟通所导致

---

〔44〕 托依布纳早年是在《法律:一个自创生系统》一书中对“卢曼理论主体缺失”的批评进行反驳,参见[德]贡塔·托依布纳:《法律:一个自创生系统》,张骐译,北京大学出版社2004年版,第55~56页。对此的分析,参见宾凯:《法律如何可能:通过“二阶观察”的系统建构——进入卢曼法律社会学的核心》,载《北大法律评论》编辑委员会编:《北大法律评论》(第7卷·第2辑),北京大学出版社2006年版,第371页。后期从人权视角,对人面对社会系统的沟通如何寻求正义之路的分析,参见[德]贡塔·托依布纳:《匿名的魔阵:跨国活动中“私人”对人权的侵犯》,泮伟江译,载[德]托依布纳:《魔阵、剥削、异化——托依布纳法律社会学文集》,泮伟江、高鸿钧等译,清华大学出版社2012年版,第182~210页。

〔45〕 社会系统与人的关系具体化为各子系统与人的关系,即政治系统与人、经济系统与人、法律系统与人、科学系统与人、教育系统与人等。

〔46〕 相关讨论参见[德]贡塔·托依布纳:《匿名的魔阵:跨国活动中“私人”对人权的侵犯》,泮伟江译,载[德]托依布纳:《魔阵、剥削、异化——托依布纳法律社会学文集》,泮伟江、高鸿钧等译,清华大学出版社2012年版;托依布纳:《多元现代性:从系统理论角度解读中国私法面临的挑战》,祁春轶译,载《中外法学》2013年第2期。对匿名的魔阵的阐释,参见高鸿钧:《〈黑客帝国〉的隐喻:秩序、法律与自由》,载高鸿钧、於兴中主编:《清华法治论衡》(第12辑),清华大学出版社2009年版,卷首语。

的结果,却能以威胁人自我保存的方式,激扰躯体和灵魂。[47] 在现代功能分化社会中,人的生存现状在系统理论的视角下被清晰地刻画出来。通常,这种整体性的描述是在局部被进行突显和强调,如前文所指出的哈贝马斯所强调的政治系统和经济系统对生活世界的殖民;或者,进入21世纪后,在人工智能、基因技术、信息手段日新月异的发展中,被讨论的智能化、技术化、信息化对人类可能造成的威胁等。

(二)人的身/心自我持存的路径

人只能听任社会系统沟通的自我运行吗?在匿名的沟通魔阵面前,人是否以及怎样才能发挥作为人的主体性?在托依布纳的论述中,可以显示出来的一条分析思路是,系统的沟通虽然创造了其自身的意义世界,但是这种意义世界并不是完全独立于人类心智的。二者可以通过相互激扰而促进耦合。在结构耦合之下,既然沟通能够以一种威胁人类自我保存的方式刺激心理—物理过程,激扰灵魂和它赖以存在的躯体,并造成各种心理和身体伤害,那么,"身"和"心"也可以坚持要求其完整性、身份和自我保存,以对抗沟通的破坏性激扰。[48] 因为对于社会系统来说,沟通始终在其特有的沟通运作中受到心理意识系统的刺激、干扰,而且,只有心理意识系统拥有对沟通进行干扰、启动和刺激的可能性。

现在的问题是,这种激扰可以如何发生?在现实生活中,人只是诸多沟通形成的沟通网络的外在环境,他们无法控制沟通网络的日常运转。鉴于沟通系统的自治性,人已经被从社会中排除出去,也无法重新回到沟通网络中,更不用说在这个沟通网络中处于核心地位。在匿名的沟通魔阵面前,人是否能够对自

---

〔47〕 在托依布纳的论述中,他所强调的社会系统的沟通过程不仅限于法律沟通,还包括经济沟通、政治沟通等领域,在这些沟通过程中都会产生对人的非个人的结构性侵犯。例如,跨国公司对治疗艾滋病药物的过高定价,导致提前发生的、可避免的HIV携带者的死亡。参见[德]贡塔·托依布纳:《匿名的魔阵:跨国活动中"私人"对人权的侵犯》,泮伟江译,载[德]托依布纳:《魔阵、剥削、异化——托依布纳法律社会学文集》,泮伟江、高鸿钧等译,清华大学出版社2012年版,第182~210页、第194页。

〔48〕 参见[德]贡塔·托依布纳:《匿名的魔阵:跨国活动中"私人"对人权的侵犯》,泮伟江译,载[德]托依布纳:《魔阵、剥削、异化——托依布纳法律社会学文集》,泮伟江、高鸿钧等译,清华大学出版社2012年版,第194~195页。

我持存进行保障,实际上被转化为个人是否能够针对沟通过程中非个人的结构性侵犯主张并实践权利的问题。[49] 托依布纳是从下面这三方面论述在社会系统面前,人的身/心自我持存的路径。

1. 通过人权使人类得到公正对待

在人权理论中,人权是每个人作为人应该享有的权利。从自然法和自然权利的理论出发,"存在某些无论被承认与否,在一切时间和场合属于全体人类的权利。这些权利是每一个人按其本性应该享有和不容侵犯的,它们不是一种恩赐或施舍,人们仅凭其作为人就享有这些权利,而不论其在国籍、宗教、性别、种族、社会身份、职业、文化、财产和社会属性或任何其他方面的差异"。[50] 所以,人权在逻辑上先于国家和法,在根本上人权是一种道德权利。但是,为了保障人权的实现,人权必须被法律化。这意味着在如何看待人上,人不是抽象的存在,不仅具有自然属性,还具有社会属性,即一个人不能孤立地生存,还要与他人共同生活,从属于某一个社会。人的个性也只有在和他人组成的社会共同体中才能得到最大的发挥。所以,人权作为一种权利表明了某种社会关系的存在,人权存在于一定的社会关系中。法律、习惯、道德规范都是人权的具体来源。[51]

从系统理论的视角出发,人权要成就的是人类受到公正对待这一目标,这只有在人权跨越了沟通的疆界范围后才有可能。与把人视为社会的组成部分,把公正看作权力、财富、知识、生活机会等社会资源在社会各部分进行分配的传统观点比起来,系统理论将有关公正的关键问题转化为如何约束制度的行动,使其不能对沟通环境中的各种权利造成损害。在这一分析中,前面"从生命体的人到沟通单元中的人"的视角转变显示出洞彻事实的力量。系统中的"个人"(person)是沟通的构造物,这样的个人是无法和沟通环境中的活生生的肉身和心灵等同的。系统在针对"个人"进行沟通时,其结果恰恰是可能威胁和侵害到

---

[49] 参见[德]贡塔·托依布纳:《匿名的魔阵:跨国活动中"私人"对人权的侵犯》,泮伟江译,载[德]托依布纳:《魔阵、剥削、异化——托依布纳法律社会学文集》,泮伟江、高鸿钧等译,清华大学出版社 2012 年版,第 192 页、第 188 页。

[50] [英]A. J. M. 米尔恩:《人的权利与人的多样性——人权哲学》,夏勇、张志铭译,中国大百科全书出版社 1995 年版,第 2 页。

[51] 参见徐显明主编:《国际人权法》,法律出版社 2004 年版,第 4 ~ 5 页。

环境中的活生生的人的完整性。因此,面对社会沟通系统,人的"心"和"身"可以要求拥有其"前法律的""前政治的",甚至是"前社会的"潜在的和内在的权利,也就是人权。[52]

之所以需要通过人权提出对非个人的结构性侵犯进行约束的主张,是因为在遭受激扰的情况下,系统可能通过"不是必须做成决定"来确保其自主性。因此,需要通过人权发展出各种形式的、实质的或程序的保障,以使个人不受作为整体的社会和政府及其具体执行机构的侵犯。例如,《德国基本法》第1条第1款将人的尊严这一"伦理上的价值"确立为"最高的宪法原则",使其成为实证法上的命令。而宪法上的"基本权利"与私法意义上的"主观权利"的不同之处恰恰就在于,它涉及的不是作为自然人的私人之间的互相侵害,而是被匿名的沟通魔阵、非个人的社会过程所造成的对机构组织、自然人完整性的伤害。[53]

2. 通过禁止性规则的规范形式实现沟通系统的自我限制

在社会沟通对"身"和"心"造成伤害的情况下,应当保障身体的痛苦和精神的毁损不是以无声的方式被忽略,而是去不断激扰社会的沟通。这是因为,如果想成功地刺激社会沟通、引起关注,身体和精神的痛苦就不能再继续保持无声的沉默。"受到虐待的身体和精神的抗争只有在沟通中被表达出来,才能够被'听到'。"[54]但是必须要明确的现实情况是,社会沟通系统"听到"和回应的是什么?由于系统的闭合,社会系统只能在自身的沟通系统内对"听到"的信息进行理解和加工。因此,并不能保证内在于沟通中的规则对"身"和"心"提

[52] 参见[德]贡塔·托依布纳:《匿名的魔阵:跨国活动中"私人"对人权的侵犯》,泮伟江译,载[德]托依布纳:《魔阵、剥削、异化——托依布纳法律社会学文集》,泮伟江、高鸿钧等译,清华大学出版社2012年版,第192~195页。

[53] 同上书,第201页。基于系统理论对基本权利的社会功能的分析,参见李忠夏:《基本权利的社会功能》,载《法学家》2014年第5期;对系统理论关于基本权利社会原理的阐述,参见陆宇峰:《系统论宪法学新思维的七个命题》,载《中国法学》2019年第1期;从宪法上对人权的具体化的论述,参见张翔:《基本权利的体系思维》,载《清华法学》2012年第4期。

[54] [德]贡塔·托依布纳:《匿名的魔阵:跨国活动中"私人"对人权的侵犯》,泮伟江译,载[德]托依布纳:《魔阵、剥削、异化——托依布纳法律社会学文集》,泮伟江、高鸿钧等译,清华大学出版社2012年版,第195页。

供保护。

对此,解决的途径是通过规则就社会沟通确立一种超沟通的基础,这就是法律的核心角色。而法律这一角色作用的发挥,最终是以"人权是作为对社会性沟通的否定性约束"作为凭据。也就是说,面对匿名的沟通魔阵、非个人的社会过程所造成的对自然人的完整性的伤害,人凭借人权具有可以对沟通系统主张其进行自我限制的权利。具体来说,这种权利的行使可以采取法律上的禁止性规则的规范形式。规则本身是人在社会交往中产生的智力创造物,而法律规则则是赋予某种事实状态以法律意义的指示、规定,是规定法律上的权利、义务的准则和标准。这里所说的禁止性规则具有宽泛的含义,对应的其实是义务性规则表述的全部内容。它既包括规定人们的消极义务(不作为义务),即禁止人们作出一定行为的规则;也包括规定人们的积极义务(作为义务),即要求人们必须或应当作出某种行为的规则(其反面就是"不得"作出某种行为)。

在通过人权提出对制度进行约束的主张时,采用"禁止性规则"的规范形式是寄希望于实现对沟通的自我限制,例如,刑法上的"禁止危害公共安全""禁止故意杀人""禁止扰乱公共秩序";刑事诉讼法上的"严禁刑讯逼供"、不得不进行"非法证据排除";民法上的不得不"诚实信用"、不得不"遵守公序良俗";经济法上的"禁止滥用市场支配地位""禁止滥用行政权力排除、限制竞争"等,都是通过禁止某些特定种类的沟通,超越沟通的界限。它们对应的实际上不仅是法律意义上的人权,还对应的是人的"潜在权利",如血肉之躯要求其肉体和精神尊严的内在权利。[55] 法律规范的角色是就沟通确立一种超沟通的基础,而禁止性规则正是在不同子系统之间、子系统和人的身/心系统之间的冲突中创造出来的法律规范,它最终为社会沟通划定了向外沟通时的界限。

3. 畅通进入沟通的途径

虽然通过禁止性规则的规范形式,可以促成沟通系统的自我限制,但是人在系统面前对正义之路的寻求,不能仅从法律的话语出发,并停留在法律的话语之中。这是因为,如前面分析指出,真正的人权不同于沟通中的"个人"的权利,真正的人不同于作为"基本权利承受者"的沟通中的"个人"。真正的人权

[55] 参见[德]贡塔・托依布纳:《匿名的魔阵:跨国活动中"私人"对人权的侵犯》,泮伟江译,载[德]托依布纳:《魔阵、剥削、异化——托依布纳法律社会学文集》,泮伟江、高鸿钧等译,清华大学出版社2012年版,第195~196页。

谋求的是维护活生生的“人”的身心完整性的有意识的保障。[56]

因此，为了实现对人的身心完整性的保障，需要畅通进入社会沟通，尤其是法律沟通的途径，因为法律的强制力能够提供最终有效的保障。畅通进入沟通的途径想要强调的是，让反抗非个体性的结构侵犯身体的信息和痛苦灵魂的抱怨与抗争的信息被听到、被理解，在决定中被考虑、被采纳、被重构；而不是被忽视、被忍受、被遗忘。如果一个争议/分歧无法在终审法院表达其含义，那么接下来唯一可能发生的事情就是在内心体验中忍受这种侵犯，随着时间流逝默默无闻地被遗忘。从社会面向来看，涵括这个概念指出了个人对特定沟通的参与，即“谁能进行沟通”指出了进入特定社会关联的条件。[57]

为了实现对社会沟通进行激扰，接近社会沟通的途径，在法律上尤其是“接近使用法律的途径”必须保持畅通，也必须以高度选择性的方式被组织。这在法治的形式要素中被表述为，必须保障司法独立，并使其易于接近。具体而言，首先，在民事、行政诉讼中，需要为当事人自身不能解决的争议提供解决机制，且不存在昂贵的以至于支付不起的费用，或者因为管辖法院的不便性而耗时耗力，或者过度的诉讼延迟；[58]在刑事诉讼中，需要保障程序所涉及其利益的人或其代表有参与诉讼的顺畅途径，并且有充分的机会实质性地参与诉讼活动。[59]其次，在法律诉讼沟通程序中，应当充分保障当事人表达意见的权利得以实现。这可以通过保障律师的辩护权来加以强化。如果对伤害所造成的肉体痛苦/精神困扰的表达得以进入沟通中，那么沟通的人性化的自我限制就获得了某些机会。只有通过对刺激的充分的感知、重建和再引入，社会系统，尤其是法律系统

---

〔56〕 参见[德]贡塔·托依布纳：《匿名的魔阵：跨国活动中“私人”对人权的侵犯》，泮伟江译，载[德]托依布纳：《魔阵、剥削、异化——托依布纳法律社会学文集》，泮伟江、高鸿钧等译，清华大学出版社2012年版，第198页。

〔57〕 See Niklas Luhmann, Soziologische Aufklärung 6 - Die Soziologie und der Mensch, SS. 226 - 246.

〔58〕 参见[英]汤姆·宾汉姆：《法治》，毛国权译，中国政法大学出版社2012年版，第120~127页。

〔59〕 对刑事诉讼中程序参与原则的论述，参见宋英辉等：《刑事诉讼原理》，法律出版社2007年版，第64~71页。

才能体验到人的身心完整性遭受到的伤害。[60] 最后，应当保障特别的法律救济途径，并使其向申请救济的主体敞开，例如，刑事诉讼中的申请再审。它可以纠正法律沟通中存在的事实错误和法律错误，又如在已知的冤案中大量发生的刑讯逼供问题。

结　语

一直以来，人们对系统理论的一个重大误解在于，对社会诸系统的研究只关注系统在运作上的自成一体，它抽离了人的主体因素，因此，只是一种功能主义和客观主义的"欠缺人情味"的描述。哈贝马斯的批评使这种把系统理论视为"社会治理术"的误解进一步成为实据。因此，系统理论对很多从主体间的社会关系出发进行社会研究，包括法学研究的学者来说就失去了吸引力。本文通过对卢曼的理论旨趣的交代，指出在卢曼对"社会秩序如何可能"这一问题的前置问题"社会如何可能"进行回答时，他是从"由人组成社会"这一表象背后洞察出，人与人之间在交往中的有意义的沟通茁生出了一个社会沟通系统，这个巨大的社会沟通系统才是主导整个社会运转的真相。[61] 在《黑客帝国》中将人描述为"Matrix"的供电电池可能过于极端，但是在社会沟通系统超越于所有人的联合体产生以后，个体的人确实在自身与社会系统的共同演进中，为社会系统提供沟通上的意义源泉。

在《黑客帝国》中，人只有拔掉插管才能脱离置身于"Matrix"中的虚假幻象，才能作为觉醒的人类联合起来，反抗"Matrix"的统治。对觉醒的人类来说，现实的生存处境可能难以忍受，但是它的可贵之处在于一切所思所为都是来自真实自我的自由意志。在笔者看来，卢曼在他的理论中，对现代社会中沟通系统的分出及其功能分化进行了洞彻事实的描述。当人们视这种理论描述为对

---

〔60〕 参见［德］贡塔·托依布纳：《匿名的魔阵：跨国活动中"私人"对人权的侵犯》，泮伟江译，载［德］托依布纳：《魔阵、剥削、异化——托依布纳法律社会学文集》，泮伟江、高鸿钧等译，清华大学出版社2012年版，第209～210页。

〔61〕 对此原因的解读，参见宾凯：《法律如何可能：通过"二阶观察"的系统建构——进入卢曼法律社会学的核心》，载《北大法律评论》编辑委员会编：《北大法律评论》（第7卷·第2辑），北京大学出版社2006年版。

行动者主体地位的忽视,认为其不可接受时,或许正是因为人们仍然停留在个体对现代复杂社会中沟通网络拥有决定和控制能力的虚假现实中。直面系统理论中“社会系统与人”的关系问题,毋宁是拔掉插管,用理论上的自我觉醒来直面现代性所带来的诸多问题。如果承认这一点,那么系统理论的贡献恰恰不是否定了“人对社会过程的建构所具有的重要性”,而是借助共同建构和使用意义,描述出心理意识系统和社会沟通系统的结构耦合关系,进而显示出在社会系统这样的非个体性结构对人类身/心完整性造成威胁和伤害时,人如何去认知其内在机理,如何借助这种结构耦合,去寻求自我解放之路。这种对人类整体命运的关心不是人类中心主义的,但却能解决现代人类所面临的问题。

The Human Beings in the Observation of System Theory

Qi Chunyi

Abstract: Based on the epistemological standpoint of objective constructivism, the theoretical interest of system theory lies in the fact study on social communication systems. Thus human subjectivity is no longer the central problem of system theory. Even from the point of view of system theory, human beings have been reargumented. However, the importance of human beings to the social process has not been denied as critics claim. The significance of human beings to social systems lies in the structural coupling between human psychological systems and social systems. In terms of the "relationship between people and society", the contribution of the perspective transformation of system theory is, that it reveals the existence of such non-individual structure of social systems. Different from subject philosophy and other social theories, the observation of human beings in modern society from system theory is no longer blind, but realistic and revolutionary.

Key words: Social systems; Psychological systems; Meaning; Structural coupling; Irritation

中国邻避问题研究的新视角：系统论法学*

——兼论共建共治共享的新思维

张文龙**

内容摘要：

“邻避”一词，反映了公众对危害自己生活环境品质的公共设施或工业设施之态度。中国邻避事件涌现表明中国社会发展已经进入“邻避时代”。中国邻避运动兴起及其治理陷入一种以“抗议—压制”为基本框架的循环模式。针对邻避问题，中国学界研究“百家争鸣”。诸多理论视角虽然产生极为丰富的研究成果，但也存在各自的观察盲点。系统论法学以卢曼的系统论基本原理为基础，借由对社会诸系统的“邻避沟通”进行二阶观察，论证邻避困局的实质是一种“多元理性冲突”；继而揭示法律系统如何可能破解邻避困局的难题；最后，基于系统论的洞见，阐释破解中国式邻避困局的新思维。

关键词：

邻避　困局　法律系统　多元理性冲突　二阶观察　系统论法学

一、邻避问题：中国语境

邻避问题是世界性的难题。从世界社会角度来看，西方国家曾经遭遇的邻避问题，在21世纪中国社会也不断涌现。邻避问题与世界城市化进程密切相关。当中国社会进入城市化高速发展阶段，与之相随的“邻避”事件自然频繁发

---

* 本文系研究阐释党的十九大精神国家社科基金专项立项课题《新时代共建共治共享的社会治理法治化机制研究》(18VSJ033)的阶段成果。另外，十分感谢韩旭至博士、张盼盼老师、徐雨衡老师等师友对本文提出的修改建议。

** 华东政法大学科学研究院助理研究员。

生。中国邻避运动兴起,意味着邻避问题迫切需要被研究和解决。面对这个问题,实践策略不仅与理论解释的对策形成反差,而且表明当前中国邻避冲突治理陷入了一种“非良性循环”模式。

(一)中国社会的“邻避时代”:术语、事件与问题

“邻避”一词是 NIMBY 的音译。NIMBY 则是“Not In My Backyard”这个英文短语的缩写,字面上的意思就是“不要在我家后院”。在英文中,类似表述还有“Locally Unwanted Land Used”(地方上不期望的土地使用)、“Not In Anybody's Backyard”(不要在任何人家的后院)、“Not On My Block”(不要在我的社区)、“Not On Planet Earth”(不要在地球上)、“Better In Your Backyard Than In Mine”(在你家后院好过在我家后院)。[1] 这些表述反映了公众对危害自己生活环境品质的公共设施或工业设施之态度。

在中国大众媒体上,尤其在网络新媒体或自媒体上,“邻避效应”“邻避主义”“邻避事件”“邻避冲突”“邻避运动”“邻避症候群”等术语,已经成为解读当下中国社会群体事件的重要标签和语言。尤其是那些因为环境问题而引发的群体冲突事件,如厦门反 PX 项目事件(2007 年)、上海磁悬浮事件(2008 年)、番禺反对垃圾焚烧厂事件(2009 年)、大连反 PX 事件(2011 年)、什邡反对钼铜项目事件(2012 年)、天津抗议 PC 项目事件(2012 年)、昆明反对 PX 项目事件(2013 年)、余杭反对垃圾焚烧厂事件(2014 年)、杭州反对紫金港立交桥项目事件(2015 年)、山东龙口反对大型化工项目事件(2016 年)、九江市反对赤湖垃圾焚烧项目事件(2018 年)等。[2] 各种邻避事件频繁发生,使邻避效应成为了中国现象级问题。

中国邻避事件涌现,与中国城市化快速发展密切相关。首先,中国城市发展需要建设大量的公共设施和工业设施。这些公共设施和工业设施解决了城市发展的很多问题,如社会就业、财政税收、垃圾处理、能源供应等。不过,这些公共设施和工业设施,可能都具有一定的负外部性,从而给当地社区和公众生活环境带来风险,如核电站的核辐射、垃圾焚烧厂的污染等。其次,中国城市发

[1] 参见王佃利、徐晴晴:《邻避冲突的属性分析与治理之道——基于邻避研究综述的分析》,载《中国行政管理》2012 年第 12 期。

[2] 中国邻避事件频仍,本文仅列举往年发生的一些典型例子,但这不意味着 2018 年之后,中国就再没有邻避事件发生。

展促进了城市居民权利意识和环保意识觉醒。城市发展带来居民房产升值,避免房产贬值的权利意识往往是公众反对在社区建立邻避设施的重要原因。同时,城市居民日益高涨的环保意识,意味着他们不太可能忍受邻避设施可能带来的环境污染风险。最后,中国城市发展带来社会的利益分化和价值多元。虽然公共设施和工业设施对于城市发展来讲,尤其对于满足城市公共利益需求来讲,可能是必要的,但是,城市发展所产生的个人主义和消费主义文化,使个人权利和消费者主权日渐获得了一种强势的城市文化地位。在这种语境下,兴建邻避设施的合目的性可能就会面临保障个人权利的正当性对其的挑战。总之,中国邻避事件涌现,是中国城市化过程中各种社会张力的产物,如公共性与负外部性、公共利益与私人权利等。

中国邻避问题,是指以政府或项目企业为支持方,以社区或社会公众为反对方,二者围绕邻避设施选址以及运营等方面所产生的利益冲突。这种冲突的中国式深层根源,主要有三个方面。一是功能错位的政府和企业关系,主要表现为政府过度干预市场和对市场监管不足。譬如,邻避设施建设和运营应由企业负责,但地方政府常越俎代庖,包揽了很多原本应该由企业负责的事情,如与社区民众沟通、协商等。还有政府为了招商引资,对于邻避设施运营监管不足,以致环境灾难事件频繁,如漳州古雷 PX 项目爆炸事件等。二是权力扭曲的政府和社区关系,主要表现为社区自治组织过度行政化以及社区居民利益的代表和表达缺乏组织化。譬如,居民委员会往往是基层政府的延伸,是地方政府实现维稳的工具,而不是社区居民真正的自治机构。同时,那些代表居民利益的组织如业主委员会等缺乏生存空间。所以,在邻避问题上,社区公众利益不仅缺乏表达渠道,而且往往受到压制。三是责任缺失的企业和社区关系,主要表现为企业缺乏社会责任意识。譬如,邻避设施企业为了利润而不顾当地社区利益,而且与当地社区公众缺乏沟通和协商等。〔3〕

(二)中国邻避现象及其治理:理论解释与实践策略

由邻避问题引发的邻避现象在中国此起彼伏。21 世纪以来,中国邻避现象往往是以群体冲突事件的形式在大众媒体中呈现的,其中,2007 年厦门反对 PX 项目事件是一个标志性开端。此后,大量的邻避事件借由大众媒体获得公共舆

〔3〕 参见张文龙:《中国式邻避困局的破解之道:基于法律供给侧的视角》,载《法律科学》2017 年第 2 期。

论关注，有的邻避冲突事件甚至升级为区域性的公共危机。

针对邻避现象，中国学界有一种解释框架认为，“私民性”和“私民社会”概念能够解释中国邻避现象的涌现、频发和实质，还主张通过协商民主和公民教育，中国就能够走出“私民社会”带来的“邻避”困局。上述解释框架，首先，认为当前中国社会是一个私民社会，即由私民组成的社会。所谓“私民”，是相对于公民的概念，即是仅考虑私人利益的个人。其次，对中国邻避运动的解释提出了3项命题，分别为：“邻避运动的私民性”“邻避运动的非组织性”和“邻避运动作为弱者的武器”。〔4〕

与上述解释框架不尽相同，笔者认为，中国邻避现象恰恰是公民社会发育的体现和产物。首先，中国邻避运动是一种公民的社会集体行动。邻避现象是公民为了自身利益和社区共同利益而发起的社会行动。在这种集体行动过程中，社区居民为了彼此共同利益而聚集，继而商议和执行具体行动策略。由于他们共同设置议题，并团结起来采取集体行动，所以，他们的集体行动带有公共性，并体现了公民精神。其次，邻避现象是一种公民自发组织的集体行动。虽然邻避现象不具有很高的组织化程度特征，但是，公民自发的组织性现象是普遍存在。在这种自发组织过程中，运动领导者/意见领袖与普通参与者之间的分化逐渐形成，并进一步促进邻避运动组织化，包括行动分工、成员约束、议事程序等。若没有一定程度组织化，任何集体行动都是不可能的。所以，邻避运动体现了社区居民公共参与的组织性特征，而不是毫无组织的“大散众”特点。最后，邻避现象虽然是一种表达公民不服从的集体行动，但不必然走向暴力抗争，给邻避运动贴上“弱者的武器”标签极具误导性。这种泛政治化解释容易造成邻避现象的“暴力幻象”。然而，事实上，暴力并非邻避现象固有、本质的特征，而是特定条件下的结果。换言之，邻避运动并非必然产生群体性的暴力冲突，在和平抗议与暴力抗争之间，有一条界线。邻避现象从和平抗议走向暴力抗争，往往是无视地方社区公众诉求，压制公众抗议的结果。

〔4〕 参见郎兴友、薛晓婧：《“私民社会”：解释中国式“邻避”运动的新框架》，载《探索与争鸣》2015年第12期。

二、中国邻避问题研究:视角与盲点

邻避冲突问题是当前中国城市治理和社会治理的难题。首先,邻避冲突造成严重的官民对立,影响中国社会和谐。其次,为了平息邻避型群体冲突,地方政府往往采取停建邻避设施或者迁址再建的对策,从而影响城市发展,不利于解决日益突出的“城市病”问题。因此,有效解决邻避冲突治理问题迫在眉睫。重大现实问题必然引起学术理论界积极回响。当前中国学术理论界对于邻避问题研究可谓“百家争鸣”。具体研究视角也是非常多元,归纳起来,主要理论视角集中在以下 7 个学科:政治学、经济学、管理学、传播学、法学、社会学、心理学。[5]

政治学研究主题集中在三个方面:第一,分析邻避现象的政治成因,如决策的封闭、[6]“公共参与的悖论”[7]、“基础性权力”的缺乏。[8] 第二,建立邻避冲突的政治解释框架,如动员能力与反动员能力框架、[9]“价值—理性—权力”框架、[10]“政治机会结构”框架。[11] 第三,构建解决邻避冲突的方案,如确立政

[5] 参见高新宇:《“中国式”邻避运动:一项文献研究》,载《南京工业大学学报》(社会科学版)2015 年第 4 期。

[6] 参见何艳玲:《“中国式”邻避冲突:基于事件的分析》,载《开放时代》2009 年第 12 期。

[7] 参见侯光辉、陈通、王颖、姚天增:《公众参与悖论与空间权博弈——重视邻避冲突背后的权利逻辑》,载《吉首大学学报》(社会科学版)2017 年第 1 期。

[8] 参见廖秋子:《“邻避冲突”的成因及治理路径:“基础性权力”的视角》,载《福建大学学报》(社会科学版)2016 年第 5 期。

[9] 参见何艳玲:《“中国式”邻避冲突:基于事件的分析》,载《开放时代》2009 年第 12 期。

[10] 参见张乐、童星:《价值、理性与权力:“邻避式”抗争的实践逻辑——基于一个核电站备选厂址的案例分析》,载《上海行政学院学报》2014 年第 1 期。

[11] 参见王刚、毕欢欢:《“政治机会结构”视域下环境邻避运动的发生逻辑及其治理——基于双案例的对比分析》,载《中国地质大学学报》(社会科学版)2017 年第 2 期。

府开通协商性对话渠道、构建面向城市边缘群体的政治吸纳机制,[12]还有加强设施负外部性影响治理、优化公共决策、建立多元利益主体的利益受损补偿激励机制、构建有效的信息公开和协作交流机制、优化长效的城市功能区规划机制,[13]以及综合运用补偿机制、风险消减机制和公民参与机制等。[14]

经济学对邻避问题研究,主要涉及经济或市场视角。这一视角关注的问题,主要表现在以下三个方面:第一,分析邻避行为的经济动机,如私人成本与社会成本的分离导致社会公众的邻避行为,[15]同业竞争导致地方相关企业的邻避行为;[16]第二,解释邻避冲突产生的经济逻辑,如邻避设施"高风险—低收益"的分配逻辑导致邻避冲突的产生与演变,[17]政府与企业二元结构失衡导致邻避现象;[18]第三,探讨化解邻避冲突的经济补偿机制,如直接货币补偿和非货币补偿、[19]PPP模式、[20]生态补偿的制度设计、[21]多元化的邻避补偿机制。[22]

管理学对邻避问题研究,主要涉及管理或组织视角。管理学视角关注的基

---

〔12〕 参见何艳玲:《"邻避冲突"及其解决:基于一次城市集体抗争的分析》,载《公共管理研究》第4卷。

〔13〕 参见陈宝胜:《公共政策过程中的邻避冲突及其治理》,载《学海》2012年第5期。

〔14〕 参见陶鹏、童星:《邻避型群体性事件及其治理》,载《南京社会科学》2010年第8期。

〔15〕 参见赵志勇、朱礼华:《环境邻避的经济学分析》,载《社会科学》2013年第10期。

〔16〕 参见王军洋:《超越"公民"抗议:从企业竞争的角度理解邻避事件》,载《中国行政管理》2017年第12期。

〔17〕 参见朱正威、王琼、吴佳:《邻避冲突的产生与演变逻辑探析——基于对A煤矿设施当地民众的实证调查》,载《南京社会科学》2017年第3期。

〔18〕 参见赵志勇、朱礼华:《环境邻避的经济学分析》,载《社会科学》2013年第10期。

〔19〕 参见黄峥:《金钱、公园还是养老院:邻避设施的补偿效应研究》,载《中国行政管理》2017年第10期。

〔20〕 参见刘小峰、张成:《邻避型PPP项目的运营模式与居民环境行为研究》,载《中国人口、资源与环境》2017年第3期。

〔21〕 参见陈可石、董治坚:《邻避设施的生态补偿和改造策略——美国康涅狄格水处理设施的启示》,载《生态经济》2014年第9期。

〔22〕 参见邵任薇、彭楚瑶、杨柳:《化解邻避效应的补偿机制研究——杭州天子岭静脉小镇的启示》,载《上海城市管理》2018年第6期。

本问题有以下三个方面:第一,邻避设施的管理与控制,如关注邻避设施规划的技术面向和社会面向、[23]构建城市区域邻避指数评价体系;[24]第二,邻避风险的管理与控制,如从"风险"到"危机"的邻避事件治理战略框架、[25]邻避风险的运作机制、[26]环境邻避风险的动力机制与治理路径;[27]第三,邻避冲突的管理与控制,如在邻避冲突管理中明确政府职能定位、弥补政府职能缺位、改善政府职能错位和防止政府职能越位,[28]从风险与信任角度重建政府公信力体系,[29]以及"制造同意"的政府治理策略。[30]

传播学对邻避问题研究,主要涉及传播或媒介视角。这一视角关注的问题,主要分为以下三个方面:第一,邻避事件的媒体策略,如基于新媒体为公民记者赋权的社会运动策略、[31]基于邻避事件的传播特征和舆情特点的应对策

---

[23] 参见郑卫:《城市邻避设施规划冲突现象内涵解读》,载《城市建设》2017 年第 9 期。

[24] 参见杨芳、何羿、赵志杰:《城市市政基础设施的邻避效应评价方法研究》,载《北京大学学报》(自然科学版)2017 年第 3 期。

[25] 参见陶鹏、童星:《邻避型群体性事件及其治理》,载《南京社会科学》2010 年第 8 期。

[26] 参见田鹏、陈绍军:《邻避风险的运作机制研究》,载《河海大学学报》(哲学社会科学版)2015 年第 6 期。

[27] 参见杨雪锋、章天成:《环境邻避风险:理论内涵、动力机制与治理路径》,载《国外理论动态》2016 年第 8 期。

[28] 参见谭爽、胡象明:《环境污染型邻避冲突管理中的政府职能缺失与对策分析》,载《北京社会科学》2014 年第 5 期。

[29] 参见辛方坤:《邻避风险社会放大过程中的政府信任:从流失到重构》,载《中国行政管理》2018 年第 8 期。

[30] 参见张紧跟:《制造同意:广州市政府治理邻避冲突的策略》,载《武汉大学学报》(哲学社会科学版)2017 年第 3 期。

[31] 参见郭小平:《"邻避冲突"中的新媒体、公民记者与环境公民社会的"善治"》,载《国际新闻界》2013 年第 5 期。

略、[32]基于传播话语角度应对邻避冲突的舆情策略；[33]第二，邻避风险的媒体传播，如媒体的邻避风险议题加剧公众风险感知、[34]新媒体造成公众风险认知偏差；[35]第三，邻避现象的媒体动员，如移动社交媒体成为集体抗争行动的动员新路径、[36]在邻避事件中社交媒体所形成的动员策略与结构、[37]公众邻避运动基于互联网形成的虚拟抗争空间。[38]

法学对邻避问题研究，主要涉及法律或者权利视角。法学研究视角主要关注以下四个方面问题：第一，邻避冲突中公民权利缺失问题，如邻避现象兴起可能与法权能力贫困有关、[39]邻避冲突发生可能因为公民权利缺乏法律保障和救济所致；[40]第二，构建邻避冲突的法律治理体系，如邻避设施选址立法的基本原

〔32〕 参见上海交通大学舆情研究实验室：《2013 年邻避舆情事件报告》，载《新媒体与社会》2014 年第 3 期。

〔33〕 参见洪芳、王政：《邻避冲突中党报舆情引导的传播话语策略探析》，载《传播与版权》2016 年第 12 期。

〔34〕 参见张楚越：《集群行动中符号化记忆的风险泛化——基于 PX 系列事件的社会心理分析》，载《新闻研究导刊》2018 年第 21 期。

〔35〕 参见董红兵：《新媒体时代的邻避冲突及政府应对》，载《太原师范学院学报》（社会科学版）2016 年第 5 期。

〔36〕 参见何志武、吴丹：《从“他助”到“自助”：“心理不悦类”“邻避”冲突事件中的媒介选择、自我动员与集体抗争》，载《新闻大学》2017 年第 4 期。

〔37〕 参见李佩菊：《连结性行动：邻避事件中社会媒体动员的策略与结构》，载《深圳大学学报》（社会科学版）2018 年第 4 期。

〔38〕 参见高新宇：《邻避运动中虚拟抗争的生产与行动——以 B 市蓝地社区为例》，载《南京工业大学学报》（社会科学版）2017 年第 4 期。

〔39〕 参见杜健勋：《邻避运动中的法权配置与风险治理研究》，载《法制与社会发展》2014 年第 4 期。

〔40〕 参见张文龙：《中国式邻避困局的破解之道：基于法律供给侧的视角》，载《法律科学》2017 年第 2 期。

则、[41]基于邻避风险控制、邻避事件吸纳和邻避冲突治理的“三位一体”法律框架;[42]第三,探讨邻避冲突中的正义问题,如环境正义、[43]空间正义;[44]第四,探索邻避冲突的法律治理模式,如“参与—回应”型社会治理体制、[45]“多元主义、司法中心”社会治理模式、[46]法律拟制型决策模式。[47]

社会学对邻避问题研究,主要涉及社会或文化视角。这一视角关注的问题,主要侧重于以下三个方面:第一,关注邻避行动的社会生成机制,如基于经济理性、科学理性和价值理性的邻避行动逻辑,[48]从内生视角和外生视角透视邻避危机演变,[49]还有从公民权利意识成长、环保运动兴起和现代科技知识发展等角度解释邻避冲突的产生和发展;[50]第二,关注邻避冲突的社会治理机制,

[41] 参见邓可祝:《邻避设施选址立法问题研究——以邻避冲突预防与解决为视角》,载《法治研究》2014 年第 7 期。

[42] 参见张文龙:《中国式邻避困局的破解之道:基于法律供给侧的视角》,载《法律科学》2017 年第 2 期。

[43] 参见何艳玲:《对“别在我家后院”的制度化回应探析——城镇化中的“邻避冲突”与“环境正义”》,载《人民论坛 · 学术前沿》2014 年第 6 期。

[44] 参见杨磊、陈璐、刘海宁:《空间正义视角下的邻避冲突与邻避设施供给要件探析——以武汉某临终关怀医院抗争事件为例》,载《华中科技大学学报》(社会科学版)2018 年第 1 期。

[45] 参见杜健勋:《邻避运动中的法权配置与风险治理研究》,载《法制与社会发展》2014 年第 4 期。

[46] 参见张文龙:《中国式邻避困局的破解之道:基于法律供给侧的视角》,载《法律科学》2017 年第 2 期。

[47] 参见胡萧力:《“邻避”冲突的决策难题与法律疏解》,载《现代法学》2018 年第 3 期。

[48] 参见张乐、童星:《“邻避”行动的社会生成机制》,载《江苏行政学院学报》2013 年第 1 期。

[49] 参见侯光辉、王元地:《邻避危机何以愈演愈烈——一个整合性归因模型》,载《公共管理学报》2014 年第 3 期。

[50] 参见陈宝胜:《邻避冲突基本理论的反思与重构》,载《西南民族大学学报》(人文社会科学版)2013 年第 6 期。

如邻避冲突的多元协作治理模式、[51]政府—市场—社会多元协同治理模式、[52]从“邻避管控”转向“邻避治理”;[53]第三,关注邻避运动的社会学习机制,如邻避抗争中公民的社会学习对公民集体行动的反思性作用、[54]构建邻避冲突中社会学习机制。[55]

心理学对邻避问题研究,主要涉及心理或认知视角。这一视角关注的问题,主要有以下两个方面:第一,邻避行为的风险认知偏差,如基于心理台风眼效应的邻避治理机制;[56]第二,邻避型集体行动的社会心理机制,如基于邻避心理、群体愤怒、群体认同的三维框架解释邻避型集体行动的产生、[57]基于心理资本应对邻避危机的公众沟通策略。[58]

除上述视角外,还有各种跨学科视角的交叉研究,如法经济学、社会心理学、政治经济学、政治社会学、媒介政治经济学等。跨学科视角不仅具有多视角的特点,而且,还会呈现邻避问题更复杂的面貌。尽管如此,任何视角都具有盲点,哪怕是跨学科的交叉研究。所以,上述研究视角都只看到特定社会脉络下的邻避问题症结。即便跨学科视角,也只能看到邻避问题涉及多个社会脉络交叠,而无法看到自身的盲点,甚至将所有视角综合一起,也并不意味着能够保证

---

[51] 参见陈宝胜:《从“政府强制”走向“多元协作”:邻避冲突治理的模式转换与路径创新》,载《公共管理与政策评论》2015 年第 4 期。

[52] 参见高军波、乔伟峰、刘彦随、陈昆仑:《超越困境:转型期中国城市邻避设施供给模式重构——基于番禺垃圾焚烧发电厂选址反思》,载《中国软科学》2016 年第 1 期。

[53] 参见王佃利、王玉龙、于棋:《从“邻避管控”到“邻避治理”:中国邻避问题治理路径转型》,载《中国行政管理》2017 年第 5 期。

[54] 参见崔晶:《中国城市化进程中的邻避抗争:公民在区域治理中的集体行动与社会学习》,载《经济社会体制比较》2013 年第 3 期。

[55] 参见张乐、童星:《“邻避”冲突中的社会学习——基于 7 个 PX 项目的案例比较》,载《学术界》2016 年第 8 期。

[56] 参见李文姣:《邻避型群体性事件中的心理台风眼效应研究》,载《学习论坛》2016 年第 1 期。

[57] 参见朱德米、陈昌荣:《我国邻避型集体行动产生的社会心理因素分析》,载《福建行政学院学报》2017 年第 6 期。

[58] 参见谭爽:《心理资本视角下核邻避危机中公众沟通的策略探析》,载《中国核电》2018 年第 3 期。

上帝视角。因此,视角上的盲点只能借由视角的差异来克服。

上述诸视角的基本盲点,主要有以下三个方面。首先,是这些视角观察看不到自身区分,准确说看不到区分未被标示的那一面,譬如,政治学观察是根据政治/非政治、权力/非权力的区分,政治/权力是被标示出来的那一面,非政治/非权力是未被标示出来的另一面,所以,政治学观察主要揭示邻避问题的政治/权力维度,而排斥或忽视其他视角。其次,是这些视角观察要么聚焦在主体层面(社会行动者)如政府、企业和公众等,要么聚焦在社会结构层面,如市场机制、政府结构、社区体制、法律制度等,而看不到社会行动者和社会结构得以存在或被建构的条件和前提,即社会沟通以及进行社会沟通的诸系统。最后,这些视角观察都是建立在现代社会的功能分化基础上,却看不到诸系统功能分化产生的问题,因为这些视角都是立足于科学系统之内。具言之,上述诸视角对邻避问题的观察,都看不到邻避问题实质是一种多元理性冲突,往往将其误解为下述的诸问题:要么是纯粹私人利益驱动,要么是公民权利缺失,要么是管理过程失当,要么是个人邻避心理,要么是公共价值缺失,要么是风险沟通失败……总之,如盲人摸象,诸视角只看到自身区分所标示的事物,而未被标示的事物,尤其是区分动作本身,则构成了观察的盲点。

三、系统论法学的观察:邻避困局与法律系统

与上述诸理论视角不同,笔者试图借由卢曼系统论法学来对邻避问题进行观察和处理。首先,需要对卢曼的系统理论作一番交代,尤其是阐释社会系统理论的三项基本原理。其次,根据系统理论,对社会诸系统如何观察和处理邻避问题进行观察,即对社会诸系统的“邻避沟通”进行二阶观察。最后,返回到法律系统的视角,基于上述二阶观察的洞见,对法律系统如何破解邻避困局的问题作进一步的讨论。具言之,如下:

(一)社会系统理论的三项基本原理

第一,卢曼认为社会的基本单元是沟通,而不是人。传统观点认为,社会由人构成,社会的本质就是人与人之间的关系,因为人是社会行动的主体。与此相反,卢曼对社会的观察是立足于社会沟通运作,而不是基于人作为社会主体的行动。他将社会沟通描述为告知、信息和理解三个阶段选择的综合过程。在这里,沟通过程是依靠某些条件,尤其从其环境角度,起码要有两个心理系统的

参与。但是,沟通本身不是两个心理系统之间的沟通。因为一个心理系统的意识和思想不可能进入到另一个心理系统。换言之,两个心理系统彼此根本不可能进行沟通。社会系统是一个涌现出来的沟通秩序,它与心理—意识系统是彼此分离,且互为环境的关系。进一步讲,人作为心理系统、神经系统、有机系统……的复合体并不进入到沟通的过程中,而能进入沟通过程中的元素只能是作为沟通论题意义上的人,而不是作为身体或肉体意义上的人。因此,生物意义上的人只是社会系统沟通运作的环境。[59]

第二,卢曼认为社会系统是自我再制的。"自我再制"这个概念,是由智利生物学家和神经生理学家玛徒拉纳(Humberto R. Maturana)和法芮拉(Francisco J. Varela)首先提出来,这个词字面意思就是自我制造或自我制作。玛徒拉纳和法芮拉提出这个概念,主要用来描述生命体组织的特点:生命体是自己生产自己并维持自己。生命体的构成要素是由其自身要素所构成的网络来生产的,而不是假借生命体的外部环境或力量来维持自身。卢曼将这个概念改造之后,运用到社会系统领域。他认为社会系统的基本单元是沟通,而沟通是在社会系统的沟通网络中不断生产沟通,而不是从社会系统外部的自然环境和心理环境中制造出沟通。社会系统的自我再制,意味着社会系统在组织上以及运作上都是封闭的,因为沟通作为社会系统的构成要素,只能从系统内部的组织结构及其互动的循环(递归)网络中制造出来。简言之,系统的具体状态是由系统自身而不是其环境来决定的。[60] 虽然环境可以对系统产生激扰,但是,社会系统及其环境之间并不是一种直接的输入输出关系。环境对系统的影响,取决于系统本身对环境的认知,这种认知是系统本身运作所构建和选择的。在这个意义上,系统是认知开放。不过,这种认知开放是建立在系统运作封闭的基础上,反之,亦然。借由认知开放和运作封闭,系统才能因应其环境而不断演化。

第三,卢曼认为现代社会是功能分化的。卢曼对现代社会的观察,是建立在演化理论基础上。他认为,人类社会的演化是社会复杂性不断增加所产生的结果。一方面,社会演化是形成各种社会分化来简化世界复杂性;另一方面,社会分化又会提升世界复杂性,譬如,社会系统分化为互动系统、组织系统和全社

---

[59] 参见[德]格奥尔格·凯纳、阿明·纳西希:《卢曼社会系统理论导引》,鲁贵显译,巨流图书公司2000年版,第84~118页。

[60] 同上书,第62~73页。

会系统。卢曼认为全社会分化之演变有三个阶段,一是片段式分化阶段,这种分化是属于简单的全社会系统(如古老部落社会)全社会系统分化为几个相同的部分(如家庭、村落和村庄等)。二是阶层式分化阶段,这种分化属于较复杂的全社会系统,如具有高度文化的等级社会,全社会分化为不同的阶层,不同的阶层意味着不同的次系统,如贵族与平民、高种姓与低种姓等。三是功能式分化阶段,这种分化属于高度复杂的现代社会,全社会系统分化为不同的社会功能子系统,如经济系统、政治系统、法律系统、大众媒体系统、宗教系统、科学系统、教育系统、艺术系统、医疗系统……〔61〕

现代社会的功能分化,意味着每个社会功能子系统都承担一项且唯一的全社会功能,如政治系统的功能是作出有集体约束力的决定,法律系统的功能是稳定社会的规范性预期,经济系统的功能是解决资源的稀缺性,等等。基于特定的全社会功能,每个社会功能子系统形成自身独特的二值代码,如法律系统的二值代码是法与不法、经济系统的二值代码是支付与不支付、政治系统的二值代码是执政与在野等,以及独特的沟通媒介,如经济系统的货币、科学系统的真理、媒体系统的信息、宗教系统的信仰等。借由系统的沟通代码和媒介,每个社会功能子系统进行自我指涉、自我观察、自我描述和自我生产等自我再制的系统运作,从而形成独特的系统理性,如经济理性、政治理性、法律理性、科学理性等。〔62〕 由于各社会功能子系统彼此间的沟通代码和媒介是不同的,所以,诸功能系统之间是无法沟通的,从而导致诸系统理性之间的冲突。不过,从社会演化角度,各功能系统之间在环境上具有相互依赖的关系,且可以借由系统之间的结构耦合来建立系统之间的共振,〔63〕来维持不同社会系统之间的协调。譬如,合同和所有权就是经济系统与法律系统之间耦合的结构,借由合同和所有权,经济系统可以对法律系统产生环境的刺激和激扰,反之,亦然。

---

〔61〕 参见[德]格奥尔格·凯纳、阿明·纳西希:《卢曼社会系统理论导引》,鲁贵显译,巨流图书公司 2000 年版,第 142 ~ 181 页。

〔62〕 参见[德]尼可拉斯·卢曼:《对现代的观察》,鲁贵显译,左岸文化 2005 年版,第 66 ~ 103 页。

〔63〕 参见[德]尼可拉斯·卢曼:《生态沟通:现代社会能应付生态危害吗?》,汤志杰、鲁贵显译,桂冠图书股份有限公司 2001 年版,第 27 ~ 36 页。

（二）诸社会功能系统的“邻避沟通”

基于上述阐释的基本原理,可以透过系统论视角来观察诸社会系统是如何观察,并如何对邻避问题进行沟通。简言之,对诸社会系统的“邻避沟通”进行二阶观察。从诸系统参与邻避问题沟通角度,本文主要以经济系统、政治系统、法律系统、媒体系统、科学系统、教育系统、社会运动系统为分析示例,而没有分析其他社会系统如宗教系统、艺术系统、医疗系统等并不意味它们没有参与邻避问题的沟通。这里限于文章篇幅,仅考虑所选取的示例。

第一,经济系统的运作是基于货币的支付与不支付。支付/不支付这个二值代码是经济系统观察世界的基本区分。通过这个二值代码,经济系统才能构建自身运作网络并将之与其环境区别开来。简言之,就是实现经济系统运作的封闭性。在这个意义上,经济系统的观察和运作,只能感知和沟通那些能够被这个二值代码所编码的事物和行为,从而制造出涉及“具有支付能力/不具有支付能力”的经济沟通。因此,邻避问题只有在涉及支付/不支付的代码意义上才能被经济系统所观察和处理,譬如,邻避设施项目企业的经济行为。从经济系统角度,企业是经济沟通的系统指涉点。因为通过企业的支付/不支付行为才能制造出具有“支付/不支付”衔接能力的经济沟通,所以,经济系统理性意味着企业只需要考虑怎么赚到更多的钱,因为这是获得支付能力的前提。这也意味着,企业不需要关注自身经济行为可能带来的负外部性,除非要为此付出经济成本。譬如,为受影响的社区居民提供经济补偿,或者为社区福利设施建设提供资金。

第二,政治系统的运作是基于权力的拥有与不拥有。获得执政权力与否,是政治系统运作的起点与终点。执政/下野或者有权力/无权力这个二值代码是政治系统观察世界的基本区分。基于这个区分,政治系统的运作才能与其自身的环境区分开来。唯有如此,政治系统才能让自身运作封闭,从而抵御其社会环境如经济、宗教、科学等直接干预,实现政治系统从全社会分化出来。同理,邻避问题只有在涉及有权力/无权力的代码意义上才能被政治系统所观察和处理。譬如,邻避设施选址的政府决策行为。政府选址决策行为涉及权力的行使,所以,借由政府决策行为会产生衔接“有权力/无权力”的政治沟通。在城市建设中,邻避设施项目往往被视为重要的政绩工程,一方面可以解决“城市病”问题,另一方面可以增加城市就业机会。

第三,法律系统的运作是基于法律上的合法与不合法。法与不法这个二值代码是法律系统观察世界的基本区分。借由这项区分,法律系统才展开其运作,并构建起法律系统的边界。在邻避问题上,无论企业经济行为、政府决策行为,还是社区抗议行为,只有在法/不法的代码意义上才能被法律系统所观察和处理。因为只有基于法/不法这个二值代码,法律系统才能不断制造可以维持法律运作的沟通。在这个意义上,如果公民个人、社会团体、企业和政府希望自己的行动获得法律的支持,那么,他们就需要考虑如何让自己行为合乎法律,或者避免不法行为的出现。譬如,企业强调自己是合法经营,或者企业项目获得法律授权或批准。不过,法律系统理性意味着,对政府、企业、团体和公民个人行为的合法性判断只能由法院及其法官来裁判,因为只有司法官才是法与不法二值代码分派的担纲者。因此,如果关于邻避问题的相关纠纷没有被提交给法院来处理,那么,法律运作可能就无从谈起。

第四,大众媒体的运作是基于信息上的新闻与旧闻。新闻/旧闻或者信息/非信息是大众媒体观察世界的基本区分。通过这个二值代码,大众媒体系统得以与其他社会系统区别开来,换言之,作为一个自我再制的社会功能子系统从全社会中分化出来。媒体系统对邻避问题的观察和处理,只在信息/非信息代码意义上产生沟通运作。具言之,邻避问题要变成新闻事件,才可能获得信息值,进而引起舆论关注。譬如,在一个社区要建老人院,社区居民反对,并在社区树立起反对口号的横幅"让死人院滚出小区"。这起邻避事件只有通过大众媒体报道,才可能引起公众舆论的关注。在大众媒体中,邻避问题往往以冲突事件形式呈现。但是,事件一旦变成新闻,其信息值就立刻丧失,也就是变成旧闻。为了维持大众媒体系统运作,系统就必须强迫自身不断产生"新的"信息。否则,这个事件就不会引起公众舆论的持续关注,甚至会被公众遗忘。公众舆论关注往往构成一种公共舆论压力,这使很多邻避主义者希望通过新闻报道,来为自身抗议寻求社会力量支持。在这个意义上,媒体系统理性意味着新闻机构及其记者往往以"抓眼球"为目标,只考虑那些能引起公众关注的冲突事件或奇异事件,因为这是不断制造出新闻的前提,而不太考虑信息传播带来的负外部性,如谣言、公众风险认知偏差等。

第五,科学系统的运作是基于知识上的真理与谬误。真/假或者真理/谬误是科学系统观察世界的基本区分。科学系统的功能是提供知识,精确讲是新知识的生产。通过这项基本区分,科学沟通运作得以自成系统,并抵御宗教、政治、经济等干预,以此保障知识的真理性。因此,邻避问题也只有涉及真理/谬误的代码意义上才能够被科学系统所观察和处理。譬如,关于邻避设施技术风险的科学知识。在邻避设施技术风险上,科学家的认识判断与普通公众的风险感知是截然不同的。科学家对技术风险的认识是建立在科学实验及相关理论的基础上,而公众的风险感知更多基于个人自身经验以及媒体传播信息。然而,公众风险感知并不能进入科学系统的沟通过程中。这意味着在邻避设施技术风险判断上存在科学系统的理性限制。但是,随着风险冲突事件爆发,科学系统理性本身会遭到诸社会系统理性的挑战。譬如,大众媒体揭露科学专家隐瞒技术风险,政府或企业要求科学专家作出有利于项目建设的风险评估等。尽管如此,科学系统理性意味着风险知识的生产或者风险的科学沟通只能基于真理/谬误的代码,否则,不可能制造出具有沟通衔接能力的科学运作。

第六,教育系统的运作是基于学习上的成绩好与坏。成绩上的好与坏是教育系统观察世界的基本区分。基于这个二值代码,教育系统不断再制造出教育的沟通运作,并建立起教育系统运作与其环境之间的界限。教育系统的功能在于培养人的学习能力。要实现这个功能,教育系统必须制造出那些能够衔接其运作的沟通。譬如,基于上述代码标示出具有学习能力的个人,像学习好的人/学习差的人。因此,邻避问题只有在涉及上述代码的意义上才可能被教育系统所观察和处理。譬如,邻避抗议者的风险学习。在风险知识学习上,一方面,教育系统培养出受过专门训练的科学专家,这些人具有较强的学习能力和意愿;另一方面,未被教育系统涵括的社会公众,却可能缺乏学习能力和意愿,以致他们根本无法根据科学知识作风险判断。在这个意义上,教育系统对培养公众的风险学习能力固然有十分重要的作用。不过,教育系统理性意味着风险教育只能基于上述二值代码来再制造出涉及“是否具备学习能力”的沟通。在这个意义上,风险教育并不一定能够产生对风险有较高接受能力的人。相反,没有遭遇风险启蒙的人,只会盲目冒险。

第七,社会运动系统的运作是基于动员上的涉及与不涉及。涉及/不涉及是社会运动系统观察世界的基本区分。只有通过这项区分,社会运动系统及其环境之间的区别才能建立起来。社会运动系统的功能在于将不特定的问题导入其他社会功能系统,从而对社会系统运作产生影响。要实现社会运动系统的功能,就需要能够动员相关利益者或行动者参与。在这个意义上,邻避问题要被导入经济系统、法律系统、政治系统或者其他社会系统,就需要将受邻避设施影响的利益相关者动员起来,并通过抗争运动的方式来激扰其他社会系统。可见,社会运动系统只会制造衔接"涉及/不涉及"的动员沟通,其系统理性并不考虑社会运动可能产生的负外部性,如社会秩序遭受破坏、公共利益受损等。

基于上述二阶观察,我们可以认识到邻避困局的实质是一种多元理性冲突。首先,不同社会行动者如政府、企业、公众、专家、法官、记者等对邻避问题的观察和处理受到不同系统理性逻辑的驱动。因此,如果仅从行动者角度观察邻避问题,那么,很容易被行动者的利益冲突这个表象掩盖邻避困局的实质。其次,在社会沟通层面,诸社会系统对邻避问题的沟通,由于各自沟通媒介和二值代码的差异,必然导致诸系统彼此无法沟通,继而造成诸系统之间的沟通冲突。因此,虽然从社会结构角度观察邻避问题已经触及诸系统,但是,仅仅看到个别系统造成的问题,而无法看到更加复杂的问题全貌。最后,在邻避问题上,诸系统之间的冲突,是源自诸系统自我扩张的理性逻辑,而这是现代社会功能分化产生的结果。在这个意义上,邻避冲突实质就是经济理性、政治理性、法律理性、媒体理性、科学理性等诸系统理性之间冲突。因为这些不同的系统理性相互之间无法沟通,因而时常呈现"多元理性冲突"的图景,用马克斯·韦伯的表述就是"诸神之争"。

(三)法律系统如何破解邻避困局

基于上述分析,中国式邻避现象的实质是一种多元理性冲突。一方面反映了现代中国社会功能分化的事实,另一方面凸显了功能分化不足以及功能系统过度扩张带来的后果,如诸系统的负外部性。很显然,在一个多元现代性的社会,上述多元理性冲突是不可能消除的,因为现代社会不可能终结一切的社会分化。相反,随着社会复杂性增加,社会分化形式可能更多元。尽管如此,社会诸系统的冲突本身就是社会演化的动力,在这个意义上,多元理性冲突本身就蕴含着全社会自我调节的力量。从法律系统的视角,如何促进这种自我调节力量的良性发展,可能是探讨法律系统如何破解邻避困局的关键。对此,我们主要从法律系统的功能及其可能产生三个方面的社会成效来展开论述。

首先,法律系统要发挥其全社会的功能。法律系统的功能就是稳定全社会的规范性预期。如果法律系统的功能紊乱,那么,整个全社会的预期就不可能得到保证。法律系统实现其功能,是建立在法律系统的分出以及法律系统的内部分化,如立法与司法的分化基础上。法院组织的建立和法律职业的共同形成,是法律系统实现分出和独立的前提。由此,法律系统借由自身的代码和媒介实现自身的封闭运作,简言之,法律系统实现自我再制。唯其如此,法律系统才可能充分发挥其功能。[64] 从法律系统的功能角度，邻避问题的解决，尤其是邻避冲突的治理，需要法律能够稳定冲突各方社会行动者的预期。这意味着法律系统要构建出一套解决邻避问题的规范体系及冲突解决机制。如此，借由法律沟通，法律系统会引导社会行动者以法治方式解决邻避冲突，可以防止邻避冲突泛政治化可能引发的社会公共秩序危机。

其次，法律系统要保障全社会的功能分化。[65] 功能分化是现代社会的基本特征，这是全社会演化的一项基本成就。通过功能分化，现代社会将全部人口涵括到各个功能系统之内。由于各个功能系统之间是不可替代的，而且各个功能系统之间都是平等的，所以，功能分化的现代社会为个体发展提供了更多社会机会。[66] 但是，功能分化不足意味着某些功能系统不能充分发挥其功能或者功能紊乱，从而可能导致各种社会排斥效应。在邻避问题上，法律保障全社会的功能分化，意味着法律要保障社会诸系统自主运作，以促进其社会涵括。譬如，在审判独立的前提下，借由权利保障和法律救济，法律系统既可以防止在邻避决策上政治、经济、科学和媒体等社会系统产生的排斥效应，还可以通过促进邻避决策的公民参与，提升社会诸系统对公众利益诉求的回应性，从而预防和化解邻避冲突。

再次，法律系统要抑制诸系统的负外部性。[67] 现代社会的功能分化具有积极和进步的一面，但是也存在黑暗面，尤其诸系统过度扩张会产生诸多负外部性。譬如，在邻避问题上，企业只考虑利润，不考虑自身社会责任，给消费者或者社区公众造成损失，就是一种经济系统的负外部性；政府为了获取权力，采取封闭决策，排斥公众参与，就是一种政治系统的负外部性；媒体为了制造新闻，煽动公众愤怒情绪，从而加剧风险冲突爆发，就是一种媒体系统的负外部性；公

---

〔64〕 参见［德］尼可拉斯·鲁曼：《社会中的法》，国立编译馆主译，李君韬译，台北，五南图书出版股份有限公司 2015 年版，第 338～369 页。

〔65〕 参见［德］贡塔·托依布纳：《宪法的碎片：全球社会宪治》，陆宇峰译，纪海龙校，中央编译出版社 2016 年版，第 88～92 页。

〔66〕 譬如，一个农民出身的小孩，不会因为不是贵族而不能够进入大学读书，而通过读书成才，这个农民小孩有可能成为作家、科学家、律师、总统等社会人物。

〔67〕 参见［德］贡塔·托依布纳：《宪法的碎片：全球社会宪治》，陆宇峰译，纪海龙校，中央编译出版社 2016 年版，第 92～101 页。

众为了自身利益,动员利益相关者发起抗争运动,造成严重冲突事件,就是一种社会运动系统的负外部性。不过,在邻避问题上,法律系统通过重新"界定"诸功能系统的边界,可以在一定程度上抑制系统过度扩张带来的诸多负外部性,将"邻避效应"变为"迎臂效应",从而破解困局。譬如,在邻避项目的选址决策上,通过法律划定政府行为的边界,可以减少政府职能的错位、越位和缺位,以及由此引发的公众邻避抗议。

最后,法律系统要促进诸系统际的协同性。[68] 现代社会功能分化意味着诸系统际冲突的必然性。诸系统的分出及其冲突,并不意味着诸系统之间完全缺乏协同性。诸系统之间存在结构耦合或共振,否则,社会演化就变得极其不可能。诸系统际的协同性,主要通过系统之间结构耦合来建立。譬如,经济系统与法律系统就是通过合同和所有权实现彼此的结构耦合,法律系统与政治系统通过宪法和立法来实现彼此结构耦合。由于法律系统与其他社会系统的结构耦合,这意味着通过法律系统运作,可以实现诸系统际之间的协同,避免某些功能系统过度扩张对其他功能系统造成压制以及由此产生冲突。在邻避问题上,法律促进诸系统间的协同性,意味着多元理性冲突可以借由诸系统之间结构耦合及其共振来缓解,从而为法律系统破解邻避困局奠定基础。譬如,通过立法建立邻避问题的法律规制体系,为政府、企业和社区公众共同协商解决邻避设施选址问题提供法律框架,也许就可以有效避免由此引发的社会冲突。

四、系统论法学启示:破解邻避困局的新思维

我国当前推进社会治理创新,倡导"共建共治共享的社会治理格局"。笔者认为,这可能是破解邻避困局的新思维。接下来,结合文章前面的探讨,笔者试图论证这种新思维蕴含的系统论法学洞见,以及阐释这种洞见对破解邻避困局的启示。

首先,共建共治共享的新思维要以现代社会的功能分化为前提。共建共治共享的新思维强调一个"共"字,也就是共同的意思,如共同参与社会建设、共同参与社会治理、共同享有建设和治理成果。但"共同"并不意味着完全均质化的

---

[68] 参见[德]贡塔・托依布纳:《宪法的碎片:全球社会宪治》,陆宇峰译,纪海龙校,中央编译出版社 2016 年版,第 101 ~ 104 页。

相同，而是以差异为其前提。具言之，共同参与者或共同享有者彼此之间是不同的，如有着不同的社会背景和社会利益。社会脉络和社会利益的差异，主要源自现代社会的功能分化，因为社会行动者在不同社会沟通脉络中，自然依照特定的社会沟通逻辑而理性行动。在邻避问题上，企业有其经济利益，政府有其权力要求，社区公众有其共同利益，媒体有其报道需要，法官有不得拒绝裁判的诫命、专家有其真理追求……不过，不同社会行动者都不能抹杀彼此行动的边界，否则，就会造成各种社会问题，如企业亏损、公众利益受损、媒体报道失真等。唯有尊重他者的边界，维持现代社会的功能分化，才可能让不同社会行动者共同参与邻避设施建设，或者共同参与邻避冲突治理，从而共同享有邻避设施建设或邻避冲突治理的成果。

其次，共建共治共享的新思维要以法律系统的功能发挥为保障。要保障现代社会的功能分化，维系不同社会行动者的利益预期，只有通过法律发挥其功能，即稳定社会的规范性预期，才可能化解冲突，甚至预防冲突。在邻避问题上，不同社会行动者的共同参与，是建立在彼此合理预期能够得到保障的基础上。如果各自行为的合理预期不能够通过法律得到保障，那么，就不可避免产生激烈的社会冲突和矛盾。同时，由于邻避设施的利益—风险分配不对称，如果没有法律调整，实现利益共享和风险共担，那么，不同社会行动者的利益分歧就会演变为不可调和的社会冲突和矛盾。相反，通过法律充分界定不同社会行动者的权利边界，恰恰有利于调整不同社会行动者的预期，从而避免预期落空所引发的社会冲突风险。

再次，共建共治共享的新思维要以抑制诸系统负外部性为进路。由于现代社会的功能分化，每个社会功能系统都有自我扩张的冲动，而过度扩张的社会系统必然对其他社会系统产生负外部性。在邻避问题上，邻避冲突恰恰是由于诸系统扩张的负外部性引发，如邻避设施的负外部性。具言之，企业只考虑利润，不顾虑邻避设施对社区造成的环境风险；政府只考虑政绩，不顾虑当地社区公众对于邻避设施选址决策的参与；大众媒体只考虑“抓眼球”，不顾虑信息传播可能引发的社会风险；风险专家只考虑知识判断的真理性，不顾虑公众因缺乏知识而产生的风险认知偏差；公众抗议只考虑自身利益诉求，而不顾虑全社会的秩序安宁等公共利益；甚至法官也只考虑法与不法的二值分配，而不顾虑“恶法”“无法”，等等。因此，如何通过法律来抑制上述种种系统负外部性，也许是共建共治共享的新思维破解邻避困局的不二法门。

最后,共建共治共享的新思维要以诸功能系统的协同性为目标。现代社会的功能分化凸显了诸多社会差异,如种族、性别、年龄、民族、党派、阶层、职业、信仰、区域等,诸多社会区别又构成了诸多分歧和矛盾。在邻避问题上,这些分歧和矛盾主要表现为政府决策与公众诉求的错位、企业利益与社区利益的冲突、专家科学理性与公众风险感知的背离……诸如此类的社会分歧和矛盾,已经凸显了社会诸系统之间的冲突,同时,也表明了诸系统无法相互沟通,而只能以冲突方式来调整彼此。因此,要真正破解邻避困局,降低诸系统之间冲突的风险,就必须以提升诸系统的协同性为目标。共建共治共享的新思维强调一个"共"字,实质上就是要通过共同参与和共同享有来提升全社会的协同性。在这个意义上,新思维也暗合了系统论的洞见。所以,若将提升社会协同性作为目标,并通过法律系统来提升这种社会协同性能力,无疑将会促进全社会自我调节能力的良性发展,从而为邻避困局的破解提供社会基础。

五、结　语

"邻避问题"是世界难题。系统论法学在这个问题上的观察和洞见,无疑为当前研究提供了一种新视角。借由系统论法学启示,我们认为破解中国邻避现象需要新思维。正如维特根斯坦(Witlgens teins)所言:"洞见或透识隐藏于深处的棘手问题是艰难的,因为如果只是把握这一棘手问题的表层,它就会维持原状,仍然得不到解决。因此,必须把它'连根拔起',使它彻底地暴露出来;这就要求我们开始以一种新的方式来思考……难以确立的正是这种新的思维方式。一旦新的思维方式得以确立,旧的问题就会消失……因为这些问题是与我们的表达方式相伴随的,一旦我们用一种新的形式来表达自己的观点,旧的问题就会连同旧的语言外套一起被抛弃。"[69]

---

〔69〕 [英]路德维希 · 维特根斯坦:《札记》,吉林大学出版社、吉林音像出版社 2005 年版。转引自[法]布尔迪厄、[美]华康德:《反思社会学导引》,李猛、李康译,商务印书馆 2015 年版,第 1 页。

Systems Theory of Law: A New Perspective on the Research in China's NIMBY Problemand a discussion on the "Co-building, Co-governing and Co-sharing" New Thinking

Zhang Wenlong

Abstract: The conception of NIMBY reflects the public'sattitude about public or industrial facilities which would endanger the environment and worsen the quality of life. The emergence of China's NIMBY incidents indicates that the Chinese Society has entered an "Era of NIMBY". The rising of China's NIMBY movement and its governance has fallen into a "protest-suppression" cyclical pattern. There are many discussions between Chinese academic researchers about the China's NIMBY problem. Although rich research results have been produced from varies theoretical perspectives, they have their own blind spots in the observation. This essay is based on the basic principles of Luhmann's systems theory of law, and after the Second-order observation on the "NIMBY communication" of different social systems, reveals that the essence behind the NIMBY dilemma is the "Conflict of Multi-rationality". Afterwards, possible solutions for NIMBY dilemma from the point of view of legal system are proposed.

Key words: NIMBY Dilemma; Legal System; Multi-rationality confliction; Second-order observation; Systems Theory of Law

法律何以自治:“规则之治”的系统论阐释*

陈洪杰**

内容摘要:

“规则之治”的观念塑造,固然能够在一定限度上保证法律系统在自身运作中坚持使用“合法/非法”的符码化沟通,但“规则之治”却并不必然能够决定法律沟通的方向。当“合法不是非法”与“不是非法即为合法”同时成为可欲的法律沟通方向时,具有“沉重肉身”并夹带着复杂环境变量信息的法官个体就成为决断法律的决定性因素,其后果则是导致系统出现无可避免的矛盾与吊诡,“规则之治”的内在张力也随之遭到解构。当“规则之治”的形式逻辑张力并不足以为“法律自治”提供持续充分的内在交往动力时,法律的另一种可能性在于将法律沟通由系统的符码化运作重新转换成人与人的主体间性交往。

关键词:

法律系统　法律沟通　规范性期待　法律商谈

引　　言

在当前关于法治的理论思考中,“规则之治”的命题提炼试图加以表达的实际上是一种关于“法律自治”的形式化理想。其具体路径就是把法律处理为具有独特术语、理性思维、逻辑自洽的体系;强调法律的“自我指涉”(self-reference),坚持法官在司法过程中必须竭力寻找法的真意,依法司法……认为

---

* 本文受益于上海师范大学“协同治理与社区建设”工作坊的讨论。

** 上海师范大学哲学与法政学院副教授,上海师范大学“诉讼法学”校级重点学科研究人员,法学博士。

法官可以“依据形式正义原则和形式逻辑规则作出‘正确’的判决”。〔1〕在此意义上,法律作为一个“自我指涉”的系统,“最重要的标志是它与世界的复杂性的一种关系。所谓复杂性,可以将其理解为可能性的总体性……系统是在同一种复杂性相区分的意义上,建构起其内与外的区别,也就是建构起秩序”。〔2〕

然而,“由于在环境中始终存在比系统内部更多的可能性和偶然性,所以系统为了维持其存续,需要不断地发展出化约复杂性的机制”。〔3〕法律化约社会复杂性的核心策略就是使用“合法/非法”的沟通,以符码化的方式来编码与支配充斥着复杂性与偶在性的流动的意义世界。卢曼认为:“复杂性是指,与已经获得了现实化的可能性相比,总是还有其他更多的可能性存在。偶在性是指在即将到来的下一步体验中,被指向的可能性总是有可能与期望的可能性不一致。从实践上说,复杂性意味着被迫选择,偶在性则意味着遭遇失望的风险以及冒险的必然性。”〔4〕这在根本上是因为,我们的生活世界“包含着体验和期望的广泛可能性,但是,只有有限的可能性能够被意识所认知、被处理为信息或被行动所俘获”。〔5〕因此,当根据有限的已知而加以建构的符码化的法律沟通(规则之治)必然遭遇无限未知的复杂性和偶在性时,法律系统的运作就会无可避免地遭遇失望。那么,我们该如何正确认识并处理这种内在于法律的“失望”?或者说,当对系统的“失望”不可避免时,法律又如何能成为“自治”的法律?

〔1〕孙国东:《自治性与合法性之间——〈法律的沟通之维〉译者导言》,载[比]马克·范·胡克:《法律的沟通之维》,孙国东译,法律出版社2008年版,第4页。

〔2〕高宣扬:《鲁曼社会系统理论与现代性》,中国人民大学出版社2005年版,第94~95页。

〔3〕杜健荣:《卢曼法社会学理论研究——以法律与社会的关系问题为中心》,法律出版社2012年版,第105页。

〔4〕[德]尼克拉斯·卢曼:《法社会学》,宾凯、赵春燕译,上海世纪出版集团、上海人民出版社2013年版,第71~72页。

〔5〕同上书,第71页。

一、"规则之治"的实践难题

首先,我们来尝试观察一条法律规则在现实中的适用问题:《继承法》第17条第2款规定,自书遗嘱由遗嘱人亲笔书写,签名,注明年、月、日。尽管这一规则看起来简单明了,但其在司法实践中却造成了相当程度的理解分歧和适用混乱。我们现在能够观察到的处理方式主要有以下几种:

(一)严格的形式主义

按照这一立场,作为自书遗嘱法定要求的"亲笔书写,签名,注明年、月、日"这几项形式要件缺一不可。例1,李某与赵某明再婚有10多年了,婚后2人没要孩子。2007年7月赵某明不幸病逝后。李某拿出了一份遗嘱,这份电脑打印的遗嘱声明:"本人如有意外,现存财产全部归遗孀李某所有。"遗嘱上有赵某明的签名。赵某明的父母和儿子认为这份遗嘱不可能是赵某明的真实意愿,于是起诉至法院,要求应按法定继承来分割赵某明的遗产。一审法院认为,由于李某持有的是一份电脑打字、立遗嘱人在后面签字形式的遗嘱,与自书遗嘱要求的法定形式不符,因此,该遗嘱无效。根据《继承法》的规定,被继承人的80余万元遗产由其配偶、父母、子女作为第一顺序继承人继承。[6]

更有甚者,实践中有自书遗嘱仅漏签了"年、月、日"中的日,亦被法院作无效处理。例2,上海市杨浦区的一份再审判决——王某洪于1986年10月自书的继承书仅书写了年、月,而未注明具体日期,原审[(2003)杨民一(民)初字第2566号民事判决]以该继承书虽经司法鉴定中心鉴定,确定为王某洪本人所写,但在形式上有欠缺,不能视为有效的自书遗嘱,认定不能按遗嘱继承不违反法律规定。[7] 例3,金华中院民一庭的一份民事裁定书——该案的遗嘱全文系遗嘱人自书形成,欠缺的仅仅是遗嘱时间,该裁定书判定该遗嘱违反了《继承法》第17条要求自书遗嘱必须遗嘱人亲笔书写,签名,注明书写遗嘱的年、月、日,三者缺一不可,"不记明书写遗嘱的年月日,在发生纠纷时,就不能辨明遗嘱的

---

[6] 参见刘冬梅、赵婷婷:《拿着遗嘱　她却输了官司》,载《时代商报》2009年2月27日,第A05版。

[7] (2005)杨民一(民)再初字第7号。

真伪,不能判明遗嘱人书写遗嘱时有否遗嘱能力,故不写明准确日期的遗嘱无效”。[8]

(二)证据补强主义

这一立场强调欠缺形式要件的自书遗嘱应须借助其他直接证据来证明其真实性。例4,在广东省佛山市顺德区人民法院2003年审结的一起案件中,被继承人口授并由律师代为打印遗嘱,被继承人在遗嘱上亲笔签名、捺指印后,该律师作了见证。立遗嘱当时还有4名无利害关系人在场,但她们均没有在遗嘱上签名。被继承人因故死亡后,其后人为争遗产发生纠纷。一审判决认为:遗嘱人所立遗嘱由从事法律职业、有法律工作能力的律师代为打印,遗嘱人还在4名无利害关系的见证人在场见证的情况下在遗嘱上亲笔签名并捺指印,负责打印的律师及其所在律师事务所进了见证。虽然其他见证人没有在遗嘱上签名,但他们均可以见证遗嘱人签名及指印的真实性,该遗嘱在形式上稍有欠缺,但内容合法,又有充分证据证明为遗嘱人的真实意思表示,为有效遗嘱。[9] 二审佛山市中级人民法院对一审判决表示支持,认为“……足以证明该遗嘱是遗嘱人的真实意思表示,可认定其有效”。[10]

(三)历史语境主义

这一立场主张,要从时代变迁的历史语境来看待采用打印形式的自书遗嘱。例5,家住绥中县某乡的赵某病逝后,家人在处理遗产时发生争议。赵某的遗嘱是用电脑打印的,上面有赵某的亲笔签名,并注明了年月日。赵某的女儿主张按遗嘱分割遗产,儿子却不同意,理由是遗嘱是打印的,与自书遗嘱法定形式不完全相符,因此,该遗嘱无效。赵某女儿赵敏(化名)将赵某的儿子赵强(化名)告上法庭。案件经绥中县法院审理认为:随着社会的发展,用电脑办公已经很普遍,被告赵强主张电脑打印的遗嘱,从形式上看与自书遗嘱要求的形式不完全相符。但是,根据《最高人民法院关于贯彻执行〈中华人民共和国继承法〉若干问题的意见》第40条“公民在遗书中涉及死后个人财产处分的内容,确为死者真实意见的表示,有本人签名并注明年、月、日,又无相反证据的,可按自书

---

[8] (2007)金中民一终字第531号民事裁定书。

[9] 参见魏小军:《试论我国法律中的遗嘱形式规则》,载《昆明理工大学学报》(社科法学版)2007年第7期;梁分、刘文革:《打印遗嘱效力探究》,载《人民司法》2010年第11期。

[10] (2004)佛中法民一终字第352号。

遗嘱对待”的规定,赵某的电脑打印遗嘱应视为自书遗嘱,具有法律效力。[11]

(四)实质主义

这一立场认为,只要遗嘱的真实性能够得到证实,那么形式上的欠缺并不足以认定遗嘱无效。例 6,2003 年 8 月 22 日,黄某花跳楼身故,生前留有一份由黄某花签名的,其他内容打印,没有落款时间的“遗书”。该“遗书”涉及对黄某花生前所有房产及其他财产的处理。因相关继承人对遗书效力存在争议,遂诉诸法院。一审义乌市中级人民法院认为,自书遗嘱应由遗嘱人亲笔书写,签名,注明年、月、日。被继承人黄某花生前所立的遗书虽然涉及了其死后个人财产处分的内容,该遗嘱中“黄某花”的签名也经中华人民共和国司法部司法鉴定中心鉴定,系黄某花亲笔所签。但是,由于该遗书中没有注明遗书形成的具体时间,因此,该遗书不能按自书遗嘱对待。本案不能按遗嘱继承处理,而应按法定继承处理。[12] 这当然属于严格的形式主义立场,不过,当相关当事人不服一审判决提起上诉之后,二审法院却采用了实质主义的立场。

二审金华市中级人民法院认为,民事案件的处理应当合情合理合法,对法律条文的解释和运用上应当考虑适用法律的社会效果。对有关民事行为效力的确定,应当审查民事行为是否违反了法律禁止性规定,只有违反法律禁止性规定的民事行为才能确认无效。对形式要件有一定缺陷的,其效力应综合分析判断。黄某花所留遗嘱虽然未注明年、月、日,但法律规定遗嘱一般应注明年、月、日的立法目的在于区分遗嘱的时间顺序和效力,而本案只有一份遗嘱,不存在哪份遗嘱在先哪份遗嘱在后的问题,且尚不能要求作为普通公民的黄某花所留遗嘱完完全全符合法律规定的实质要件和形式要件,同时,还应该考虑黄某花留遗嘱时的心理状态,更何况继承法并没有规定遗嘱未注明年月日则应确认无效,其余无效遗嘱则已由继承法明确规定。据此,尚不能断定本案遗嘱形式要件违反了法律的禁止性规定。黄某花将父母赠送的房产立遗嘱赠还给父母的意思表示真实,也符合继承法的规定。[13]

一审原告王某后于 2008 年向浙江省高级人民法院申请再审,该法院受理了此案,依法组成合议庭审理后于 6 月 13 日裁定维持原判。浙江省高级人民

---

[11] 丁哲:《打印遗嘱效力研究》,上海交通大学 2009 年法律硕士学位论文,第 38 页。

[12] (2004)义民初字第 2750 号民事判决。

[13] (2005)金中民一终字第 214 号民事判决。

法院认为:遗嘱虽然未注明具体时间,但这并不能否认遗嘱的效力,《继承法》没有规定未注明时间的遗嘱属于无效遗嘱。黄某花将父母所赠财产立嘱归还的意思表示真实,符合法律规定。据此,驳回当事人的再审申请。[14]

(五)小结

通过观察上述所有这些处理各异的司法个案,我们可以非常清晰地拼接出一幅鲜活的法律现实主义图景:法律沉默不语,它的含义是夹塞的,它的确定性迷失在林林总总、层级不同、地域不同的各类法律适用者各执己见的主观解释中。尽管这些主观解释或从规则文义出发,或从立法目的出发,或从历史语境出发,或从社会情理出发,力图表明各自解释的客观性、准确性与适切性,但实际上却似乎是谁也无法证明自己的解释就是那个终极的唯一正解。这在相当程度上也意味着系统在面对外部环境所制造的复杂性时,无法简单维持一种有助于保证系统自洽性与内在一致性的形式逻辑结构与功能区分。那么,当无法自明的法律无可避免地因为要取决于使用法律的人而发生理解分歧时,我们又该如何理解“规则之治”这一法律理想图景?

二、法律沟通的悖论与法律的功能定位

“规则之治”的基本理论预设是在以“合法/非法”为二值代码的法律沟通中,我们可以有效建构关于“合法/非法”的区分,用符码化语言加以表述就是“合法不是非法”。与此同时,在“合法/非法”的法律沟通两端,衍生出“合法就是合法”以及“非法就是非法”的套套逻辑,从而保证“合法不是非法”成为一个有效的沟通循环。在前文例1、例2、例3中,法院采用严格的法律形式主义立场来否定缺乏形式要件之遗嘱的法律效力,其指涉的即为“非法就是非法”这个符码化语言。唯此,符合形式要件的遗嘱才能以其“合法”与欠缺形式要件之遗嘱的“非法”区别开来。

然而,法律沟通的悖论在于,“合法不是非法”的区分不能在根本上克服自我套用的矛盾。例如,在前文例6中,金华市中级人民法院与浙江省高级人民法院均认为:《继承法》没有规定未注明时间的遗嘱属于无效遗嘱,因此,遗嘱尽管存在形式要件欠缺,但只要意思表示真实,遗嘱仍然有效。这一实质主义的

---

[14] (2008)浙民申字第104号民事裁定书。

论证逻辑用符码化语言加以表述就是“不是非法即为合法”(例 4 的证据补强主义与例 5 的历史语境主义实际上都是在这个意义层面上进行法律论证的),而这显然与“合法不是非法”形成了同义反复的自我套用。其结果则是分别产生了“欠缺形式要件之遗嘱非法”与“欠缺形式要件之遗嘱合法”的矛盾,法律沟通由此陷入“合法即非法”的吊诡。正是在这一意义上,社会系统论认为:“吊诡同时揭示了二值代码的差异性与二值代码的同一性,这促使法律进一步陷入逻辑矛盾之中:‘合法是非法与合法不是非法’,法律系统在符号层次上的整个循环都建立在这个似乎无法解决的逻辑矛盾之上。”[15]

总而言之,只要法律使用“合法/非法”的区分与沟通,法律系统不可避免地会出现自我套用与吊诡。而法律学说“或者将法律的吊诡引向道德伦理的复杂讨论;或者将其引向政治统治的根基;或者干脆用具有科学主义色彩的‘基础规范’、描述社会学意味的‘承认规则’来将法律的吊诡与矛盾集中在那里,以人们对‘基础规范’和‘承认规则’的学术性诘问换取人们对法律系统整体的认可”。[16] 正是因为,法律学说只是一种掩藏吊诡的系统策略,因此,不可能有任何一种法律学说可以在真正意义上解决法律适用的不确定问题。

也正是在上述意义上,卢曼认为,法律以一种其他系统所不具有的方式处理规范性预期,从而使它能够在冲突的情形中维持其自身。当然,法律并不能保证这些预期不会遭遇失望,但是它可以保证这些预期即使在失望的情形下也能够被维持,而且人们可以预先知道这一点并就此进行沟通。因此,从社会学的视角看,规范性不是别的,而是一种反事实的稳定性。换句话说,由于它对预期的维护,法律使我们从这样一种要求中解放出来:我们要从失望中进行学习并适应它。[17]

具言之,社会行动者从遗嘱效力系列案各地法院相互不一的判法中可以“认知”到的恰恰不应是通过已决案件“因势利导”地“预测”不同法院的不同裁判倾向,进而调整自己的认知性预期以适应“现实”(法律现实主义者常常是这

---

〔15〕 鲁楠、陆宇峰:《卢曼社会系统论视野中的法律自治》,载《清华法学》2008 年第 2 期。

〔16〕 同上。

〔17〕 参见[德]尼克拉斯 · 卢曼:《法律作为一个社会系统》,杜健荣译,载《研究生法学》2008 年第 5 期。

么主张的)。为了避免法律适用不确定性而可能招致的不利后果,理性的社会行动者恰恰应该“择善固执”地遵守《继承法》关于遗嘱效力的所有形式要件,因为这是避免潜在法律风险最为有效的手段。正是在这一意义上,法律系统的功能在于维持一种“规范性期待”——这意味着在现代社会,法律必须做到即使遭遇违反法律的事态,经历法律规范与社会实效的落差等现象仍能够有效地维持社会对法律的一般性坚守。[18]

当然,规范期望的维持实际上也有赖于法律如何有效控制社会行动者基于对“成本/风险—收益”的理性考虑而产生的行为变量。正如卢曼指出的:“规范期望也不能完全宣称其就是拒绝学习。对一再落空的期望的内在坚持也有其限度。当禁止停车的标志牌被许多停放在此的轿车包围时,这时受鼓励的不再是规范期望,而是认知期望,也就是说人们会看看周围是不是有警察。”[19]

三、法律何以能反事实地稳定规范性预期

在传统的法学思维中,“规则之治”的命题表达往往被赋予“规范论思维”(以法律文本的教义学阐释与“三段论式”的形式逻辑推演为基本思考方式)的逻辑内涵,这也导致其在相当程度上陷入法律形式主义的困境。正如我们所见,在“规则之治”的现实运作中,法律规范充当的是三段论逻辑推演“起点”的功能。在“法律推理”模式下,由于既定规则经常表现出极其刚性的逻辑结构,从而导致其经常面临“滞后”“僵化”的诟病。也正因如此,在传统法学方法论中始终存在着一种“超规范论”的思想倾向,按照苏力的说法——“这个世界更看重判断”。[20] 由是,在“规范论”与“决断论”相互对峙的法学思考范式中,由于“规则”已然在“起点”被解构,也就必然导致“规范论思维”无力应对法律实施不确定性的现实主义挑战。

---

〔18〕 参见鲁楠、陆宇峰:《卢曼社会系统论视野中的法律自治》,载《清华法学》2008 年第 2 期。

〔19〕 [德]尼克拉斯·卢曼:《法社会学》,宾凯、赵春燕译,上海世纪出版集团、上海人民出版社 2013 年版,第 88 页。

〔20〕 参见苏力:《法律人思维?》,载《北大法律评论》编辑委员会编:《北大法律评论》(第 14 卷·第 2 辑),北京大学出版社 2013 年版,第 429 页。

然而,当我们思考问题的方式从“法律推理”转换到“法律沟通”,我们会发现,对“合法/非法”进行区分的“法律规范”尽管不能必然决定法律沟通的方向(“合法不是非法”与“不是非法即为合法”是两个同时可欲的沟通方向),但它预置了法律沟通的“结构化语境”:“法律文本和法律解释学可以被认为塑造了一种法律系统的结构,它们排除了某些沟通成为法律沟通的可能性,也成为选择某些沟通进入法律系统的机制。”〔21〕也正因如此,当前文从例 1 到例 6 中的法院各自朝着两个不同的沟通方向出发,考虑了不尽相同的法律环境变量,但法律系统预置的“结构化语境”却始终有效控制着“变量”的“阈值”,并借此而有效维持着法律“再引入”的内在张力:“规范是通过以前和以后的实践,通过规范本身(不管人们会给予怎样的灵活解释范围)在其中凝结的运作上的连续而得到坚持的。”〔22〕这个时候,在循环往复的法律沟通中,尽管矛盾与吊诡不可避免,但法律“保证了它的‘自我’再生产。”〔23〕

就此而言,法律的适用结果可以不确定,但它一定要在一个沟通连着下一个沟通的系统功能运作中,被不断地再生产为始终可以重新进入下一个沟通的确定性存在。正如卢曼指出的,“规范性行为期望的一致性……依赖于自身在社会诸系统中作为结构的实现,因此也就是依赖于其实施自身的可能性”。〔24〕在这里,法律不仅仅是作为某一次形式逻辑推演的起点,更是作为内含着“再引入”张力的结构性机制而加以建构:“有效性不过是从案件到案件的连续再生产。”〔25〕就好比在前文“禁止停车”的例子中,尽管交通警察可能无法保持始终在场,但如果他能够通过不定时的例行巡逻来给违章车辆贴上罚单,那么,通过建构实施这种保证法律“再引入”之内在张力的结构性机制,即便有些违停车辆可以在警察例行巡逻的“空档期”驶离而逃避惩罚,但关于“禁止停车”的规范

---

〔21〕 鲁楠、陆宇峰:《卢曼社会系统论视野中的法律自治》,载《清华法学》2008 年第 2 期。

〔22〕 [德]卢曼:《社会的法律》,郑伊倩译,人民出版社 2009 年版,第 40 页。

〔23〕 鲁楠、陆宇峰:《卢曼社会系统论视野中的法律自治》,载《清华法学》2008 年第 2 期。

〔24〕 [德]尼克拉斯·卢曼:《法社会学》,宾凯、赵春燕译,上海世纪出版集团、上海人民出版社 2013 年版,第 273 页。

〔25〕 同上书,第 427 页。

性期望实际上是可以有效维持下去的。正是在这一意义上——“规范”才足以构成“反事实稳定的行为期望”;[26]“规则之治”才有可能在法律的“自我”再生产过程中作为一种可欲的系统结构功能而加以实践;理性的社会行动者才有可能“经历法律规范与社会实效的落差”而依然坚持对法律的规范性期待。

四、法律的另一种可能性

假设在我们现在需要处理的一宗遗嘱效力案中,一方当事人在事实上仍然只是以一份类似前文案例中形式要件有所欠缺的遗嘱进入法律程序。从系统论视角来看,当法院从“合法不是非法”与“不是非法即为合法”的任一沟通方向出发,其无论是诉诸严格的形式主义否认遗嘱效力,抑或是按照实质主义的路径认定遗嘱有效,法院仍然无非是在“合法是非法与合法不是非法”这个无解的逻辑矛盾中作出了一份“偶在”的判决,并且这个结果注定只是呈现“合法即非法”这个潜在吊诡的随机面相。

而当我们以这份“偶在”的判决为时间基准,对未来的社会行动者的预期进行预期时,我们会发现“规范”仍然只是唯一合理的预期:为了避免“偶在”的判决,社会行动者在未来的最优选择仍然是让自己的行为符合规范。换言之,如果法院继续按照“全有”或“全无”的方式作出裁判,这份“偶在”的判决无论是付出实质正义的代价抑或是牺牲了形式正义,其对于帮助维持法律的系统结构功能而言,实际上的边际效益为零:它既不会在实质意义上削弱未来的社会行动者对法律的规范性期待,也不会在任何意义上增强这一期待。如是观之,当我们重新回到法院尝试选择沟通方向的时间点时,就法律实践而言,在“合法不是非法”与“不是非法即为合法”之外的另一沟通方向就不失为存在帕累托改进可能性的更优选择。

比如,2001 年 12 月 16 日沈某荣立下遗嘱,将自己的房产、股票、储蓄等百万元财产平分为 4 份,分别留给自己的侄子、侄女、侄孙和已断绝父女关系的养女。并特别注明:“弟弟沈某无权享受以上任何一项本人财产。”遗嘱有沈某荣本人的亲笔签名和落款日期,但全部内容都是用电脑打印而成。沈某荣病故

[26] [德]尼克拉斯·卢曼:《法社会学》,宾凯、赵春燕译,上海世纪出版集团、上海人民出版社 2013 年版,第 82 页。

后,其弟弟沈某将遗嘱中的财产继承人告上了法庭,理由是"财产分配单"是用电脑打印的,而沈某荣生前根本不会操作电脑,由此断定这份"财产分配单"是由他人打印而成,是代书遗嘱,而这份代书遗嘱没有法律规定的代书人及见证人的签名,因此,属于无效遗嘱。一审虹口区人民法院认为,沈某荣在"财产分配单"中表达了对其死后的财产的处置意见,应属遗嘱性质。电脑打印只是一种书写方式,与他人代书的遗嘱有所区别。沈某荣具有一定文化知识,具备完全民事行为能力,对打印的文字是否直接表达了其意志应当具有判断力。原告也未提供证据证明沈某荣有其他相反的意思表示,原告称遗嘱无效的主张法院不予认定,原告要求继承沈某荣遗产的主张亦无法律依据。原告不服,提起上诉。二审中,经合议庭调解,最终以沈某荣的侄子、侄女、侄孙、养女以及沈某之弟平均分得沈某荣遗产的方式达成调解协议。[27]

我们可以看到,调解实际上是一种以形式合法(基于处分原则)建构实质合法(当事人间的合意)的沟通策略。相较判决模式,其优势如下。首先,调解的司法成本与社会成本更低。因为,任何一方当事人都不必承受全有或全无的诉讼风险,这就必然意味着更低的行动成本与沟通成本。其次,利益相关当事人无须通过质疑法律有效性的方式来提出并实现自己的合理主张,而法律则随时保持着"再引入"的内在张力,正是因为调解自始至终是在法律阴影的支配下展开的,法律的"自我"再生产反而会比判决模式下更为顺畅。最后,基于当事人合意的调解可以尽可能避免"合法/非法"的法律沟通僵化为"全有/全无"的二元对立,这就更好地避免了判决模式下法律沟通潜在的悖论呈现为显在的悖论,从而使法律愈加成为那个可以随时开启下一个沟通的无可置疑的确定性存在。[28]

通过对调解作为另一种法律实践可能性的系统论观察,我们可以发现,当

---

[27] (2005)沪二中民一(民)终字第766号民事裁定书。

[28] 按照笔者的理解,司法既可以通过"判决模式"积极建构规范性期待,也可以通过"调解模式"的默示确认来再生产规范性期待。当然,这个问题有进一步讨论的空间。按照传统理解:"法院要为整个社会提供普遍化的、稳定的期望结构,而这是通过不断再生产决策来实现的……法院必须在各种替代可能性选项中挑出一个来,并赋予其合法或非法的评价,因为整个社会都在翘盼从这个决策中诞生出来的新的期望结构……所以,调解不是法院的功能。"参见宾凯:《从决策的观点看司法裁判活动》,载《清华法学》2011年第6期。

法律不可能完全诉诸规则之治"以不变应万变"的"规范论思维"来应对外部环境的变迁与激扰，"法律调解"恰恰是可以作为"建立在运作封闭之上的认知开放，保证了法律系统在不受其他系统运作逻辑之决定的同时，能够对其他系统的激扰作出反应，实现稳定行为期待的功能"。[29]

五、反思作为"法律自治"操作性策略的"规则之治"

从法律的演化历程来看，法律作为一个需要自我维持的系统，必须实现其与复杂环境的区分。法律系统的核心操作性策略是使用以"合法/非法"为二值代码的符码化沟通来化约环境的复杂性，所有来自外部环境的信息传递与激扰都将被转译成符码化的法律沟通，并以此划定法律系统与环境之间的边界。因此，一旦法律无法坚持自身的符码化沟通，它就会与环境混同，进而被环境吞没。

正是在上述意义上，"规则之治"的命题提炼，其目的即在于强调符码化沟通对维系法律自治的必要性与重要性。然而，正如前文的分析表明，"规则之治"的观念塑造固然能够在一定限度上保证法律系统在自身运作中坚持使用"合法/非法"的符码化沟通，但"规则之治"却并不必然能够决定法律沟通的方向。当"合法不是非法"与"不是非法即为合法"同时成为可欲的法律沟通方向，具有"沉重肉身"且夹带着复杂环境变量信息的法官个体就成为决断法律的决定性因素（法律现实主义的全部论述张力正是建构在这一点上）。其后果则是导致系统出现无可避免的矛盾与吊诡，"规则之治"的内在张力也随之遭到解构。

在这里，传统的"法律学说"作为法律系统的自我描述与自我观察，其宗旨即在于"衔接每一个立法或裁判沟通，把这些沟通归结到法律系统内部而不是环境中"，从而"承认法律系统内部沟通的有效性，承认合法/非法这一分配二元值的效力，并为系统成功的持续沟通制作前提（而不是只是生产来自系统外部

〔29〕 鲁楠、陆宇峰：《卢曼社会系统论视野中的法律自治》，载《清华法学》2008年第2期。

环境的信息或刺激)”。[30] 在打印遗嘱案中,法院无论是采形式主义、证据补强主义、历史语境主义抑或是实质主义的法理论证,其“裁判说理”的目的都是保证每一个沟通操作的可衔接性与“有效性”。而当争议案件发生之后的学理讨论,实际上也是“以法学者不受裁判的程序限制的时间优势为已决案件提供更具正当性的理由,供将来的司法活动所用……其承担的社会功能仍然是提高前一个法律沟通与后一个法律沟通之间的可联接性”。[31]

然而,由于“观察不能观察自身”[32],在法官“独白”式的观察视角中,“被看成是全部实在的东西,不过只是实在的一部分……”[33]就此而言,来自法律现实主义的挑战就像一根犀利的合法性之刺,它无情地戳穿了法律自治及自我正当化的幻象。[34] 而法律现实主义所代表的一种思想倾向是“在法律系统外部寻找法律统一性的象征物,探究影响法律正当性的社会因素……后果主义作为法律论证方法和裁判方法代替了法律形式主义的垄断地位,法律系统开始通过虚构将来的后果而正当化当下的法律决定”。[35] 显而易见,后果主义在赋予法官更大自由裁量权的同时,也极大加剧了法律的不确定性风险,并且,同样会落入“掩藏悖论”的窠臼。于是,“呼吁限制法官自由裁量权的声音随之高涨,法律系统相应创造了一个新的自我描述方式:通过程序性过程正当化实质决定”。[36]

---

〔30〕 [德]尼克拉斯·卢曼:《法社会学》,宾凯、赵春燕译,上海世纪出版集团、上海人民出版社2013年版,宾凯代译序:《作为观察者的法哲学和法律社会学》,第15页。

〔31〕 同上书,第14页。

〔32〕 宾凯:《超越绝对主义与相对主义——以卢曼的悖论解决方案为考察框架》,载《上海交通大学学报》(哲学社会科学版)2013年第1期。

〔33〕 同上。

〔34〕 由于实证法自身的性质,实证法不能对“法律决定是合法的”这一法律主张的有效性(或合法性)抱有怀疑。这是一种对法律自身存在的悖论性的掩盖。参见宾凯:《法律悖论及其生产性——从社会系统论的二阶观察理论出发》,载《上海交通大学学报》(哲学社会科学版)2012年第1期。

〔35〕 参见[德]尼克拉斯·卢曼:《法社会学》,宾凯、赵春燕译,上海世纪出版集团、上海人民出版社2013年版,宾凯代译序:《作为观察者的法哲学和法律社会学》,第17~18页。

〔36〕 同上书,第18页。

经典系统理论认为："对于法律系统来说，合法/非法这个区划必然既不可能观察为合法，也不可能观察为非法。这就是产生套套逻辑、吊诡和矛盾的根源。去除吊诡的根本方法在于退出沟通，消灭差别，这是釜底抽薪之计。然而，一旦退出沟通，消灭差别，系统也便不复存在，社会亦不复存在……如果坦诚吊诡无法去除，则只能将吊诡掩藏。"〔37〕当"法律学说援引道德的、实用的、伦理的、政治的各种理由，以论证一条法律规范为何具有正当性"，以及程序主义法律观念"通过将法律运作时间化、过程化，程序化等措施，将吊诡推展至无限的将来"，实际上都是法律系统自我发展出来的一种自我正当化的策略，"最终法律的过程与程序本身掩藏吊诡，'吸收不满'，成为法律正当性的来源与表现"。〔38〕

当然，换个角度看，或许也正是因为"系统/环境关系中存在悖论以及系统试图克服这个悖论的不断努力，法律系统才能够拥有自我生产的动力"。〔39〕而司法过程中的"法律协商"作为一种东西方共同分享的法律实践经验实际上也是一种法律系统自我生产的"解悖论"的策略，即将法律沟通由实证化系统的符码化运作重新转换成人与人的主体间性交往："合法化是一种社会建构，它通过所有人都（应该）以平等的地位参与其中的沟通过程建立起来。"〔40〕

这也意味着，当"规则之治"的形式逻辑张力并不足以为"法律自治"提供持续的内在交往动力时，法律一定要有能力在"规则"的形式逻辑张力式微之处重新发展出能够确保法律"再引入"的结构性力量。此时，法律作为承担社会整合功能的系统结构，唯有"基于主体间性的互动和沟通"才能作为保障系统获得内在交往动力的结构性力量。在"系统—环境"持续进行信息交换的法律沟通过程中，当规则无法预先决定法律沟通方向时，由于纯粹法官个人化的决断不

---

〔37〕 鲁楠、陆宇峰：《卢曼社会系统论视野中的法律自治》，载《清华法学》2008 年第 2 期。

〔38〕 参见鲁楠、陆宇峰：《卢曼社会系统论视野中的法律自治》，载《清华法学》2008 年第 2 期。

〔39〕 宾凯：《超越绝对主义与相对主义——以卢曼的悖论解决方案为考察框架》，载《上海交通大学学报》（哲学社会科学版）2013 年第 1 期。

〔40〕 ［比］马克·范·胡克：《法律的沟通之维》，孙国东译，法律出版社 2008 年版，第 273 页。

可避免地会带来耗散系统交往动力的吊诡与矛盾,系统有必要发展出一种具有相互替代性的交往结构,使来自"环境"的交往主体(当事人、陪审员等)也可以在不改变规范效力的前提下共同参与协商决定法律沟通的方向。

正是在上述意义上,陆宇峰提出"社会的司法化"概念,其路径是"在继续维持现代司法模式核心地位的同时将各种非正式的纠纷解决机制加以不同程度的'司法化',整合出一个多层次的'大司法'格局……以私法诉讼为典型模式的裁判实践构成大司法的'内环'……在'外环'上,首先是在法院主持下依法进行的'调解'……其次是各种'协商性司法'实践。比如以美国为代表的各种'辩诉交易'活动,以德国为代表的污点证人作证豁免制度,英国以合作为核心的证据开示、审前程序的扩张和陪审团制度的削弱等新的制度安排以及西方刑事司法领域的和解、协商和圆形会谈等'恢复性司法'活动,还包括由组织规范和程序规范保障平等参与,在法院监督下展开的德国式'新法团主义谈判'"。[41]

我们可以看到,在"大司法"从"内环"到"外环"的双向交往结构中,在"内环"的逻辑结构中难以克服的悖论与合法化压力可以在朝着"外环"的沟通方向中找到缓释的出口;而所有在"外环"无法形成有效共识的当事人又都可以回过头来在朝着"内环"的沟通方向上谋求由法院最终分配"合法/非法"的符码。在这一结构区分中,一方面,法院在"内环"最终的决策象征足以保证即便是"外环"的司法活动也不至于"逸出"法律的"结构化语境";另一方面,得益于"外环"以"取得一致"的方式对决策压力的分担,使"内环"可以更有效地作出法律决策。陆宇峰认为:"此种模式保障了人们不因法律之外的原因而调整规范性预期。"[42]法律也因此具有了在操作上实现"规范上的封闭,认知上开放"[43]的自治潜力。

---

〔41〕 参见陆宇峰:《走向"社会司法化"——一个"自创生"系统论的视角》,载《华东政法大学学报》2012年第3期。

〔42〕 同上。

〔43〕 鲁楠、陆宇峰:《卢曼社会系统论视野中的法律自治》,载《清华法学》2008年第2期。

How the Law Can Be Self-Governing:
Systematic Interpretation of “Rule by Law”

Chen Hongjie

Abstract: Although the concept of “rule by law” can be shaped to a certain extent to ensure that the legal system adheres to the use of “legal/illegal” coded communication, but “rule by law” does not necessarily determine the direction of legal communication. When “legality is not illegality” and “not illegality is legitimacy” can become the desirable direction of legal communication at the same time, Individual judges who have “secular incarnation” and are inextricably linked with the complex external environment become decisive factors in deciding the law, the consequence is that the inevitable contradictions and paradoxes of the system arise, and the internal tension of “rule by law” is deconstructed accordingly. When the formal logic tension of “rule by law” is not enough to provide continuous and sufficient internal communication power for “legal autonomy”, Another possibility of legal communication is to convert the codification of the system into the intersubjective communication.

Key words: Legal system; Legal communication; Normative expectation; Legal negotiation

合法性的正当化：系统理论视角下的苏东国家法律转型

曹勉之*

内容摘要：

本文以苏东国家的法律转型为例，提出应用系统理论研究法律的新方向：法律的正当化。法律转型指的是法律的内在逻辑和体系受到外界条件影响而发生重组的过程。由于系统理论将法律视为“历史机器”，法律转型最终表现为新旧法律机制碰撞，其实质是社会建构的记忆和遗忘。日常状态本为化解正当性和合法性间张力而出现，却最终危及了法律拟制在日常化过程中的效果，使法律转型很难取信于人。在系统理论的视野里，法律的正当化过程建立在个人自主的基础上，与社会共识并无多大关系。

关键词：

社会系统理论法律转型　法律拟制　社会建构　社会异识

一、引　　言

重新理解法律转型(transformation)的时刻已经来临。法律转型指的是法律的内在逻辑和体系受到外界条件影响而发生重组的过程。在既有文献里，法律转型多数被等同于转轨(transition)市场经济过程中的制度约束，通过制度经济学的视角作公共选择(public selection)意义上的制度分析。在这些文献中，法律被视为社会变革的工具和经济发展的制度基础，它或者以专断的姿态塑造社会变迁轨迹，或者被动地为其他社会因素所决定。研究者实际上试图将法律和社会对立起来，最终导致二元论的困境：两者必存其一。这种将法律和社会

* 法兰克福大学法律系研究人员，比较法与法律社会学方向博士候选人。

对立的看法——实际上是观念论和工具论的——并不适应全球社会转型的条件。[1]

作为一个不确定性、具象性的过程,全球社会转型对我们理解法律的传统模式构成了冲击。在法律判断高度不确定性的条件下,法律和社会预期之间的稳定联系正在解体。在"具体规范秩序"不断推陈出新的情况下,法律已经无法被视为可以向基本规范逐级上溯的"规范金字塔"。当然,书本上的法律仍然强调其本身的系统性和一贯性;尽管如此,现实中的法律则更多体现出条件与结果的偶联性和规范理解上的分歧性。正如我们所看到的,不但不同法律职业者会针对同一问题发表对立意见,而类似的事实状况也可能导致分歧巨大的法律处理。

这篇研究以苏东国家法律转型为例旨在提出应用系统理论研究法律的新方向:法律的正当化。正当化集中体现为合法性(legality)通过系统性运作而获得正当性的过程。[2] 本文分三个部分展开这个命题:首先,通过系统理论中法律作为"历史机器"的视角,本文试图指出,新旧法律机制碰撞的实质是对法律这个社会建构的记忆和遗忘;其次,通过系统理论对日常性困境的观察,本文试图论证,法律拟制日常化的效果直接作用到法律正当化的过程中;最后,针对苏东国家法律转型中盛行的法律共识模式,本文指出,法律的正当化过程建立在个人自主的基础上,与社会共识并无多大关系。

二、法律作为规范性的社会建构

和其他研究方法相比,社会系统理论采取了一种别具匠心的界定法律的思路:法律是一套具有规范性的社会建构。在这样的框架下,所谓的"法律与社会发展"的问题也就变成了对合法性如何与其环境发生关联的讨论。换言之,"法

[1] 对此的批评的相关研究,See Priban, Jiri. *Dissidents of Law: on the 1989 Velvet Revolutions, Legitimations, Fictions of Legality and Contemporary Version of the Social Contract.* Ashgate Publishing, 2002。

[2] 尽管如此,卢曼也坦然承认在现代法和政治支配的正当性问题上没有定于一宗的答案。Luhmann, Niklas. *Ausdifferenzierung des Rechts.* Frankfurt: Suhrkamp, 1981, p. 132.

律与……”的句式变成了“作为……的法律”。[3] 本文所关心的法律转型,在系统理论的背景下,则可被重述为新旧法律机制的碰撞过程,而绝不是新机制对旧机制的取代。

应当将社会系统理论视为一种立体、全面的社会观察视角(perspective)。和其他研究方法相比,系统理论的特色在于其奠基在系统和环境的区分,而非工具和对象的联系上。系统和环境通过既不断地建立关联又不断地确认自治的过程相联系。长程上看,这个过程是逐步、渐进的,短时上看,系统与环境间的每次沟通又是清晰、明确的。也就是说,系统从环境中以接近于自生自发的形式分化出来,而系统内部的每一次沟通又是高度排他、专断的。

在社会系统的视角下,法律是一套具有规范性的社会建构,它通过参与历史书写而获得规范效力。正如系统理论宗师卢曼的比喻,法律是一架“历史机器”。系统性运作的法律无差别地生产历史的真/伪、对/错,而社会大众的实质评价则被视为法律系统的噪声而遭到无视。在法律的运作环境中,历史叙事的真伪对错又反过来给法律系统提供了正当性的根基,人们相信在历史故事包装下的法律的正当性。[4] 法律和社会之间不存在工具与对象之间的机械联系,而仅存在逐步、渐进的有机的关联。如果这样,法律已经不再具有社会改造工具的形象,它更像是“任人打扮的小姑娘”,成为政治风向变动和社会利益角力的缩影。

可以看到,系统理论提供了一个兼容宏观上的社会演化和微观上的制度设计的法律转型观察视角。系统理论认为,无论接受何种意识形态,采取哪种指导思想,只要社会本身能得以存续,必然存在某些扮演稳定社会预期的具体法律制度。在系统理论的视野里,不存在宇宙大爆炸这样的存在奇点(singularity),社会只存在于我们所关心的那个刹那。人们的行动理由受到个体记忆的支配,而所谓的历史,不过是强势话语在社会运作中所施加的影响。这样一来,与其关心法典化的规范体系如何影响社会发展,不妨探究法律在实

---

[3] Tomlins, Christopher, and John Comaroff. “Law As... Theory and Practice in Legal History”, *UC Irvine L. Rev.* 1(2011):1039.

[4] Luhmann, Niklas. *Legitimation Durch Verfahren*. Vol. 443. Frankfurt am Main: Suhrkamp, 1983, p. 24ff.

现其社会功能时如何与外部环境发生具体、细微的关联。[5]

由此而言，系统理论笔下的法律转型更关注不同法律体制（legalregime）之间的碰撞。法律转型被系统理论视为新旧法律体制共存和碰撞的社会生态，在这个生态中，新法律体制正在旧法律体制的缝隙中蓬勃生长。所谓法律转型的效果指的是新旧法律体制之间碰撞的呈现方式，以及这种碰撞将会给社会带来的后果。也就是说，系统理论不承认福山式的“历史终结”（endofhistory）或者“西风压倒东风”式的社会巨变，在它眼中，前者不过是法律体制的重整，而后者则仅是生产体制的转变而已。

在系统理论视野里，苏东国家的法律转型包括两个面向。[6] 一个是遗忘以“特权下的平等”为特征的法律体制，即对政党国家体制下的法律和社会体制进行“再现代化”（re-modernization），强调生产机制（productionregime）的市场导向与主权政治的国家中心；另一个则是记忆以“市场前的平等”为特征的法律体制，即推动区域和国际的人权机制在主权国家内落地，接受国际货币基金组织（Internathonal Monetary Fund，IMF）、世界银行集团的支持大规模修改国内法。

不难发现，遗忘是困难的，而记忆的重建也要耗费功夫。苏东国家的社会变革轨迹并未因应所谓“历史终结”的预言，由于社会发展程度的巨大差距，苏东国家通过成为“新欧洲”的一部分而实现经济跨越的愿景显得一厢情愿。然而，考虑到中央计划体制几乎完全被市场化过程所解构，“社会主义联盟”式的超民族共同体也在宪法秩序中失去了踪影，指望这些国家回到转轨前的状态无异天方夜谭。

在这样的条件下，苏东国家的法律转型正在成为记忆和遗忘的“战场”。2008 年国际金融危机爆发后，苏东国家内部的疑欧声音此起彼伏。在疑欧人士看来，后冷战秩序并没有想象的那样美好，西方经济体反而在通过世界体系（worldsystem）转嫁经济危机。他们指出，所谓“老欧洲”的西欧发达经济体对推进苏东国家的法律和社会变革一直颇为热心。不但欧洲议会、欧洲委员会等欧盟机制在苏东国家社会生活中的角色日益重要，而且德国、法国等发达经济

---

〔5〕 Luhmann, Niklas. *Essays on Self-reference*. Columbia University Press, 1990, p. 227ff.

〔6〕 狭义的苏东国家指的是苏联在东欧的卫星国，即捷克斯洛伐克、匈牙利、波兰以及民主德国。这些国家在转轨之后都经历了政体的变更，此外，捷克斯洛伐克解体为捷克共和国和斯洛伐克，而民主德国的各个州则加入了联邦德国。

体在东欧的经济影响也在逐年提高。东欧国家正在遭遇日益扩大的贫富差距和逐渐严峻的民族冲突,而这些问题在转型前似乎并非如此严峻。

系统理论指出,记忆和遗忘是不讲道理的,它和道德良心、科学理性没有必然联系。[7] 近年来,对西方主导世界体系的批评已经成为苏东国家内部不可忽视的一种声音,否定转轨成就、批评统一欧洲理念的民粹主义政治家正在获得更大影响力。也难怪,发达经济体到苏东国家开疆拓土的野心从未消退,毕竟,这些国家的廉价劳动力与广阔消费市场仍然诱人。

三、用来化解合法性与正当性张力的法律拟制

在博尔赫斯(Borges)笔下的《制图师的故事》里,国王要求制图师描绘一幅尽可能精细地反映王国状况的地图,最终制图师所完成的地图和这个国家一样大。法律尽管是一套社会建构,然而,建构的效果是要受到技术水平制约的。法律拟制(legalfiction)就像制图中的比例尺、图例和定向一样影响了社会建构的效果。本文所讨论的法律转型,在系统理论的视野下,与法律拟制日常化的效果也有了紧密的联系。

在系统论法学的视角下,合法性仅是现代国家组织的技术而已,它与意识形态和国家结构并无必然联系。如"诸神之争"所描述的,作为一种多元思想并峙、不同信仰碰撞的思想意识状况,现代性尤其需要通过功能高度分化、体现不同的社会合理性的制度和技术得以落实。不难发现,虽然存在意识形态挂帅、外行领导内行等状况,转轨前的苏东国家的"中央计划"体制一直具有相当程度的功能分化特性,而合法性在其中扮演了至关重要的角色。它化身为社会职能分门别类中的条与块,管理单元的设定目标和考核方式等。难怪在苏东国家,苏联模式在相当长的时期内一直被视为可以和西方模式相抗衡的现代化模式,而国家和法权理论也同样扮演了不可或缺的角色。

系统理论指出,在讨论法律正当性问题时,需要重视合法性和正当性之间的日常性困境(normalitydilemma)。日常状态实质上是调和合法性和正当性之间的张力而人为创设出的状态,为此,所谓的日常/非常划分具有悖论的特性。

---

[7] Luhmann, Niklas, *Social Systems*. Stanford University Press, 1995, p. 56, also see p. 565ff.

例如,韦伯创造了铁笼的比喻,用来安置非个人的、形式化的、新康德主义式的合理性(rationality)与意志的、个人行动的、尼采式的自由(freedom)之间的张力。在铁笼的比喻中,个体受到了桎梏,面临自由受限的窘境。又如,哈贝马斯尤其重视形式化的现代法治与活泼的生活世界之间的矛盾,而交往理性实际上是调和这个矛盾时所创设的日常状态,正当性此时被化约为程序化的交往理性,使"话语伦理"的规范结构(normativestructure)从中产生,然而不具交往理性、罔顾话语伦理的状态则被忽视了。

法律拟制(legal fiction)是创设日常状态时不可或缺的工具。比如,苏联模式里企业管理的单位制就是这样的一套法律拟制。通过被赋予法律人格,各个企业被嵌入纵向的领导/被领导关系与横向的牵头/协调关系中,并因设定的目的、性质而在生产体制中扮演应有角色。苏联企业管理模式的日常状态是,处于生产流程上游的能源、材料企业,中游的制造、加工企业和下游的分销、零售企业各司其职,形成相互配合的整体。从所承担的社会功能上看,单位制的经济管理模式虽然与以中小企业为主导、强调个体经营回报的市场生产机制差别巨大,但是,和银团联合大企业、重视社会福利配给的协调生产机制颇有共同之处。相应比较研究也指出,如果能够允许工人自治,单位制的企业模式和欧洲福利国家的企业模式在制度建构上的共性多于差异。比如,作为经济合作组织的成员国,南斯拉夫的工人自治得到了西方的广泛研究,并被视为现代企业民主决策的一个可能类型。

必须指出,尽管日常状态容易创设,将法律拟制在现实中日常化(normalization)却困难很多。[8] 虽然单位制与发达国家企业制度在管理技术上不乏相似自处,但两者在效果和产出上的差异也毋庸置疑,单位制的低效率、高浪费以及对产业结构的扭曲一直为人诟病。在落实单位制的过程中,苏东国家的企业无法将个体激励、结果导向等细致的规定加入进来,而只能采取树立岗位模范、强化命令体系的方式,通过对员工进行行政奖惩来实现日常管理。加之苏联模式下的企业很难接受有竞争的并购、破产程序,企业失去了在压力下进行自我变革的机会。如果企业表现的提升几乎全部依赖企业的内部管理者,企业大规模经营不善也就不难想象了。

---

〔8〕 See Priban, Jiri. *Dissidents of Law: on the 1989 Velvet Revolutions, Legitimations, Fictions of Legality and Contemporary Version of the Social Contract*, Ashgate Publishing, 2002, p. 198.

系统理论指出,法律的可理解性要为法律的功能所支配。与哈贝马斯将现代法律的不可理解性视为正当性危机相反,卢曼认为,那些无法为外行所理解的法律恰恰为正当性危机的解决提供了机遇。由于法律可以通过细致入微、丝丝入扣的方式表达,聒噪、冲动和焦虑的社会主体就可以被排除在法律的系统性运作之外。[9] 这样,所谓的政治理念、文化价值,甚至法律程序都仅仅是社会运作过程中的一个历史性瞬间而已,它们无法进入社会功能内部去施加影响。也就是说,不可理解的法律反而成了切实施行的法律。

在苏东国家的例子里,法律拟制的日常化过程往往过于粗糙、缺乏技术性因而遭遇困境。由于法律正当性是在法律拟制的日常化过程中实现的,所谓的法律正当性的问题也就被转化成了法律正当化的过程,正如卢曼所指出的,正当性的难题变成了永恒的正当化过程的难题。[10] 与之相反,苏联模式中条块结合的行政体制让正当化的过程被强行中断了,千变万化的正当化过程被中央计划中的长官意志所取代。条块结合指的是纵向的功能隶属关系和横向的区域隶属关系的共同作用。和如今通行的中央——地方关系模式不同,苏联模式中的单位各部门同时受到纵向的部门行政和横向的地方行政牵制,各部门有时既要受到上级的业务和人事上的领导,也要与地方其他部门围绕日常业务、人事财务展开沟通。每个部门最终被简化为中央计划的大挂毯上的一块拼图,只有通过各个部门在指令下的相互协作,管理才能得到落实。可以看到,这种法律拟制的日常化过程势必困境重重。

四、无须社会共识的正当化

和重视社会共识的有机体论、契约论等不同,社会系统理论奠基在差异和分化之上,是一套强调异识的社会理论。在系统理论的视野里,法律转型与社会共识的塑造并不具有必然联系,与之相反,法律转型和个体自主之间具有更紧密的联系。

社会共识的概念是从西方政治法律理论传统中的元政体(mega-polis)范式

---

〔9〕 Luhmann, Niklas, *Die Gesellschaft der Gesellschaft*: *Tbd.* 2. Suhrkamp, 1998, S. 661.

〔10〕 Luhmann, Niklas, *Legitimation Durch Verfahren*, Vol. 443. Frankfurt am Main: Suhrkamp, 1983, S. 28.

中推导出来的。[11] 在古典政治中，民主仅仅是治理共同体的工具，其本身并无道德价值。在阿伦特（Ahrendt）的梳理中，直到启蒙运动和政治革命出现后，民主才变成了一个形而上的、道德性的理念。[12] 在民主的要求下，只有具有道德性（morality）的政治民族才能建立大众政府，道德性此时化身为人民对政体形式的共识（consensus），它既可能体现为权力政治中的程序技术，如立法过程中的特别多数决，又可能是历史文化中的价值根基，如司法决策中的公序良俗。

社会共识的主张在全球化的条件下遭遇了诸多挑战。在规范性上，如阿伦特所指出的，高度评价共识的做法值得怀疑，因为它未能防止政府沦为专制或者对权力作出限制，为此，共识并不高于公民的共和主义精神。此外，独立自主的政治民族的叙事已经很难在人口跨境流动、资本全球扩张的条件下建立，在身份、性别和种族的解构下，既有的社会共识也已经摇摇欲坠。更何况，在价值多元的现代社会里，为政治主体赋予道德性的主张尤其显得相当可疑。[13]

那么，共识的边界在哪里？系统理论的回答是，个体的自主。社会共识实质上是具有表演性的话语行为，它理所当然地需要人民作为这场表演（performance）的观众。和群体不同，自主的个体可以通过亲密关系（intimacy）克服演员——表演的二元关系。就个体而言，在亲密关系构成的私人生活里，演员和观众的身份实现了统一。这个问题已经在昆德拉的《不能承受的生命之轻》中得到了表述，“更本质更普遍的邪恶……人们举着拳头，众口一声地喊着同样的口号的齐步游行”。

不难发现，个体自主的存在构成了区分政治和宪治、公共和私人的前提。在这个意义上看，现代社会中的元政体角色已经被个体所取代。例如，历史学家艾什（GartonAsh）曾被东柏林的出租车司机提问：去英格兰的渡轮票多少钱一张？[14] 通过将未来生活的可能性和价格联系在一起，司机是在主动追求私人生活的自主，而非被动遭到消费主义和异化的侵袭。在这样的条件下，法律的

---

〔11〕 Sartori, Giovanni, “The Theory of Democracy Revisited”, (1987), p. 26

〔12〕 Arendt, Hannah, “On Revolution. 1963”, *Penguin Books, London*(1990), p. 225

〔13〕 参见“Polyarchy”的概念，Robert, Dahl, “Polyarchy: Participation and Opposition”, *New Haven*(1971)。

〔14〕 Garton Ash, Timothy, We the People: the Revolution of’89 Witnessed in Warsaw, Budapest, Berlin and Prague, Cambridge: Granta in association with Penguin, 1990, p. 63.

正当化已经无法在元政体的规模上展开了,由于法律的正当化是通过形形色色自主个体的沟通行为实现的,正当性的图景必然是去中心化、多元化的。

遗憾的是,很多关心苏东国家转型的法律和社会理论家并没有对社会共识进行充分的反思。社会共识的建立很大程度上要以一个稳定、封闭的社会作为条件,以一套普遍、均一的价值体系作为根基,而苏东国家的状况则与之大相径庭。这个矛盾在罗尔斯时期就出现了。在政治自由主义的谱系中,共识来自公民所普遍接受的现代政府的合理性(rationality),并体现为具有约束力的公共理性。[15] 社会共识的命题进而被哈贝马斯所全面阐述:由于现代公民的交往理性保证了沟通行为的实现,现代社会的政治、法律可以通过开放、透明的话语伦理(discourseethics)而正当化。这种对于话语伦理的重视后来被转介到阿克曼"自由主义对话"的理想中并与宪法学理论对接,成为西方主导的所谓"自由革命"的主导旋律。

在系统理论的视角下,以"社会共识"为法律改革奠基首先是缺乏洞察力的举动。改革的本质是直面问题与"自我革命",并不存在基于理念蓝图、交予外人操刀的改革。法律改革一方面要求改革者破旧立新,同时也要求承认既存部分法律制度的正当性,在"换汤"与"换药"之间寻求某种平衡。例如,在苏东国家的转轨过程中,落实"门面上的宪法"构成了很多国家法律转轨的首要步骤。虽然这些宪法很大程度上不具有可施行性,然而,在社会巨大变动的条件下,它们是改革者所可能依赖的为数不多的制度框架。换言之,社会观念无法统摄现实,而社会现实也无法决定观念,两者之间以偶联的方式相互关联。改革者可以采取探究社会共识的姿态,但没有必要将此作为改革的必要条件。

"社会共识"之下的改革在理论逻辑上也是错误的。"社会共识"预设了缺乏共识的旧社会与存在共识的新社会之间的二元关系,而法律改革就变成了共识指导下的全盘革新。如果法律改革都须以社会共识为基础,法律转型将要承担它所无法承受的重量:它不再是社会变迁的结果,而还要担纲社会共识的前提与主权意志的结果这个双重使命——而这两者绝大多数时间里是矛盾的。

在大众媒体风起云涌的后真相(post-truth)时代,"社会共识"更是扮演了恶化社会生态、助长民粹主义的角色。在真实/虚假的标准变得高度多元的当下,每个人都活在自己所建构的意义宇宙里,而不同意义宇宙之间未必具有联系。

---

〔15〕 Rawls, John, *Political Liberalism*, New York: Columbia University Press, 1993, 212ff.

在"活在真实里"的转型口号下,每个人活在自己所臆想的真实里,而失去了客观公允评价的能力。由于中立、客观判断变得不再可能,法律只能以专断的姿态确认系争事实、体现主权者意志。这时,所谓的社会共识极易为某些个人、团体的一家之言所取代,很可能成为压倒法律正当性的最后一根稻草。

让人担忧的是,社会共识的负面作用正在更广泛的环境里成为现实。偏执于社会共识的形成,话语伦理及其流亚并未给个人选择留下足够的空间。

五、结　语

身为系统理论之父,卢曼纵有千般能耐,也并非全知全能。尽管他已经在1998年为当代社会演化提供了一幅全景图,受到他精力和兴趣的限制,他的法律理解却几乎仍然停留在战后重建刚刚结束的20世纪60年代。他并未将法院作为法律系统的中心的观点在全球化的条件下作更多检验,而是把法律的正当化几乎全盘交给政治过程。很显然,正当性已经无法脱开法律系统的运作而独立存在。这与他晚年对一般系统理论的把握是相符的:正当性难题仍然没有脱离所谓的日常性困境,即系统仍然会将系统之外的存在视为噪声,视为不正当的环境,视为寄生虫。[16]

必须指出,法律正当化过程首先是法律的系统性运作过程,而绝不仅是隶属于政治或者其他的社会功能。正如艾柯(Eco)的符号学理论指出,艺术作品的无序信息需要通过系统性的语言或者习惯的转译才能得以传递。[17] 法律拟制的日常化过程也同样遵循这个信息传递的规律。看似松散无序、甚至面临声誉破产的法律拟制背后存在正当化的巨大潜力,通过将政治的噪声纳入法律的秩序中,散乱的法律拟制可以摇身变为连贯的规范秩序。

可以看到,苏东国家的法制并非复古、落后的体系,而是全能体制下被超前设计的法律体系。从所承担的社会功能上看,这种行政管理模式虽然与采取复合共和制、强调社群自治的普通法宪治差别悬殊,却与接受建制化的社会单元、强调社会福利供给的社会民主宪治多有共通。即使在苏联最尖锐的批评者,即20世纪80~90年代世界银行集团看来,苏东国家所谓的落后也仅体现在经济

[16] See Luhmann, Niklas. *Die Gesellschaft der Gesellschaft*: *Tbd.* 2. Suhrkamp, 1998, 661.

[17] See Eco, Umberto. *Opera aperta*. Harvard University Press, 1989.

表现(performance)上,而非制度涉及的框架本身。

苏东国家的教训,恰恰为我们理解中国社会转型提供了参考。作为一套资源汲取模式,苏东国家通过建立中央计划模式为革命政权提供了最大限度汲取社会资源的方法,从而得以在封锁性政策下存活和发展。随着该模式的弊病得到揭示,改革者是可以借助中央计划体制的便利来开展生产体制改革的。也就是说,改革可以将提升效率、减少浪费、改善结构作为目的,而改革过程则仍然保持中央计划时期的幅度和速度。这也许能够成为中国的改革开放历程的一个引人深思的理论注脚。

Legitimation of legality: the Transformation of Post-Soviet European Law from the Perspective of Systems Theory

Cao Mianzhi

Abstract: By taking the transformation of law in post-soviet European countries, this paper takes the transformation of former Soviet and Eastern European law as an example to propose a new direction of applying the systems theory to study law: the legitimation of the law. The transformation of law refers to the process in which the inherent logic of the law and the system are reorganized under the influence of external conditions. Since system theory regards law as a "historical machine", the transformation of law ultimately manifests itself in the collision between old and new legal regimes, and its essence lies in the memory and forgetting of social construction. The state of normality, perceived to resolve the tension between legitimacy and legality, ultimately jeopardizes the normalization of legal fictions in the daily operational process, making it difficult to win the popular support. In the perspective of systems theory, the process of legal legitimation is based on individual autonomy and has little to do with social consensus. The tragic consequence of the legal transformation in former Soviet and Eastern European law provides a useful perspective for observing the legal changes in China.

Key words: Social systems theory; Legal transformation; Legal fiction; Social construct; Social dissent

理论史视野中的系统论法学*

桑　田**

内容摘要：

系统论法学作为新兴学科，具有长远的发展前景。首先，以学科的理论史为线索，梳理一般系统理论的发展历程并着重介绍开放系统理论与区分理论，解读卢曼自创生系统理论的基础。在自然科学与社会科学互动的背景下，阐明系统论在社会科学领域的普遍适用性。其次，介绍系统论法学在中国发展的两个阶段，从20世纪80年代的系统论热潮中反思其问题，并对当下第二轮系统论法学的发展作出概括。最后，检视系统论法学的理论增长点和需要审慎留意的问题，即审慎处理系统论法学与法教义学的关系问题、警惕系统论法学的“艰涩”与“封闭”两大隐患、解决舍离价值与历史而导致的“解释中国”的困难，在此基础上对系统论法学的未来作出展望。

关键词：

系统论法学　一般系统论　卢曼　自创生系统　法学理论史

引　言

“我们无法拒绝新知，无法拒绝一个最富创造力的学科理论的召唤。忽略了它们几乎将陷入坐井观天的地步。”

系统论法学是近些来在法学界逐渐引发重视的一门新学问。它是系统论这一多学科理论结晶对法学影响的结果，也是法学理论接触新事物、引入新方法所必然诞生的新领域。目前，国内已有一系列论证扎实、内容丰富的好文章，

---

* 谨以此文向系统论法学的先行者们致以敬意，并由衷感谢宾凯、泮伟江、李忠夏、陆宇峰、张文龙、曹勉之、凌晨等师友多年来的指点与帮助！

** 上海交通大学凯原法学院博士研究生。

集中对系统论法学的面貌作出了勾勒,令人欣喜的是,在推介的基础上我们也见到不少高质量的专业研究,乃至在一些国际学术交流中把握住了对话的契机。当此之时,对系统论影响下的法学理论作进一步清晰的梳理,尤其是在理论史的角度解决"系统论法学"的理论基础问题,并对其可能遭遇的问题进行审慎的评估乃至冷静的反思,正是必要且亟待解决的任务。

一、一般系统论的发展史及其普遍适用性

1991 年 2 月,当卢曼在比德菲尔德大学开始系统论课程的第一讲时,他首先提出了一个问题:系统论是否从属于社会学的子领域呢? 答案简单明了:不是。相反,前者是在"拯救"深陷理论危机中的社会学,是某种从外部援引来的良药。之所以说当时的社会学陷入危机,是因为在帕森斯(Parsons)以后,它走向了两种极端:要么回归古典,重新对马克思、涂尔干、韦伯等人的经典学说作梳理或延伸,鲜有根本的范式创新;要么从事经验研究,并宣称定量才是社会学的未来。由此,社会学丧失了宏大的气魄与全局的眼光,多少显得故步自封,且一时望不到出路。[1] 而系统论则是 20 世纪四五十年代开始出现的一门新兴综合性理论,它由贝塔朗菲(Ludwig Von Bertalanffy)等先驱提出,定位于寻求统一方法、把握最普遍的规律,以此打通横亘在学科之间的壁垒。它并非一个完全独立的建制学科,而是在多学科共享的基础上又由多学科分别推进。所以,并不存在一个严格意义上的"一般系统理论",这个概念指的是 20 世纪四五十年代以来带有某种内在一致性的思潮,迄今方兴未艾。1954 年 12 月,在美国科学促进会(American Association for the Advancement of Science,AAAS)的赞助下,70 多位来自各领域的专家在伯克利举行了一次旨在"促成一般系统理论"的会议并成立了研究组织,即"一般系统研究协会"(General Systems Research),后来又有了专门的出版刊物《一般系统年鉴》[2](General Systems

[1] See Niklas Luhmann, *Introduction to Systems Theory*, edited by Dirk Baecker, translated by Peter Gilgen, Polity Press, 2013, pp. 1 - 2.

[2] 这一组织至今仍然存在,名称已改为"国际系统科学学会"(International Society for the Systems Sciences),对其历史发展介绍参见国际系统科学学会网:http://isss.org/world/Legacy,最后访问日期:2019 年 4 月 12 日。

Yearbook),这标志着一般系统理论的正式登场,这一寻求普遍与贯通解释的理论很快引发了几乎所有学科的关注。

由于一般系统论的时间跨度较大,且与后文关于卢曼的内容有所重叠,因此,这一部分着重处理开放系统理论诞生前的理论史。但这不影响本章所探讨的核心问题,即如果想要证成"系统论法学"这一作为通过系统论方法观察法律问题的学问,它的逻辑链条需要涵盖3个环节:一般系统理论——社会理论的系统论——法学的系统论。而首当其冲的问题就在于,通常被人们理解为源于自然科学,特别是物理学和生物学的系统理论,何以具有普遍的适用性?进一步地,它何以能对法学等社会科学产生影响甚至得以适用?以时间为线索,我们从以下3个方面来回应这些问题。

(一)系统论本身诞生于对普遍性的寻求

从理论的起源来看,系统论、控制论、信息论等寻求普遍性的"统一理论"并非起源于单一学科,也不拘泥于特定学科的应用。这里大致有3条悠长支流的汇合。首先,是数学和物理学的发展,特别是统计力学、热力学和量子力学,它们集中处理确定性与不确定性问题,由此提出了熵和信息等概念。其次,是生物学与生命科学的支撑,其最重要的贡献在于提出了结合必然与或然的内稳态概念,将"偶然性"重新带回科学研究,如放弃物理定律通常对生命与社会演化完全预测性的要求,"观察"获得与"实验"相平齐的地位。最后,则是对人类思维规律本身的探讨,特别是在计算机模拟的人工智能和数理逻辑研究中,人们对复杂系统的认识更深刻,由"复杂性"和"可能性空间"入手,使人类认知世界的方式发生了重大变化。[3] 作为理论演进最前沿的精华,为了寻求看待整个世界的统一方法,系统论应运而生,它具有"大而无外"的特质——所有领域的任何现象都必须能用同一种方法理解和阐释,不容许无法解释的出现,如果有,就继续修正和完善理论,使其能涵盖之前的这种不融贯性。

早期系统论与"平衡""稳定"的概念相联。我们在这里可以想象一个天平模型:它对干扰作出反应,最后恢复到旧的平衡或达成新的平衡状态。在宏观层面,它可以用来理解贸易的平衡或政治力量的均势;在微观层面,它可以概括物理或化学实验中的一种总体稳态结果,在尚未提出一般系统的概念时,人们

---

[3] 参见金观涛、华国凡:《控制论与科学方法论》,新星出版社2005年版,序言第2~3页。

对系统的首要模糊理解即在于这样一种整体的稳态。但很显然,这种系统是比较简单和静止的,不足以解释一系列复杂的现象。在接下来的阶段,人们开始将平衡或稳定理解为一种函数,也即从"输入—输出"的角度观察系统,后来更是发展出了黑箱理论,以此来理解动态的平衡。这与系统论摒弃线性因果的立场是相关的——因果性是长时间支配欧洲人观念的一种古老思维方式。自亚里士多德以来,直到近代早期科学都发挥着影响,牛顿就被称为"第一个科学家,最后一个炼金术师"。促成对这种独断论式的思维作出批判,首先,便是对"终极因"采取拒绝或悬置的态度。其次,科学研究又在普遍范围对因果律提出怀疑,这在上文提到的生物学对物理规律的拒斥和对偶然性的重视中也可以看出。最后,在科学理论和哲学方法论上也有所体现,哲学家恩斯特·马赫(Ernst Mach)就曾反对传统链条式的因果律,认为一切都是无法重复的一次存在,并主张"用数学函数概念代替原因概念",即用现象的相互依存关系。严格地讲,"用现象特征相互依存的关系来代替原因的概念",[4]由此避免思辨哲学的独断和形而上学的不精确、不完整。

在此基础上发展出的系统论当然不能忽视例外的存在,它必须在最抽象的层面寻求对普遍现象的概括,而生物学和社会学的检验也使系统论从一开始就极为重视耦合与激扰等多因多果的联动问题,这为社会学的"观察"和"理解"保留了空间。后来的学科发展史也证明,作为理论工具,系统论实际上具有惊人的解释力与预见性,并在方法论和哲学观层面上具有打动人心的感染力。如果一种新型学说具有强大的理论生命,它必须在两个方向上发挥影响:"第一种影响源于它自身的内容,即它对世界的某一方面的认识。第二种影响源自它的方法论和哲学观。"[5]而系统论是个中的典范。

(二)系统论对社会科学提出重新解释的要求

从寻求普遍性的系统论诞生背景可知,系统论从一开始就不打算"止步于"自然科学领域。而对于以研究全社会为使命的宏观社会学理论,自然科学带来的影响更大,也更无法被忽视,面对这种从术语、方法论到具体结论的全方位"辐射",它无法置身事外。正如前文所述,世界观和方法论的变革使任何对于社会现象的分析都要经得住科学融贯性和现实经验性的检验,由此,才能脱离

[4] [奥]马赫:《感觉的分析》,洪谦等译,商务印书馆1986年版,第72页。

[5] 郑也夫:《阅读生物学札记》,中国青年出版社2004年版,第2页。

冥想的范畴。而社会学恰恰在其古典阶段与人文历史学科的连接紧密,难以脱离直观的或思辨哲学的绑缚,这在标榜科学的孔德、斯宾塞等人那里也无法避免。但随着这种自然科学与社会科学演进,“时间脱节”的现象愈发凸显,法学、政治学、社会学乃至伦理学都再也无法停留在宏大理论的层面,“如果说在19世纪,哲学家还可以用直观和常识理性把不断丰富的科学知识装到他们的哲学体系的口袋中,那么现在要做到这一点已经不可能了”。[6] 这种直观无法把握的影响如此强烈,以至于美国社会学重镇芝加哥大学在1941年9月专门召开了以“生物系统和人类系统融合的层次”为主题的会议。在自杀、犯罪和城市空间等问题上,社会学理论可能更多会引述经典社会学家的判断,但这种理论被迫在内容和方法两个层面经受来自基于自然科学理论,特别是经验调查和实证分析的检验。

以这次会议为契机,人们也发现了理论之间对话的可能空间。正如自然科学领域出现了对于“统一场理论”的追求,社会科学也一直试图寻找某种一般普遍性的理论:在范围上,它能统摄政治、经济、文化、法律等各大领域;在方法上,它要对以上所有场域的社会现象作统一的、融贯的解释。这正是帕森斯及其批判继承者卢曼的理论志向所在。从这个意义上讲,社会科学一直有参与并作出贡献的意识。这样一种追求使社会科学理论的研究不得不重视来自各领域的最新成果,一方面,这可能是某种非常被动的、来自环境的“激扰”,如果不作出回应,势必陷入自说自话、故步自封的窘境;另一方面,社会科学绝非只能观望、无法参与,相反,它从一开始就积极对话并尝试将自己的理论贡献进行分享。在1948年《纽约时报》大篇幅报道维纳的控制论之后,帕森斯就与约翰·冯·诺依曼、海因茨·冯·福斯特、格雷戈里·贝特森、马图拉纳、贝塔朗菲、阿什比等当时一流的、来自各学科领域的专家学者形成了密切互动的圈子,共享着相类似的思想资源。[7] 帕森斯以一人兼宗两种截然不同的社会理论进路,尝试打通“结构”与“行动”,形成了自己大全式的社会理论体系,构建了独特的系统论

---

〔6〕 金观涛:《系统的哲学》,鹭江出版社2019年版,第20页。

〔7〕 相关的学术史具有影响深远的意义,且具有重要的跨学科研究价值,限于文章篇幅而无法展开,相关内容请参见[德]托马斯·瑞德:《机器崛起:遗失的控制论历史》,王飞跃等译,机械工业出版社2018年版,第33~42页;洪鎌德:《法律社会学》,扬智文化公司2004年版,第214~250页。

版本,而卢曼又在对帕森斯的扬弃中发展出了更具普遍性和解释力的社会理论的系统论,这将是“系统论法学”的核心思想资源。

在这个意义上,理论的大厦更像是一座金字塔——各学科攀登得越高,距离彼此就越近。从社会理论这一枢纽来审视,我们也会发现,无论是一般系统论、社会理论的系统理论,还是系统论法学,都不是“空中楼阁”,而是“树上之果”,其间具有清晰的逻辑关联,背后具有深厚的理论积淀。而系统论的抽象与其普遍是有一定关联的,这是一种穿透性的力量。

(三)社会科学保留了独立性并对系统论的发展做出贡献

系统论在尝试观察和影响社会科学与社会学理论时,也会反过来被施加影响。理论史的发展历程表明,社会科学在与自然科学的交流中、在与一般系统论的结合中并未消解其自身,也从未丧失学科的自主性。正如韦伯以解释和理解的独特性为社会学的地位正名那样,社会学虽然也重视结构,但相比静态审视,它一向具有更注重社会动态演化的理论品格,既不赞同那种机械决定论的因果律,也排斥那种放弃社会科学自主性的化约论立场,如诉诸心理或行为主义解释所有社会行动问题。而且,在方法层面,史蒂夫·布鲁斯(Steue Bruce)曾半开玩笑地揭示道:“研究溴化物反应的化学家可以设计进一步的实验,是通常认为的外部变量为恒定不变,将注意力集中在那些最重要事物的变化上。但我不能出于实验的目的拿一个先前稳定的社会来发动一次小规模内战……社会生活似乎过于复杂,无法被分割成简单的组成部分加以孤立地探究。”〔8〕

社会学的观察和解释进路尊重了偶然性的空间,文化与社会的复杂性演化也遵循着与生物学或生命科学不同的规则,由此,这一不能被忽略的领域提出的一系列问题都迫使系统论进行更深入的探索和复杂的模型修正,以寻求更高级别的普遍适用规律,并给出充分对话的可能。学科自主性的背后实际上是系统的自主性——一个系统对于世界的理解可以是开放性的,但这建立在其独立自主的基础上,如果A学科以B学科的是为是、以其非为非,或B学科的话语完全统摄和支配A学科,那A学科根本就不是一个独立学科。我们可以从几何与数学的关系、物理与数学的关系来理解这一问题,数学思想的输出虽然也为物理学所重视,但这种关联并不是决定性的。这一规律也可以从学术理论普遍化到全社会。如法律系统可能会采纳对某项证据的化验结果或基于社会成

〔8〕[英]史蒂夫·布鲁斯:《社会学的意识》,蒋虹译,译林出版社2013年版,第4页。

本计算而作出合法或非法的判决，但在这里法律系统一直是自主的，不是简单的输入与输出函数“一一对应”的关系，如果社会系统如此简单，那它不过是一个“完全透明的箱子”，这并不会比那个著名的“判决自动售货机”高明多少。

学科之间的差异性、不同领域对系统理论发展的多样性也带来一个后果，系统论在20世纪四五十年代经历过几十年发展之后，有了巨大的理论增量，起初的“一般系统论”宏大抱负因为必须涵盖一个又一个领域、一种又一种情况而一次又一次变得更加抽象，最后成为一个因内涵太过单薄而无法独立存在的学科，反倒是被提纯为一个极普遍的工具——它没有过多的理论预设，可以脱离具体学科，但又有一些重大而根本的理念为所有领域所共享。在此意义上，社会学也迎来了与系统论结合的可能，与其他学科一起对系统理论做出贡献，系统论也无可避免地出现多种分殊。由此，通过第一部分的论证，我们可以得出结论：一方面，系统论是可以连接自然科学与社会科学的方法论，它是科学理论积累到一定阶段以后，对基础理论进行重塑与一般化的产物；另一方面，作为多学科合作产生的理论结晶，它无法被简单地划归生物学、社会学或哲学，并非独属于哪个学科领域的单一子学科，但又由多学科在共享特定理念的基础上各自发展。在与法学等社会科学领域结合的意义上，我们也能够从上述两方面获得启迪，特别是在20世纪70年代以后，我们可以看到社会科学对系统论的普遍引入。但这种引入又是将工具方法与社会学理论等领域的具体问题相结合的，它不是简单的挪用，更不是源于自然科学的支配，甚至可以反过来对一般系统论做出贡献。

二、卢曼基于系统论而重塑了社会学理论

根据上文所述的逻辑链条，一般系统论与系统论法学之间实际上还存在一个中间环节，这便是“社会理论的系统论”。之所以使用这一稍显拗口的表达，是为了尽量确保阐释的准确性；而且，此处还有一个更深层次的原因，即从这里开始，我们完全无法忽视卢曼的影响，正是他将一般系统论与社会理论相结合，进而在法律系统运用，从而构建出了宏大而深邃的系统论法学体系。

笔者曾认真考虑并考察“经由一般系统论直接观察法律”的可能，但发现系统论的进路终究是一种基于外部观察的进路，与法教义学有根本差别。这与法

学的实践性、决断性和应然价值等问题相关,我们将在后面的第三部分和第四部分展开论述。而这种外部观察的进路使系统论法学无法越过社会理论的"蓄水池"——从理论史的考察中我们发现,确实出现过其他版本的系统理论法学,它们试图从理论源头直接汲取,如审判体系的动态模型和来自物理学的工程系统论,但目前来看似乎都没能发挥持续有效的影响力。因此,在接下来的阐述中,我们更多的是跟随卢曼的脚步,审视他所面临的理论问题,并为系统论法学奠定来自社会学理论的基础。值得留意的是,卢曼本人的系统论学说也是在不断更新的,这与一般系统论的发展历程相关,因此,我们可以在上文的时间线上继续推进。

在输入—输出系统和黑箱理论的模型基础上,诞生了更为先进的开放系统理论,而这里基于功能维持的系统/环境之分也正是卢曼系统论的起点。在热力学诞生后,人们认识到:输入—输出的封闭系统并不是铁板一块,它的天然属性是趋向混乱乃至解体的——稳态根本不是一个整体与部分的问题,而是一个系统与环境的问题。环境倾向于击破系统的边界而使其趋于消亡(也即一种内与外的无差别化),确定性重新消融于无边无际的复杂性。所以,系统其实没有什么价值目标或终极目的,如果强行设置一个目标,则无非是"维持"本身而已。这在生物体衰亡中体现得最为生动——当一个草履虫无法再动用能量维持其细胞边界时,也就到了这个生命消逝而与环境融为一体的时候。从这个角度讲,系统须是反熵的,也就是所谓的"通过强化自身的复杂性而对抗外部环境的复杂性",从后来卢曼接触到的自创生系统论来看,则可以将此解读为系统的自创生运作连续不断地维持着自身的边界。从此,执着于整体与部分、结构与元素的封闭系统不再有效,它很快被功能维持的开放系统理论取代。

这可能是系统论历史上最重要的突破性认知,也是众多系统论版本中卢曼所重视的一种。此处最为生动的例子莫过于阿什比(Ashby)著名的"同态调节器"(homeostat),它运用一系列电磁原件装置对外来扰动作出回应、回归稳态。这种机器本身并不复杂,重要的是阿什比发现了系统是系统和环境"所共同构成的整体",他非常严肃地提出"环境"是不可忽略的一部分。他曾带上这个被宣称拥有机器智慧的发明,在1952年3月20~21日举办的纽约梅西会议上舌战群儒,与控制论专家维纳合作提出负反馈理论的毕格罗(Julian Bigelow)、社会学家米德(Margaret Mead)、生态学家哈钦森(G. Evelyn Hutchinson)等人进行了激动人心又观点密集的热烈探讨。[9] 在这场讨论中,阿什比提出了许多新奇的见解,他果断地拒绝了系统与环境截然二分的可能性,并提出以下两种极深刻的论断:一方面,同态调节器本身"既是系统,又是环境";另一方面,系统本身仅仅是专注于"维持"而已,回归稳态的背后没有所谓的动因问题。后来开放的、功能维持的系统论就建基于这两个观点。

在这里,社会学也终于找到了解除帕森斯社会系统论困境的方法。回到社会学内部,最早将系统论引入社会学理论的还是首推帕森斯,如上文所述,帕森斯本人也是系统论共同体的参与者与贡献者。但是,他所首倡的社会系统论在盛极一时之后陷入了几乎完全被放弃和遗忘的地步,随着帕森斯去世,他的社会系统理论和结构功能主义一起受到冲击。首先,早期的系统论着眼于整体—部分,特别是从元素和结构来理解与分析问题的模式,使对"结构"的理解过于僵硬,这在帕森斯的 AGIL 模型中体现得更明显;其次,早期的系统理论囿于结构功能主义的理解,无法处理偏离既有规范的行为,如偏差行为、犯罪行为乃至全社会的功能紊乱,而这显然是社会系统内部的问题,无法"在外"寻找原因;最后,是动态演化的问题——如果说机械和生命体都有明显的临界点(如生与死),那么社会阶段的划分又有什么客观依据可言呢?如果这种划分是人为的,何以历史学家或社会学家就有天然的优越性?而且,他们究竟是站在超然的位置,还是在社会系统的内部来对这一切作出观察和总结呢?[10] 以上三方面的问题导致了早期社会系统理论的受挫,它源于帕森斯过度执着于规范和结构而没能获得"功能维持"的视野。卢曼从这里着手,果断放弃了规范和结构的包袱,在帕森斯的基础上尝试运用一般系统论的最新成果重塑社会学理论的体系,进行新一轮的"改造升级"。他指出:"在没有首先提供适当理论替代品的情况下,就将系统理论简单地拒绝、无视这些以一般科学进步的方式取得的丰硕研究成

[9] See W. Ross Ashby, "Homeostasis", in Cybernetics: Circular Causal and Feedback Mechanisms in Biological and Social Systems: Transactions of the Ninth Conference March 20 – 21, 1952, New York, NY.

[10] See Talcott Parsons, *The Social System*, Routledge, 1991;赵立玮:《规范与自由:帕森斯社会理论研究》,商务印书馆 2018 年版;[德]格哈特:《帕森斯学术思想评传》,李康译,北京大学出版社 2009 年版。

果,这显然是不可行的。"[11] 他将系统/环境之分和边界维持作为系统的"价值",坚持从这种功能(而非规范)的进路来重新理解系统。如果这一点无法得到保证,那么系统就还是那个僵化的框架;如果还"在 AGIL 格子内部找答案",那它就不是一个动态运作的自创生系统,而是一个平庸机(trivial mmachine),即特定的输入一定对应特定的输出结果,一切都是可预测的和被决定的,这毫无理论的生命力可言。这里回到了本文开始时关于卢曼阐明的话题:经由系统论,挽救社会学。后来的理论进展证明,这种重塑是成功的,卢曼也成为"社会学中的黑格尔"。

但是卢曼没有黑格尔那样对于合题的执念,相反,卢曼系统论普遍适用性的坚固保障恰恰在于差异和区分,也即"区分"本身的普遍性。这是自创生系统理论起始的逻辑点——理论可以是千差万别的,但这种数不胜数的差别中有一点是确保无疑的,那就是区别本身。比如,有/无,内/外,上/下,两两相生相伴,无此即无彼,否则就完全无法将认知延续下去。饶有趣味的是,区分理论的论证者斯宾塞布朗(Spencer Brown),在其代表作《形式的法则》(*Laws of Form*)扉页中,就直接引用了"有名万物之母"这一来自《道德经》的经典表达。[12] "区分"本身具有怎么突出都不为过的认知基础作用,在此意义上,"不",而非本体、上帝、存在等,是哲学上的第一个关键词——"一旦发明了否定词,就开启了可能性的概念……'不'是第一个哲学词汇,也是第一个哲学问题"。[13] 这个判断是富有真知灼见的,因为"不"本身意味着人类的思维能够脱离现实而抽离出"一个可能性的世界",带来一个开放性的观察空间,由此拉开主观与客观的两个世界。这是一种建构主义的认识论,因为区分和否定显然不是外部世界本身就有的,而是观察和建构的结果。在"我们根本无法毫无遗漏地把握客观世界"这一前提下(这种绝对的、单一的、作为整体的客观世界也早已被证明并不存在),实际上并不存在一种认知的中心,而只有运用一对一对符码所作的分别观察,对任何一种观察都可以作二阶观察,即看到一阶观察所使用的符码,"退而瞻远",将观察者也纳入视野中。比如,同样是对于合同,经济系统会用支付/不

[11] Niklas Luhmann, *Introduction to Systems Theory*, Edited by Dirk Baecker, Translated by Peter Gilgen, Polity Press, 2013, p. 42.

[12] 参见钟芳桦:《鲁曼〈社会中的法〉导读》,载《台湾法学》2012 年 6 月刊。

[13] 赵汀阳:《第一个哲学词汇》,载《哲学研究》2016 年第 10 期。

支付来观察,而法律系统则会用合法/非法来观察,[14]但之所以能“看到”,是因为我们运用了新的差异,这一环接一环的审视是不断地“跳出来”得出的。由此,我们也并不能说两者之间有怎样的高下或对错之分,这也是现代功能分化社会的必然结果。

区分的普遍性确保了系统论的普遍性。系统理论是一种区分理论,如果非要给这种系统下一个定义,那么我们会说:系统就是系统与环境之间区分的维持,这是卢曼系统论的根基所在。可以说,当运用区分或曰差异之时,就是运用系统论思维之时。而所谓“信息”,则可以被精妙地定义为“制造差异的差异”,以此消除不确定性,“知道了”本身,其实也就意味着系统与环境的边界成功得到了维持。自创生运作一环接续一环,维系着系统与环境的边界,在这里没有什么实体意义上的“系统元素”,如果有,就是维持性的运作本身。在我们说,“有一个系统存在”时,实际上就是在说“一个系统正在进行运作”。[15] 对于这种自创生系统的详细介绍十分重要,然而本文无法,也无必要在既有的文献基础上作重复性的铺展。[16]

---

〔14〕 关于在二阶观察和建构主义认识论基础上如何看待法律,参见宾凯:《法律如何可能:通过“二阶观察”的系统建构——进入卢曼法律社会学的核心》,载《北大法律评论》编辑委员会编:《北大法律评论》(第7卷·第2辑),北京大学出版社2006年版,第353~380页;宾凯:《作为观察者的法哲学和法社会学》,载[德]尼克拉斯·卢曼:《法社会学》,上海世纪出版集团2013年版,序言。

〔15〕 Niklas Luhmann, *Introduction to Systems Theory*, Edited by Dirk Baecker, Translated by Peter Gilgen, Polity Press, 2013, p. 48.

〔16〕 目前,已有作品对此作出了充分而专业的介述。参见高鸿钧、赵晓力主编:《新编西方法律思想史》(现代、当代部分)第14章:卢曼的“自创生”系统论法学,清华大学出版社2015年版;[德]格奥尔格·凯纳、阿明·纳西希:《卢曼社会系统理论导引》,鲁贵显译,巨流图书公司2000年版;[德]玛格特·博格豪斯:《鲁曼一点通——系统理论导引》,张锦惠译,阮晓眉审定,暖暖书屋文化事业股份有限公司2016年版,特别是关于区分和观察理论的第32~68页;[德]尼可拉斯·鲁曼:《社会中的法》,国立编译馆主译,李君韬译,台北,五南图书出版股份有限公司2009年版,该书第2章“法律系统之运作上封闭性”以较大篇幅结合了一般系统论的内容;杜健荣:《卢曼法社会学理论研究——以法律与社会的关系问题为中心》,法律出版社2012年版;王琦:《系统、社会和法律——卢曼法律系统理论研究》,吉林大学2011年硕士学位论文。

此外,必要一提的是对“复杂性”的研究。复杂系统论在这其中成长最快,也最引人瞩目,是自然科学与社会科学系统理论合作交流的代表。其理论重镇是 1984 年创立于美国新墨西哥州首府圣菲市的圣菲研究所,它的研究方向主要包括:认知神经科学、物理和生物系统的计算、网络动力学、经济和社会交互作用等。[17] “以全学科的研究视角认识和解释(自然和社会)世界,是复杂系统科学范式的根本思想。其核心目标是,使系统思想的分析和有机的、描述性的和规范性的传统整合为一个整体”[18]。这是极为激动人心的。另外,复杂系统极为关注涌现(Emergency,也译为“茁生”)和自组织问题,即观察和解析那些由个体成分组成的大规模网络。涌现是复杂系统的一种重要表现,它意味着在没有中央单元控制或直接指令引导且在组成元素都遵循着相对简单的规则的情况下,大量的个别行为会演化出作为集体行为才有的现象。与此同时,系统利用来自内部和外部环境中的信息,同时也产生信息和信号,在这种与环境的动态打交道中通过学习和进化产生适应性。[19] 这与自创生系统论紧密相关,它意味着运作封闭的功能系统不具有化约为个体行动的可能性,而且还可能生产极端复杂、不断变化、难以预测的行为模式和系统面貌。通俗地讲,一个神经细胞的运作可以被观察并记录,进而预测其规律,但作为整个神经系统,人们却很难像“观察—记录—提炼规律—预测未来”那样直接把握;同理,即使一个股市参与者的行为遵循相对简单的规则(如追求利润),但把握和预测作为整体的股市却有如登天之难。这种宏观与微观之间的鸿沟,即为涌现。这里存在深刻的自然科学与社会科学的同构性,股市、互联网、蚂蚁群、神经元乃至一个涡流,都遵循同样的规律,它们都可以通过统一理论加以描述、理解和推导。这种理论的深化研究将极有助于社会现象的分析,特别是在宏观层面把握超大规模的社

---

[17] 关于圣菲研究所、复杂性理论及其与中国的关系,参见郝柏林:《圣菲研究所与复杂性研究》,载《科学》2009 年第 2 期。

[18] 殷杰、王亚男:《社会科学总复杂系统范式的适用性问题》,载《中国社会科学》2016 年第 3 期。

[19] 参见[美]梅拉尼 · 米歇尔:《复杂》,唐璐译,湖南科学技术出版社 2017 年版,第 27 页。

会系统。[20] 这为卢曼将普遍性的理论与自己的社会学理论结合起来,提出一套整全面而具有高度解释力的学说体系,也提供了助力。

三、系统论法学在中国发展的两个阶段

通过以上梳理,我们可以发现,系统论出现在诸学科共同追求普遍解释与准确预测的理论背景中,它绝不是由哪一个学科所专享的。毋宁说,这是一种思想的转向,是自然科学和社会科学摒弃机械因果论后,共同面对偶然性和复杂性问题而塑造出的专业工具,它与控制论、信息论等并为普遍理论,是科学演进过程中累积而成的精华。由此,我们也可以很自然地发现它在中国法学的研究中所呈现出的痕迹与特点。关于中国法学研究与系统论的结合,其实已有至少30年的历史了,系统论在法学学科领域的适用,既与系统论本身版本的不断演进联系紧密,又与中国的时代发展过程息息相关。与欧美对照,这种结合经历过早期和当下两个不同的阶段。

早在20世纪80年代,中国就曾有过颇负盛名的系统论、控制论与信息论的热潮,这“老三论”又被称为“SCI论”,是当时前沿科技的代名词,国内也开始出现对贝塔朗菲、维纳和香农等三论创始人的引介。钱学森等专家曾在1978年以“组织管理的技术——系统工程”为题呼吁“利用系统思想把运筹学和管理科学统一起来”,后来在1986年又开创了“系统学讨论班”,确立了一系列的概念和命题,形成了初具规模的系统理论体系。早期一般系统论的引入主要由理工领域的专家主导,他们试图为中国的改革开放事业,尤其是前沿科技的发展提供具体的理论指引,并将系统论划分为基础理论层次、技术科学层次、工程技术层次等,对当时的科学技术知识普及起到了很大的推动作用。[21] 其最辉煌的成果是跟进美国圣菲研究所而展开的对复杂系统的研究,形成了著名的《一个科学新领域——开放的复杂巨系统及其方法论》等代表性成果。这篇文章由钱学森等专家联合发表,提出“简化法的精确科学不适用于开放的复杂巨系统,唯

〔20〕 对于自然科学与社会科学融合等问题的介绍,湖南科学技术出版社曾推出过著名的“第一推动丛书”,其中就有对复杂系统的生动解读。

〔21〕 参见吴今培、李学伟:《系统科学发展概论》,清华大学出版社2010年版。

一可行的替代方法是从定性法向定量法的超大工程学”。〔22〕

进一步地,钱学森提出“建立法治系统工程”的建议,在这种普遍系统风潮的促进下,1985 年 5 月召开了全国首届法制系统科学研讨会。但是,该阶段虽然注意到了动态系统和复杂系统,但这一阶段的“系统学”仍然被定义为“研究系统结构与功能(包括演化、协同与控制)一般规律的科学”。〔23〕 这样一种进路遭遇了和美国 20 世纪四五十年代相类似的境况,它仅能在物理学、工程学等小范围适用,很难被用来理解法学问题,于是在经历一阵火热后又归于空洞与冷寂。笔者的老师季卫东先生就曾在 1987 年与齐海滨先生合作撰写过专门文章,对这种尚不合时宜的理论作出冷静的思考,指出法律系统与“技术工程系统”的差异,认为“从我国法制建设和法学研究的现实基础和条件来看,系统论方法尚不足以成为支配性的全方位研究方法”。〔24〕 在当时的条件下,对法律现象加以量化的原则与标准很难确定,函数变量也很难释放现实作用,而且,对于系统论方法能否有效地确定“法律的应然性与实然性之相互关系问题”不得不作出审慎的保留。这种保留态度在 30 年后的今天来看,是十分必要的,而且不失为今天系统论法学仍然需要留意的问题。但值得一提的是,当时法学界也已经关注到了卢曼的系统论,发现其有别于上文所述的技术工程意义上的系统理论,也列举和比对了当时日本、美国和苏联等国家在司法政策整体模型、审判系统动力学等领域的运用,并客观地指出“这种努力值得我们关注,但是迄今为止他们所表现出的研究实践与乐观愿望相比尚有较大差距”。〔25〕

另一个值得注意的现象是,系统论的引进与当时新兴的法社会学关系密切。改革开放以后,大规模的城市化与工业化浪潮使实证主义与社会学获得兴起的条件。根据齐海滨教授对当代中国法社会学的学术史回顾,在党的十一届三中全会之后,以沈宗灵教授为代表的法理学先驱更为青睐分析实证主义法

〔22〕 钱学森、于景元、戴汝为:《一个科学新领域——开放的复杂巨系统及其方法论》,载《自然杂志》1990 年第 1 期。

〔23〕 陈禹、钟佳佳:《系统科学与方法概论》,中国人民大学出版社 2006 年版,第 61 ~ 62 页。

〔24〕 季卫东、齐海滨:《系统论方法在法学研究中的应用及其局限——兼论法学方法论问题》,载《中国社会科学》1987 年第 1 期。

〔25〕 同上。

学，而年轻的齐海滨和季卫东则表现出对社会法学派的兴趣。于是，季卫东在1981年的“五四讨论会”上明确提出“法社会学”这一概念，并在《法律与规律》中再次提倡法社会学的研究进路，而且，对于这一新学科的提倡并非基于叙事，而是试图作逻辑性的建构。在改革为风潮的年代，法社会学也确实凸显出超越分析法学的优势。在此背景下，季卫东在开展法律试行制度的研究时首先发现卢曼的理论具有高度的分析力，精妙而深刻，且关注到日本学者对卢曼的深入研究，于是向齐海滨作推介。1988年暑假，齐海滨着手翻译英文本卢曼《法律社会学》，这是记录中可见的卢曼进入中国的第一次尝试。当时，齐海滨一边口译一边记录，然后反复审核整理，并校阅完成了导言和第一章的内容。但是很遗憾，由于一次煤气泄漏事故，这次尝试因译者不得不休息调养而中途搁浅。即使没有这次意外，《法律社会学》毕竟属于卢曼早年理论（1972年），尚未引入后来的自创生系统视野；[26]同时，就翻译而言，《法律社会学》第二章之前的部分更多是对前人的回顾和批判，尚未充分展开卢曼本人的学说（如重要的认知预期和规范预期区分），所以当时齐海滨老师的感受是，“大致知道卢曼在做什么，但感觉没有太大的收获，就像车轱辘话，也十分枯燥”。卢曼理论在中国的第一个译本的契机自此失去。与此同时，张骐老师注意到了卢曼和托依布纳的理论，这些关注也间接影响了沈宗灵教授，于是在他后来出版的法理学讲义中便增添了介绍和评价卢曼的章节。

系统论法学的第二阶段，也是国内引介卢曼的第二次契机则出现在进入21世纪后，在中国社会学持续演进的背景下，特别是在以高鸿钧教授为领军人物的社会理论法学和比较法学研究的带动下，从宏观社会学理论的视野来理解法学的代表大家，如梅因、韦伯、帕森斯、哈贝马斯、卢曼、托依布纳等学者的主要作品都获得了详致的引介与梳理。[27] 此时，法学理论界对“囿于法律闺房”“陷入形而上学”“沉迷经验考察”三重困境表现出了普遍的不满足，试图寻找适合

〔26〕 被称为卢曼自创生转向之作的《社会系统》发表于1984年，而作为卢曼后期法律思想代表作的《社会中的法》则发表于1993年，2009年12月才首度有成熟的完整中译本面世，且为繁体竖排。同时，还有大量相关领域的作品迄今都没有中文版，甚至缺乏英译本。

〔27〕 对社会理论法学的详细介述，参见陆宇峰：《社会理论法学：定位、功能与前景》，载《清华法学》2017年第2期。

解释中国日益复杂的社会和迅速变迁的法律理论新资源,[28]社会理论法学展现出了基于宏观视野的理论生命力:"这种宏观视野包括两个主要的方面。一方面,是将法律作为一种社会现象置于社会总体图景之中,这可谓一种空间维度的宏观性;另一方面,则是将法律置于社会演化史之中,寻找法律演化与社会演化之间的内在关联,这是一种时间维度的宏观性。"[29]与此同时,对卢曼理论的译介工作并未中断,如在世纪人文系列丛书的袖珍经典中推出的《权力》《信任》[30]等小册子,由刘锋和李秋零翻译的《宗教教义与社会演化》,[31]特别是由卢曼的学生执笔、基于对卢曼系统理论的介绍而撰写的《卢曼社会系统理论导引》得到了海峡两岸的共同重视,也为初窥其宏大理论体系的门径提供了入门教材。而在法学界,宾凯、泮伟江和陆宇峰等对卢曼有较深入研究的学者崭露头角,这种对系统理论的关注也得以与部门法相结合,以劳东燕、李忠夏、顾祝轩、王琦、杜健荣、刘涛和曹勉之等学者为代表,一系列运用卢曼系统论的学术成果发行并在学界引发关注。此外,《剥削·魔阵·异化——托依布纳法律社会学文集》和《宪法的碎片:全球社会宪治》两部托依布纳的作品获得译介,以此为契机,国内也在密切跟进系统理论的前沿进展,[32]积极参与国际学术研讨。托依布纳本人也曾在2012年到访中国,并与国内的系统论者展开对话。[33]而海峡对岸的鲁贵显、汤志杰、李君韬、张锦惠等学者也持续不断推进着对卢曼原

〔28〕 参见高鸿钧:《法学研究的大视野——社会理论之法》,载高鸿钧、马剑银主编:《社会理论之法:解读与评析》,清华大学出版社2006年版,第1~20页。

〔29〕 鲁楠:《社会理论之法:学源、学理与学问》,载《北京航空航天大学学报》(社会科学版)2019年第1期。

〔30〕 参见[德]尼克拉斯·卢曼:《权力》,瞿铁鹏译,上海人民出版社2005年版;[德]尼克拉斯·卢曼:《信任:一个社会复杂性的简化机制》,瞿铁鹏译,上海人民出版社2005年版。

〔31〕 参见[德]尼克拉斯·卢曼:《宗教教义与社会演化》,刘锋、李秋零译,中国人民大学出版社2003年版。

〔32〕 参见张文龙:《托依布纳的社会系统理论与西方自由主义宪政批判》,载《国外理论动态》2017年第10期。

〔33〕 参见[德]贡塔·托依布纳、顾祝轩、高薇:《私法的社会学启蒙:对谈当代著名法学家托依布纳》,载《交大法学》2013年第1期。

著的翻译与介绍,或译介《鲁曼一点通——系统理论导引》等导论性著作。材料之丰富,一时蔚为大观,由此,也为更多想要了解和运用系统理论的学者提供资源,这些作品在法学界引起的反响甚至比社会学界还要热烈。

两次对系统论法学的推进有鲜明的不同,集中表现在工程系统论与自创生系统论、早期法律系统理论和卢曼法律系统理论的对比,而今我们正处于第二次系统论法学走向成熟的进行时。在这里,我们一方面表达对系统论法学之生命力的信心与期待;另一方面,也有必要如20世纪80年代末那样,对这一范式作审慎的评估和客观的评价。这是"二阶观察"的要求,也是我们想要将系统论法学发扬光大所必须经历的任务。

四、系统论法学可能面临的问题及其需要审慎之处

没有任何一种理论是无须考虑时空条件或环境激扰而得以永久保存其生命力的,系统论也不例外。甚至可以说,这也是经过系统论自身所验证了的。因此,系统论法学从来没有,未来也不可能宣称自己是放之四海而皆准的性质。一方面,需要再次强调它作为一种思维和方法而具有的普遍性;另一方面,要检视它的局限性,并对其可能遭遇的问题作出预先的揭示与防范。据笔者的粗浅认识,这可以从三个方面展开:

(一)审慎处理系统论法学与法教义学的关系问题

系统论法学是一种来自科学理论的外部观察,而法教义学是法学内部最重要、也最值得尊重的领域,规范分析既是部门法学的立身之本,又是法律人在法律实践中必须首先遵从的方法。那些认为外部社会科学可以代替法学作论断的做法,并不值得提倡。以法条主义的机械僵化特质来认识法教义学,对所谓概念法学、机械法学发起的批判,则不过是时空错位的稻草人攻击。在法学教育层面,当前需要的恰恰不是外部观察,而是严谨的规范分析。因此,必须首先承认法教义学的优先性,尊重法学基础理论和部门法学深入而专业的研究。系统论的运用需要建立在对法学理论,特别是对法学方法论的充分了解基础上,为人们所熟知的"运作上的封闭,认知上的开放"一语,显然还是以前者为前提。在这一点上,去中心化的系统论具有就事论事的理论特质,具有多重视点,不会认为哪一种观察方式就是绝对正确的。换个角度讲,系统论与法学的内部视角

也具有结合的契机。如当前社会宪法学研究〔34〕和功能分化社会的宪法教义学研究,〔35〕虽然“内外有别”,但共同分享系统论的思想资源,分别作为社会理论法学或宪法教义学与系统论的结合,这并无不妥。

告别了“机械法学”时代的教义学体系早已不是那个刻板的自动售货的平庸机,正如雷磊所指出的:“情形早已发生变化。利益法学将利益衡量引入法学判断之中并将其作为核心,在此基础上发展起来的评价法学则在立法者未作衡量的‘空隙’之处发展出一套评价的程序与方法……法律体系就不再被视为是封闭、静态的系统,而被视为是开放、灵活的体系了,它不再只是个语词系统,而更是一个有意义的系统了。”〔36〕这与系统论不相违背。正如卢曼将沟通作为社会的单位,系统论不会再将法律视为基于法律规则的通过整体与部分、结构与元素来理解的静态体系,而是从自创生角度考虑法律沟通的可延续性。同时,这也是对“书本上的法/行动中的法”这一并不具有普遍性之划分的超越。〔37〕这对理解法的发现和法的证成具有独特的启迪,也是法科学子有必要接触的,甚至可以说是告别错误的、老旧的法律认知的关键一步。对此,泮伟江曾提出以法律事件作为法律系统的基本单位,他提及先前的系统观使法理学将“法教义学知识体系”与“法律系统的系统性”混为一谈,将前者内在的一致性看作某种映射,〔38〕而这里存在社会理论的外部观察视角所蕴含的新视野。在这里,我们可以找到系统理论与法教义学联结的寰转之枢。当然,这种联结绝非替代,卢曼本人讲得非常清楚:“一门妥当的社会学法理论,可以利用外部描述所带来的好处,这种描述方式毋须拘泥于尊重内部规范、惯例、相互理解之前提等。它

〔34〕 参见陆宇峰:《全球的社会宪法》,载《求是学刊》2014 年第 3 期;桑田:《论宪法社会学视野下的近代国家建构与法律演化》,载《行政法论丛》2017 年第 2 期。

〔35〕 国内这一领域的代表性成果,参见李忠夏:《法治国的宪法内涵——迈向功能分化社会的宪法观》,载《法学研究》2017 年第 2 期。

〔36〕 雷磊:《法教义学的基本立场》,载《中外法学》2015 年第 1 期。

〔37〕 参见[德]托依布纳:《法律:一个自创生系统》,张骐译,北京大学出版社 2004 年版,第 31 页。

〔38〕 参见泮伟江:《法律是由规则组成的体系吗》,载《政治与法律》2018 年第 12 期。

可以、也必须借助各种不相一致的视角来进行探讨。"[39]合法/非法的符码看似简单,但系统论本身还是要借助纲要理论作更专业的阐释。[40] 我们注意到,在德国本土的部门法学研究中,卢曼和托依布纳的学说也产生了广泛的影响,而且同时在多个领域:如受到系统耦合理论影响的宪法社会学,[41]受到功能分化和风险社会理论影响的刑法学[42]与"新商人法学"等。在试图为刑法教义学奠立基础的研究中,我们也能发现系统论的思维。[43]

与此同时,在法教义学与法社会学的互动层面,告别通过规则体系来理解法律系统也将为新浮现的理论生长点"清理出地基",这就是聚焦于不确定性和可撤销性而提出的"议论的法社会学"。它将法律理解为一种话语实践,司法中对抗的两方通过立论和相应的议论形成复数论证,而判决则是在议论中将对立的主张通过重组而重新弥合,由此,在司法的制度领域引入反思理性,通过议论的动态过程反复寻找权利的共识。"它将社会理解为法律运作的场域,把法律理解为社会生活的编码,从而扬弃以法律/社会的分离格局为前提的法律工具主义观点",[44]这将为上文提到的法律的科学性问题提供一种可能的解答。这里就体现了系统论与新程序主义结合的力量——程序的功能自治性是限制恣意的基本制度原理。为了达成目标而进行运作,经过不断反复而自我目的化,此即"功能自治"(Functional Autonomy),用系统论来理解,则为系统的分化及

---

〔39〕 [德]尼可拉斯·鲁曼:《社会中的法》,国立编译馆主译,李君韬译,台北,五南图书出版股份有限公司2009年版,第38页。

〔40〕 参见泮伟江:《法律的二值代码性与复杂性化约》,载《环球法律评论》2017年第4期。

〔41〕 参见曹勉之:《宪法的建构主义认识论:一个系统论宪法学的视角》,载《华东政法大学学报》2019年第4期。

〔42〕 参见劳东燕:《功能主义刑法解释论的方法与立场》,载《政法论坛》2018年第2期;劳东燕:《风险社会与功能主义的刑法立法观》,载《法学评论》2017年第6期。

〔43〕 参见[德]贡塔·托依布纳:《宪法的碎片:全球社会宪治》,陆宇峰译,纪海龙校,中央编译出版社2016年版;[德]京特·雅科布斯:《规范·人格体·社会:法哲学前思》,冯军译,法律出版社2001年版;[德]埃里克·希尔根多夫:《德国刑法学:从传统到现代》,江溯等译,北京大学出版社2015年版。

〔44〕 季卫东:《法律议论的社会科学研究新范式》,载《中国法学》2015年第6期。

运作封闭,与环境相隔绝从而作出自己的决断;用新程序主义的话语表达,则是“构成决策的隔音空间”“不是要抑制决策过程与外部环境的关系,而是要控制这种关系。各种宏观影响和微观反应要经过一定的过滤装置、通过适当的途径反映到决策中去。”[45]从时间性来理解新程序主义,实际上是通过制度作出一种“时间上的冻结”(也可称为“处理过去”),由程序将事实的发生和事实的处理人为地划成两块或者两种节奏,拉开时空间距作个案处理。结果的开放性特质意味着需要通过议论“奋力一搏”,而一旦有了定局,案件的既判力就意味着给时间贴上了封条,有一锤定音、截断众流的效应。由此,不确定的状态被大大限缩了,未来行为的预期更稳定了,甚至对时间节奏的干预本身也是一种冷处理的方式,这迫使公权力机关处理类案的前后决断具有一致性。在这里,我们可以鲜明地看到系统论的时间观——时间不是被凝固的,而是被区分的。在未来的法学理论研究中,我们确实可以引入系统论来辅助观察,它就像是一种工作使用的仪器,而其观察结果又可以放入现实中作进一步的调整和修正。

当然,系统论与法学理论之间也并非拥有天然的水乳交融的关系,这在卢曼本人所作出的一系列判断中得以体现。卢曼的法学思想颇为精深,有许多详细的见解也并不易被普遍接受,这就需要逐一检视并作对话。兹举两例,对于法学方法问题,卢曼从“去悖论以掩盖决断”的立场来认识,多少是有些冲击性的。这需要考虑功能主义立场有时候会脱离价值问题,正义本身被视为一种偶联性的公式,它抛弃“绝对正确”的可能,立足于将社会系统的沟通维持下去,并以“如何”来替代“什么”的发问。将这样一种功能的进路与规范性进路相结合,或许在法社会学更有力一些,但在法学的内部视角,则有待一系列细密的梳理和对话,甚至对卢曼作出批评。又如,在“司法是法律系统之中心”的论断中,卢曼提道“司法所依据的规则实际上是由其自身来自由选择的”,[46]这其实是一种极易被理解为法律现实主义的立场,甚至会遭受法律虚无主义的诟病,更与法发现和法解释以及裁量权的法理学问题纠结在一起。卢曼在解答这一问题时,其实是独辟蹊径的,他从“司法所依规则来源于立法”和“法院禁止拒绝作出裁判”这两个判断间的悖论入手,指出司法实际上是面向未来而非受制于过

---

[45] 季卫东:《法律程序的意义》,中国法制出版社2004年版,第25页。

[46] [德]尼可拉斯·卢曼:《法院在法律系统中的地位》,陆宇峰译,泮伟江校,高鸿钧审定,载高鸿均、於中兴主编:《清华法治论衡》2009年第2期。

去的，揭示出了司法的主动位置，进而提出立法与司法是循环和相互观察的关系而不是阶序与服从的关系。如果我们跳出之前固有的思维，在二阶的位置审视这一新颖的判断，实际上会获得先前所无法拥有的视野。这对重新理解法律解释、法律裁判和规范预期，其实是颇有助益的。“去中心”并非虚无，以二阶观察的视野和直面悖论的特质，似乎总是可以对有局限性的问题作超越观察。然而，二阶观察在系统论中并不能替代一阶观察，甚至没有优越性可言，在和具体的法学问题结合时，系统论将不得不“收束”在一阶层面，否则就会陷入无穷递归的“再退一步”，从而失去解决问题的能力。

总之，系统论法学始终提示我们需要抱持某种“对于黑箱的谦敬之心”，需要认识到“在标记与非标记之间始终存在神秘‘黑洞’。系统的意义在于使人们清醒地认识到自身‘无知’的一面，始终对‘环境’怀抱着谦卑”。〔47〕

（二）警惕系统论法学的“艰涩”与“封闭”两大隐患

系统论具有与法学相结合的契机，但想要把契机变成现实，需要一个将潜力释放出来的过程。对此过程，不可忽视的一大阻碍就是卢曼系统论表述的难度。系统、复杂性、自创生、耦合、冗余、悖论、沟通等概念，都在卢曼的表达中有非常专业的定义，他许多深邃精妙的思想，就这样深锁在艰涩的概念中，需要耗费一定周折才能领悟，这在德语世界也不例外——“由于他注重吸收20世纪社会理论、哲学现象学、生物学、物理学和控制论的前沿成果，创造性地使用高度准确而又抽象晦涩的新术语，德国人还专门编纂了《卢曼辞典》”〔48〕。其中，最典型的代表莫过于“耦合”，这本是来自物理学的用于表达联动的术语，许多读者都出现理解困难或主观误读的情况。但系统论自身的普遍性和解释力是与其理论的抽象有内在关联的，特别是在术语层面，它不得不使用一些较为艰涩，甚至生僻的概念来确保理论阐释的准确性。这一点与其说是卢曼不同情受众的理解力，不如说是他刻意告别“老欧洲”思维的刻意之举，他不能容许因概念的模糊和理解的偏差而使系统论的体系溃于蚁穴。

面对“若不全盘接受，就是完全不碰”的局面，我们可以看出，对于卢曼系统

〔47〕顾祝轩：《民法系统论思维——从法律体系转向法律系统》，法律出版社2012年版，第2页。

〔48〕陆宇峰：《“自创生”系统论法学：一种理解现代法律的新思路》，载《政法论坛》2014年第4期。

理论的生疏乃至拒斥主要出自两种倾向:一则为其艰深,二则为其封闭。术语的专业性自然可以力保精确,但也使系统论本身容易退变为一个自说自话的、同语反复的、被其他理论进路隔绝的边缘工具,进而失去灵活性和传播的空间。卢曼基于其系统论理念而有明显的循环写作特质,即不从一个基础命题起步、逐渐展开自己的体系,而是如蛛网般"哪里都是起点",这意味着其理论具有随处可读的优势,但也为精准、全面地把握他的思想带来挑战。这种情况下,笔者认为有三方面的工作是极为重要的。

首先,是继续严谨遵从系统论概念表述的严格性,不因传播需要而轻易变更表述,以保持系统论体系的稳固。在各版本翻译术语出现差异时,尽量寻求统一,难以统一的情况下则有必要注明原文单词。笔者在翻译卢曼的专著时深感这一点的重要,于是拿出海峡两岸现有的中文版本反复比对,必要时向前辈请教并增加脚注作出概念的说明。值得庆幸的是,当前系统论法学正逐渐形成共同体,对概念和理论亦共享着基本的认识。

其次,我们之所以对卢曼感到难以理解或在理解过后觉得他有"超越凡人的智慧",往往是因为我们缺乏对他理论基础的充分认知和体验,这与我们的教育体系有很大关联。当西欧的中学生已经具有一定的古典哲学和科学理论的训练时,我们可能还在被反复灌输几十年前的模糊概念与错误理论。这种先天不足有赖于知识的进一步普及,如科学史和近代以来的哲学史,尤其是作为一般理论工具的控制论和系统论。香甜的果实总是结在具有深厚根基的大树之上,卢曼确为大师,却绝不是横空出世的,他的思想来源于众家之精华,而群星璀璨的系统论和控制论成果又来自更深厚的理论积淀。普及系统论是一个浩大的工程,需要寄希望于水滴石穿之功;但这又是极为有价值的事业,值得一代代的学者为之付出努力。

最后,积极的对话交流并形成大陆版本的卢曼导论是一件重要的工作。凡是可以言说的,必定是可以说清楚的,因此,我们有必要在条件成熟时就一系列系统理论的概念和命题作出生动的阐述,以降低了解系统论的困难。可喜的是,比起多年以前,进入系统论法学的门径更宽广也更多元了。在这种条件下,积极开展比较和对话具有宝贵的意义,如系统论法学的代表人物泮伟江同时对英国法有非常深入的了解,而陆宇峰则对宪法社会学和美国法律现实主义有专门的研究。这种不囿于一脉的理论研究更有助于为中国的系统论法学增加新的源头活水,避免其成为基于一套特殊语言符号来观察世界的封闭系统。

（三）解决舍离价值与历史而导致的"解释中国"的困难

最后，也最重要的是，中国法律和中国文明的特殊性问题。虽然系统论有普遍理论的定位和资质，但在中国法治国家的建设进程中，我们仍需要对一系列的问题作出审慎的辨析和厘清，尤其是要对以普遍性自居的理论带有一点"怀疑之后再接受"的意识。卢曼是笔者最推崇的理论家，但相信许多同仁在学习其理论时都不免在心底冒出一个隐藏很深但挥之不去的疑问：卢曼的系统理论是否可以直接拿来分析中国问题？对此，当然无法作出截然肯定或否定的回答，显然是一个更复杂而极富挑战性的新命题，我们甚至需要在未来数十年的时间里反复思索并作出讨论。

首当其冲的一个问题就在于：中国尚不是卢曼意义上的一个功能分化的现代社会，而且，未必会真的朝去中心的功能分化演化。卢曼认为，全世界法律系统仅有一个，也即凡是运用合法/非法符码的，都是法律系统，反之，亦然。这在理论上讲没有任何不妥，甚至卢曼就曾关注过托依布纳在这一点上对自己系统论的扬弃。面对"遗漏从无到有的过渡阶段"这一指责，卢曼认为，法律系统要么是一个自创生系统，要么不是，根本不存在一个中间阶段。正如说一个女士要么是孕妇、要么不是孕妇，而不存在"有一点点是孕妇"的可能，[49]而在世界范围内也没有"德国法律系统""中国法律系统"这种说法。所以，这毋宁说是卢曼有意坚持的结果，他并不认为托依布纳就更正确。而对来自价值评判的保守、冷酷、太过绝对等批评，卢曼更是刻意不作妥协。但如果我们在这里也作出一个"二阶观察"，或者直接引进比较法的视野，会发现中国的传统秩序原理中不存在作为权力的立法与司法的分化，一元权力几千年来具有高度的稳定性，预期和信任是建立在权力而非规则的稳定性上的，非但不会有抽象规则、抽象法律主体，反而会特别强调互惠性、强调具体人际关系对规则的解释与修改（规则呈现流动特质）。这在司法中尤其表现为既判力的缺失，在漫长时空中基于力量博弈而作反反复复的考量和交涉，法律系统的运作无法得以封闭，这是我们在法治建设的现实中不得不考虑的因素。中国并非去中心化的，反而是有鲜明的中心化传统的。

当我们审视现代社会的功能分化时，无法忽略的是某种"反分化的力量"，

---

〔49〕 See Niklas Luhmann, *Introduction to Systems Theory*, Edited by Dirk Baecker, Translated by Peter Gilgen, Polity Press, 2013, p. 82.

以韦伯为例,如果说理性化传统本身是一种“不断反传统的传统”,[50]那么卡里斯马的力量本身就具有穿透系统、实现跨系统整合的作用,它并不遵从特定系统的符码或者说逻辑,毋宁说是一种在“去中心化”与“再中心化”之间摆荡的特殊力量——这在中国传统中体现得极为明显。如果我们暂且跳出“现代社会”的表述,会发现“传统—现代”的划分实际上是一种无历史的划分,它意味着未来的社会不会再有其他面貌或形态的发展,而传统也注定是“被翻篇”的、无法复归的内容。但即使在目睹帕森斯的 AGIL 模型变得僵化以后,卢曼对三种社会分化所展现的阶序性特征实际上也是可以被打一个问号的。系统论法学始终强调功能的立场,不承认所谓事实与规范的两分,认为规范本身也是一种事实,但理论本身如果拒绝回答应然与价值问题,它依然有重复 20 世纪工程学意义上系统论的冷清境遇之虞,这与上述第一个问题,即与法学理论特别是法教义学的联结问题息息相关。

究其问题的实质,乃是系统论法学本身特意对历史和价值问题的保持距离,更深入一层,实际上触碰到的是“多元现代性是否可能”这一极为严肃的问题,社会科学需要长时间、远距离观察和分析才可能尝试作出解答。现代社会与传统社会确实存在某些方面的根本不同,同时又有千丝万缕或隐或现的承引关系。在这样一个复杂的系统性演化中,任何单一而绝对的规律都可能失之偏颇。林端教授就曾发现过这一点,他在批判韦伯的西方中心论的倾向时提出:“为了克服韦伯的认识论与方法论上的限制,我们从德国社会学家卢曼得到一些启发……尽管卢曼的分析主要针对现代西方的功能分殊化社会,但是中国自先秦以来,整个传统文化的确有逐步发展出自己独特形式的多值逻辑的现象,在讲究‘天理、国法、人情’的中国传统法律与司法审判里,我们要掌握中国法律传统与司法制度既此且彼的特性。”[51]因此,值得庆幸的地方在于,系统论终究因其去中心化特质为讨论中国问题留下了空间,这使我们不会以“一刀切”的方式陷入简单地自我吹捧或自我批判,对传统停留在价值评判的水平。功能分化的普遍性建立在现代性版本单一的基础上,而“中国现代常识理性的一元论论证模式,与西方呈二元论形态的工具理性并不一样。也就是说,对于多元现代

[50] 李猛:《理性化及其传统:对韦伯的中国观察》,载《社会学研究》2010 年第 5 期。

[51] 林端:《韦伯论中国传统法律:韦伯比较社会学的批判》,中国政法大学出版社 2014 年版,第 15 ~ 16 页。

性命题，除了以文化多元为其前提外，或许还存在更为深刻的基础，这就是不同轴心文明在历史上形成不同的合理性论证结构，也会影响不同文明的现代形态。”[52]这种比较的视野是卢曼系统论相对欠缺的。

篇幅所限，笔者无法引入“另一种系统论版本”与卢曼进行对勘，这就是金观涛教授的系统论研究。他以其早年“走向未来”丛书对自然科学的介绍为基础，对中国的系统论研究有很大的普及之效，并尝试将其用于大历史和宏观社会理论研究，成就斐然。更难能可贵的是，他的系统理论可以容纳轴心文明和思想史研究，当前已发展到了“真实性哲学”的最新阶段，据此检讨社会科学的基础并检视数学真实与科学真实的同构性，十分值得法哲学与法社会学研究留意。若要建立“中国气派的系统论法学”，需要参照历史社会学和比较法学的视野，从社会理论法学的维度重新对系统理论作更新版本的理论升级，在卢曼的延长线上再进一步，这将是一个漫长但有价值的探索过程。在这个意义上，由高鸿钧教授等前辈在社会理论之法的高度来倡导和理解系统论法学，是极为深刻的，而梅因、韦伯、伯尔曼等带有比较和历史视野的理论家，或许可以弥补系统论因抽象和功能主义而带来的不足。

但无论如何，笔者的判断是，以卢曼学说为代表的系统论法学，在未来中国的法治实践和法学理论研究中将会释放出强大的生命力，值得大力提倡和传播。之所以强调在一些具体问题的解决上不能将卢曼的具体判断如教条般径直援引，而需要作出审慎和细致的论证，正是为了让系统论法学更加发扬光大。这也是笔者最为赤诚殷切期待之事。卢曼虽然不能接受托依布纳的理论，但他尊重差异、鼓励不同，并认为批判与区分会为更大的理论演进带来契机。在到访美国深入了解美国法院的运转时，他曾对在案卷中记载保留不同判决意见的做法大加赞赏，因为这储存了更多可能性，以使未来的沟通得以继续衔接下去。系统论始终是认知开放的、多元视角的，这是它温润的魅力所在。笔者相信，唯有在更坚实的地基上，才可能建筑更稳固的大厦，而这有赖于我们更认真地添砖加瓦。

---

〔52〕 金观涛、刘青峰：《多元现代性及其困惑》，载《二十一世纪》2001年第8期。

结　　语

系统论并不具有门户之见,作为一种思维和方法,它同时可以被法教义学和法社会学借鉴和运用。本文不敢掠美,谨在理论史梳理基础上作锦上添花之尝试。我们有信心对系统论法学的未来作出展望,因为二阶观察是激动人心的,而系统论分析之深刻和视野之宽广也迟早会使其绽放出精彩绝伦的魅力。作为总结,笔者想以冯 · 福斯特(Von Foster)的一个故事收尾。在"物自体无法认知"的理念中,我们可以想象人类不过是一种只能从夏季活到秋季的昆虫罢了,而世界是有"冬季"的——人类永远无法触及和想象确定的真理,而去中心化的观察又等于说是缺失了权威标准的观察,它注定永远都是有限的,甚至是错误的。如何回应呢?有人曾就这一问题追问冯 · 福斯特,他认为,除却观察"夏天",我们实际上也超越了作为夏天昆虫的观察,而是已考虑了各种不同的世界,包括那个不可能有观察者的世界,因此,关于观察者真正的哲学是必须首先超出观察本身的。他说,火星上的人根据他们的观察发现火星是宇宙的中心,而地球上的观察者则看到星空围绕着地球旋转,不同的观察者都认为自己是宇宙的中心。但如果有沟通呢?他们既不会认为地球是中心,也不会认为火星是中心,而是会对这个问题进行更广阔的思考,这比拥有一个权威要好得多。

科学的累计也正是如这般。只要有多重观察视点,人们事实上会倾向于接受"大家都不是宇宙中心"的观点,也即,在任何时候只有超越自己的位置以后,才能更清楚地观察自身之前是如何观察的,这便是二阶观察,它为系统论带来蓬勃的生命力。基于偶联性的认知,一方面,我们需要保持谦逊和开放,对每一种解读都持有可怀疑可修正的态度;另一方面,又需要将视野置于更为广阔的时空、将更多前沿科学的成果纳入进来,作更加全面而深入的探讨。卢曼在打造系统论时,完全不掩饰其新实用(效)主义的立场,即必须考虑知识的目的性及其对于现实的效度。系统论并不是一个精致的摆件,更像是一柄利器。

系统论法学,应当在根本上立足于多学科共同面对的问题与方法,同时,要试图对法律系统的自创生运作作出独辟蹊径的解释。这种解释一方面基于专业的理论对现象作出描述,另一方面还有揭示规律与预测未来的任务,这意味着理论本身需要具有普遍性的视野,要有勇气成为在纵向的历史和横向的社会两个维度展开的巨型理论,而且,可检验、可证伪、经受得住中国法律问题的检验。在未来,我们对系统论的理解和运用不能停留在概念的玩弄、止步于知识的介绍,让系统论的研究成为“每走一步就先歇歇”的封闭文本。如果一种学术研究具有生命力,它一定永远都还只是个“半成品”,有待于下一个沟通的接续,而且不囿于特定的作者来加工,在这一点上,系统论是人人可用的工具,而在无人之境中,理论的演化是永无止境的!

Systematic Jurisprudence in the Perspective of Theoretical History

Sang Tian

Abstract:Systematic jurisprudence has a long-term development prospect as an emerging discipline. Taking the theoretical history of this discipline as a clue, firstly discuss the development history of general system theory and focuses on the theory of open systems and the theory of distinction, and explains the basis of Luhmann's theory of autopoietic system. In the context of the interaction between natural sciences and social sciences, clarify the universal applicability of systematics in the latter field. Then it introduces the two stages of the development of system theory in China, and reflects on its problems from the systemic craze in the 1980s, and summarizes the development of the second round of systematic jurisprudence. Finally, examine the theoretical growth points of system theory and the issues that need to be carefully watched, which includes these aspects: take the relationship between systemic jurisprudence and legaldogmatic, and be alert to two hidden dangers of understanding difficulty and the closed property, and the challenge of "interpreting China" caused by the separation of value and history, on this basis, we will look forward to the future of this new jurisprudence field.

Key words: Systematic jurisprudence; General system theory; Luhmann; Autopoietic system; Theoretical History

党政机关合署办公的权力运作关系及其系统论阐释*

张海涛**

内容摘要：

党政机关合署办公的形态是党政关系变迁的具体表现。通过合署办公的形式，党的工作机关将直接指导或间接主导行政机关的工作，并具体表现在党政机关的整体关系、具体关系以及与上级领导机关的关系中。但这种关系有别于条块关系和归口管理中的双轨形式，由此产生的质疑是党政机关的混同与行政机关独立性的隐忧。从社会系统理论的角度来看，党政机关合署办公的关系仍然符合现代政治系统的一般逻辑。政党作为狭义政治系统的组成部分，充当了广义政治系统的动力机制。国家机关作为行政系统的组成部分，凭借“系统/环境”范式的区分，在运作封闭的基础上，实现自身之独立性。而党政机关之间的权力运作关系，则通过“狭义政治/行政/公众”子系统之间的认知开放，即公共意见的政治化、政治决策的法治化、行政决定的实证化，而得以合理解释。

关键词：

党政合署　权力运作形式　狭义政治系统　行政系统　运作封闭

一、问题的提出

党政机关合署办公作为新一轮党和国家机构改革的主要举措，既反映出当下党政关系的时代变迁和加强党的领导的目标追求，同时也衍生了一系列理论

---

* 本文系国家社科基金重大项目“推进党内法治建设理论与实践创新研究”(14ZDC006)的阶段性成果。

** 山东大学法学院宪法学与行政法学专业博士研究生。

与实践的新问题。2018 年我国《宪法》修改,将“中国共产党领导是中国特色社会主义最本质的特征”写入宪法正文,这成为“党的领导”法权结构化的正式表征,并结合宪法中的“社会主义”和“社会主义初级阶段”,成为“八二宪法”的规范结构。[1] 加强党的领导的执政要求,不仅体现在宪法规范的修改中,同时也在机构改革的具体实践中得到贯彻。这主要表现在,区别于过去强调“党政分开”的运作逻辑,通过合署办公的模式,党政机关之间表现出新的权力运作关系,即党的工作机关将直接指导或间接主导行政机关的具体工作。而在合署办公前,通过“党的领导的嵌入模式”,[2] 在非党组织的领导机关中设立党组是实现党的全面领导的主要途径,并通过条块关系,形成了以块块管理为主的同级党委领导体制,继而借助各级党委之间的条条关系,确保党中央的意志能够自上而下的得到贯彻。这意味着,尽管最终目的是实现党的领导意志,但党的工作机关与国家机关仍然是分属两个系统,以一种双轨形式并行运转,即便是在归口管理的模式中,党政机关之间仍然保持彼此系统之间的界分,并未出现融合的趋势。相较于此,党政机关合署办公之后,“一般配备一套人马,挂两块或多块牌子”[3] 的存在方式,导致党的工作机关存在变相进入国家机关的可能,“党的领导”也因此通过更为直接的权力运作形式得以实现。[4] 这主要表现为三个方面:在合署办公的整体关系中,党的工作机关居于绝对主导地位;在合署办公的具体关系中,党的工作机关将直接指导行政机关的具体工作或对其进行业务监督;在合署办公的党政机关与其上级领导机关的关系中,国家机关的上级领导机关极有可能被弱化,行政系统内部的领导意志呈现形式化或象征性的

---

〔1〕 参见李忠夏:《“中国特色社会主义”的宪法结构分析》,载《政法论坛》2018 年第 5 期。

〔2〕 参见张立哲:《论党政合署体制重构的基本问题与具体路径》,载《理论月刊》2018 年第 6 期。

〔3〕 刘权:《党政机关合署办公的反思与完善》,载《行政法学研究》2018 年第 5 期。

〔4〕 翟志勇教授认为,党政机关合署办公的制度形式所带来的积极意义在于“党的领导将逐步被法权化,纳入到宪制结构中,从而使得‘党的领导、人民当家作主与依法治国的有机统一’不再仅仅是一种政治宣示和政治原则,而成为一种宪制结构”,并最终实现‘八二宪法’的体制重塑”。参见翟志勇:《监察委员会与“八二宪法”体制的重塑》,载《环球法律评论》2017 年第 2 期。

存在。

面对这种新的权力运作关系,我们需要回应的是,党的工作机关与国家机关是否能够继续维持在党的领导下的并行运转的双轨形式?形式化的合署办公是否意味着党政机关之间的实质性融合?如何在理论层面解释党政机关合署办公之中的关系,并合理释明党的工作机关的主导性与行政机关的相对独立性?目前,已有研究对上述问题有所关注。秦前红教授认为,"党政工作机关在整合后可以直接涉足公共事务的管理,进一步便有虚置政府机构的可能,使政府部门成为党组织直接部署落实政党政策的政治工具,而非执行国家法律的公共机构"。[5] 因此,有学者以过去纪检监察机关的合署办公为例,认为"如果不处理好二者在合署办公中的关系,行政监察权容易湮没于党的纪律检察权之中"。[6] 进一步而言,"合署合并包含着党政机构'一体化'的可能与趋势",[7] "不适当地探索党政机关合署办公,可能导致党政合一"。[8] 然而,尽管已有研究认识到党政机关合署办公所衍生出的"党政趋同"的可能,但却尚未提出回应问题的理论解释方案。正如有学者所指出的,目前学界对"如何处理坚持党的领导与保障监察委依法独立行使监察权之间的关系"这一问题还缺乏深入的理论研究。[9] 所以,如何通过理论上的建构,既突出党的领导的重要意义,又能够充分说明行政机关的运作独立性,并最终实现合署办公中"党的工作机关之主导性"与"国家机关之独立性"的有机统一,是当前亟须回应的理论难题。

正因如此,本文尝试借鉴卢曼社会系统理论中有关政治系统的论述,对前述问题提供一个明确的解释方案。而之所以选择卢曼的政治系统理论,主要是

---

[5] 秦前红、陈家勋:《党政机构合署合并改革的若干问题研究》,载《华东政法大学学报》2018 年第 4 期。

[6] 徐理响:《现代国家治理中的合署办公体制探析》,载《求索》2015 年第 8 期。

[7] 金国坤:《党政机构统筹改革与行政法理论的发展》,载《行政法学研究》2018 年第 5 期。

[8] 刘权:《党政机关合署办公的反思与完善》,载《行政法学研究》2018 年第 5 期。

[9] 参见吕永祥、王立峰:《"纪委"与"监察委"合署办公的现实问题与解决路径——以政治系统论为分析视角》,载《中南大学学报》(社会科学版)2018 年第 3 期。

因为：一方面，不同于卢曼的法律系统理论已经获得国内学者的普遍关注，[10]其政治系统理论仍然处于研究的起步阶段，因而有必要对其进行一番考察与介绍；另一方面，通过引介和运用政治系统理论，我们会发现，党政机关合署办公的权力运作关系仍然符合现代政治系统的一般逻辑。因此，本文将首先提炼出党政机关合署办公所衍生出的权力运作关系，以及由此所产生的理论问题，并通过政治系统理论的分析，最终提出回应的解释方案。

二、党政机关合署办公的权力运作关系

从已公布的《中共中央关于深化党和国家机构改革的决定》和《深化党和国家机构改革方案》来看，加强党的全面领导作为此次机构改革的根本目标而贯穿始终。正是通过合署办公的形式，执政党的意志在国家机关中获得更直接的贯彻途径，党的工作机关将直接指导或间接主导行政机关的具体工作。

（一）党政机关的整体关系

党政机关之间的整体关系，是指合署办公中党的工作机关与国家机关何者居于主导或统率地位。有的学者以合署机构间的权力位阶为衡量标准，认为过去党的纪律部门和行政监察部门之间是一种“权力不对等、不匹配的结构性缺陷”[11]以及“依附性合署”[12]（非对等合署）的状态，而合署办公后，如监察委与同级纪委则转变为一种政治地位平行的“对等性合署”。[13] 但是，就规范和实践的情况而言，纪委监察委合署办公仍然属于一种实质不对等的“依附性合署”。

首先，就规范层面而言，国法与党规均对“依附性合署”提供了依据。《监察法》第 2 条规定，“坚持中国共产党对国家监察工作的领导”。同时，《中国共产

〔10〕 有关卢曼法律系统的理论介绍，参见陆宇峰：《“自创生”系统论法学：一种理解现代法律的新思路》，载《政法论坛》2014 年第 4 期。

〔11〕 参见王旭：《国家检查机构设置的宪法学思考》，载《中国政法大学学报》2017 年第 5 期。

〔12〕 参见徐理响：《现代国家治理中的合署办公体制探析》，载《求索》2015 年第 8 期。

〔13〕 王立峰、吕永祥：《纪委与监察委员会合署办公的理论内涵、现实意义与优化路径》，载《河南社会科学》2017 年第 11 期。

党工作机关条例(试行)》第5条规定:"根据工作需要,党的工作机关可以与职责相近的国家机关等合并设立或者合署办公。合并设立或者合署办公仍由党委主管。"与此相关,2019年1月,中共中央办公厅印发的《中国共产党纪律检查机关监督执纪工作规则》第6条规定:"……中央纪委和地方各级纪委贯彻党中央关于国家监察工作的决策部署,审议决定监委依法履职中的重要事项,把执纪与执法贯通起来,实现党内监督和国家监察的有机统一。"因此,从"党领导监察工作""党委主管"以及"纪委审议决定监委工作事项"的基本原则可以看出,合署办公的党政机关在整体关系上应坚持党的工作机关居于主导性地位。

其次,就实践层面而言,在纪委与监察委的合署办公中,作为党的工作机关的纪委处于主导地位。这主要体现在三个方面:一是干部人事的问题,从中央纪委研究室所公布的《监察委员会如何进行议事决策?》的资料来看,监察委员会不设党组,根据党管干部原则,研究干部人事问题须以纪委常委会名义进行;二是会议召开与审议内容的问题,监委常务会与纪委常委会议合并召开,而监委常务会审议事项主要包括"传达学习、贯彻落实党中央和中央纪委的重要会议、重要文件、重大决策部署""向中央纪委、上级纪委监委和同级党委的重要请示、报告";三是职务兼任的问题,从纪委与监察委的人员构成来看,中央纪委副书记兼任国家监察委主任,地方监察委主任由地方党的纪委书记兼任,地方监察委副主任一般由党的纪委副书记兼任,而这种职务相互兼任的现象,其本质是"一套人马,两块牌子"的具体表现。显然,形式上体现的"对等性合署"仍然表现出非对称性的结构,纪委作为合署办公中的主导性机关实际统领着国家监察机关的运转。

此外,也有学者认为,在判断合署办公的党政机关关系时,应当以"党政机构在建制、职能、人员配比等方面的规模对比"来确定彼此的统领关系,即"大机构统领小机构",如司法部的规模远超于中央全面依法治国委员会办公室,因此前者应当负责(统领)后者的日常工作。[14] 但是,这种观点存在两个问题:第一,中央全面依法治国委员会办公室与司法部并非是合署办公的模式,而是党

〔14〕 参见秦前红、陈家勋:《党政机构合署合并改革的若干问题研究》,载《华东政法大学学报》2018年第4期。

中央决策议事协调机构将其办事机构设在国务院的组成部门,[15]落实党的统领的方式;[16]第二,这实际是模糊了"统领"与"执行"的关系,中央全面依法治国委员会办公室设在司法部,由前者负责贯彻党的意志与政策,而后者负责具体政策的落实与执行,以加强党中央对法治中国建设的集中统一领导,所以在二者关系中,居于主导或统率地位的是党的中央全面依法治国委员会办公室。

因此,在党政机关合署办公的整体关系中,既不能简单地理解为形式上的"对等性合署",也不宜根据党政机关之间规模体量的对比来确定主次关系,而应当是党的工作机关居于主导地位,并统领国家机关的日常工作。但是,党的工作机关也并未直接介入国家机关的具体工作中,因而这里的统领是一种间接主导的含义。

(二)党政机关具体的权力运作关系

相比整体关系中的间接主导地位,在党政机关的具体权力运作关系中,党的工作机关通过对国家机关进行工作指导和业务监督,体现出一种直接指导的逻辑关系。

首先,具体权力运作关系发生转向的前提条件是"党的领导"从合署之前的外部嵌入转变为内部的直接影响。合署办公之前,主要是通过在非党组织中设置党组的方式实现对国家机关的政治领导,并由此贯彻执行党的方针政策、具体落实党管干部原则,以及加强本单位的统战工作。但是,这种嵌入模式在党政机关之间仍然体现出一定的相对独立性,党的工作机关整体处于国家机关运作的外部环境之中。而在合署办公之后,国家机关是否再设置或保留党组则须视具体情况而定,如在纪委与监察委的合署办公中,监察委不再设置党组。但是,基于加强党的领导的价值目标和"一套人马,两块牌子"的运行方式,可以预见,在未来党政机关合署办公的实践中,取消党组或不再另设党组将成为常规做法。这就意味着,在具体工作中,不再需要通过党组在行政系统内部传达党的执政意志,党的工作机关可以径行指导、建议、监督行政机关的具体工作。

其次,在具体实践中,党的工作机关对国家机关进行工作指导和业务监督。

---

〔15〕 参见苏绍龙:《论党内法规的制定主体》,载《四川师范大学学报》(社会科学版)2018年第5期。

〔16〕 参见金国坤:《党政机构统筹改革与行政法理论的发展》,载《行政法学研究》2018年第5期。

以纪委监察委合署办公为例,这种指导和监督主要体现在执纪审查与监察调查的关系上。尽管理论层面上,党的执纪审查和监察委的监察调查在规范依据和适用对象上存在明显区别,但在实践中仍然难以完全区分。[17] 而正是因为监察委的监察对象是全体公职人员,其中,绝大部分公职人员又具有中国共产党党员身份,所以纪委和监察委所进行的监督、调查和处置等职权就具有同步性和同质性。[18] 但是,这种审查与调查的同步性仍然存在一定的前后顺序和主次关系。比如,在监察体制改革试点期间,山西省首例留置案件中就出现了纪委审查在先、监委调查在后的现象:2017 年 3 月 22 日,涉嫌严重违纪人员已经接受纪委的组织审查,在组织审查 22 天后,4 月 13 日监察委正式对涉案人员采取留置措施,并对其违法行为进行调查。这意味着,纪委率先采取了违纪审查,并在掌握一定线索的情况下,交由监察委进一步地实施违法调查,所以纪委实际在引导着监察委的个案办理。而监察委的监察对象中又主要是以具有党员身份的公职人员为主,因此,纪委的工作指导将成为监察委在个案办理中的普遍现象。

当然,纪委与监察委的合署办公只是一种具体情形,并不能完全说明党政机关合署办公中的这种具体权力运作关系。但是,基于加强党的全面领导的价值目标,党的工作机关不仅在整体关系中将居于主导地位,而且在具体权力运作上,也势必将通过对国家机关的工作指导和业务监督的方式来确保党的意志能够贯彻到底。

(三)党政机关与其上级领导机关的关系

合署办公的模式使党政机关与其主管领导机关之间出现了双维四重领导关系。合署办公之前,党的工作机关同时受到同级党委和上级党的工作机关的领导,国家机关也同样受到同级政府和上级业务主管部门的领导;而合署办公之后,尽管在形式上不会发生前述领导关系的变化,但却出现了领导意志的交叉,即合署机构同时要面对前述四个单位的领导意志。那在具体的权力运作中,又将如何表现?就现有规范而言,合署中的党的工作机关将居于主导地位并直接决定合署中的国家机关的具体工作。如前所述,《中国共产党工作机关

---

〔17〕 参见纵博:《监察委员会调查权运行法治化的若干问题探讨》,载《宁夏社会科学》2018 年第 3 期。

〔18〕 参见陈瑞华:《论监察委员会的调查权》,载《中国人民大学学报》2018 年第 4 期。

条例(试行)》第5条规定了合署办公后仍有党委主管,有的学者将这种"主管逻辑"解读为:"政府等其他各方势必降格为协管单位,行政系统对于新机构的权限仅止于程序规范,对党委所做的决定,政府可能仅做形式上的确认,将之合法化。"[19]这意味着,一方面,合署办公中党的工作机关对国家机关的工作具有最终决定权;另一方面,国家机关的同级政府和上级业务主管部门将居于次要位置,在关键事务上并无话语权。尽管《中国共产党工作机关条例(试行)》属于党内法规,可能存在"完全交由党内法规予以规定,不免有规避国家法律之嫌"的问题,[20]但目前行政组织法规范对合署办公的规定付之阙如。所以,未来这种党的工作机关居于主导地位并针对合署办公的国家机关拥有实质话语权的现象将成为常态,而双重四维的行政领导意志也将仅具有形式性和象征性的确认价值。

由此可能产生的疑问是,在合署办公前,双重四维的领导关系同样存在,只是合署办公的形式将这种四重管辖集中体现出来,但合署办公并未改变接受党的领导的本质,因此又有何本质区别?对此,需要注意如下两个方面。

第一,合署办公之前,党政是两套运作系统,党组成为其中的衔接方式。在这种情况下,国家机关接受党的领导的方式涉及条块关系。条块关系包括条条和块块,条条是指业务的上下级关系,块块是指同级各个机关之间的关系,块块管理的本质就是同级各个机关接受同级党委的领导。[21] 同时,《中国共产党党组工作条例(试行)》第4条规定:"党组必须服从批准其设立的党组织领导。"第6条规定:"党组的设立,一般应当由党的中央委员会或者本级党的地方委员会审批。"这也就意味着,国家机关中的党组负责本单位的政治领导工作,而同时党组又要接受同级党委的领导。结合条块关系,党组的衔接作用就体现在:条条之间是没有党组织服从关系的,条条在党组织关系上体现为服从本级党委,在各级党委之间,严格执行民主集中制的"四个服从",从而形成只有党委才

[19] 秦前红、陈家勋:《党政机构合署合并改革的若干问题研究》,载《华东政法大学学报》2018年第4期。

[20] 参见张力:《党政机关合署办公的标准:功能、问题与重构》,载《政治与法律》2018年第8期。

[21] 参见侯猛:《当代中国政法体制的形成及意义》,载《法学研究》2016年第6期。

能建立的一种自上而下领导关系的政治结构。[22] 由此,才能确保党中央对全党以及国家机构的全面领导。但是,在合署办公前的四重管辖领导形式中,主要是通过党组的嵌入并以块块的方式确保党对国家机关的领导,其本质仍然是两套并行的权力系统。而合署办公后,党的工作机关将直接领导国家机关的工作,改变了过去条块关系下的领导方式,两套权力系统出现了实质的耦合与权力交叉,因此,有必要从理论上对这种运作关系重新审视。

第二,党政机关合署办公也不同于归口管理。归口管理,是指将国家各机关进行分类,归入党的相应职能部门进行管理,从而形成党的职能部门与国家各机关相应的对口关系。[23] 所以,归口管理实际上与党政机关合署办公的双重四维领导关系相似。但是,归口管理不采取合署办公的方式,在形式上两者就存在本质区别。而且,在归口管理中,尽管党的工作机关直接领导国家机关的工作,但党政两套系统并行运转的双轨模式仍然确保了国家机关的相对独立性,这显然也区别于合署办公所衍生出的党政机关的权力交叉。

三、权力运作关系的理论阐释:政治子系统的运作封闭与认知开放

从上文党政机关合署办公所展现的权力运作关系来看,党的工作机关将直接指导或间接主导行政机关的具体工作,但这又有别于条块关系和归口管理中的双轨形式,由此产生的质疑是党政机关的混同与行政机关独立性的隐忧。因此,存在三个问题亟须理论回应:在合署办公中,党的工作机关为何居于主导地位?如何解释国家机关的运作独立性?如何理解党政机关之间的权力运作关系?就系统理论而言,党的工作机关之主导性、国家机关之独立性以及彼此间的权力运作关系,均属于政治子系统之间的运作封闭与认知开放。因此,在释明卢曼社会系统论的解释力与分析框架的基础上,本部分将尝试对这三个问题进行理论回应。

---

〔22〕 参见刘忠:《条条与块块关系下的法院院长产生》,载《环球法律评论》2012年第1期。

〔23〕 参见侯猛:《当代中国政法体制的形成及意义》,载《法学研究》2016年第6期。

(一)社会系统理论的解释力与分析框架

首先,系统理论是对社会的描述与解释。卢曼的社会系统理论奠基于功能分化的现代社会之上,而"观察"是其建构理论的核心概念,即通过产生一项区分,并指示出区分的一边(而不是另一边)。[24] 尽管观察的概念是作为界定社会系统的方法论而被引入,[25]但也反映出,系统理论的一项重要工作就是要通过观察社会而对社会进一步地描述,也就是通过理论的抽象来描述社会运作的一般逻辑,回答"社会如何可能"的问题。所以,系统理论一定是源于社会的演化过程。但是,也不能就此认定系统理论只是描述社会学的立场,因为系统理论最终还是要回到对社会的解释中,实现归纳与演绎的流转。也正因如此,不同的社会现象也往往能在社会理论之中找到相应的解答。

其次,卢曼政治系统理论的可欲性。尽管社会学理论就是为了回应社会问题,但"主观意义的可理解性与可翻译性只有在一个特定的文化脉络中才可能达成",[26]所以不同的社会理论也要关照到不同文化背景的可欲性。党政机关合署办公属于极具中国本土特色的话题,那么政治系统理论又能否应用其中?对此,我们需要看到卢曼系统理论所偏重的中立立场和政治系统理论对我们的启发与借鉴意义。卢曼的思考视角着眼于政治系统的运作与过程,而一改过去帕森斯"结构—功能"主义的有机体进路(Adaptation Goal-attainment Integration Latent patter-maintenance,AGIL)以及伊斯顿"输入(需求与支持)—输出(公共政策)"的组织行为模式,同时也有别于以国家机构为分析路径的权力分立结构(立法—行政—司法)。同时,其对政治权力运作的一般逻辑也是超越意识形态的,尤其是对政治系统所作的"狭义政治/行政/公众"的再分化理解,对理解当下中国政治实践极具启发意义。

---

〔24〕 参见张海涛:《如何理解党内法规与国家法律的关系——一个社会系统理论的角度》,载《中共中央党校学报》2018 年第 2 期。

〔25〕 卢曼在借鉴福斯特的二阶观察理论的同时,又借鉴了斯宾塞·布朗的区分理论,因而在一定程度上,卢曼对观察概念的转化,就是意图通过一项二元区分(标示/未标示)的引入,来最终引出"系统/环境"的分化,并在二阶观察的立场上,不断细分为社会的次级系统,由此建构起解释社会的初步框架。

〔26〕 阮晓眉:《鲁曼的沟通运作:一个去人文主义化的转向》,载《政治与社会哲学评论》第 36 期。

此外,为了更好地聚焦合署办公的论述主题,有必要对政治系统理论的分析框架进行简要说明:

第一,卢曼认为,政治系统如同其他社会子系统一样,为提升系统自身的复杂性,须再分化为"狭义政治/行政/公众"等政治子系统。而这种系统的再分化,实际就是子系统之间运作封闭和认知开放的过程,需要借助"系统/环境"的区分予以理解。

第二,政治子系统之间的运作封闭与认知开放具体表现在彼此之间的权力运作关系中。狭义政治系统主要是由政党所组成,负责将来自"生活世界"的公共意见进行筛选和过滤为政治主题,并将相关议题和决定转达给行政系统。而行政系统主要是由国家机关组成,包括立法机关、司法机关、行政机关等,主要负责将来自狭义政治系统的政治决策进行法治化处理,并生产有约束力的集体性决定。此外,公众系统则是由社会大众组成,其一方面向狭义政治系统反映社会意志,另一方面又要接受来自行政系统的法律规制,通过实证化了的、稳定的法律规范性期望,确保社会秩序的稳定,这也就是行政决定的实证化。

(二)党的工作机关之主导性:政党作为政治系统的动力机制

要理解党的工作机关在合署办公中的主导性,应当首先考量政党在现代政治系统中所扮演的角色。卢曼在其后期的政治系统理论中曾不断强调政党在现代政治运作中的重要意义。他将"以政党为核心的狭义政治系统"与"以国家机构为核心的行政系统"的分化视为第一层次的建构,并先于"立法—行政—司法"的权力分立模式:"伴随着社会分化和政治系统的内部分化,政治系统逐渐实现了一项扩展。其先将此项扩展展示为'立法机构'和'执行机构'的分立,并因此分别根据可能涉及的问题制造了系统内部的复杂性。但根本上,即使立法机构和执行机构的分立也仅仅是第二层次的建构。"[27]更进一步,卢曼甚至将民主的理解方式寄于政党之上:卢曼并不认为民主就是让利害关系人参与其中的决策原则,[28]而是将民主理解为一种"尖端的分立",[29]"尖端"是政治沟

---

[27] Niklas Luhmann, *Die Politik der Gesellschaft*, Suhrkamp Verlag, 2002, S. 249.

[28] 参见黄钲堤:《鲁曼政治系统理论之初探》,载《社会研究学报》第2卷第1期。

[29] Niklas Luhmann, *Soziologische Aufklärung 4: Beiträge zur funktionalen Differenzierung der Gesellschaft*, Opladen: Westdeutscher Verlag, 1987, S. 127.

通的权力符码,“分立”则是分别代表着执政党和其他党派。换言之,政治子系统之间的权力沟通实则围绕政党而得以迅速结构化——是政党来提出与政治系统相关的议题。[30] 而罗文斯坦(Lowens tein)对政党角色之重要性也表达出相同旨趣:“这三个权力持有者——议会、政府和人民——只不过是‘机械道具’,使立宪民主运转起来的‘轮子’是政党。”[31] 因此,政党作为政治系统的动力机制,在驱动着政治系统的运转。

就政治系统理论的角度而言,政党居于狭义政治系统之中,负责政治合法性的生产,并成为整个政治系统得以实现沟通与自我递归指涉的起点。合法性是为政治运作创作合理性的资源,传统观念会将政治合法性的获取系于与外在法律相一致的状态,即只要符合法律规定的政治运作都是具有合法性的。但是,卢曼将合法性描绘为政治系统的偶联性公式,“意味着他试图通过发展一个新名词(偶联性)来展现合法性概念的复杂性和时间上的暂时性特征,以及政治决定形成的不可预测性”。[32] 换言之,我们不能一劳永逸地确定政治运作的标准,甚至如同流水线一般,事先预设如何作出政治决定,而是视具体情况由政治系统自主决定合法性的目标。因此,与法律系统条件纲要(若……则……)的一致性相比,政治系统的政党意志与意识形态更多地体现出目的纲要的特点,即“要诉诸未来才能获知的因果关系”,[33] 所以也就决定了真正负责生产最初政治合法性的狭义政治系统,[34] 其沟通过程、行动过程、决策过程是高度地波动、变化、随机而动。[35] 因此,卢曼所建构的合法性资源是颠覆性的,其既否定了超

---

〔30〕 Niklas Luhmann, *Political Theory in the Welfare State*, translaed by John Bednarz Jr. , Gruyter, 1900, p. 236.

〔31〕 [美]卡尔·罗文斯坦:《现代宪法论》,王锴、姚凤梅译,清华大学出版社 2017 年版,第 118 页。

〔32〕 Michael King and Chris Thonhill, *Niklas Luhmann's Theory of Politics and Law*, Palgrave Macmillan, 2003, p. 75.

〔33〕 陆宇峰:《“自创生”系统论法学:一种理解现代法律的新思路》,载《政法论坛》2014 年第 4 期。

〔34〕 Luhmann, *Politische Planung: Aufsätze zur Soziologie von Politik und Verwaltung*, Westdeutscher Verlag, 1971, S. 62.

〔35〕 参见黄钲堤:《鲁曼行政官僚系统理论之初探》,载《行政暨政策学报》第 59 期。

验的神意或自然法则,同时,也未诉诸一系列先验的人类智识设计(共同福祉、契约或同意理论、公平责任、公众积极参与的社会整合与意志形成过程),而是坚定地认为"政治系统能够灵活地自我授予合法性"。[36]

当然,卢曼也考虑到如果合法性是政治系统自身所建构的,那么势必会面临"合法即合法"的套套逻辑的正当性诘问。[37] 因此,他提出了政治系统获得合法性的先决条件:第一,政治系统能够成功地识别和沟通(认知开放)处于环境系统中的与政治相关的事件;第二,避免将环境中的事件先入为主地认定为政治性的沟通内容;第三,政治系统内部再分化的子系统的复杂性,能够应对环境事件;第四,政治系统具备应对特定事件的信任程度与接受程度。[38] 其中,第三项意味着政党和国家机关应当是互为运作封闭且保持独立性的政治子系统;第四项暗示了通过法律的再符码化,确保行政系统所作出的行政决定的信任性与可预期化。因而,卢曼也得出结论:"现代政治系统没有法律亦无法运作。"[39] 但是,负责生产政治合法性的重要责任仍然是由政党所承担,政党在政治系统中始终居于主导性地位。

而对于党政机关合署办公的具体实践,不仅需要明确政党作为政治系统的核心动力机制,还需要在党政模式的变迁之中理解"党的工作机关之主导性"。2018 年《宪法》修改,将"中国共产党领导是中国特色社会主义最本质的特征"写入宪法正文,这意味着"'党的领导'和'国家组织'在宪法层面结合到一起,实现了从'党政分开'向'党政一体'的转变,但'党政分工'仍然存在"。[40] 就此而言,党政机关合署办公是新时代"党政一体"的具体表现。而就政治系统理

---

〔36〕 Chris Thornhill, *German Political Philosophy: The Metaphysics of Law*, Routledge, 2007, p. 333.

〔37〕 参见张海涛:《如何理解党内法规与国家法律的关系——一个社会系统理论的角度》,载《中共中央党校学报》2018 年第 2 期。

〔38〕 Michael King and Chris Thonhill, *Niklas Luhmann's Theory of Politics and Law*, Palgrave Macmillan, 2003, p. 75.

〔39〕 Chris Thornhill, *German Political Philosophy: The Metaphysics of Law*, Routledge, 2007, p. 334.

〔40〕 参见李忠夏:《"中国特色社会主义"的宪法结构分析》,载《政法论坛》2018 年第 5 期。

论的角度而言,"党政一体"实则成为"党政分工"可能的前提条件。卢曼认为,在区隔分化的层次上,"国家"的概念是作为政治系统的语意指涉而存在,而"党政一体"的象征意义则实际指涉出中国特色社会主义的"国家"概念,所以"党政一体"就是政治系统的整体化表达。在"党政一体"的国家概念下,又形成了两种区分方式:一是政治职位(狭义政治系统)与行政职位(行政系统)的区别,二是公部门(狭义政治和行政)与社会公众的区别。[41] 由此,"党政分工"实际对应政治职位和行政职位的区分,换言之,党政分工"成为政治系统("党政一体")内部的狭义政治系统(执政党)与行政系统(国家机构)再分化的结果。结合党政机关合署办公的实践情形,这样理解的意义在于能够明晰党政机关的角色定位:在"狭义政治/行政"的"党政分工"模式中,"党的工作机关居于主导地位"意味着通过狭义政治系统的运作与观察,解决权力建构、政治意志形成(议题准备)、人员选择(有效治理)等核心问题,而国家机关则围绕这些核心议题进一步执行与落实。

综上所述,在合署办公中,党的工作机关居于主导地位,一方面,是因为政党作为现代政治系统的动力机制,不断产生着政治合法性;另一方面,则是党政模式变迁所带来的现实需要,使"党政分工"的时代价值得以不断彰显。

(三)国家机关之独立性:"系统/环境"范式中的运作封闭

相比机构之间的合并设立,合署办公仍然保持了国家机关的完整性,且在合署办公的实践中,党的工作机关与国家机关存在明显界分。比如,在纪委监察委的合署办公中,尽管是"一套人马,两块牌子",但两者在监督主体、监督对象、监督内容、监督手段等方面存在根本区别,"在各自的职权行使上应是'泾渭分明'的",[42] 不可能完全合一。但合署办公过程中所衍生的权力运作关系极大地凸显了党的工作机关的主导性和国家机关的依附性,虽然在实践中能够清楚地看出两者的不同,但仍然有必要在理论上对国家机关之独立性进行明确阐释。

就政治系统理论的角度而言,国家机关之独立性实际是指行政系统如何能够在政治系统中确保自身的运作封闭,实现卢曼所谓的"自创生"(autopoiesis)。

---

〔41〕 Vgl. Baraldi Claudio, *Glossar zu Niklas Luhmanns Theorie sozialer Systeme*, Suhrkamp Taschenbuch Wissenschaft, 1997, S. 138.

〔42〕 秦前红:《监察体制改革的逻辑与方法》,载《环球法律评论》2017 年第 2 期。

尽管狭义政治系统与行政系统在形式上展现了一种围绕政治决策的"生成/具体化"的层级式递进关系,但独立性仍然是行政系统得以实现自创生的运作前提。这意味着,行政系统在面对来自狭义政治系统的激扰时,必须能够通过自我指涉将环境信息转译为行政系统内部的沟通,换言之,我们需要凭借"系统/环境"的区分来认识行政系统的独立性。在卢曼看来,判断政治子系统的运作封闭主要从社会、时间、事实 3 个维度考虑:"内部自治的条件对于政治系统的个别子系统而言是截然不同的……可以在 3 个维度上发现:社会维度,即系统与谁有互动关系的问题;时间维度,即系统间交互发生的时间和时间分布的问题;事实维度,即系统与环境之间的相互作用的问题。"[43] 简言之,社会维度、时间维度、事实维度分别对应的是"自我/他我"(ego/alter)、"过去/未来"(past/future)和"内部/外部"(internal/external)的区分。[44] 也就是说,理解行政系统的运作封闭和国家机关之独立性,需要判断行政系统在社会、时间和事实 3 个维度上能否区别于其他政治子系统。

鉴于目前党政合署办公仍然缺少充足的代表性实践,因此,我们仍以纪委监察委合署办公为例,对国家机关之独立性进行社会、时间、事实 3 个维度的理论检验。在社会维度上,需要重点比对系统所面对的互动对象,即纪委(狭义政治系统)所面向的是违纪违法的党员群体,[45] 而监察委(行政系统)所面向的则是全覆盖的公职人员(涉及党员或非党员)。在时间维度上,系统对其他系统的激扰所作出的反应并非共时性的,而是存在基于系统独立性和自我运作而产生的时间差异。例如,即便监委委务会和纪委常委会议合并召开并达成一致的行动意向,但后续的线索处置、案件调查和处置执行等阶段产生了监察委自主处理的时间间隔,而且从中央纪委研究室所公布的《监察委员会如何进行议事决

---

〔43〕 Niklas Luhmann, *Politische Soziologie*, Suhrkamp Verlag, 2010, S. 149.

〔44〕 Niklas Luhmann, *Social Systems*, translaed by John Bednarz Jr. with Dirk Baecker, Stanford University Press, 1995, p. 92.

〔45〕 在卢曼的反对人本主义的系统论建构中,社会不再是以人为组成元素,而是系统。此时,人成为社会系统的环境因素。所以,有学者指出:"人与其他要素一样,仅在被社会系统所需要时才能被归为系统的一部分,唯在系统内部的人已不再是一个完整的主体,而仅仅只是被系统内部的沟通所使用到的某些面向或片段。"参见郁瑞麟:《鲁曼的"去人本主义化"转向下之人文思考》,载《政治与社会哲学评论》第 57 期。

策?》内容来看,研究线索处置的人员主要控制在监察委员会主要负责人、分管承办室和案件监督管理室的委领导、承办室和案件监督管理室主要负责人、线索管理工作人员范围内,纪委部门已不再参与其中。在事实维度上,主要是考量系统与环境之间的界分与相互作用,而纪委和监察委虽然合署办公,但仍然维持"两块牌子"的二元系统,并将彼此视为系统运作的外部环境。这主要是因为,"党的领导"体现的是一种面向全方位的抽象领导,并未打破现有的国家组织体系和国家机构的职能分工体系。[46] 同时,《监察法》对自身独立性也作出了明确说明:"监察委员会依照法律规定独立行使监察权,不受行政机关、社会团体和个人的干涉。"所以纪委作为狭义政治系统的工作机关,只能以环境因素的身份、以指导和监督的形式将党的意志通过议题表达的方式传递给隶属于行政系统的监察委,而无法取代监察委自身的程序运作,这本身并未改变"系统/环境"的界分化要求。

因此,强化党的领导并不意味着模糊党政分工的存在空间,而恰恰相反,只有确保国家机关的相对独立性,才能进一步巩固党的领导的形式合法性。而从系统理论来看,合署办公的形式仍然未能突破"系统/环境"范式的二元区分,行政系统的运作封闭性是实践党政机关合署办公的一项基本要求。

(四)党政机关之间的权力运作关系:政治子系统的认知开放

在系统理论看来,任何一个系统都不是孤立的,需要通过系统间的认知开放,汲取系统运作所需的环境信息,并逐渐消解彼此之间的张力。基于此,"党的工作机关将直接指导或间接主导行政机关的具体工作"的权力运作关系,其合理性就是蕴生于狭义政治系统、行政系统、公众系统之间所进行的政治沟通,即公共意见的政治化、政治决策的法治化、行政决定的实证化,尤其是狭义政治系统与行政系统之间所分别扮演的"政治合法性"的生产角色与执行角色。

"狭义政治/行政/公众"的理论建构并非一蹴而就,而是奠基于卢曼社会系统理论的宏大叙述中。卢曼将社会变迁的视野定格在"取决于发展的相对状态、而非客观时间顺序"的社会结构,由此将社会形态归纳为区隔社会、层级社会和功能分化社会。法律系统与此对应的则分别是古代法、前现代高级文明法

---

[46] 参见李忠夏:《"中国特色社会主义"的宪法结构分析》,载《政法论坛》2018 年第 5 期。

和法的实证化。[47] 对现代政治系统的描述则并非通过社会变迁的视角,但却一定程度上沿用了社会结构的区分方式,即从功能分化、区隔分化和组织分化(层级式递进关系)[48]来对政治系统进行外部观察。首先,在全社会功能分化的层面,政治系统是以权力为媒介、以生产有约束力的集体决定为功能的社会子系统。其次,在区隔分化的层面,政治系统出现了不同领土的特殊性,即对领土国家的区隔分化,而作为一项语意指涉的"国家"概念成为政治系统的自我描述,"国家"意味着对精确定义的区域的总体责任。[49] 最后,在组织分化的层面,为了提升自身的复杂性和吸收矛盾(适应矛盾)的能力,[50]持续地生产并维持政治合法性,每一个地域国家内部又分化出狭义政治、行政、公众 3 个子系统。由此,权力的真实运作场域就成为地域国家中的组织分化系统。

此外,再分化的政治子系统被赋予了不同的角色与功能指向。狭义政治系统是更限缩与更核心的政治沟通,它关乎有约束力的共同决定以及如何制定决策,[51]具体表现为准备和讨论议题、人员选择、共识机会与权力建构等面向。行政系统的组织形态即为国家机构,其功能则是"产生关联决策"(生产有约束力的集体决定),公众系统则是由任何可以纳入政治系统中并具有特定角色的人或团体组成,他们是法律的适用者,而更重要的是,其必须接受具有约束力的集体性决定或者其意见在政治运作中被予以考量。[52]

在具体运作中,"狭义政治/行政/公众"的三分模式以一种正式的权力循环来表达彼此的关系,即公共意见的政治化、政治决策的法治化、行政决定的实证

---

〔47〕 参见[德]尼克拉斯·卢曼:《法社会学》,宾凯、赵春燕译,上海人民出版社 2013 年版,第 182 ~ 260 页。

〔48〕 组织分化本质是一种层级关系,"政治系统之内的每个地域国家,通常会引用阶层式分化形式来建立指示阶层"。参见黄钲堤:《鲁曼政治系统理论之初探》,载《社会研究学报》第 2 卷第 1 期。

〔49〕 Niklas Luhmann, *Die Politik der Gesellschaft*, Suhrkamp Verlag, 2002, S. 244.

〔50〕 Niklas Luhmann, *Politische Soziologie*, Suhrkamp Verlag, 2010, S. 133.

〔51〕 Borch Christian, *Niklas Luhmann*, Routledge, 2011, p. 116.

〔52〕 Niklas Luhmann, *Soziologische Aufklärung 4: Beiträge zur funktionalen Differenzierung der Gesellschaft*, Westdeutscher Verlag, 1987, S. 148.

化。第一,公众意见的政治化是指公众系统与狭义政治系统之间的关系,即公众系统的社会意志能够进入政党的议题讨论与准备过程之中。因为只有符合政治系统符码(权力)运作的前提下,政治沟通(公共议题的政治化)才能在不同组织系统中真正流转。而现实中,大量权力是“扩散地分布于”社会之中,[53]“社会性权力是外在于政治系统的出现与存在”,[54]因此,公众意见需要被政治化。同时,政党需要获得政治支持,所以必须认真对待来自公众系统的意见而不会拒绝审慎合理的公共意志。第二,政治决策的法治化是指狭义政治系统与行政系统之间的关系,这主要有两层含义:首先,政党通过议会立法拘束行政部门的权限,行政部门被工具化和被限定为形成和传递集体性有约束力决定的角色;[55]其次,行政系统在反馈和接受政治指令的同时,政治指令也要能够被行政系统转译为可管理的媒介并且能有效地以媒介的形式传递给社会,[56]所以政治决策进入行政系统之后将被再符码化或二次符码化(second-coded),以法律的形式被归入“合法/非法”的框架中。[57] 因此,政治决策的法治化实际是从权力到法的符码转向。而这种符码的转向就形成了“问题的去政治化”与法治化的重要意义:将政治决策从狭义政治系统中移除,转译为行政系统的法律,并基于法律稳定规范化期望的功能,使得政治系统在作出决定的同时不需要负担执行决定的压力。第三,行政决定的实证化是行政系统与公众系统之间的关系,是指法治化了的政治决策最终以具体法律法规的形式适用于公众群体,也就是集体约束性决定的具体化,卢曼将其描述为“受益性/负担性”的“与行政有关的公众”。[58] 而行政决定的实证化最终还是返回对狭义政治系统的积极影响上,即将固定化的政治决策赋予可变性:实证法赋予了政治系统无限可变形的媒介,以此将政治决定转化为具有普遍适应性的形式,同时,政治系统通过具有约束

---

〔53〕 Niklas Luhmann, *Die Politik der Gesellschaft*, Suhrkamp Verlag, 2002, S. 74.

〔54〕 Michael King and Chris Thornhill, *Luhmann on Law and Politics: Critical Appraisals and Applications*, Hart Publishing, 2006, pp. 130 – 131.

〔55〕 Michael King and Chris Thonhill, *Niklas Luhmann's Theory of Politics and Law*, Palgrave Macmillan, 2003, p. 81.

〔56〕 Ibid., p. 105.

〔57〕 Ibid., p. 109.

〔58〕 Niklas Luhmann, *Politische Soziologie*, Suhrkamp Verlag, 2010, S. 139.

性的集体决定将权力扩展至所有社会沟通领域。[59] 所以,政治理性向行政理性的转化是政治系统在现代社会实现自我维持的核心途径。

以此为视角,“党的工作机关将直接指导或间接主导行政机关的具体工作”的权力关系,实则是政治决策的法治化过程,即政治理性向行政理性的转化,但其背后则是狭义政治系统、行政系统和公众系统彼此之间的权力循环。具体而言,党的工作机关之所以能够指导或主导国家机关的工作,其依据在于党的工作机关负责向合署办公的国家机关传达党的执政意志,而党的执政意志又代表着来自公众系统的集体意志。这种来自“生活世界”的集体意志表现出分散、凌乱甚至尖锐的特征,尤其是个体逐利性的主观想象往往遮蔽了理性的价值诉求,因此,“公共领域中的讨论和协商过程”需要被政治主题化。正如哈贝马斯(Habermas)所指出的,民主的立法过程可以分为两个阶段:一是公共领域的政治意见和表达阶段;二是在吸收、慎思和过滤公众立法意见和建议的基础上,形成正式的政治意志,这就是专家参与立法的过程,只有经过这个过程,法律才真正形成。[60] 卢曼表达了类似的观点,认为由政党所组成的狭义政治系统承担了对公共意志的筛选与过滤,这就意味着党的工作机关在间接地转译着群众意志,这是党的工作机关居于主导地位的根本原因。张龑教授将狭义政治与行政之间的这种权力关联描述为一种“政党执政结构”,而党的群众路线则是这种执政方式的具体化:“通过党的群众路线来过滤符合公意的群众意见,先是以党的方针政策的形式实现执政意志,进而通过政府执政模式将其上升为国家立法意志。”[61]

此外,人民代表大会制度作为公共意志政治化的另一渠道,在“日常秩序”中发挥代议功能,但这并未突破“狭义政治—行政”之间的逻辑关联,而恰恰印证了政治决策在两者之间的生产与执行关系。就系统理论而言,人民代表大会制度整体上属于行政系统之列,正如有学者所指出的:“宪法规定全国人民代表

---

〔59〕 Michael King and Chris Thonhill, *Niklas Luhmann's Theory of Politics and Law*, Palgrave Macmillan, 2003, p. 113.

〔60〕 高鸿钧等:《商谈法哲学与民主法治国:〈在事实与规范之间〉阅读》,清华大学出版社2007年版,第117页。

〔61〕 张龑:《多元一统的政治宪法结构——政治宪法学理论基础的反思与重建》,载《法学研究》2015年第6期。

大会是最高国家权力机关,确切说是政府体系中最高的权力机关。"[62]尽管人民代表大会制度也主要是为了实现公共意志的政治化,但实践中则仍以"党领导立法"的意志转译过程为前提,即由执政党提出宪法修改和解释建议、审定立法规划和立法计划、重大立法事项研究决策、推动党内法规与国家法律的衔接协调。[63] 因此,人民代表大会制度对公共意志的政治化过程实际是在执政党的领导下实现的。

综上所述,在党政机关合署办公的实践中,党的工作机关往往直接指导或间接主导行政机关的具体工作,而这种权力运作关系的理论逻辑则是政治子系统之间的认知开放和相互间的权力循环过程。但是,也不能就此忽视了狭义政治与行政之间各自维持运作封闭的分化前提,也就是党的工作机关与国家机关均能够确保自身之独立性,因为这是政治系统获得合法性的先决条件。

四、结　　语

就社会系统理论的角度而言,"党的意志——合署中的党的工作机关——合署中的国家机关"的运作逻辑符合政治系统内部再分化了的狭义政治系统与行政系统之间的指涉关系。党的工作机关居于主导地位,印证了由政党所组成的狭义政治系统的核心地位,而国家机关之独立性则需要通过政治子系统运作封闭的理论逻辑予以释明。"党的工作机关将直接指导或间接主导行政机关的具体工作"的权力运作关系,则是"狭义政治/行政/公众"系统间的认知开放过程。只有认识到政治子系统既封闭又开放的统一性,才能理解政治系统在现代社会中是如何既提升内部复杂性,同时又不断化约环境中的复杂性,从而实现自我的功能分化。

与此同时,党政机关合署办公的工作形态推动了党政关系的变迁,也衍生出一系列亟须回应的理论难题。党的领导在党政机关合署办公中彰显了新的

〔62〕 张龑:《多元一统的政治宪法结构——政治宪法学理论基础的反思与重建》,载《法学研究》2015 年第 6 期。

〔63〕 参见秦前红:《依规治党视野下党领导立法工作的逻辑与路径》,载《中共中央党校学报》2017 年第 4 期。

表现形式,同时也对国家机关运作的独立性提出了新的要求。因此,通过理论的阐释将党的工作机关之主导性和国家机关之独立性有机统一起来,是正确认识新一轮党和国家机构改革的基本前提。然而,党政机关合署办公依然存在诸多值得重视的新课题,比如,党内法规与国家法律适用于合署办公中的逻辑关系、如何协调因为合署办公中党政机关的权力互补所导致的权力加持影响、如何进一步细化合署办公的适用标准,等等。总而言之,党政机关合署办公所衍生出的一系列新现象的根本原因在于全面贯彻"党的领导"的顶层设计,因而从理论上释明与之相关的关系,具有正本清源的重要意义。

The Power Operation Relationship of the Office of the Party and Government Organs and Its Systematic Interpretation

Zhang Haitao

Abstract: The working form of the office of the party and government organs is a concrete manifestation of the changes in the relationship between the party and the government. Through the form of the office of party and government organs, the party's working organs will directly or indirectly lead the work of the administrative organs, and will be embodied in the overall relationship, specific relations and relations with the leading organs of the party and government organs. However, this kind of power operation relationship is different from the two-track form in the "vertical-horizontal" relationship and centralized management. The resulting doubts are the confusion of the party and government organs and the independence of the administrative organs. From the perspective of social system theory, the power-operation relationship between the party and government offices is still in line with the general logic of the modern political system. As an integral part of the narrow political system, political parties are the core dynamic mechanism of the political system. As an integral part of the administrative system, the state organs rely on the distinction of the "system/environment" paradigm to achieve their independence on the basis of operational closure. The power-operation relationship between the party and government organs is through the cognitive openness between the "narrow political/administrative/public" subsystems, that is, the politicization of public opinions, the legalization of political decisions, and the demonstration of administrative decisions. Can be reasonably explained.

Key words: The office of the party and government organs; Power opcration form; Narrow political system; Administrative system; Operational closure

评　　论

流动中的宪法概念

王夏昊*

内容摘要：

宪法的固有含义指特定政治共同体的构成状态或规则与原则。随着人类社会的不断发展，特定政治共同体的构成不断变迁，宪法的概念也不断变化。近代意义的宪法以近代自然法理论为基础，法治与民主是其基本原则。西方现代意义的宪法是近代意义宪法在现代社会的变种，是对其局限性的克服。试图在根本上对西方近代意义宪法局限性予以克服的是社会主义宪法。中国现行宪法应该属于现代意义的社会主义宪法。

关键词：

宪法　近代意义宪法　现代意义宪法　社会主义宪法

一、宪法的概念及其结构

现代汉语中的"宪法"一词是对英文中的"constitutional law"的翻译，而"constitution"的意思是决定一个国家的地方与中央机构的组成和功能以及调整个体(the individual)与国家之间关系的规则与惯例。[1] 这个意义上的"宪法"是由"constitution"的固有意义转化而来的。"constitution"来自拉丁文"*constitutio*"，用来表示平民的权力是构成全罗马人统合源泉的国家状态，也就是说，它表示构成国家的事实状态，而非规范意义的概念。罗马共和制之后到中世纪，"*constitutio*"被作为纯粹的法概念适用，但仅被用来指称分配和限制统治权或公权力方面的法律。经过文艺复兴和资产阶级革命，"constitution"才逐

---

* 中国政法大学法学方法论研究中心主任，教授、博士生导师，法学博士。

[1] See Elizabeth A .MartinEdited. ,*Oxford Dictionary of Law*,London:Oxford University Press,2002,p. 108.

渐转化为近现代法律和法学意义上的"宪法"概念。[2] 由此可见,随着"constitution"的意义的流变,"宪法"作为法律和法学术语,无论是作为描述意义或事实层面的概念,还是作为法概念,都与特定政治共同体的构成、构造相关。这一现象与"constitution"的现代的词典意义即"构造、构成、形成"也是相符合的:它是动词"constitute"的名词形式,而后者的意思是"组成、构成或成立、设立"。而任何事物都是由一定的要素构成或构造的,只不过"宪法"中的"constitution"特指的是国家这个特殊事物的构造或构成。例如,1610年怀特洛克(B. Whitlock)在驳斥詹姆士一世未经议会同意的课税的平民院演说中,称此课税"违反有关此王国的统治之本来的架构和构造"(the natural frame and constitution of the policy of this kingdom)。[3] 英语中"宪法"的词义与德语中"宪法"即"*verfassungsrecht*"基本上是一致的。"*verfassung*"的一般意义是"一切事物——每个人和每件东西、每家企业和每个社团——都以某种方式处于'*verfassung*'中,一切可能的事物都具有'*verfassung*'"。如果将"*verfassung*"限定在国家这个事物上,"它可将国家本身描述成一个政治统一体,或者一种特殊的、具体的国家存在类型和形式,就此而言,它指的是政治统一体和秩序的状态"。[4] 总之,无论在英语,还是在德语中,"宪法"的本义或固有含义就是指特定政治共同体是如何组成或构成的。这个意义上的"宪法"无论在什么类型的国家都存在,或者说有国家存在,就有"宪法"的存在,而无论这个国家是什么时代、什么地方的国家。[5] 中国台湾地区学者张嘉尹指出:无论是德文"*verfassung*"或是英文"constitution",就其字源而言,一直到现代以前都是个描述性概念,指称的是一个政治秩序的实际状态,而非规范性概念或法概念。在

---

〔2〕 参见[日]阿部照哉等:《宪法》,周宗宪译,中国政法大学出版社2006年版,第3~5页。

〔3〕 同上书,第4页。

〔4〕 [德]卡尔·施米特:《宪法学说》,刘锋译,上海人民出版社2005年版,第3页。

〔5〕 日本学者芦部信喜认为,宪法的含义有形式含义和实质含义,实质含义又被区分为固有的含义和立宪意义上的含义。他指出,一个国家无论采取何种社会、经济结构,都必须有政治权力和行使这种权力的机关的存在,而规约这种权力以及这种权力的组织、作用、相互关系的规范,就是固有含义的宪法。这种含义的宪法无论在什么时代、什么国家都存在。参见[日]芦部信喜:《宪法》,林来梵等译,北京大学出版社2006年版,第4页。

此意义上，早期的政治共同体也不是没有宪法，只是这个宪法仅仅是制度，而这个制度是在历史中以特定方式自然生成的制度，或是透过契约的缔结而成，或是取向于自然法学说而成，或仅仅是在现实力量的作用下而成。在这个意义上，我们可以说，没有宪法就根本没有国家。〔6〕 这样，可以说中国古代也有宪法，因为中国古代同样存在国家，构成这个国家的规则与原则就是“礼”。这种意义的“宪法”与亚里士多德著作中的“宪法”即政治制度或政体基本上是相同的。〔7〕

西方语言中“作为特定政治共同体的构成、构造状态或规则与原则”意义的“宪法”被翻译为汉语中的宪法，是否恰当？这在中国宪法学界存在争议。作为一个独立词语的“宪法”在古代汉语中并不存在，“宪”和“法”是两个独立的词语。因此，在汉语中，“宪法”是一个合成词。根据学者们的考证，“宪”出现在《尚书》中《益稷》篇：“率作兴事，慎乃宪，钦哉！”《胤征》篇：“先王克勤天戒，臣人克有常宪……”《说命下》篇：“监于先王成宪，其永无愆。”现在汉语的文献（包括辞源、新华字典等工具书）一般将“宪”解释为“法、法令、法度”等，用现代汉语中的“法”解释古汉语中的“宪”也不为错。但是，问题在于，现代汉语中的“法”可以指称各种各样的法，如公法、私法，又如行政法、民法和刑法等，那么古代汉语中的“宪”到底是哪一种现代汉语中的“法”？这就取决于我们怎样理解古汉语中的“宪”。从《尚书》中“宪”的上下文来看，其意思绝对不是指用来惩罚、约束作为被统治阶级的一般老百姓的、与刑相通的“法”，因为《尚书》中明确地指出，“惟作五虐之刑曰法”。笔者认为，《尚书》中作为法、法令或法度的“宪”是指统治阶级内部成员之间应该遵守的规则、规章等。“率作兴事，慎乃宪，钦哉！”的大意是，帝王率领众臣共创兴国大业，严格履行法令。“先王克勤天戒，臣人克有常宪，百官修辅，厥后惟明明”的大意是，前代君王能够谨慎对待上天给予的儆戒，臣下能够遵守法令、规章，百官忠于职守辅佐君王。“监于先王成宪，其永无愆”的大意是借鉴先王原有的法律、规章制度，永无过失。从这些文章中可以看出，所谓的“宪”就是指帝王或先王制定的统治集团内部的成员

---

〔6〕 参见张嘉尹：《宪法的意义变迁（一）》，载《月旦法学杂志》2002年第12期。

〔7〕 将公民与城邦之间的关系以及由这种关系形成全邦的政治生活厘订为政治制度，即“宪法”。参见［古希腊］亚里士多德：《政治学》，吴寿彭译，商务印书馆1965年版，第110页。

之间的规矩、规章制度。也就是说,“宪”是将一群人构成特定统治集团或特定政治共同体的法、法令,如何分配或分享统治权或公权力的规则、规章制度。在这个角度下,将西方语言中的“宪法”翻译为汉语的“宪法”是比较恰当的,反映出西方语言中“宪法”一词的固有含义。但是,我们必须明白,即使是在西方社会,构成特定政治共同体的原理或规则、原则也是变化的。西方语言中的“宪”是指特定政治共同体的构成状态或规则、原则的这个意义却没有太大的变化。

“宪法”指构成特定政治共同体,即国家本身的状态或规则与原则。如果国家不存在,也就没有调整其他社会关系的法律。正如亚里士多德所说:“法律必然是根据政体(宪法)制订的。”[8]因此,宪法是根本法,也是具有最高效力的法。这个命题的成立预设了下列命题,任何单个的人必须生活在特定的共同体中即国家之中。为什么?亚里士多德指出:“每一个隔离的个人都不足以自给其生活,必须共同集合于城邦这个整体才能大家满足其需要。凡隔离而自外于城邦的人……如果不是一只野兽,那就是一位神祇。”[9]这段话的原理与马克思的唯物史观是相一致的。无论作为个体的人,还是作为类的人,要维持自己的生存与发展,就必须获得更多的生活资料和生产资料,而此目标的实现依赖于人的劳动生产率的提高,要提高劳动生产率就必须进行分工。因此,人类文明的发展史也就是人类劳动不断分工的历史,而且分工越来越细致。分工就意味着人与人之间要相互合作,而这意味着人的生存与发展离不开其他人,每个人必须生活在人与人之间,生活在社会共同体之中,而国家是人类发展到目前为止最为高级的一个共同体。分工不仅意味着人与人之间的相互依赖,而且意味着作为单个的人获得了更多的自由。因为分工提高了劳动生产率,劳动生产率的提高就意味着人的劳动能力的提高,这就导致了这样的结果:本来需要大家或很多人共同从事的一项劳动只需要一部分人或一个人即可完成,这样有一部分人就从劳动中解放出来而获得了闲暇与自由,因此,分工越来越细,单个人获得的自由越来越多。随着人的自由的不断增多和人与人之间的相互依赖性的不断增加,人类的社会共同体的形式与结构就会不断地改变。国家作为人类

---

〔8〕 将公民与城邦之间的关系以及由这种关系形成全邦的政治生活厘订为政治制度,即“宪法”。参见[古希腊]亚里士多德:《政治学》,吴寿彭译,商务印书馆1965年版,第148页。

〔9〕 同上书,第9页。

的一种高级共同体,其形式与结构也会随着人类的发展而变化。这意味着,作为构成国家的规则与原则的“宪法”也会不断地发展与变化。

特定的政治共同体可以通过一定的符号将构成该共同体的规则与原则表达出来,也可以不通过一定的符号表达。如果是前者,所谓的“宪法”也可指表达那些规则与原则的符号,我们将这个意义上的宪法称为“符号宪法”(symbolic constitution),将“构成共同体的那些规则与原则本身”称为“元宪法或宪法之后”(metaconstitution)。[10] 所谓的“元宪法”实质上是特定共同体的人们关于何谓“善的共同体的生活”,具体包括政治道德、明智统治和制度安排。如果说共同体是人存在的方式,那么所谓的“元宪法”就是每个共同体作为一个整体像个体一样对人类自身的生活和整个世界有自己的看法、观念和主张,即人生观和世界观。而作为共同体的构成分子的每一个成员都共享该共同体作为整体的这个所谓的人生观和世界观。但是,这并不意味特定共同体的每一个成员对共同体作为整体的人生观和世界观在特定情况下的精确要求是什么有完全一致的看法,即使他们对此有争议,但是其所表现的价值(我们所谓的人生观和世界观)仍旧是被确认的。[11] 近代以来,大部分国家都通过一定的文件或文本将构成该政治共同体的规则与原则(“元宪法”)予以表达,即“符号宪法”;只不过有的国家运用一个文件或文本将“元宪法”予以表达,这就是我们通常所谓的宪法典或成文宪法,如美国、中国等当今多数国家的宪法;有的国家运用两个以上的文件或文本将“元宪法”予以表达,如英国。依据规范语义学的定义,规范是一个规范语句所表达的意义。[12] 规范语句或规范表达是指说明和阐述

---

〔10〕 Larry Alexander, *Introduction to Constitutionalism Philosophical Foundations*, Constitutionalism Philosophical Foundations, Cambridge: Cambridge University Press, 1998, pp. 2 – 3.

〔11〕 拉里·亚历山大认为,即使我们在一般性层面上对一定的道德规范具有一致的看法;但是,在具体的层面上它们要求什么,我们没有一致的看法。See Larry Alexander, *Introduction to Constitutionalism Philosophical Foundations*, Constitutionalism Philosophical Foundations, Cambridge: Cambridge University Press, 1998, p. 14.

〔12〕 See Robert Alexy, *A Theory of Constitutional Rights*, trans. Julian Rivers, London: Oxford University Press, 2002, p. 22.

规范所使用的符号或标志。[13] 在这个意义下,法律条文就是规范语句,而法律条文所表达的意义是法律规范。例如,我国《宪法》第38条规定:“中华人民共和国公民的人格尊严不受侵犯。禁止用任何方法对公民进行侮辱、诽谤和诬告陷害。”这个法律条款所表达的意义就是“中华人民共和国公民享有人格尊严的权利”。我们通常所说的“适用法律”实质上说的并不是适用法律条文,更不是适用法律条文自身的字和词,而是适用法律条文所表达的意义。而宪法文件或文本的组成是一个个法律条文,这些条文表达的内容是宪法规范。在这个意义上,“宪法”是指由一个个宪法规范组成的整体。这样,我们就必须区分由一个个宪法条文组成的宪法与由一个个宪法规范组成的宪法。[14] 在现实生活中,人们对特定国家的宪法文件或文本本身不会产生争议,因为这个意义的宪法是可以通过真假予以确定的。但是,人们对特定国家的宪法是由哪些宪法规范组成的会产生争议,因为规范是宪法文件或文本中的语言文字所表达的意义,而任何国家的语言文字都具有模糊性、歧义性或价值开放性。[15] 这也是宪法在适用时需要解释的根本原因。

由上述可见,当我们谈到“宪法”这个词,可以指三种意义上的宪法:(1)构成特定政治共同体的规则与原则,即宪法的固有含义,也就是所谓的“元宪法”;(2)特定政治共同体的人们将“元宪法”的规则与原则表达的文件或文本,即“符号宪法”;(3)由“符号宪法”中的一个个宪法条文(法律条文)所表达的意义即规范所组成的宪法。第二个意义上的宪法相当于中国法学语境中的作为法的渊源的组成部分的宪法,第三种意义上的宪法相当于中国法学语境中的作为

〔13〕 See G. H. von Wright, *Norm and Action*, Routledge and Kegan Paul Press, 1963, p. 93.

〔14〕 米夏埃尔·佩里认为,“美国宪法”这个术语有时是指美国宪法的那个文件即文本,有时是指构成这个国家的最高法的规范,第一个意义上的宪法由句子组成,第二个意义的宪法是由规范组成的。人们关于特定国家的宪法文本由哪些句子组成的一致意见并不意味人们关于该国家的宪法由哪些规范组成的存在一致意见。See Michael J .Perry, *What Is “the Constitution”*?, in Constitutionalism Philosophical Foundations, Cambridge: Cambridge University Press, p. 99.

〔15〕 See Peczenik, *On Law and Reason*, the Netherlands: Kluwer Academic Publishers, 1989, p. 21.

法律体系组成部分的部门法的宪法。这三种意义的宪法在逻辑上存在相互依赖的关系，符号宪法依赖于“元宪法”，第三种意义的宪法依赖于符号宪法。第一种意义的宪法的主体是特定共同体的所有组成成员；第二种意义的宪法是特定共同体的制宪者制定的得到共同体所有成员承认的宪法文本或文件；第三种意义的宪法是特定共同体的法律人依据一定的原理在符号宪法的基础上所构建的具有科学意义的作为特定国家法体系组成部分的宪法规范体系。无论是在西方现代语言中还是在现代汉语中，这三种意义的宪法是并存的。也就是说，当我们提及“宪法”这个词时，它可以指上述三种意义中的任何一种意义的宪法。

二、近代意义的宪法

一方面，任何政治共同体都是由许多个体或成员组成的整体，因此，任何政治共同体的成立首先涉及组成该共同体的成员与其之间的关系；另一方面，作为整体的政治共同体本身是如何组成的。这样，作为构成政治共同体的宪法包含了两大部分内容：国家与其组成要素即公民之间关系的规则与原则；国家机关包括中央与地方机关的权力组成、形式以及各种权力之间关系的规则与原则。我们认为，在这两部分内容之间，前者是更根本的，也就是说，对国家与公民之间的关系观念及其规则和原则决定了国家机关自身的组织形式与结构。依据公民与国家之间关系的不同，可以将宪法分为近代意义的宪法和非近代意义的宪法。前者是指国家的权力来自人民，分配与组织国家机关之间的权力的目的是保障公民的自由与权利；后者是指国家权力要么来自上帝要么来自上天，分配与组织国家机关之间的权力的目的是便于国家权力的享有者行使权力维持其特权。

近代意义的宪法的思想基础是近代自然法理论。〔16〕 这种理论认为，在政治共同体或国家成立之前存在一个自然状态。在这个状态下，每个人作为有理性的存在者都是独立的、自由的、平等的，拥有与生俱来的权利即自然权利。但是，自然状态是有缺陷的，即不能很好地保障每个人的自然权利的实现，因此，需要成立政治共同体即国家，也就是要从自然状态迈入公民社会。那么，如何成立国家？这就是社会契约论。无论哪一类的社会契约论，它们的中心内容都

〔16〕 参见［日］芦部信喜：《宪法》，林来梵等译，北京大学出版社2006年版，第5页。

是一致的,即民族国家与政府的成立必须来自人民的同意,也就是说,把人类的统治归于人民的同意和契约。由此可见,国家与政府的目的就在于克服自然状态的缺陷,保障和实现每个人的自然权利。接下来的问题是,什么样的国家权力结构能够更好地保证自然权利的实现呢?那就是近代自然法学中的权力分立学说。总之,近代自然法理论为西方近代新兴的民族国家的权力的正当性与合理性寻找了一种新的理论基础。[17] 这样,作为构成国家的规则与原则的近代意义宪法的基本原理是,作为特定政治共同体的组成成员的个人是先于国家而存在的,人们之所以要组成共同体是为了保障每个人作为人自身所享有的权利更好地实现,也就是说,国家自身不是目的,它只是为了每个人更好地存在和发展的手段或工具;既然国家不是目的,那么它自身就没有拥有权力,其权力来自于人们的授权;而且,国家权力结构也是为了保障每个人权利的实现。近代意义的宪法实质上是自然法理论的实在法化。因此,自然法理论是近代意义宪法的"元宪法",它的基本内容就成为近代意义的宪法的基本原则,包括法治原则和民主原则。

近代意义宪法的法治原则包括两项内容:分配原则和组织原则。分配原则就是如何划分国家与成员之间的权利与义务。法治的分配原则要求,个人的自由与权利被预设为先于国家而存在的东西,而且原则上是不受限制的;相反国家干预个人的自由和权利的权力原则上是受限制的。[18] 这个原则就是近代自然法理论中的自然权利理论。这个原则意味着近代意义的宪法首先是公民的自由和权利的基础法。正如康德所说:"公民状态作为一种单纯的法律状态,先验地建立在某些原则之上:(一)作为人,每个社会成员是自由的;(二)作为臣民,每个社会成员都与其他社会成员平等;(三)作为公民,国家的每个成员都是独立的。"[19] 当然,近代意义的宪法都规定了构成和组织国家各个机关的授权规范,而且这些规范是宪法不可或缺的内容;但是,这些规范不构成宪法的核心部分,因为按照自然法理论国家是为了保障人的自然权利的实现而成立的。因此,这些规定国家机关组织和分配各个国家机关作用的组织和授权规范是为了

---

〔17〕 参见颜厥安:《法与实践理性》,中国政法大学出版社2003年版,第235页。

〔18〕 参见[德]卡尔·施米特:《宪法学说》,刘锋译,上海人民出版社2005年版,第139页。

〔19〕 同上书,第138页。

保障公民的权利与自由的规范得到实现的一种规范，也就是说，这些规范自身没有目的，只有相对价值而没有独立的绝对价值。在这个意义上，近代意义的宪法“首先不在于国家的权力和荣光，不在于孟德斯鸠在划分自由和荣誉时所说的‘荣誉’，而在于自由，即保护公民免于国家权力的滥用”。[20] 如果说近代意义的宪法的核心是公民的权利与自由，那么，就需要限制国家的权力。这样，我们就必须说明法治的第二个构成要素即组织原则，它是指如何组织国家的权力。法治的组织原则要求国家权力要由几个不同的国家机关来行使，这就是自然法理论中的分权理论。由不同国家机关行使国家权力的目的在于让这几个国家机关（或几种权力）能够相互监督、相互制约，以免形成绝对的权力，从而使公民的权利和自由免于国家的侵犯。近代意义的宪法组织和分配国家权力的目的，与其说是为了政治权力的组织化，不如说是为了限制权力以保障权利。[21] 因此，如果说近代意义的宪法首先是公民自由和权利的基础法，同时意味着它是限制国家权力的基础法。

近代意义宪法的民主原则，是指国家权力或政治权力最终源于构成该政治共同体的每个成员即公民。它包括下列含义：第一，将共同体每个成员所共享的关于该共同体如何被治理的方式的观念实在法化的主体是每个公民，也就是说特定政治共同体宪法制定权的所有者是每个公民。第二，每个公民都有资格参与共同体的政治生活，只有确立了公民积极能动地参与政治生活的制度，公民才能获得免于国家权力干涉的自由。因此，如果说权力分立的制度是以权力限制和约束权利，那么民主制度是以权利限制和约束权力。第三，民主原则的前提是每个公民作为人都是自由的、独立的、平等的。因为只有每个公民是自由的、独立的、平等的人，每个公民才有资格而且能够参与共同体的政治生活。在那些存在人分等级的社会，是不可能存在民主制度的。人分等级就意味着有的人属于高等级的人，有的人属于低等级的人。那么，高等级的人统治低等级的人就成为合理的，如柏拉图的理想国。因此，只有公民的自由平等得到切实的保障，民主原则才会有实质的结果。[22] 近代意义宪法的民主原则就是自然法理论中的社会契约论。

---

〔20〕 参见［德］卡尔·施米特：《宪法学说》，刘锋译，上海人民出版社2005年版，第138页。

〔21〕 参见［日］芦部信喜：《宪法》，林来梵等译，北京大学出版社2006年版，第5页。

〔22〕 同上书，第15页。

无论是近代意义宪法的法治原则,还是民主原则,都表明了它的核心内容是规定公民的自由和权利规范。法治原则指示的是公民免于国家干涉的自由和权利;民主原则指示的是公民的政治权利,而且公民享有政治权利也是为了实现自己的自由和权利。近代意义宪法中的公民的社会权利即要求国家作出积极行为促进实现的那些权利与这些原则的关系如何?宪法中公民社会权利的目的在于使宪法保障的免于国家干涉的那些公民个人的自由和权利在现实生活中得到实现。近代意义宪法所规定的公民个人的自由和权利,以及公民作为政治共同体的成员的政治权利和公民个人的社会权利,它们的逻辑起点都是为了保障每个人作为人的权利。

综上所述,近代意义宪法的核心内容就是宪法所规定的公民的自由和权利即宪法权利。正如阿列克西(Alexy)所说,作为规范体系的近代意义的宪法都是由两类基本规范组成的:构成和组织不同国家机关的规范与赋予宪法权利的规范,前者的核心命题是授权,后者的核心命题是约束(constrain)和指示(direct)公共权利。赋予宪法权利的规范是最重要的规范,因为它不仅关涉个人的权利而且关涉公共权力。[23] 也许有人会问近代意义的第一部成文宪法,即美国 1787 年宪法的核心也是公民的宪法权利吗?这个问题的产生是因为美国 1787 年的宪法文本中并没有规定公民的权利而主要规定了国家各个机关的权力。我们的回答是肯定的,即公民的宪法权利是美国 1787 年宪法的核心。理由在于,正如前述近代意义的宪法基本原理之一,是国家的权力来自人民的授权。宪法规定了国家各个机关的权力只是意味着人民只将这些权力授予了国家,只要是宪法没有规定的就是人民自己所享有的权利。[24] 只有承认了宪法权利是宪法的核心,我们才能真正理解近代意义的宪法为什么是具有最高效力的法。按照近代自然法理论,宪法权利中的公民免于国家干涉的个人自由和权利(公民的其他宪法权利即政治权利和社会权利在逻辑上都是以这个权利为出发

---

〔23〕 See Robert Alexy, *Constitutional Rights, Balancing, and Rationality*, 16 Ratio Juris (2003), p. 131.

〔24〕 中国台湾地区学者颜厥安认为:“只要我们回顾美国制宪之初,并不打算将人权清单放入宪法之中,就可以了解,源自于近代自然法理论的自由权,其实最根本的特色在于不需要明文宣示,就当然一般地予以保障的广泛消极自由行动空间。”参见颜厥安:《幕垂鸮翔——法理学与政治思想论文集》,台北,元照出版有限公司 2005 年版,第 170 ~ 171 页。

点和目的)是先于国家存在的,国家成立的目的在于保障公民这些个人自由和权利的实现。在这个意义上,公民的这些个人自由和权利是任何国家权力都不得侵犯的,因此,规定这些自由和权利的规范是任何国家机关都必须予以遵守的最高规范。既然近代意义的宪法是以规定公民个人的自由和权利的规范为核心的,那么这种宪法就具有最高效力。〔25〕

三、现代意义的宪法

以近代自然法理论为思想基础的近代意义宪法被认为纯粹是调整个人与国家之间关系的法。在这个两极关系中,国家只是扮演一个消极的"守夜人"的角色,公民享有的是免于国家干预的广泛的消极自由。在这个架构之下,近代意义的宪法强调的是个人的绝对自由,其限制国家权力的部分只具有为保障个人自由实现的工具价值。毋庸讳言,在以个人绝对自由为核心的宪法及其法律制度的支撑下,西方社会的生产力得到飞速发展,物质财富急剧膨胀。正如马克思在《共产党宣言》所说:"资产阶级在它的不到一百年的阶级统治中所创造的生产力比过去一切世代创造的生产力还要多,还要大。自然力的征服,机器的采用,化学在工业和农业中的应用,轮船的行使,铁路的通行,电报的使用,整个大陆的开垦,河川的通航,仿佛用法术从地下呼唤出的大量人口……过去哪一个世纪能够料想到有这样的生产力潜伏在社会劳动里呢?"〔26〕这种经济繁荣却随着西方社会的各种危机与矛盾的发生。周期性的经济危机,此起彼伏的工人运动,如 1848 年欧洲革命、1871 年的巴黎公社起义等。资本主义社会的矛盾和斗争不仅局限在各自的国家范围内的阶级斗争,而且逐渐延伸为不同资本主义国家之间的矛盾和斗争,20 世纪前半叶的两次世界大战是资本主义的这种矛盾也是其总矛盾的爆发。为了缓和与更正这些危机和矛盾,近代意义的宪法处于现代的变动之中。〔27〕

从宪法的角度看,西方社会的危机与矛盾的原因在于,在近代意义宪法的

〔25〕 关于近代意义宪法具有最高效力的论述,参见[日]芦部信喜:《宪法》,林来梵等译,北京大学出版社 2006 年版,第 10 ~ 11 页。

〔26〕 [德]马克思、恩格斯:《共产党宣言》,人民出版社 1964 年版,第 28 ~ 29 页。

〔27〕 参见[日]阿部照哉等:《宪法》,周宗宪译,中国政法大学出版社 2006 年版,第 21 页。

架构下,构成共同体的个体与个体之间或个人与个人之间不存在必然的联系,他们的结合仅是为了追求自己私利和自由,国家的法律仅仅是向他们提供为了实现其各自私利而相互行动的一种协调机制。这种法律体制的预设前提是,参与其中的每个个体是相互平等的,法律肯定并保障这种平等。这突出表现在西方近代的私有财产制度和个人自由保障制度之中。这种平等只是法律面前人人平等的形式意义的平等,而不顾及个体差异以及市场经济运作下的社会后果。[28] 近代意义宪法中的免于国家干预的自由,到 19 世纪末已成为强势群体合法剥夺弱势群体利益的自由。这种自由导致了西方社会的不平等,使西方社会本身出现了鸿沟,严重地威胁着整个社会秩序的维持,从而危及资产阶级的统治。西方社会的消极自由观正在向积极自由观转变,即要求国家采取措施消除不平等,从而使自由的范围扩大。

现代意义宪法的第一个特征是,从调整个人与国家之间的两极关系的宪法转向调整个人、国家和社会团体的三极关系的宪法。这种转变的原因在于,正如前述近代意义宪法中的免于国家干预的消极自由在资本主义体制下已转化为强势群体合法剥夺弱势群体利益的自由。这就是说,公民的宪法权利的侵害不仅来自国家、公权力,而且来自企业等社会权力、私权利。因此,为了保障公民宪法权利的实现,就需要国家规制资本的无政府主义运作,需要法律限制和约束企业等社会团体的活动。这在现代意义宪法中的主要体现就是宪法权利的第三人效力或水平效力的产生。

现代意义宪法的第二个特征是,新类型宪法权利的产生。这就是我们通常所谓的宪法社会权或社会权。这种权利主要用来制约近代意义宪法中的经济自由,并保护社会、经济上的弱者最基本权利的实现。宪法社会权中最主要的权利是所谓的给付权,即请求国家提供一定的给付,以保障个人存在的基本权利能够真正在社会生活中得到实现的权利。这种新型宪法权利产生的原因在于,在形式意义平等的资本主义社会中,公民个人的宪法自由权得以实现的经济、社会等实质性基础得不到切实的保障,其结果不仅酿造了西方社会的危机与矛盾,而且动摇了以个人自由与平等为核心价值的近代西方社会所建立的基础——人自身。为了维持社会秩序的稳定,避免资本主义社会的崩毁,近代意

〔28〕 关于近代意义宪法的局限性分析,具体参见颜厥安:《幕垂鸮翔——法理学与政治思想论文集》,台北,元照出版有限公司 2005 年版,第 171 ~ 172 页。

义宪法中所规定的人的权利与自由得以实现的实质性基础和条件就必须得到保障。但是,这些基础和条件是近代意义宪法架构下的个人自身无法提供的,而必须由以强制力为基础的国家来提供。正如哈贝马斯所指出:"在现代工业社会条件下,大量基本权利承担者的事实自由的物质基础并不存在于他们所支配的环境之中,而根本上依赖于政府的活动。"[29]

现代意义宪法的第三个特征是,在国家权力架构中,行政权力的地位急剧上升,出现了所谓"行政国家化"。[30] 在资本主义早期即19世纪中叶以前,资本主义国家机关之间,立法机关处于主导地位,行政机关只是立法机关意志的执行者,司法机关只是立法机关的嘴巴。这种国家权力架构不能够适应社会经济矛盾复杂化激烈化而且政治危机频发的现代社会。这样的社会,一方面,要求国家积极干预,从一个消极的守夜人角色转变为积极全能的角色;另一方面,要求国家机能复杂化、技术化和专门化。立法机关自身的组织方式和活动方式的特性使其不能适应这些现代社会对国家所提出的要求。因此,西方社会由重视立法机关转向强化行政机关职能。这个转变从19世纪中叶开始酝酿,20世纪开始,至20世纪三四十年代达到高潮,[31]具体例证是美国的罗斯福新政。因此,在现代意义宪法中的国家权力架构中,无论权力的或非权力的一切国家事务领域,都谋求权力集中于行政,因此,行政部门的权限无论是在法律上还是事实上都被扩大和强化。作为自律的立法机关和最高机关的议会纯粹作为对行政作监督、抑制和促进的相对机关。[32]

上述的现代意义宪法只是指西方现代资本主主义国家的宪法。这种所谓的现代意义宪法只是对西方近代意义宪法的微调,也可以说,其是近代意义宪法在现代西方社会的变种。这就意味着,它没有在根本性质或根本结构方面对近代意义宪法作出更改。真正对近代意义宪法在根本性质和根本结构方面予

---

[29] [德]哈贝马斯:《在事实与规范之间》,童世骏译,生活·读书·新知三联书店2003年版,第501页。

[30] 参见[日]阿部照哉等:《宪法》,周宗宪译,中国政法大学出版社2006年版,第25页。

[31] 参见朱光磊:《以权力制约权力》,四川人民出版社1987年版,第204页。

[32] 参见[日]阿部照哉等:《宪法》,周宗宪译,中国政法大学出版社2006年版,第25页。

以改变的现代意义宪法是20世纪初产生的社会主义国家宪法。正如日本学者指出的,谋求在原理上批判和克服近代意义宪法的是社会主义宪法。[33]

中国现行宪法即1982年《宪法》,属于现代意义的社会主义宪法。一方面,宪法是以法治和民主为其基本原则的;我国《宪法》第2条规定,"中华人民共和国的一切权力属于人民"(民主原则),第5条规定,"中华人民共和国实行依法治国,建设社会主义法治国家"(法治原则)。这两个原则说明了我国宪法的核心内容也是宪法权利,即公民的权利与自由。另一方面,我国《宪法》第1条规定,我国是社会主义国家,社会主义制度是我国的根本制度。这是中国现行宪法与西方现代意义宪法的根本不同。从宪法自身的角度看,这个不同说明了中国人民认为,是社会主义制度而不是资本主义制度能够更好地保障和促进中国每个人的权利与自由的实现;也就是说在宪法意义上,社会主义制度也是一个手段,其目的是保障和促进中国每个人的权利和自由的实现。我国《宪法》序言最后一段明确指出:"本宪法以法律的形式确认了中国各族人民奋斗的成果,规定了国家的根本制度和根本任务,是国家的根本法,具有最高的法律效力。……"这句话说明,中国现行宪法的目的是确认中国各族人民奋斗的成果,根本制度与任务是为了保障和实现中国各族人民奋斗的成果,因为其规定了根本制度和根本任务所以是根本法,因为是根本法所以具有最高法律效力。因为其具有最高效力,所以"全国各族人民、一切国家机关和武装力量、各政党和各社会团体、各企业事业组织,都必须以宪法为根本的活动准则,并且负有维护宪法尊严、保证宪法实施的职责"。从《宪法》序言的上下文来看,最后这一段是对《宪法》序言的总结。根据对这段文字的分析来看,我国制定宪法的首要目的就是要确认中国各族人民奋斗的成果。那么,这个成果是什么?依据《宪法》序言,我国新民主主义革命的成果是"中国人民掌握了国家权力,成为国家的主人";社会主义革命和建设的成果是"广大人民的生活有了较大的改善"。无论是"人民成为主人",还是"人民生活的改善",在实质上都是为了保障中国人民作为人的尊严和价值得到实现。也就是说,无论是中国共产党领导中国人民所进行的革命,还是社会主义建设和改革,都是为了追求和实现中国人民作为人的尊严和价值。这与马克思主义原理相一致,马克思指出:"任何一种解放都是把人的世界

---

〔33〕 参见[日]阿部照哉等:《宪法》,周宗宪译,中国政法大学出版社2006年版,第28页。

和人的关系还给人自己。”[34]那么，人是什么？马克思在《〈黑格尔法哲学批判〉导言》中指出：“但人的根本就是人本身。……对宗教的批判的最后归结为人是人的最高本质这样一个学说，从而也归结为这样一条绝对命令：必须推翻那些使人成为受屈辱、被奴役、被遗弃和被蔑视的东西的一切关系……”[35]这就是说，每个人作为人自身的存在就是目的，就具有绝对价值，因此，每个人作为人自身就具有作为人的尊严和价值，就享有作为人的权利——人权。在这个意义上，马克思指出：“现代国家就是通过普遍人权承认了自己的这种自然基础（指市民社会以及市民社会中的人。——引者注）。而它并没有创立这个基础。……所以，它就用宣布人权的办法从自己的方面来承认自己的出生地和自己的基础。”[36]根据马克思主义的上述基本原理，我国现行宪法也是以公民的宪法权利为核心。它所规定的社会主义制度，只是说明了社会主义制度能够克服资本主义制度的缺陷，从而能够真正地全面地保障和实现中国人民所享有的自由和权利，不是否定公民宪法权利在宪法中的核心地位，更不是否定中国人民作为人所应该享有的权利和自由。恩格斯在批判资本主义宪法中所规定的自由与平等时指出：“无产阶级抓住了资产阶级的话柄：平等应当不仅是表面的，不仅在国家的领域中实行，还应当是实际的，还应当在社会的、经济的领域中实行。”[37]马克思说得更明确：“就在于形成一个被彻底的锁链束缚着的阶级，即形成一个非市民社会阶级的市民社会阶级，一个表明一切等级解体的等级；一个由于自己受的普遍苦难而具有普遍性质的领域，这个领域并不要求享有任何一种特殊权利，因为它的痛苦不是特殊的无权，而是一般无权，它不能再求助于历史权利，只能求助于人权。……只有通过人的完全恢复才能恢复自己。”[38]这就说明，社会主义国家也是以实现人民的权利与自由为目的的，而且要保障和实现比资本主义国家更多、更全面的权利和自由，不仅是形式上的权利与自由，还包括实质的权利与自由；既包括政治方面的权利和自由，也包括经济方面的权利和自由。

---

[34] 《马克思恩格斯全集》（第1卷），人民出版社1988年版，第443页。

[35] 同上书，第9页。

[36] 《马克思恩格斯全集》（第2卷），人民出版社1988年版，第145页。

[37] 《马克思恩格斯选集》（第3卷），人民出版社1988年版，第146页。

[38] 《马克思恩格斯选集》（第1卷），人民出版社1988年版，第14页。

四、结 语

“宪法”固有的含义,是指特定政治共同体的构成状态或规则和原则。特定政治共同体不一定就是指近代意义的国家,它可以指古希腊的城邦,也可以指现代的联合国或欧盟。只要是构成特定政治共同体的内容,我们都可以称为“宪”,如古希腊城邦宪法、联合国宪章、欧盟宪法。即使特定政治共同体仅指“国家”,国家的结构也会随着社会结构的变迁而变迁,因此,构成国家的规则和原则也会存在不同。在这个意义上,“宪法”的概念与内容是随着人类社会的变化而变化的。

The Floating Conception of Constitution

Wang Xiahao

Abstract: The innate signification of the word “constitution” is the state or the rule and principle which constitute the given political community. Along with the development of human society, the frame and constitution of the given political community has changed, which makes the concept of the constitution change. The modern theory of natural law provides a foundation for the modern constitution which consists of the two principles, including the rule of law and democracy. The modern constitution in thepresent Western society is the variation of the contemporary constitution, and it overcomes the weaknesses of the contemporary constitution. But in attempt to overcome its essential weaknesses, the socialist constitution is made.

Key words: Constitution; Constitutional law; The modern constitutional law; The contemporary constitution; The socialist constitution

教育法治视野下学位撤销的实质要件*

刘　慧**

内容摘要：

在实质要件方面，学位撤销与学位授予存在反向对应关系。在学理上，有学术型学位撤销与非学术型学位撤销之分，这在我国的司法实践中有所体现。其中，学术型学位撤销遵循的实质要件为学术标准，而非学术型学位撤销遵循的实质要件为包含政治、道德、法纪等在内的非学术标准。在我国的法规范与大学章程层面，学位撤销之实质要件呈现学术标准与非学术标准并存的综合性特征。从法律效果看，学位撤销将产生学位授予行为自始失效、对信赖利益予以补偿、公法上不当得利之返还、行政行为失效之附随效果四个方面的效果。

关键词：

学位撤销　实质要件　学术标准　非学术标准

学位撤销要件与学位授予要件具备相互对应的关系。在授予学位之后，学位获得者若被认定为缺乏某授予要件，将导致学位被撤销。学位撤销行为的作出，除了须遵循正当程序之形式要件外，还应满足实质要件。形式要件包括告知学位获得者撤销其学位的事实、理由、依据，听取学位获得者的陈述、申辩，及时公告并送达处理结果等，与正当程序的具体要求基本一致。从教育法治的立场出发，本文将重点探讨相关实质要件，即那些足以否定学位获得者的知识水平、学术能力乃至道德品行的要件。

---

* 本文系武汉大学林莉红教授主持的国家社科基金一般项目“当事人选择行政纠纷解决途径的影响因素之实证研究”（项目编号：18BFX043）的阶段性成果。

** 武汉大学法学院讲师，博士研究生。

一、两类学位撤销行为:国外经验与中国实践

从诱发学位撤销的原因来看,以涉及学术能力的水平作为划分依据,可将学位撤销划分成两大类,即非学术型和学术型学位撤销。后者的含义为:因学位获得者在学术方面欠缺与学位授予直接相关的要件,从而撤销其已获得的学位。例如,学位论文达不到相应的学术水平、学位论文存在抄袭或剽窃现象、作为申请学位前提的科研成果不足但审核时未发现、作为申请学位前提的科研成果存在抄袭或剽窃现象等。非学术型学位撤销则是指因学位获得者在除学术以外的其他方面欠缺与学位授予直接相关的要件,从而撤销其已获得的学位。例如,在考试中作弊、实施犯罪行为、品行低劣等。综上,两类学位撤销之实质要件分别为学术标准与非学术标准。

(一)两类学位撤销的域外经验

在德国,与学位相关的法律规定既有联邦层面的《联邦德国基本法》与《高校框架法》,又有各州立法,甚至还包括各高校自己制定的自治性学位条例。以博士学位的撤销为例,以下两种原因都可能会导致德国博士学位的撤销,(1)同学位获得者自身有关。譬如,在授予学位之后,才察觉被授予学位的人在获取学位的环节中曾有造假行为。[1]对此,德国高校存在不同态度。例如,汉堡大学的要求较为宽松,导致该校学位被撤销的"造假"必须达到严重程度;而哥廷根大学的要求则相对严格,只要学位是通过造假或本不存在的授予条件被错误认定为存在,均可导致学位被撤销。[2] (2)跟学位获得者的名誉相关,即"学位申请者的行为是否能维持学位的荣誉"。[3] 由于学位被视为一种崇高的荣誉,本身即代表了较高的道德水准,当学位获得者的名誉欠佳时,势必会影响学位

---

[1] 参见袁治杰:《德国博士学位法律制度研究及其对我国的启示》,载《比较法研究》2009 年第 6 期。

[2] 同上。

[3] 参见林玲、胡劲松:《论学位授予中的非学术标准》,载《高等教育研究》2013 年第 2 期。

授予单位，乃至一国在学术领域的形象，此时将导致学位被撤销。[4] 例如，柏林大学将"学位获得者后来的行为不配使用学位称号"作为撤销学位的情形之一。[5]

在美国，学位撤销同样存在学术型撤销与非学术型撤销之分。已经获得学位的人在申请的环节中出现了学术不端等行为，是导致前者学位被撤销的实质条件（实体原因）；后者的实体原因（实质要件）为致人死亡、盗窃财物等非学术的不当行为。[6] 上述二分法不仅体现在学位撤销的原因方面，还体现在法院的审查强度方面。对于学术型学位撤销，法院对撤销学位方面的程序限制有所放缓。倘若学校出示的证据能够让法院确信被授予学位的人曾出现过学术造假或不端的行为，从实体层面上就能够导致学位的撤销。换句话说，一旦符合正当程序的最低要求，即可进入撤销程序。在处理后一种学术撤销类型时，法院却作出了相反的规定，即应以事实认定为前提要件，再严格地适用程序方面的相关规定。[7]

（二）两类学位撤销的中国实践

理论研究可以推动立法进步，从而指导司法实践。反过来，司法实践中暴露的问题往往又作为理论研究的素材，对理论的形成具有重要意义。学位授予与学位撤销的实质要件存在反向对应关系，纵观我国学位授予和学位撤销的司法实践，涉及"拒绝授予学位"的何某强诉华中科技大学案与涉及"撤销学位"的陈某诉中山大学案、于某茹诉北京大学案，各自都在当时引发了巨大的学术争鸣。从这些案件中，可以窥得我国学理与实践对待学术型与非学术型学位撤销的态度。

在指导案例39号何某强诉华中科技大学拒绝授予学士学位案中，[8] 该案

---

〔4〕 参见袁治杰：《德国博士学位法律制度研究及其对我国的启示》，载《比较法研究》2009年第6期。

〔5〕 参见林玲、胡劲松：《论学位授予中的非学术标准》，载《高等教育研究》2013年第2期。

〔6〕 参见徐雷：《大学学位撤销审查路径：美国的经验与启示》，载《高校教育管理》2017年第5期。

〔7〕 同上。

〔8〕 完整案情，参见湖北省武汉市中级人民法院（2009）武行终字第61号行政判决书。

的原告何某强为被告武昌分校的一名本科生,2003 年入学。武昌分校属于独立的事业单位法人,其暂无资格进行学士学位的授予,但与被告华中科技大学存在合作关系,双方约定由被告对武昌分校符合条件的本科毕业生授予学士学位。同时,从华中科技大学以及武昌分校为学士学位授予工作制定的规定与操作细则来看,它们均明确将通过全国大学英语四级统考作为非外语专业学生申请学士学位的必备条件之一。由于原告未通过全国大学英语四级考试,武昌分校认为其并不符合被告要求的学位授予条件,因此,未向被告提交其学位申请。法院认为,以《学位条例暂行实施办法》(以下简称《暂行办法》)确立的相关条款为切入点,高等院校在遵循学术自治范畴要求的基础上,制定出学士学位授予的学术水平要求,并以此为根据最终决定是否授予学生学士学位,对此,法院理应认可与支持。总体来说,该案的个案价值在于将"通过全国英语四级考试"作为学术型学位授予的实质要件之一。而超越个案价值外,本案的指导意义则是在学术问题上赋予高校自治空间,即在符合法律、法规规定的学位授予条件之前提下,高校可从自身的教育现状、对学术水平的理想追求以及自身的教育观念出发,自己独立制定出学位授予的学术标准。

在陈某诉中山大学撤销硕士学位案中,〔9〕原告陈某在报考被告中山大学的硕士研究生时,为使自己达到报考条件,伪造了相关证书。被告在原告入学并已取得硕士学位 6 年后,以原告存在舞弊行为、本不具有入学资格、没有学籍为由,作出撤销原告的毕业证书与学位证书的决定。在本案中,原告自入学后经过几年的学习,不仅修满课程且成绩合格,还顺利通过了硕士学位论文答辩。可以说,原告已具备学位授予所要求的学术标准。一审法院以"伪造报考资格"为由撤销学位,所依据的实为品行标准,即原告存在舞弊行为。〔10〕这涉及非学术型学位撤销的问题。二审法院虽然作出改判,但并非否定非学术型学位撤销的正当性。其中,一个重要的改判理由是原告的违法行为发生于 1994 年,而被告直至 2005 年才作出撤销学位的决定,该案中作出的处理结果同我国《行政处罚法》的第 29 条第 1 款相悖,即该条款表示行政处罚期限以 2 年为限,超过 2

〔9〕 完整案情,参见广东省广州市中级人民法院(2006)穗中法行终字第 442 号行政判决书。

〔10〕 参见广东省广州市珠海区人民法院(2006)海法行初字第 15 号行政判决书。

年的,不能再进行行政处罚,故撤销学位的决定违法。[11]

在于某茹诉北京大学撤销博士学位一案中,[12]原告于某茹2008年入学攻读博士学位。在2013年年初,《国际新闻界》杂志社收到了于某茹投递的一篇文章,名为《1775年法国大众新闻业的"投石党运动"》(以下简称《运动》)。同年6月,被告为原告授予博士学位。在毕业答辩前,《运动》一文处于"已录用,待刊"状态,原告并未将其作为申请毕业答辩的资格论文,仅是将其作为一般科研论文列入博士学位论文答辩申请书与研究生科研统计表中。该杂志社于2013年的7月23日将《运动》进行了刊登。随后,在2014年8月17日,该杂志社对外界出具了一项公告,名为《关于于某茹论文抄袭的公告》,其主张凭借《运动》这篇文章可认定于某茹存在抄袭的行为。在一番认真审查后,被告北京大学最终撤销了原告的博士学位。二审法院最终从学位撤销程序违法的角度支持了原告的诉讼请求,但对本案的实体问题——学位撤销实质要件的正当性——未作深入分析。[13] 值得讨论的是,从该校制定的《研究生基本学术规范》来看,其第5条明确表示,针对已经毕业离开学校的研究生,倘若在其就读期间出现了严重不符合学术标准的行为,一旦被发现并经查证属实的,学校可以撤销该生的学位证书。《运动》一文构成严重抄袭,自然属于"严重违反学术规范的行为",但该文系"在校期间"投稿、于某茹毕业离校后"见刊",是否属于"在校期间有严重违反学术规范的行为"仍有争论余地。法院对实体问题审查的避重就轻,可能是因为深陷以下"两难"境地:一方面,承认学术型学位撤销的正当性;另一方面,对北京大学扩大学位撤销之学术标准的做法存有疑虑。

---

[11] 按照前文的分析,法院的理由显然是错误的。学位撤销是行政许可之撤销,而非行政处罚,自然不存在适用《行政处罚法》中"2年"追罚时效的余地。该案的再审阶段对二审法院的观点作出纠正,明确了学位撤销的性质不是行政处罚,不受《行政处罚法》规定的2年处罚期限限制。

[12] 完整案情,参见北京市第一中级人民法院(2017)京01行终277号行政判决书。

[13] 有学者敏锐地指出:"从程序瑕疵角度作为审查高校处分决定的切入点,可以回避'司法审查对高校学术自主权的干预'这种重大而敏感的问题。"参见于志刚:《学位授予的学术标准与品行标准——以因违纪处分剥夺学位资格的诉讼纷争为切入点》,载《政法论坛》2016年第5期。

二、学位撤销的实质要件：规范层面的考察

我国的学位授予及学位撤销是坚持单一的学术标准，还是坚持学术标准与非学术标准的双标准制，学界认识模糊。[14] 此外，对非学术标准的内容也存在分歧。有学者认为，非学术标准即品行标准，包括政治标准和道德标准。[15] 有学者则认为，政治与道德这两个概念不能混同，学位撤销遵循学术条件和政治条件，在非学术型的不当行为中，只有涉及政治条件的部分才和学位之授予或撤销相关。[16] 换言之，非学术标准仅限于政治标准。有学者对此不以为然，认为我国学位授予的条件体现了学术水平、政治立场与思想品德的并重，也即非学术标准包含政治标准与道德标准。[17] 也有学者从法律位阶的角度，批判了国务院学位委员会以其他行政规范性文件的方式将《学位条例》第 2 条"两个拥护"解读为涵盖道德标准的做法。[18] 还有学者认为：道德品格以及遵纪守法已成为中国授予学士学位中的非学术型依据。[19] 笔者希望以理清本国同学位授予及学位撤销相关的法律规范与部分大学章程作为切入点，揭开学位撤销实质要件的"面纱"。

(一)法规范层面

首先，在立法层面，全国人大常委会制定了《学位条例》，该条例的第 2 条明确了学位的授予实体条件：只要坚决支持并拥护中国的社会主义制度以及共产

---

〔14〕 参见于志刚：《学位授予的学术标准与品行标准——以因违纪处分剥夺学位资格的诉讼纷争为切入点》，载《政法论坛》2016 年第 5 期。

〔15〕 同上。

〔16〕 参见田鹏慧：《学生处分影响学位授予现象之法律解读》，载《学位与研究生教育》2007 年第 6 期。

〔17〕 参见张军：《学生处分影响学位授予现象之再解读》，载《学位与研究生教育》2011 年第 10 期。

〔18〕 参见包万平、水志国、王得泉：《学位授予必须与学生处分脱钩的法律依据》，载《现代教育科学》2013 年第 5 期。

〔19〕 参见林玲、胡劲松：《论学位授予中的非学术标准》，载《高等教育研究》2013 年第 2 期。

党的领导，且学术水平符合相应要求的公民，根据该条例的相关规定，均可依法申请学位。同理可得，倘若不满足“两个拥护”或“一定学术水平”便为学位撤销的实质要件。从字面理解来看，“两个拥护”属于政治标准，而“具有一定学术水平”属于学术标准。此外，以《学位条例》中确立的相关法律条款为例，针对学士、硕士、博士等学位的授予要件，其作出了全方位、深层次的阐述（见表1），而第17条则直接提及学位撤销的实质要件——“舞弊作伪等严重违反本条例规定”。相比笼统的“舞弊作伪”，我国《教育法》第82条第3款规定对学位撤销实质要件的设置更为多样化：“以作弊、剽窃、抄袭等欺诈行为或者其他不正当手段获得学位证书……由颁发机构撤销相关证书……”

表1　我国《学位条例》中确定的授予学位的要件

授予要件		学士学位	硕士学位	博士学位
学术要件	成绩要件	毕业论文、课程等成绩优秀	课程测试成绩达标	课程测试成绩达标
	答辩要件	暂无规定	答辩通过	答辩通过
	学科知识要件	能够较好地掌握	可以体系化、坚实的掌握	体系化、坚实宽广、全方位的掌握
	科研水平要件	初步具有	具有	独立具有
	科研成果要件	暂无规定	暂无规定	创造性成果
非学术要件（思想品德、政治）		坚决拥护我国社会主义制度与共产党的领导		

其次，在行政法规、教育部规章层面，国务院出台了一部规章，即《暂行办法》，该办法中的第25条明确表示：在遵循该暂行实施办法的基础上，学位授予单位也可为自身的学位授予工作确立出相应的实施细则。由此，该暂行办法就成为在大学章程中自行设定不违反《学位条例》之学位撤销实质要件的直接依据。此外，《暂行办法》第18条还规定，从国务院对学位授予单位赋予的权限来看，在授予学位的环节当中，下述的职责均由学位授予单位来承担：“……（八）作出撤销违反规定而授予学位的决定；……”相比《学位条例》中“舞弊作伪”的笼统规定，教育部《学位论文作假行为处理办法》针对涉及学位论文的“舞弊作伪（假）”进行了细化。该办法中的第3条表示，以下几类行为均可认定

为学位论文造假行为:售卖、购买或者组织学位论文的买卖;组织代写、由他人或为他人代写学位论文;剽窃他人学术成果;伪造数据;其他严重的学位论文作假行为。而该办法第7条第1款则提及学位论文作假行为属于撤销学位的实体原因,学位申请者曾存在学术造假行为的,譬如,让其他人代笔、购买、抄袭乃至于伪造数据信息的……针对已被授予学位的,授予单位亦有权对其作出撤销的决定,与此同时,可将其学位证书一并进行注销……此外,教育部《普通高等学校学生管理规定》第20条也与学位撤销相关:“学校应当开展学生诚信教育……(针对有悖于学术诚信的行为,可依法规制或限制其所取得的学士学位与学术称号,以及相关的学术荣誉。)对违背学术诚信的,可以对其获得学位及学术称号、荣誉作出限制。”尤为值得一提的是,此规定第37条包含了学术型学位撤销与非学术型学位撤销的内容。以此规定第37条第1款为例,该条款一再强调:针对不符合我国招生规定但却已经获得入学资质或已获取学籍的学生,高校理应注销该生的学籍,并禁止学校向该生授予学士学位证书以及学历证明;倘若已经授予并颁发的,学校应及时进行撤销及注销。在处理各类学术不端行为,如抄袭、剽窃等,以及凭借各类不法方式而取得学士学位证书以及学历证明的,学校也应及时加以撤销及注销。前半句可以作为陈某诉中山大学案中的学位撤销依据,且属于非学术型学位撤销;而后半句中的“学术不端行为”“其他不正当手段”分别属于学术型与非学术型学位撤销的实质要件。

最后,以国务院学位委员会出台抑或是共同颁布的法律文件为切入点,如《关于在学位授予工作中加强学术道德和学术规范建设的意见》(以下简称《意见》),针对“学术(型)舞弊作伪”的情形,《意见》第5条进行了全方位的阐述,具体包括:在授予学士学位的流程中,借助于不正当途径取得成绩;在就读期间发表的论文中出现了学术造假的情形;让他人代写抑或是购买学位论文;其他存在学术不端的情形。不难发现,本条并未涉及非学术型的撤销学位的实体条件。此外,国务院学位委员会为了扩大解释《学位条例》中“两个拥护”的定义,颁布了一部全新的条例,即《关于对〈学位条例〉等有关法规、规定解释的复函》(以下简称《复函》),此文件强调:要站在《学位条例》的视角上进行分析,它在第2条表示,要以坚决支持拥护我国共产党的领导以及社会主义制度作为本国公民申请学位的要件,此项要求自身所蕴含的内涵较为广泛,思想品德、遵纪守法均在该要求的范畴内。这意味着,原来从字面理解的“政治标准”被扩大为

“政治标准＋道德标准＋法纪标准[20]”。由于道德标准是非学术标准中最重要的部分，而非学术标准与学术标准又是并列关系，因此，《复函》与《学位条例》第2条的结合，便成为高校自行设定非学术型学位撤销实质要件的依据。事实上，早在1981年，教育部同国务院学位委员会共同颁布了一项通知，即《关于做好应届本科毕业生授予学士学位准备工作的通知》（以下简称《通知》），《通知》指出：在学士学位授予的环节中，应当始终坚持社会主义发展方向，对于应届本科毕业生来说，其应当坚决支持并拥护我国共产党的领导以及社会主义制度，为本国社会主义的建设工作添砖加瓦，遵纪守法、品德高尚、符合社会主义制度的要求，才可授予其学士学位。[21] 此外，国务院学位委员会还对外发布了一系

〔20〕 法律是最低限度的道德，因此，违反国家的法律、法规等自然抵触道德标准，将成为学位撤销的实质要件。但违反学位授予单位的校纪、校规是否也属于学位撤销的实质要件呢？笔者认为，这需要区别对待。《学位条例暂行实施办法》授权高校制定工作细则，但工作细则设定的学位授予要件不得与《学位条例》的原则性要件相抵触。一般认为，“在论证高等学校通过细则设定的学位授予要件的合法性时，如果法官通过对法律规范的适用和解释，能够将这些要件涵盖到法律规范的内涵内，则学位授予要件的设定就是合法的”。参见陈越峰：《高校学位授予要件设定的司法审查标准及其意义》，载《华东政法大学学报》2011年第3期。此时，违反学位授予单位的校纪、校规也属于学位撤销的实质要件。

〔21〕 类似的规定还包括：《国务院学位委员会关于做好应届毕业研究生授予硕士学位工作的通知》第3条规定：“在授予学位工作中，必须坚持社会主义方向，培养又红又专的高级专门人才。学位条例及其暂行实施办法均要求我国的学位申请人员拥护中国共产党的领导，拥护社会主义制度。应届毕业研究生申请学位，不但必须具有应有的学术水平，而且必须为社会主义建设事业服务，遵守纪律和社会主义法制，品行端正。如有不符合上述要求的，不能授予学位。”《国务院学位委员会关于进一步做好硕士学位授予工作的通知》第2条规定：“授予硕士学位，必须坚持社会主义方向，培养又红又专的科学专门人才。必须十分重视对学位申请人员的政治思想品质的考核。我国的学位申请人员必须拥护中国共产党的领导，拥护社会主义制度，为社会主义建设事业服务，遵守纪律和社会主义法制，品行端正。对于在政治思想和道德品质方面有严重错误而又坚持不改的；在课程考试和论文工作中舞弊作伪情节严重的，不得授予学位……”以及《国务院学位委员会关于做好博士研究生学位授予工作的通知》第2条规定：“授予博士学位，必须坚持政治标准。我国的博士学位获得者必须拥护中国共产党的领导，拥护社会主义制度，积极为社会主义建设服务，自觉遵守纪律和社会主义法制，品德良好。对不符合上述要求者，不得授予博士学位。”

列的文件,如《关于做好应届毕业研究生授予硕士学位工作的通知》,其在第3条中明确了一点,即就授予学位的相关工作而言,其理应始终秉持社会主义的发展方向,塑造出又红又专的高层级的专业性精英。从《暂行办法》《学位条例》中确立的相关法律条文来看,其都指出本国申请学位的公民均应当支持并拥护我国的社会主义制度以及共产党的领导。站在应届毕业的研究生视角上进行分析,要想学校授予其硕士学位,除了自身的学术能力应符合相应的要求,其还要积极地为本国社会主义的建设工作添砖加瓦,遵纪守法、品德高尚,否则,学校无法授予其学位。例如,《关于进一步做好硕士学位授予工作的通知》,其在第2条中确立了授予硕士学位的前提要件,即理应始终秉持社会主义的发展方向,塑造出"又红又专"的高层级的专业性精英。且应当将对申请学位人员的思想品格的审核放在首位。对于中国申请学位的公民来说,其应当支持并拥护我国的社会主义制度以及共产党的领导,积极地为本国社会主义的建设工作添砖加瓦,遵纪守法、品德高尚,针对在论文撰写过程中或课程测试环节中出现造假舞弊等行为的;思想品德以及政治层面出现重大错误的且屡教不改的,学校将拒绝授予其相对应的学位……又如,该部门发布的《关于做好博士研究生学位授予工作的通知》,在此文件中其确立了授予博士学位的要件,即理应始终秉持政治标准。对于我国博士学位的获得者来说,其应当支持并拥护我国的社会主义制度以及共产党的领导,积极地为本国社会主义的建设工作添砖加瓦,遵纪守法、品德高尚,且必须符合社会主义制度的要求,否则,将无法获得博士学位。

《复函》重申了上述通知的精神,认为该文件明确规定了政治、道德、法纪方面的标准,这些标准至今仍适用于学士学位的授予工作。

(二)大学章程层面

以大学章程作为切入点进行分析,以《学位条例暂行实施办法》为例,该实施办法的第25条明确表示:在遵循该办法的基础上,授予学位的单位均可为自身的学位授予工作制定出相应的操作标准与规范。在这些工作细则中,既有对《学位条例》中"舞弊作伪"这一撤销要件的直接照搬,又有对"舞弊作伪"进行的限缩解读,当然,也不乏新增的撤销学位的实体条件。

第一种为"直接照搬型",以《中国政法大学学位授予办法》为例。该办法的第23条的规定:"对于已经授予的学位,倘若认定其存在学位错授抑或是造假作弊的情形的,将由该校的学位评定委员会进行审议,查证属实的,该委员会有权进行撤销。又如,北京大学颁布的《学位授予工作实施细则》,该细则中的第36条强调:就已获得学位申请者而言,倘若其被认定存在违背该工作条例的重大违纪行为,并经学位评定委员会查证属实的,相关的学位将会被撤销。上文中的操作细则只是单纯简单地复述《学位条例》的规定。

第二种为"限缩解读型",以武汉大学出台的《学位授予工作实施细则(暂行)》为例。该细则在第28条中指出:就学位申请者而言,倘若其在论文撰写、申请答辩和答辩环节中,以及入学测试、课程学习等过程中出现了重大造假作弊的情形,学校有权拒绝其申请学位的请求,并且针对其已经获得学位也可进行撤销。又如《吉林大学学位授予工作实施细则》,其在第23条中详细论述了撤销学位的三大类情形:(1)在入学考试环节出现了伪造学位证抑或是毕业证书的;(2)在撰写学位论文的过程中出现了重大弄虚作假的行为的;(3)抄袭、窃取他人学术成果,不符合《中华人民共和国著作权法》相关规定且情节恶劣的。除此之外,再加之《西南政法大学学位授予工作规定》在第30条的规定:倘若在相关考试、申请学位以及相关审查环节当中,发现其实施了作弊或造假等行为的,一旦被认定为属实的,经过复议程序之后,学位评定委员会可撤销之前的学位授予行为。此类工作细则对"舞弊作伪"发生的场合进行了限定。

第三种为"新增要件型",以北京大学公布的《研究生基本学术规范》为例。该规范在第5条第3款中表示:针对顺利完成学业且离开学校的研究生,倘若其在就读期间出现了不符合学术规范的重大违纪情形,经过查证属实的,学校有权撤销其在校期间取得有关奖励,并对其已获得的学位及毕业证书进行撤销。针对不符合学术规范的重大违纪情形这一限定条件来说,其内涵不够具体、较为宽泛,已超出"舞弊作伪"的范畴。[22] 此外,还可能同时出现限缩解读"舞弊作伪"与新增撤销要件的情形。以《中山大学硕士、博士学位授予工作细则》为例。该细则中的第23条指出:对他人的学术研究成果进行窃取、抄袭的;对学术成果、实验数据进行篡改、伪造的;在入学测试、撰写论文、课程学习等环节中出现了其他学术不端与不正当的情形。前半句对"舞弊作伪"的场合予以限定,后半句"学术失范行为及违纪行为"则可囊括所有学术型与非学术型撤销要件。

---

〔22〕 参见宋烁:《设定学位撤销条件的原则与要求》,载《学位与研究生教育》2018年第1期。

三、学位撤销实质要件之综合性:对当前法规范体系的反思

从前文梳理可以发现,在立法层面,我国的学位撤销实质要件呈现学术标准与非学术标准的二元格局,同时,“舞弊作伪”被作为一种典型例子明确提及。其中,非学术标准在《学位条例》中具体表现为“两个拥护”的政治标准。在行政法规层面,《暂行办法》中尚未直观性地制定出撤销学位的实体条件,该办法的成功之处在于其让所有的学位授予单位均能够自行制定工作细则,从而为大学章程细化学术标准与非学术标准提供了有力依据。在部门规章层面,《学位论文作假行为处理办法》针对涉及学位论文的“舞弊作伪(假)”进行了细化。

就其他行政规范性条文而言,《意见》中的相关条款细化了“学术(型)舞弊作伪”的情形。从上文中的论述可知,《通知》于 1981 就已被国务院学位委员会公布并实施,文件中的相关条款指出:倘若学位申请者的行为同遵纪守法、品德高尚,必须符合社会主义制度的要求等原则相悖,将无法获得相应的学位。《关于进一步做好硕士学位授予工作的通知》也于次年成功出台并实施,其指出:面对道德抑或是政治层面存在重大错误且屡教不改的,将无法获得硕士学位……此后,其又于 1984 年对外公布了相类似的通知,即《关于做好博士研究生学位授予工作的通知》,凭借该通知的出台,博士学位的授予条件被明确,即应当始终秉持正确的政治标准。20 世纪 80 年代初的这三个通知已经表达了在学术标准外,还存在法纪、政治思想、道德品质等其他标准。随后,在 2003 年出台的《复函》当中,国务院学位委员会又进行了全方位的阐述,以《学位条例》为例。该条例当中的“两个拥护”被解读为“涵盖遵纪守法、道德品行的要求”,从而坚持了一贯立场,呈现“学术标准 + 政治、道德、法纪等非学术标准”的综合性特征。

以上国家层面的法规范仍存在笼统、概括、抽象等不足,而大学章程似乎是弥补这些不足的良方,但实际情况却并不乐观。在大学章程层面,各学位授予单位或对“舞弊作伪”的理解存在差异,或新增学位撤销的实质要件,这在使撤销要件的综合性特征变得更突出的同时,也出现了相同的不正当行为在某些特定的高校中能够成为撤销学位的实体条件,但在其他高校中却仅能认定为纪律

处分的情形。[23]

四、学位撤销的法律效果：一点延伸讨论

学位撤销属于行政许可之撤销，其具备行政行为之撤销的法律效果。一般认为，行政行为之撤销的法律效果包括四个方面，即原行政行为自始失效、对信赖利益予以补偿、公法上不当得利的返还、行政行为失效之附随效果。[24] 其中，由于公法上不当得利之返还仅限于授益行政行为的内容是给付金钱或可分物之情形，[25]而学位纵有财产性质，但非属金钱或可分物之列，故而在被撤销时不存在返还不当得利之法律效果。而行政行为失效之附随效果，本身可以被纳入行政行为失效下探讨，没有单列的必要。相应地，学位撤销的法律效果便包括以下两点。

第一，学位授予行为自始失效。违法的学位授予行为一旦被撤销，将溯及既往地丧失其效力，随后，学位证书也将被收回或注销。所谓"溯及既往地失效"，是指包含公定力、确定力、拘束力、执行力在内的行政行为效力之丧失。如果失效的是负担性行政行为且该行为已执行完毕，则涉及国家赔偿的问题。如果失效的是授益性行政行为，则存在信赖保护与公法上不当得利的返还问题。所谓"学位证书被收回或注销"是学位撤销之附随效果，学位授予单位有权命令所有人或占有人返还学位证书。此种情形，所有人或占有人可请求学位授予单位将学位证书作成注销标识后，再予发还。

第二，对信赖利益予以补偿。行政行为之撤销系基于依法行政原则而来的制度设计，然而撤销行政行为又往往会同时影响因该行为之存在而产生的公共利益乃至人民的私益。[26] 通常认为，授益性行政行为的相对人如存在信赖基础、有信赖表现、具有值得保护的信赖利益，则不必遵循严格的依法行政原则而

[23] 参见徐雷、沈思言、王颖：《学位撤销纠纷的司法审查路径研究——基于案例的类型化分析》，载《学位与研究生教育》2016年第6期。

[24] 参见李惠宗：《行政法要义》，台北，元照出版有限公司2012年版，第381～383页。

[25] 同上书，第382页。

[26] 参见林明昕：《一条遗失的规定：论具第三人效力之行政处分的撤销与废止》，载《台大法学论丛》第44卷第2期（2015年6月）。

一律撤销该授益性行政行为,而是遵循由法安定性原则所引申而来的信赖保护原则,[27]采取不撤销行政行为(存续保护)或补偿相对人(财产保护)的处理方式。所谓信赖基础,是指行政行为已生效且为相对人所知悉。[28] 而信赖表现则是指相对人基于对行政行为的信赖已采取一定措施,且这些措施往往具有不可逆性。除上述两点外,正当性也成为信赖利益必须具有的要件之一。此项要件的含义为行政行为获得了行政相对人的确信,此外,成立信赖基础的前提要件亦为善意,且无过失可言。[29] 唯正当、无恶意之信赖方值得保护。[30] 若受益人对行政行为之成立有欺诈、胁迫、行贿等不法行为或者有不正确以及不充分之报告,又或者明知或应知行政行为违法,则受益人之信赖不应予以保护。[31] 回到学位撤销的问题,若学位获得者在申请时存在欺诈、贿赂或明知不符合条件仍申请学位,则不存在正当信赖。反之,若学位获得者是因学位授予单位工作人员的失误而获得学位,则存在值得保护的信赖利益。例如,学位申请者在申请时完全基于善意,在工作人员告知可申请学位并在后者引导下提交了完整材料,并且获得被同意授予学位。此时,在相对人的信赖利益与维护国家学位制度严肃性的公共利益之间便会发生权衡。当信赖利益大于公共利益时,适用存续保护的方式;而当公共利益大于信赖利益时,则适用财产保护的方式——撤销行政行为同时补偿相对人的损失。实际情况需要在个案中具体判断。

---

〔27〕 有关信赖保护原则的理论基础,我国台湾地区学者林明昕认为,仍有法安定性、诚实信用等来自法治国原则的立场,以及基本权利的观点。参见林明昕:《一条遗失的规定:论具第三人效力之行政处分的撤销与废止》,载《台大法学论丛》第44卷第2期(2015年6月)。关于作为信赖保护之理论依据的诚实信用原则说、法安定性原则说、法治原则说、基本权利说等介绍,参见王贵松:《行政信赖保护论》,山东人民出版社2007年版,第99~111页。

〔28〕 参见周佑勇:《行政法原论》(第3版),北京大学出版社2018年版,第65页。

〔29〕 参见王贵松:《行政信赖保护论》,山东人民出版社2007年版,第175页。

〔30〕 参见陆君卿:《撤销违法授益处分之法律问题——以依法行政和信赖保护原则为主轴》,载《法令月刊》第57卷第7期(2006年7月)。

〔31〕 参见翁岳生:《行政处分之撤销》,载翁岳生:《法治国家之行政法与司法》,台北,元照出版有限公司2009年版,第36~37页。

On the Substantive Elements of Degree Revocation
from the Perspective of Education Law

Liu Hui

Abstract: The substantive elements of the Degree Revocation and Degree Awarding are inversely corresponding. There are Academic Degree Revocation and Non-academic Degree Revocation in academic theory, which is also reflected in the judicial practice in China. The essential elements of Academic Degree Revocation are academic standards, while the substantive elements of Non-academic Degree Revocation are non-academic standards including politics, morality, and discipline. In China, according to the laws and the regulations of universities, the substantive element of Degree Revocation have a comprehensive feature of the coexistence of academic and non-academic standards. After the degree is abolished, there will be four legal effects such as the failure of the degree awarding act, the compensation of the reliance interest, the return of the unjust enrichment in the public law, and the accompanying effect of the invalidation of the administrative act.

Key words: Degree revocation; Substantive elements; Academic standard; Non-academic standard

论“同光中兴”中的治外法权

马子政*

内容摘要：

治外法权随不平等条约的缔结而来，治外法权是条约体系中的重要支柱，也是中国近代史上无法绕开的一环。然而，“治外法权”一词本身的意涵就是模糊不清且常与“领事裁判权”混用的：就治外法权概念而言，有属地主义与属人主义的双重用法；与领事裁判权相较，则更有诸多混淆矛盾之处。回顾历史，由治外法权的语义困顿可以看出，当时对治外法权的认识尚难言透彻。以语言学和逻辑学的语词前提为基础，本文聚焦于“同光中兴”时期（1864～1894年），提出清廷的“治外法权工具观”论点，分析其利弊，并得出结论：同光中兴时的清廷对治外法权制度止于批判而无解决的意愿和能力，从导致痛失撤废治外法权之良机。

关键词：

治外法权　领事裁判权　治外法权工具观　同光中兴

一、还原“治外法权”：不同历史时期的语义沿革

“治外法权”一词是中国近代史一个常见而重要的词汇，然而，尽管作为一个被经常使用的概念，其意涵不仅是在当时甚至于现在似乎都面临一定的“语义困顿”，即语义上的矛盾、混乱与不明。为此，考察其在不同历史阶段的含义，“治外法权”一词实际上有“属地主义”和“属人主义”之双重含义：前者是“一国治理外国人的法权”之义，后者是“一国于治域外行使法权”之义。属人主义之治外法权，据称最早见于黄遵宪之《日本国志（卷七）邻交志四·泰西》（1887年

---

* 清华大学法学博士研究生。

成书,1895 年年底、1896 年年初初刻板):"外史氏曰:泰西诸国,互相往来,凡此国商民寓彼国者,悉归彼国地方官管辖,其领事官不过约束之、照料之而已。惟在亚细亚,理事[领事]得以己国法审断己民,西人谓之治外法权,谓所治之地外而有行法之权也。"[1]与此相对,属地主义的治外法权,实际上是"治外法权"一词在中国出现时的原初含义,此处可据 1886 年 6 月 6 日(光绪十二年五月初五日)刊行之《申报》:"谓今后朝鲜国款待俄国当格外从优,凡法律刑名未能悉臻妥洽之前,所有俄国人民之住韩者,不能照治外法权绳之俄人。"[2]此处《申报》表达的意思是"本国管辖外国人的权力",恰好和黄遵宪所使用的"治外法权"相反。

有趣的一点是,实际上,《申报》第二次报道关于"治外法权"问题,则是出现于 1895 年 9 月 29 日(光绪二十一年八月十一日)的"杂记星使莅东后琐事":"星使与外务省议妥,在日华商无论大小事件,不得援治外法权全有之说,迳行定谳,仍须由驻日华官办理,以持其平。"[3]——从 1886 ~ 1895 年大概 10 年时间里,《申报》上竟再无关于治外法权之报道,或许表明当时一般社会舆论根本不关心此问题。又如 1903 年汪荣宝、叶澜编纂出版的《新尔雅》中,还将治外法权定义为"在甲国领土内之乙国人们,需服从甲国之法律者",[4]这说明属地主义的治外法权含义在当时仍被使用。

虽然黄遵宪所言属人主义的治外法权已为社会所知,但直到 1905 年,属地主义的"治外法权"用法在报道中仍然大量使用。如《申报》1905 年 1 月 27 日在《中国亟宜考订交涉刑律论》一文中报道:"夫华律从重,西律从轻,当烟台订约之初,华官未悉此中参错情形,遽允中西人犯法各归本国惩办,于是华人犯罪受中国重刑,西人犯罪受本国轻刑,中国治外法权遂因之而失。"[5]

1911 年宋教仁在《二百年来之俄患篇》一文中指出,中国近代史上所谓"治

---

[1] 参见(清)黄遵宪:《日本国志》,岳麓书社 2016 年版。

[2] 参见 1886 年 6 月 6 日(光绪十二年五月初五日)发行的《申报》。

[3] 参见 1895 年 9 月 29 日(光绪二十一年八月十一日)载于《申报》的文章:《杂记星使莅东后琐事》。

[4] 汪荣宝、叶澜编著:《新尔雅》,上海明权社 1903 年版,第 29 页。

[5] 高汉成编著:《〈大清新刑律〉立法资料汇编补编汇要》,中国社会科学出版社 2016 年版,第 182 页。

外法权”者,“盖单指领事裁判权而言,即甲国人于乙国领土内,不服从其国法权,而由自国领事裁判之,谓为属人主义之制度,与普通所谓治外法权相异者也”;而“普通所谓治外法权者,甲国之元首、公使及军队、军舰在乙国领土内不服从其国之统治权之谓,与领事裁判权原不同,盖普通治外法权,为相互的平等的领事裁判权”,[6]即“外交豁免权”。宋教仁这里明确指出,在当时中国的习惯语境中,是将领事裁判权与治外法权等同并混用的。

1926 年王宠惠在其所提交的《中国委员对于中国治外法权现在实行状况之意见书》中指出:“各国委员所送达委员会关于调查治外法权之文件,仅记载各该国在华领事裁判权一节,中国委员以在中国治外法权现在之实行状况,其范围较领事裁判权为宽,实际上受治外法权之支配者,远出领事裁判权范围之外。”[7]笔者认为,这份文件所使用的言辞和表达的精神,或许最恰当地说明了当时国人对于“治外法权”的看法:“治外法权”在民族主义情绪的影响下,实际上已经成了列强在华所攫取之司法特权的总代称。

由此可见,“治外法权”一词在近代中国具有属地主义与属人主义的双重意涵,其含义多少是含混不清,甚至交替使用的。不过,不管所用词义为何,“治外法权”问题讨论的核心就是,在中国近代史上,普通外国人在中国的法律管辖问题。但是,又由于“治外法权”一词与“领事裁判权”一词在中文语境中的含义常常混淆甚至不明所指,故本文下一节亦将对此二词进行梳理考察,以明本文“治外法权”之意涵,并试解其“语义困顿”。

二、“治外法权”与“领事裁判权”之语义厘清初探

“治外法权”与“领事裁判权”是中国近代以来,在“条约制度”(或曰“条约体系”)下形成的特殊产物。从中国法律史的视角来看,这两个名词在中国法律史的相关研究上往往是混同使用的,因此,可能带来一些理解上的困难或混乱。即便就日常生活而言,这两个词的使用疆界也是模糊不清的。笔者试图对此进行“正本清源”,从语义厘清的角度辨析“治外法权”与“领事裁判权”这两个概

---

[6] 陈旭麓主编:《宋教仁集(上册)》,中华书局 1981 年版,170 ~ 171 页。

[7] 章伯锋主编:《北洋军阀(1912—1928)》(第 5 卷),武汉出版社 1990 年版,第 125 页。

念,以期冀达到专词专用,从而更好地理解中国近代法律史上的“治外法权”与“领事裁判权”问题,并使本论文中“治外法权”一词含义更明晰。

(一)概念综述与问题缘起

“治外法权”又名“超治法权”(意为“超出内国法治之外,不受其支配之权利”),[8]目前,在该词的语义意指上,学界还存在争论。根据周鲠生先生的解释,“治外法权”(extraterritoriality)一词有两个内涵:一是领事裁判权(consular jurisdiction),二是外交豁免权(diplomatic immunity)。[9]我国可能(并非确定,因为还有直接采用英美翻译之说等)根据日本学界的翻译采用了治外法权(ちがいほうけん)和領事裁判权(りょうじさいばんけん)的翻译,却未能准确界定,这里面有3个英语概念,即“extraterritoriality”、“consular jurisdiction”和“diplomatic immunity”。其实,据周先生论述,欧陆和日本法学界均严格区分“治外法权”(实际上就是外交豁免权)与“领事裁判权”(consular jurisdiction)的不同内涵,但英美法学界则不那么严格区分它们,“extraterritoriality”这一概念中“consular jurisdiction”与“diplomatic immunity”这两个内涵经常被混同使用,“extraterritoriality”一词有时指领事裁判权,有时指外交豁免权。[10]由此可见,作为外来词的“治外法权”,在英语本身的意义上就不是那么明确,而其更是通过日语翻译,方才进入中文语言,因此,便产生了更大的语义混乱,致使“治外法权”一词语意不明、概念不清,亟须厘清。综上所述,可以归纳得出如下观点:

---

〔8〕参见陈启天:《治外法权与领事裁判权辨》,载杜亚泉等主编:《东方杂志》(第12卷第7期),商务印书馆1915年版,第5~7页。

〔9〕参见周鲠生:《领事裁判权问题》,载钱智修、胡愈之等主编:《东方杂志》(第19卷第8期),商务印书馆1922年版,第3~24页。

〔10〕不过,刘世顺(Shi Shun Liu)在其1925年发表的文章《法外治权——其兴盛与衰败》(Extraterritoriality-Its Rise and Its Decline)一文中指出:“Today, the term “extraterritoriality” is generally employed to describe the condition of law existing in certain Oriental countries, under which foreigners are exempt from the local jurisdiction and are subject to their national authorities, by virtue of well-established usage or treaty arrangement.”由此可见,“extraterritoriality”一词在当时英语语义的指向中可能已经有了倾向于“consular jurisdiction”的偏好。

1.“治外法权”系外来词,[11]其在英语中谓“extraterritoriality”,在日语中被翻译成“治外法權”(ちがいほうけん)。我国或许沿用日本学界的翻译,亦称“治外法权”。

2. 在英语“extraterritoriality”原义中,其包含领事裁判权(consular jurisdiction)和外交豁免权(diplomatic immunity)两种内涵。这两种内涵在英语本身的区别也并非一清二楚,在使用“extraterritoriality”一词时必须根据实际情况判断其所指。

3. 在日本学界翻译中,“领事裁判权”(consular jurisdiction)的意涵被翻译为“領事裁判権”(りょうじさいばんけん),外交豁免权(diplomatic immunity)的意涵则被翻译为“治外法権”(ちがいほうけん)。其中,“領事裁判権”(りょうじさいばんけん)和“治外法権”(ちがいほうけん)两个词语各有其独特意涵,并不能混同使用。申言之,在日语语义中基本十分清楚地分清了“治外法権”与“領事裁判権”各自之语义界限。[12]

4. 中国学界沿用日本学界“治外法权”和“领事裁判权”的翻译,但却未能明确区分两者属于不同概念。实际上,早在清代,有识之士便指出:“吾国之误用此名词,实肇源于日本十余年前之东籍殆靡不沿袭混合者……推最初误用之原因,盖由东籍之释‘治外法权’,解为立于所驻国法治之外。吾国之作为领事裁判权者,则又以‘治外’二字之义其表面之解释,有合乎西人之领事裁判,故据中国文义以解日本名词。欲通两驿之邮,遂致六州之错。”[13]换言之,由于中国人长期未能明晰国际法的诸概念,导致在概念的翻译与使用上往往混乱不堪、漏洞百出,并致使直到今日仍存在关于“治外法权”的争论。

---

[11] 这里所谓“外来词”,仅是基于目前学界通说和本文逻辑上的判断。近年来也有证据表明,“治外法权”并非外来词。关于治外法权与领事裁判权更为详尽的内容,参见高汉成:《治外法权、领事裁判权及其他——基于语义学视角的历史分析》,载《政法论坛》2017 年第 5 期。

[12] 然而,即便是在日语语境中,这两个词的使用也常常产生混淆,说明现实社会中并未形成对这两个词的规范使用规则。关于这两个词在日语中的历史沿革,可以参见木村時夫「日本における条約改正の経緯」,载《早稻田人文自然科學研究》1981 - 03。

[13] 参见《论治外法权与领事裁判权性质之异同》,载徐柯主编:《东方杂志》(第 3 卷第 13 期),商务印书馆 1906 年版,第 232 ~ 234 页。

虽然关于"治外法权"问题上存在上述种种问题,但无论采取何种翻译,"治外法权"这一概念的核心显然就是两点:领事裁判权和外交豁免权。为此,我们有必要在以下两节中澄清它们的概念与关联。

(二)领事裁判权与外交豁免权的概念与比较

1. 领事裁判权

列举两种关于领事裁判权的(consular jurisdiction)概念界定:

(1)领事裁判权,是指两国之间通过缔结条约,根据条约规定,缔约一方对处于缔约他方领土内的本国国民适用本国的法律,行使本国司法管辖权,其国民不受所在国法律约束和法院管辖。

(2)所谓"领事裁判权"制度,就是"一国通过驻外领事等机构对处于另一国领土之内的本国国民,根据其本国法律,行使司法管辖权的制度"。[14]

由此,领事裁判权的构成要件可分为:

①领事裁判权产生的前提:两国之间缔结关于领事裁判权的条约。(该条约往往是实质上的不平等条约)

②领事裁判权的行权主体:享有领事裁判权一国之驻另一缔约国领事等机构。(该行使机构可能是领事、管事官或其他专职法院等)

③领事裁判权的行权客体:享有领事裁判权一国之国民在另一缔约国发生之法律纠纷。(由于不同国家和不同历史时期,该客体可能发生在享有领事裁判权一国国民之间或该国国民与缔约国之间)

④领事裁判权的行权内容:享有领事裁判权的一国可根据本国法律排他性司法管辖上述行权客体所言之法律纠纷。(该行权内容的具体范围受限于条约规定)

综上所述,领事裁判权的实质可概括为:两缔约国 A、B 之间,设若 A 国对 B 国享有领事裁判权,则 A 国对所在 B 国的 A 国国民具有排他性司法管辖权力。

2. 外交豁免权

列举两种关于外交豁免权(diplomatic immunity)的概念界定:

(1)外交豁免权,全称为外交代表的管辖豁免权。外交豁免权指一国派驻

---

〔14〕 参见武树臣主编:《中国传统法律文化辞典》,北京大学出版社 1999 年版,第 228 页。

外国的外交代表(无论是常驻代表或临时使节)享有一定的特殊权利和优遇;豁免是指对驻在国管辖权的豁免,也可包括在外交特权之内。按照国际法或有关协议,在国家间互惠的基础上,为了保证和便利外交代表执行正常职务,各国根据相互尊重主权和平等互利的原则,按照惯例或有关协议相互给予。外交特权和豁免本质上属于代表的国家,而不属于外交代表个人,因此,个人无权自行放弃。

(2)外交豁免权,在国际法的意义上指:"外国主权者和外国政府享有不受他国国内法院管辖的豁免权,这种豁免权可以从国际礼让、主权和国家的独立于平等、主权和国家的尊严、治外法权原则以及其他立场进行不同的解释。外交代表在其派驻过享有豁免权,但其具体内容在不同国家中有所不同。(中略)豁免权的适用范围还扩展到税收、举证传唤、逮捕和刑事诉讼、破产等领域。"[15]

此外,根据霍非尔德(Ho Féeld)对法律术语的分析,"豁免"指不受他人权力的支配,他人对于享有豁免的人来说,没有行为能力。因此,外交官在其派驻国享有不受治安条例管辖的豁免权,警察在质控外交官方面没有行为能力。[16]

由此,外交豁免权的构成要件可分为:

①外交豁免权产生的前提:国际公法及相关条约的规定。

②外交豁免权的行权主体:主权国家。(该主权国家指平等的主权国家,具体而言即为该主权国家的主权者、政府及其外交代表等)

③外交豁免权的行权客体:某一行权主体在另一主权国家所发生的法律纠纷。

④外交豁免权的行权内容:某一行权主体在另一主权国家不受该国司法管辖。(这种不受管辖,根据国际公法及相关条约的规定,是有限度的)

综上所述,外交豁免权的实质可概括为:A国在B国的主权代表(在一定限度内)不受B国司法管辖的权利。

3. 概念比较

领事裁判权与外交豁免权,在属地法意义上,都具有"外国人不受其所在国司法管辖,而受本国法裁判"的内涵。因此,二者具有一定的相似性。但是,二

[15] 参见[英]沃克:《牛津法律大辞典》,李双元译,法律出版社2003年版,第546页。

[16] 同上。

者意涵所表现出的更多是不同。根据陈启天先生的观点,试比较如下。

(1)就缘起而言,外交豁免权产生于国际公法,领事裁判权产生于特别条约(多为不平等条约)。

(2)就适用范围而言,外交豁免权的适用范围是一定的,一般而言,仅限国家元首、外交代表、军队军舰等;领事裁判权的适用范围不特定,凡享有领事裁判权一国的国民均受管辖。

(3)就行权内容而言,外交豁免权具有司法、行政、财政等多方面的内容,而领事裁判权则一般仅具有司法方面的内容。

(4)从权能属性上来看,外交豁免权属绝对权,各主权国家均可享有,且一般不可收回;领事裁判权属相对权,仅特定国家可享有,且可收回。

综上,我们可以明确治外法权的两大核心语义:一是外交意义(国际法意义)上的豁免权,二是可以进行本国统治范围之外的(排他性)司法管辖,即一种“外国(排他性)司法管辖特权”。

(三)辨明与立论

通过上述论述,笔者采取周先生的学说,认为“治外法权”(extraterritoriality)这一概念,具有“领事裁判权”(consular jurisdiction)和“外交豁免权”(diplomatic immunity)这两种内涵。同时,在“外国人不受其所在国司法管辖,而受本国法裁判”这一属地法意义上讲,领事裁判权实际上是一种狭义的治外法权。但是,就其本原意义而言,外交豁免权意义上的治外法权(extraterritoriality)发轫于“平等国家之间无管辖权”的国际法原则,实际上是一种平等的主权国家间的豁免权(immunity);而领事裁判权(consular jurisdiction)则是通过不平等条约缔结的、实际上侵害一国主权的一种“司法管辖特权”。

此外,关于译名问题,根据安国胜先生的考证,还有两点情况应予考虑:一是所谓领事裁判权,其司法管辖权不一定由领事来行使(如最初订立的《中英五口通商章程》中其称为“管事官”,之后列强在华设立法院并由专职法官进行裁判),“领事裁判权”这一名词的界定显然是有失准确的;二是直到 1902 年中英《续议通商行船条款》(又名“中英商约”“马凯条约”)之前,无论是“领事裁判权”抑或“治外法权”,均未在中外条约中出现,此前所有在华确立领事裁判权的条约均是采取“描述法”,即在条约文本中对涉及外人诉讼事务的管辖权进行描述而不是用一个名词来代替。[17] 也是自此约之后,才有了作为正式意义上(兼具外交意义与本土意识)对"领事裁判权""治外法权"这两个概念的评述与争议。

笔者以为,关于"治外法权"一词的语义问题,实际上就是语言哲学上索绪尔提出的"所指"与"能指"问题的典型体现。"治外法权"一词,其能指兼具"外交豁免权"和"领事裁判权"两种意义,其实际所指则必须考虑语素语境、语言习惯、主体间性等因素来进行判断。而在当前中国社会的普遍话语表达中,"治外法权"多表达的是一种因为不平等条约而带来的、帝国主义列强强加于我国的、有损主权的司法特权,其所指更偏向"领事裁判权"的意涵。因此,综合上述考察,笔者提出理据如下:

(1)从语言缘起看,治外法权,就其英文本原意义而言,无论是"extraterritorial jurisdiction"[18] 抑或"extraterritoriality"均具有"领事裁判权"与"外交豁免权"之意涵,而且,其在本原语境中的意指和使用往往就是混用的。

(2)从语言习惯看,无论是在过去还是现在,在中国社会的普遍话语表达中,"治外法权"一词的实际所指往往就是其所具有的"领事裁判权"的意涵。

(3)从历史事实看,"领事裁判权"一词的语义过于狭隘,用来界定一种事实上的司法特权不够精准,相比之下,"治外法权"一词反而能更精当地表达当时历史条件下外国司法特权的意蕴。

(4)从词义本义看,考察"治外法权"一词,其"法权"之谓更接近于法律上的管辖权之意,考之英文即为"jurisdiction"一词。按照《牛津法律大辞典》的解释,"jurisdiction"指:"主权国家通过立法、行政法令或法院判决而影响人们权利的能力。"那么治外法权的中文含义应当是,"(相关当事人)受在所在国统治之外国家法律的管辖";而外交豁免权指"一国的主权代表不受另一国法律的管辖",其所享有的豁免权已经使其免于所在国的法律管辖,根本无所谓"治外法权"可言了。

综上所述,关于"治外法权"一词之词义厘清,笔者的看法如下:

---

〔17〕 参见安国胜:《西风落日——领事裁判权在近代中国的确立》,法律出版社 2012 年版,第 165 ~ 195 页。

〔18〕 也有人用英语 extraterritorial jurisdiction 来表达中文"治外法权"的概念。关于"extraterritorial jurisdiction"一词的详细论述,可以参见 Anthony J. Colangelo, "What is Extraterritorial Jurisdiction", *Cornell Law Review*, Vol. 99:1303, pp. 1303 – 1352。

(1)上策,在中文语义中,“领事裁判权”一词应用“治外法权”代替,即仅保留作为一种司法特权的“治外法权”之词义,[19]而将“外交豁免权”一词不再归入其意涵中,独立使用。如此,可用“奥卡姆剃刀”,彻底划清“治外法权”一词的界限。

(2)次之,采“广狭义说”,即广义的“治外法权”包括“领事裁判权”与“外交豁免权”两种词义,而狭义的“治外法权”仅指“领事裁判权”。如此,可以广狭之说辨明“治外法权”的含义,但稍显复杂。

(3)末计,对“治外法权”一词不作变更,但使用时明确标注,究竟是用“领事裁判权”之意涵,抑或“外交豁免权”之意涵。如此,“治外法权”一词词义甚是臃肿,且使用起来不免多费笔墨,添无用之功。

本文为严谨起见,所称之“治外法权”与上述之第一项“上策”所谓相同,为一“治外特权”,即本文之后使用“治外法权”一词所具有的意涵;同时,将“领事裁判权”作为“治外法权”制度之下位概念理解。

(四)小结:“治外法权”的语义困顿与国内外危机的历史关联性

在辨明“治外法权”词语内涵以解其语义困顿(至少就本文的语言逻辑性与合理性而言)之同时,我们可以看到,无论是学者抑或常人,当时人们对于“治外法权”与“领事裁判权”的理解往往是混沌不清、互相矛盾的。比如,自清末以来便有对这两个概念进行辨析的论著产生,到民国时期更是达至顶峰。概括而言,学界对此的基本观点有两种。一种是主张这两个概念之间毫无关系。民国学人如吴颂皋、陈启天、陈腾骧、耿习道等秉持此观点,陶广峰、郭卫东、赵晓耕、李启成等学者也多以治外法权指代外交豁免权,而用领事裁判权指代领事所拥有的司法特权为出发点,进而得出“治外法权应当以不损害国家领土主权为前提,而领事裁判权则为一国单方面优惠政策,有违于国际公法上的平等原则”[20]的结论;另一种则认为这两个概念之间并非泾渭分明,而是互有交融。如周鲠生由词语原意“本国领土以外的法权”而得出“领事裁判权恰是一种治外

[19] “领事裁判权”一词可以作为“治外法权”的下位概念,因为在历史沿革中领事裁判权确实与领事制度息息相关,也不宜全部废止“领事裁判权”一词。在这种情况下,治外法权的语义包含并大于领事裁判权的语义。

[20] 参见赵晓耕:《试析治外法权与领事裁判权》,载《郑州大学学报》(哲学社会科学版)2005年第5期。

法权”。[21]

以上这种论辩,可以视为在鸦片战争之后国门大开、各种欧风美雨涌进的同时,给当时中国人所带来的思想与情感上的种种混乱与困窘在语言上的表现。而此种语义困顿既限制了时人的思维与表达方式,又可能造成对外来事物的曲解与无知,从而导致人们对问题的认识不够透彻与深刻。以“治外法权”与“领事裁判权”为例,诸种相悖见解的并存反映了时人对于国际法、国际形势的无知,缺乏一种官方的统一定义恰恰又说明了朝廷本身对这种条约制度的重视不足而产生的不求甚解。因为,我们必须看到,无论是“治外法权”抑或“领事裁判权”,其背后所隐藏的危机正是不平等条约下所产生的“条约体系”,在此种不平等中,中国正日益滑向半封建半殖民地社会的深渊,主权遭到极大破坏,国家利益也受到重大损失。语言是思维的表达,思维又是行动的先引。语言的不清反映了思维的不明,思维的不明导致行动的不力。就此而言,在那种语义困顿之下降生的“治外法权”与“领事裁判权”,正凸显了当时中国对内忧外患的深刻危机下解决问题的能力不足与行动不力,而这种语言与思维上的困顿又成了进一步解决问题的绊脚石,从而变相加深了国内外危机。事实上,在鸦片战争爆发、诸多不平条约签订数十年之后,“治外法权”“领事裁判权”这些专有名词、专门概念才出现,而直到 1902 年清政府才正式开始变法修律(“修律以收回领事裁判权”),这种反应的迟缓与无力也恰恰印证了“语义困顿”根植的历史传统和社会土壤。虽不敢言窥一斑而见全貌,但至少也能解读出当时中国朝野对“治外法权”“条约体系”和更深刻的国内外危机的某种不甚关心的态度。

不过,中国毕竟是一个拥有悠久历史和灿烂文化的文明古国,中华民族毕竟是一个拥有强大自尊心和反思能力的坚强民族。在这困顿的背后,也涌现出众多仁人志士们渴求变法的夙愿与清政府的因应之策。

三、仁人志士的变法愿望与清政府的“治外法权工具观”

(一)废除治外法权面临的困境

从 1843 年鸦片战争后授予西方国家“治外法权”起,到 1943 年第二次世界

[21] 参见周鲠生:《领事裁判权问题》,载钱智修、胡愈之等主编:《东方杂志》(第 19 卷第 8 期),商务印书馆 1922 年版,第 9 ~ 10 页。

大战中中国收回"治外法权"止,条约上的"治外法权"问题,存在了整整一个世纪。在民族心灵史上,影响所及,至今犹存。与近邻日本相比(1858 年《日美友好通商条约》确立——1894 年《日美通商航海条约》废除),中国在"治外法权"问题上,出让的早,收回的晚。

然而,中国很早就意识到了西方国家拥有"治外法权"不合国际法。1864 年丁韪良翻译的惠顿《万国公法》中,即有关于"领事裁判权"内容:"领事因为条约而取得裁判权:两国立约,许此国之领事等官住在彼国疆内,而行权于其本国人住在彼国者,其权如何,必由和约章程而定。"〔22〕此处"领事裁判权"的概念虽没有译出,但译者在"领事权利"一节已经指出领事官并不天然具有外交代表的特权,其权利来源于约定,也就是"领事裁判权并不具有天然的正当性"。

1868 年在谈判后来从未被批准的《阿礼国条约》时,文祥提出:"废除你们的治外法权条款,商人和传教士就可以住在他们任何想住的地方;但如果保留它,我们必须尽我们的可能把你们以及我们的麻烦限制在条约口岸!"〔23〕

这里,文祥看似是想废除治外法权,但考察当时的清朝实力和国际形势,此处可能更多的仅是抱怨。15 年后王韬评论道:"故通商内地则可不争,而额外权利则必屡争而不一争,此所谓争其所当争也,公也,直也。""于是宜与者与之,宜取者取之,此中具有权衡。"〔24〕治外法权当属必须废除之列,而通商内地倒是可以不论。

1876 年《总税务司赫德条陈改善对外关系》一折,似乎揭示了清廷面对治外法权问题的两难处境:"鉴于治外法权的条款确实存在而且真正在运用着这个事实,任何条陈,只要对于生命财产的安全不作适当的安排,将不为条约国所接受,这是明显的,再者,鉴于治外法权的条款,无论包括些什么权宜而又有用的东西,却真的含有那个关系政府迟早必须加以反对的一些东西的事实,任何条陈,只要不顾到中国方面对于现行办法的感觉和言论,将同样的不为中国所接受,这也是同样明显的。""外国人决不放弃所谓防御性的治外法权,而中国也绝不至于在外国人要维持所谓侵略性的治外法权时欢迎外国人的建议或者肯

〔22〕 参见[美]惠顿:《万国公法》,丁韪良译,中国政法大学出版社 2003 年版,第 85 页。

〔23〕 参见[英]赫德:《这些从秦国来——中国问题论集》,叶凤美译,天津古籍出版社 2005 年版,第 45 页。

〔24〕 参见(清)王韬:《弢园文录外编》(卷 3),上海书店 2002 年版,第 76 页。

同意外国人的要求。"[25]

(二)有识之士倡议"恢复法权"

那么,中国就真的没有关于治外法权制度的因应之道吗?建议当然是有的,而且相当之多,下面择要举之。

上述1876年赫德条陈便有详细建议。(1)不牵涉中国人在内的外国人之间的争端应继续由外国官员审讯和调处。(2)为调处一切有关人身、财产等而牵涉外国人和中国人一道的问题,应拟就一种共同法典。(3)应在每一条约口岸设立一个法庭以执行共同法典,此项法庭应由巡抚派一名候补道员主持,并由支领中国薪俸之洋员一人会同任审判官。审讯重要案件应有陪审员两位,一由原告提名,一由被告提名。此项法庭应有权传证人到庭,证人可为外国人,亦可为中国人。(4)设此项法庭的判决为死刑,该判决在执行以前必须由总理衙门与有关公使加以批准。(5)讯问证人应不用刑罚,对于被控诉人应不逼供,妄证或藐视法庭的行为应可以处罚金或拘禁。(6)可雇佣律师书写控诉状、讯问和盘诘证人,并为双方拟就书面答辩。(7)每隔5年应将诉讼章程修正一次,次年生效。[26]

这里,赫德的建议是十分中肯的:一方面,一切涉及外国人和本国人一道的案件适用一种法典和一种程序,并且有了足够保护人身和财产的附带方法,"这将平息怨言而使很多现在觉得可恶的事情消失";另一方面,对此制度的发展和扩充,以及对法典和程序的改良,均留有余地,5年一次的修正提供了适应时代发展的机会。[27]

国人亦多有议论。薛福成在《筹洋刍议》(1879年成书,另有1885年一说)中便建议:"为今之计,既不能强西人而就中法,且莫如用洋法以治洋人。按烟台条款,有照会各国议定审案章程之约。赫德亦谓华洋讼件,宜定一通行之讯法、通行之罪名,乃能经久无弊。近闻美国与日本议立新约,许归复其内治之权,外人皆归地方官管辖。中国亦宜于此时商之各国,议定条约:凡通商口岸,设立理案衙门,由各省大吏遴选干员,及聘外国律师各一人主其事;凡有华洋讼

〔25〕 参见[美]马士:《中华帝国对外关系史》第2卷"附录(四)",张汇文等译,上海书店出版社2000年版,第516页。

〔26〕 同上。

〔27〕 同上。

件，均归此衙门审办。其通行之法，宜参用中西律例，详细酌核；如犹不能行，即专用洋法亦可。何也？治华洋交涉之事，本与中国自治之法不同。以洋法治华人，所以使华人避重就轻也；以洋法治洋人，所以使洋人难逃法外也。补偏救弊，舍是无他术矣。”[28]

1883年王韬在《除额外权利》中认为：“中朝不能尽开内地者，以西人不归中官管辖也。……夫中国不欲尽开内地者，盖只见夫西人之日来，而不思华人之可往也。不知既已开埠通商，至一处无异于至各处。我之所宜与西国争者，额外权利一款耳。盖国家之权系于是也，此后日仁人杰士之所宜用心也。倘因通商内地而与之争，徒示外国以不广，而彼反得有所藉口矣。”[29]

1887年曾纪泽《中国先睡后醒论》中指出：“中国目前所最应整顿者，如下数事：一、善处寄居外国之华民，一、申明中国统属藩国之权，一、重修合约以合堂堂中国之国体。盖所立之和约，系中国勉强设立，中间有伤自主之体统，今不能不设法改订。……所云有伤体统，即通商各口租界一条，暨今不及备载诸事。若此者，却夺中国地主之权，不能置之不问。今拟于第三次十年换约之期，将此数条废去重立，以免后患。”[30]

黄遵宪在《日本国志》中提出：“刑罚固有彼轻此重之分，禁令又有彼无此有之异，利益又有彼得此失之殊，彼外人者，盖便利极矣。而我之不肖奸民，冒禁贪利，图脱刑网，辄往往依附影射，假借外人，以遂其欲。……此诚我之大不便者也。”“窃以为今日之势，不能强彼以就我，先当移我以就彼。举各国通行之律，译采其书，别设一词讼交涉之条。凡彼以是施，我以是报，我采彼法以治吾民，彼遂横恣，何容置喙？”[31]

1894年春，郑观应在《盛世危言》中评论：“凡有交涉案件，须委深通西律之员审办：合于律例者，立即办结，不必羁延，上下推诿，致滋口实，转启罚赔开埠之端，其不合乎律例者，彼公使、领事纵百计恃强要挟，官可罢，头可断，铁案终不可移。彼虽狡悍，其奈我何？”“以西例治西人，则彼无可规避；以西例治华人，

---

〔28〕 参见严云绶主编：《桐城派名家文集（10）薛福成集》，安徽教育出版社2015年版，第163页。

〔29〕 参见（清）王韬：《弢园文新编》，中西书局2012年版，第54页。

〔30〕 参见（清）曾纪泽：《湖湘文库——曾纪泽集》，岳麓书社2008年版，第254页。

〔31〕 参见（清）黄遵宪：《日本国志》，岳麓书社2016年版，第441页。

则我亦免偏枯。"[32]

另外,郭嵩焘在 1877 年、何启和胡礼垣在 1887 年、郑观应在 1892 年、宋育仁在 1895 年都认为,传统的中国法律不公正和量刑太严。此外,由于权绅的干预,法律也不能严格执行。在这种情况下,他们争辩说,甚至中国人都不能容忍它,外国人自然不愿意受制于中国法律。因此,他们建议改善监狱条件,废除斩首和肉刑,用劳役代替监禁。他们得出结论说,中国只有在改革它的法律制度以后,才能期望受到西方列强的平等对待。

1876 年赫德条陈、1879 年薛福成《筹洋刍议》、1883 年王韬《除额外权利》、1887 年曾纪泽《中国先睡后醒论》、1887 年黄遵宪《日本国志》等诸著作皆论及治外法权问题之解决。这说明,在 19 世纪七八十年代,关于如何收回治外法权的思路已经基本形成了,即在沿海开放口岸设立理案衙门,参用西方法律制成交涉刑律,以此来收回治外法权。

(三)清政府的"鸵鸟策略"与"治安外法权工具观"

尽管仁人志士们对治外法权问题的解决建言献策无数,然而清政府的实际心态如何呢?这里或许可以从 1878 年中日参加世界国际法协会大会的不同表现,一窥端倪。

在 1878 年万国公法会上,日本代表上野景范作演讲道:"我首先需要表达的是,当我得以允许加入你们的出色而有益的协会时,我的感受是多么兴奋和荣耀……我请求你们相信我在任何促进国际和谐和繁荣的议题上与诸位合作的意愿和诚意。""具体到我的国家,存在着两个原则性的问题,我请求将这两个问题提交到本次聚会上……另一个问题已经引起你们的注意,而且占据着极重要的地位,亦即治外法权问题。东西方国家都有必要获得一个正确认识,亦即这种管辖权在保护一方权利的时候,不应当侵犯另一方的权利。在亚洲的欧洲人的正义不能导致欧洲人对亚洲人的不正义。"[33]

与此对照,驻英公使郭嵩焘的书面声明(由秘书代为宣读)表示:"中国的治理制度在某些方面不同于任何欧洲国家。中国并没有一次性全部采用国际法。考虑到与其他国家的外交和商业关系,中国从未背离国际法。我非常渴望能够获得这一学科的知识,我期待这将有利于我的国家。""我认为我有义务表达我

[32] 参见夏东元编:《郑观应集——盛世危言》,中华书局 2013 年版,第 326 页。

[33] 参见赖骏楠:《十九世纪国际法学中的中国叙述》,载《法学家》2012 年第 5 期。

对贵协会的敬意,能够加入其中也令我深感荣幸,而且,我希望通过这一途径,中国与其他国家的关系能够得到改善。”[34]

这一问题体现在“治外法权”,就是清政府对治外法权问题的解决采取“鸵鸟策略”,视而不见、听而不闻,没有真正的决心和策略去解决问题,而是不停拖延。易言之,“治外法权”问题成了拒绝变法、拒绝进一步改革开放的借口。

长期以来,给予外国人领事裁判权是把外国人限制在少数几个沿海开放口岸,抵制外国人进入内地居住、经商、航行、开矿和传教所必须付出的代价,反过来讲,也是一种限制外国人进出内地的“工具”。文首文祥的话也可以解读为:为了不让商人和传教士进入内地,宁肯给予领事裁判权以便把他们隔离在条约口岸。而修改中国的法律以便中外一体遵守,在“祖宗之法不可变”的情况下,根本不会成为可能。在这个意义上,治外法权之于清政府好像成了一种类似于古代“羁縻州”、现代“病毒隔离箱”的“工具”(“治外法权工具观”):我虽然解决不了你们西方人的入侵(包括通商、战争、不平等条约等一系列问题),但是,通过运用“治外法权”这一“工具”,可以将这些洋人隔离在通商口岸处,使其不至于危害内地。甚至可以说,这是出卖通商口岸地区的领事裁判权以换取内陆地区的“安宁”。这固然带有“损害国家利益”的色彩,但是,结合中国古代“羁縻州”体系、少数民族自治制度等传统,也并非“离经叛道”的做法。归根结底,在中国自身实力不足的情况下,确实是很难废除治外法权制度的,倒不如别出心裁地将其纳为己用,或许可收一时缓和危机之效。只不过,这种危机最后还是爆发了,而清朝还是退出了历史舞台。

总之,“治外法权工具观”可谓利弊皆有,得失皆存。其得处在于,将原本是通过不平等条约缔结的外国特权,在一定程度上反而化为己用,在尽量顺应本国历史文化传统的情况下,既使国人在一定程度上接受了治外法权制度又不至于引起更大的矛盾纠纷,同时又将外国势力尽量控制在缔约的通商口岸等条约规定的领域,使列强没有迅速渗入中国内地从而加剧国家危机,收到了一种作为缓兵之计的成效。其失处在于,在那种“工具观”的影响下,清政府以为危机得到缓解,问题似乎也解决了,因而没有能够进行全面深化的改革、提升综合国力从而真正彻底废除治外法权、消除列强的威胁,从而失去了在同光中兴这一国力相对繁盛时修改不平等条约、废除治外法权制度的机会。而怠于改革、不

---

〔34〕 参见张建华:《郭嵩焘与万国公法会》,载《近代史研究》2003 年第 1 期。

愿变法的清政府直到1902年才正式变法修律,这无疑使中国废除条约制度、摆脱列强控制的步伐大大延缓。

四、结 语

如上文所述,“治外法权工具观”终究是一把“双刃剑”,其得处与失处都是十分明显的。

就其“得处”而言,面对与列强之间的实力差距和严峻的国际形势,如果强硬拒绝列强对国内的干涉而不遵守条约,那么可能会造成更悲惨的结果(如第二次鸦片战争也是一种来自列强对中国不守条约的报复);同时,考虑到中国一直以来处于“天下体系”顶端而产生的天朝上国的心理又难以卒用外国法制并融入一个新的国际环境,那么,作为一种折中的工具,如同在暹罗“治外法权”这一工具可以被用来吸纳周边朝贡国从而强化主权,在中国的同光中兴时期,“治外法权”也可以被理解为清政府将外国势力隔离在通商口岸等缔约规定诸地,从而一定程度上控制了列强向广阔的中国内地渗透,保留了中国本土传统法律与礼教的尊严,缓和了鸦片战争以来饱受冲击的心态,减轻了国家危机,避免中国迅速滑入半封建半殖民地社会的深渊,并为国内改革争取了机遇。

但是,即便将“治外法权”作为一种工具去运用,去尽量减少其弊端并在一定程度上为我所用,也不能否定其对国家主权和国家利益的潜在或直接的威胁:“鸵鸟策略”终究是饮鸩止渴,而“治外法权工具观”也只能是缓兵之计。治外法权工具观本质上只是一时的权宜之策,仅为国家缓和危机、争取改革时间的工具。如果忘记了这一点,那么,最终结果就如前文所述,中国大概在1943年第二次世界大战时,才由民国政府最终废除了治外法权制度,而这在世界历史范围内也差不多是最晚的。由于清廷缺乏全面改革的决心和操控全盘的能力,治外法权可以将列强拖在通商口岸一时,但终究避免不了胃口越来越大的列强诸国向广大的中国内地渗透。就此而言,所谓治外法权工具观的“得处”,也只是暂时缓解了国内外危机,从长远来看,真正解决危机还需要深化全面改革,振兴国家实力。可见,“治外法权工具观”是一把“双刃剑”,用得好,则可以作为权宜之计,为国内改革争取时间和机遇;用得不好,则会陷入温水煮青蛙般的局面,以为问题得到了缓解而怠于改革,使改革停滞、国力不振,最终难以解决根本问题。

正如上文所述的1878年万国公法会，日本代表公开表达融入国际社会、废除治外法权的强烈意愿，中国则完全没有。结合当时清政府其他的表现，我们似乎可以认为，中国是拒绝融入“万国公法”体系的。这一问题体现在“治外法权”，就是清政府对治外法权问题的解决采取“鸵鸟策略”：在有了应对外国人的权宜之策后，便对其背后隐藏的更严重的危险视而不见、听而不闻，没有真正的决心和策略去解决问题。易言之，“治外法权工具观”变质了，从一种暂时性的过渡手段变成了依赖性的不思进取，本来应该为国内改革争取机遇的“治外法权”反而成了拒绝变法、拒绝进一步改革开放的借口——这恐怕就是“治外法权工具观”最大的“失处”。

归根结底，在1864～1894年的中国政府对治外法权制度止于批判而无解决的意愿和能力，仅将其作为一种依赖性的“纯粹工具”去运用而不愿意进一步利用大好良机深化改革、提振国力。

最初，建构于“怀柔外夷之中，仍不失天朝体制”观念下治外法权作为一种“工具”的让与，在清政府看来“并非违背国家的主权”之举，却恰恰是“天朝固有的观念”。伴随中外条约的签署及国际法知识的引介，近代意义上的治外法权的意涵范畴渐为国人知悉（王韬称为“额外权利”，郑观应亦称华洋交涉之案“此尤事之不平者”）。[35] 1865～1880年，中国人已经知道领事裁判权是不符合国际法的，所以才有1868年文祥的抱怨，但不应将其视为废除领事裁判权的意志和决心的萌芽。此后，治外法权问题处于僵持状态，西方列强以生命财产得不到保护为由拒绝放弃治外法权，中国则以西人有治外法权为由把西人局限在通商口岸、拒绝开放内地经商行船开矿等。如上所述，当时中国的策略就类似今天杀毒软件“病毒隔离”的思路。在这样的思路下，治外法权甚或被当作一种“隔离西人”的“纯粹工具”来使用，也就是工具只要用得顺手就可以，工具背后的目的却被忘记了：治外法权终归是一种外国司法特权，必须予以废除。作为缓兵之计争取到的改革机遇却未被重视，反而一直饮鸩止渴、不思进取，那么，清政府自然也就不具有深化改革、废除治外法权的动力了。

在中西方发生最初的国际交往时，西方人恃强凌弱，不愿意适用中国的法律，认为这种中世纪的法律过于“野蛮落后”；而国人站在自我中心或本位的立

〔35〕 参见李洋：《从词义到语境“治外法权”误读、误用及误会》，载《社会科学》2015年第2期。

场,亦认为属于化外之邦的“夷狄”不配用中国的法律去治理。[36] 到后来国人痛感领事裁判权、治外法权等已经构成对自身主权的严重侵害时,治外法权的存在已经有了被当时的国际法认可的条约依据和让清朝统治者望而生畏的军事力量的保护。[37]

最后,也许我们可以用《万国公法》“墙内开花墙外香”的命运来对比当时中国与日本的不同境遇:1864 年《万国公法》付梓后,交付总理衙门审阅。总理衙门认为这是一本有价值的书,“其中颇有制服领事官之法,未始不有裨益”。但同时,国际法是外来的,与中国的体制不合。如果采用“万国公法”,就意味着放弃中国传统的天朝秩序和朝贡制度,它被认为是一个“陷阱”,因而在随后的 30 多年里,中国对国际法的学习又是小心翼翼的。与之形成鲜明对比的是,《万国公法》刻印的当年,该书就传入了日本,对明治维新时期的日本产生了巨大影响,并最终在 19 世纪末 20 世纪初废除了外国在日本的“领事裁判权”,此时距 1868 年开始的明治维新也不过 30 年左右的时间。相较中国用了一个世纪才在第二次世界大战中废除治外法权制度,邻国日本的经验不可不令人警醒:“鸵鸟策略”是不能真正解决问题的,必须顺应历史发展的潮流,抓住“变法”的机遇,将改革进行到底。

Extraterritoriality in the Tongzhi Restoration

Ma Zizheng

Abstract: Extraterritoriality, as an important pillar in the treaty system, is established by a series of unequal treaties, which is a prominent conception in

〔36〕 参见[美]马士:《中华帝国对外关系史》,张汇文等译,生活·读书·新知三联书店 1957 年版。其第 1 卷第 8 章第 29 ~ 31 节、第 33 节,第 9 章第 9 节、第 16 节、第 18 ~ 19 节等涉及领事裁判权成因的部分。马士在书中指出:“直至 1839 年为止,使西方国家听从条件方可允许双方关系存在的是中国,自 1860 年以后,把和中国共同来往的条件强加于中国的却是西方国家。这当中的 20 年是一个摩擦时期,这时西方国家已经把条件强加于中国,中国却试图缩小并抗拒它们”。(第 1 卷第 337 页)马士的分析包括中外法律关系,也指出了治外法权两方面的历史成因。

〔37〕 参见杨天宏:《北洋外交与“治外法权”的撤废》,载《近代史研究》2005 年第 3 期。

Chinese modern history as well. However, not to mention the the institution of extraterritoriality, the conception itself is ambiguous and can be easily confused with the word *consular jurisdiction*: the meaning of extraterritoriality has dual use of the principle of territoriality and nationality; compared with the implication of consular jurisdiction, it has more confusing and conflicting points. Dated back to that age, from the perspective of *semantic predicament*, it can be assumed that people of that time did not understand the conception of extraterritoriality thoroughly. On the basis of the precondition of linguistic and logic, this essay concentrates on the age of latter stage of Qing Dynasty (1864 – 1894), trying to put forward a point of view that the government takes the extraterritoriality as a tool by the evidences from history. As a result, the social soil and historical internal cause can be explored in this process: Qing government does much less to abolish extraterritoriality so that we lose a valuable opportunity between 1864 and 1894.

Key words: Extraterritoriality; Consular jurisdiction; Extraterritoriality as a tool; Tongzhi Restoration

我国立法参与模式的规范分析*

刘　睿**

内容摘要:

对我国《立法法》中规定的立法参与内容进行规范分析并将其模式化,可以有效指导和引导立法参与研究与实践。“参与情境”“决策主体”“参与主体”“参与形式”“效力”这5个元素,构成了立法参与模式的基本内容。依据立法程序的不同类型可以将立法参与模式划分为人大立法参与模式与行政立法参与模式;并且,还可以依据不同的立法阶段对它们分别进行细分。依据立法参与的强度不同,可以将立法参与模式划分为强参与模式与弱参与模式。依据参与主体类型的不同,还可以将立法参与模式划分为专家参与模式与大众参与模式。

关键词:

立法参与　规范分析　参与模式类型　民主立法　科学立法

一、问题与思路

民主立法、科学立法是法治与国家治理现代化的重要内容,而立法参与既是实现立法科学化的主要途径,也是立法民主性的重要体现,对立法参与问题的研究在理论与实践中都有重大意义。那么,立法参与究竟是谁来参与、何时参与、怎么参与呢?由此形成了哪几种立法参与的模式?这是关注立法参与研究首先需要回答的基础性问题。搞清楚了这一问题,才能够真正对立法参与研究与实践形成有效地指导和引导。

---

* 本文系2018年度安徽省社科规划项目“习近平新时代法治思想中的公正观研究”(AHSKY2018D48)的阶段性成果之一。

** 华东师范大学社会发展学院博士研究生。

目前,我国理论研究对立法参与主体,主要强调的是社会公众的参与,即“公众中的个人和团体,直接或者间接地参与”。[1] 而我国现行法律相关条款对立法参与的规定(如我国《立法法》第36条规定),则指出立法要听取人大代表、相关部门、有关专家、社会公众等多类主体的意见。可见,相对于现行法的规定,理论研究所探讨的参与主体并不够全面和清晰。另外,法律规范从字面上看,似乎也规定得有些笼统。这势必难以有效促进立法参与实践的开展。

而对于立法参与的形式,有学者基于政治学的研究指出,选举参与、法律诉讼、合法信访、听证会等制度内维权形式以及游行、示威、集体散步等制度外维权形式都可以认为是一种立法参与的方式。[2] 还有学者的研究则包含了我国现行制定法和立法实践中规定、实行的所有参与立法的形式,包括座谈会、论证会、立法调研、参与起草意见稿、立法顾问、立法研究机构、聘请立法助理、全民讨论、书面征求意见等。[3]

然而,笔者认为,关于“谁来参与、怎么参与”等立法参与内容的探讨,应当以现行有效的法律规定为起点展开。法律规定内容具有规范性与拘束力,立法参与实践应当“依法”开展,而理论研究也应当在现行规定的基础上展开论争与完善。以上研究并没有区分不同效力等级的规范性文件所规定的立法参与内容,也没有区分不同位阶的法律所规定的立法参与形式,同时,还将不同立法阶段的参与形式混淆在了一起。这样,既无法依据法律规定,对实践形成确定的指导,也无法形成学术探讨的共识与基础,使相关研究可能陷入一种想当然的、自说自话的境地。

因此,本文将采用一种规范分析的视角来补充该问题的研究。本文所谓规

---

〔1〕 周勤:《关于公众参与行政立法的几点思考》,载袁曙宏主编:《公众参与行政立法——中国的实践与创新》,中国法制出版社2012年版,第58页。还有学者明确指出,“‘公众’应当是私权主体”。参见王周户主编:《公众参与的理论与实践》,法律出版社2011年版,第3页。

〔2〕 参见管兵、岳经纶:《立法过程中的公众参与:基于〈物权法〉和〈就业促进法〉立法参与的研究》,载《政治学研究》2014年第4期。

〔3〕 参见朱力宇、熊侃:《专家参与立法的若干问题研究》,载《法学杂志》2010年第2期。

范分析,一方面,是指研究对象是现行法律中的相关法律条文,即以我国《立法法》第 36 条、第 37 条和第 67 条等专门规定立法参与形式和内容的条款作为分析对象,梳理、总结关于立法参与的规定内容。另一方面,规范分析也是本文的研究方法,笔者将立足于规范条文的内在逻辑,结合文义解释、体系解释的方法,[4]对研究对象(法律条文)进行分解、分类与说明。由此,把握其中的内在规律,将分析得出的立法参与内容的要素进行模式化,从而总结出我国法律规定的几种不同的立法参与模式。

首先,本文将依据立法程序的不同类型、不同阶段对相关条款进行分析,总结出人大立法参与模式与行政立法参与模式两种立法参与模式,并依据不同的立法阶段对它们分别进行细分。通过对这两种模式的介绍,我们将概览我国《立法法》关于立法参与内容的基本规定。其次,除了这种依据"现成的"立法程序所进行的"显性"视角的划分,笔者接下来还会从立法参与制度的内在特性出发,发现两种"隐性"的划分视角。它们分别是依据法定参与强度的不同而划分的强参与模式与弱参与模式,以及依据参与主体类型的不同而划分的专家参与模式与大众参与模式。最后,通过发现法律关于立法参与规定的内在原理,并结合本文的分析结果,我们将对立法参与的规范内容以及规范的实施,提出一些完善建议。

二、依据立法程序类型的立法参与模式划分

我国《立法法》第 77 条规定,地方性法规案、自治条例和单行条例案的提出、审议和表决程序参照全国人大及其常务委员会的立法程序;该法第 83 条则规定,国务院部门规章和地方政府规章的制定程序参照行政法规的制定程序。由此,我国的立法程序可以划分为人大立法程序与行政立法程序两个基本类型。因此,立法参与程序作为立法程序中的一个环节,也可以对立法参与程序作出这样的区分,从而形成两种立法参与模式:(1)人大立法程序中的参与模式;(2)行政立法程序中的参与模式。另外,立法是一个动态的过程,它包括起

[4] 此即相对更侧重从法律条文的文字、语法以及法条在规范性文件中与其他法条的联系去理解其含义。参见张志铭:《法律解释学》,中国人民大学出版社 2015 年版,第 69 页。

草、审议、表决、公布等不同阶段，相应地，在不同的立法阶段，参与程序的内容也会有所不同；因此，依据不同的立法阶段又可以对立法参与内容作出进一步的划分，区分出不同阶段立法参与的子模式。

接下来，则要根据对相关条文的分析，解析出参与模式包含着哪些基本的内容要素。第一，立法参与程序的启动需要相应的条件，满足了法律规定的相关立法情境，才需要立法机关启动立法参与程序，因此，先要搞清楚不同立法参与模式中的“参与情境”具体是什么。第二，参与模式中的主体是参与模式中的重要内容之一，它不仅包括“参与主体”，还包括相关的“决策主体”，参与主体参与立法的决策，而决策主体作出最终的立法决定；从规范的视角看，在我国拥有法定立法权的机构就是相关的决策主体，而除此之外的法定参与者就是参与主体。第三，除了“什么时候参与”和“谁来参与”外，“怎么参与”也是立法参与模式的重要内容，即法律对相应的“参与形式”的规定。第四，从规范视角分析立法参与，有一个不得不谈但往往被大家所忽略的问题，即“效力”程度问题。因为依据法律规定，对于立法参与程序的开展，有些是“可以”进行，决策主体有选择权，而有些则是“应当”进行，决策主体没有选择权，这实际上就形成了不同阶段、不同情形中立法参与模式的不同效力等级。

因此，“参与情境”“决策主体”“参与主体”“参与形式”“效力”这5个元素，就构成了立法参与模式的基本内容。我们将分类型、分阶段，从这几个基本元素入手对不同的立法参与模式展开细致分析。

我们先依据《立法法》第53条、第36条和第37条的内容，对人大立法程序中的参与模式展开分析。其内容如表1所示：

表1 人大立法程序中的参与模式

阶段	参与情境	决策主体	参与主体	参与形式	效力
T53 法律起草 阶段	特殊情形：专业性较强的草案	全国人大及常委会	相关领域专家、教学科研单位、社会组织	吸收专家 委托专家 或组织	可以

续表

阶段	参与情境		决策主体	参与主体	参与形式	效力
T36 常务委员会审议阶段	一般情形		全国人大常委会	各方(相关领域的全国人民代表大会代表、地方人民代表大会常务委员会以及有关部门、组织和专家)	座谈会 论证会 听证会等	应当
	特殊情形	专业性较强,需要进行可行性评价的有关问题存在重大意见分歧或涉及利益关系重大调整,需要进行听证的	全国人大常委会	有关专家、部门和全国人民代表大会代表等方面有关基层和群体代表、部门、人民团体、专家、全国人民代表大会代表和社会有关方面	论证会 听证会	应当
T37 常务委员会审议后	一般情形,征求意见;但是经委员长会议决定不公布的除外		全国人大常委会	社会公众		应当

从表 1 可以看出,人大立法程序中的立法参与分别存在于三个立法阶段。

第一,法律起草阶段。第 53 条为《立法法》修改后的新增条款,规定了全国人大及其常委会在法律案起草过程中的立法参与。该条款规定在起草专业性较强的法律草案时需要启动立法参与程序,我们把这种专门规定了立法参与的具体事项、具体情形的参与情境,称作“特殊情形”。反之,没有进行专门性、特殊性的规定,则是“一般情形”。另外,该条款规定了两种立法参与的方式:吸收相关专家和委托有关专家或组织(包括教学科研单位、社会组织)。

第二,议案审议阶段的立法参与。其内容又可以分为一般情形的规定和特殊情形的规定两类。关于一般情形的规定,是现在的第 1 款和第 4 款规定,为 2015 年《立法法》修改前的内容;指出相关机构应当通过座谈会、论证会、听证会等形式听取各方意见,但并没有对“各方”进行专门性限定,因此,包括所有类型主体的不特定个人或组织。而本条第 2 款、第 3 款作为《立法法》修订的新增条款,则规定了两种特殊情形:一是“需要进行可行性评价的有关问题存在重大意见分歧”的,二是“涉及利益关系重大调整”的。对于这两种特殊情形的说明,笔者放在本文第四部分专门进行讨论。

第三,议案审议结束后的公布阶段。议案审议结束后,会将拟订的草案在最终决定前予以公布,广泛地征求意见。法律对这一阶段的立法参与只是作了一般性规定,只要是没有特殊情形并经委员长会议决定不公布的,其他情况都应当予以公布。虽然没有指出具体的参与形式,但是根据本条文对参与主体——社会公众的规定以及立法目的解释,实施者所采取的方式一定是能让所有社会公众广泛接触到的渠道,如实践中所普遍采用的网上公布的方式。[5]

相对人大立法程序,行政立法程序的立法参与分别规定在两个立法阶段:起草法律案阶段和公布草案阶段。这是因为,行政立法草案的起草主体也是决定主体,起草、完善草案的过程的就是审议的过程,没有专门的公开审议程序,因此,也就只有两个阶段的立法参与模式。如表2所示:

表2 行政立法程序中的参与模式

阶段	参与情境	决策主体	参与主体	参与形式	效力
T67 起草过程中	一般情形	国务院	有关机关、组织、人民代表大会代表和社会公众	座谈会、论证会、听证会等	应当
T67 草案公布	一般情形	国务院	社会公众		应当

从表2可以看出,行政法规的立法参与分为了草案起草过程中和草案公布后两个阶段。与人大立法参与模式不同,行政立法起草阶段的立法参与是“应当”而非“可以”开展,为什么会有这种区别呢,笔者在后面会进行详细说明。不过,在草案公布阶段,同人大立法程序中的参与模式一样,行政立法虽然没有专门说明参与形式,但同样有隐含规定,即所采取的方式一定是能让所有社会公众广泛接触到的渠道。

另外,这两个阶段的参与情境都是一般情形,没有专门规定特殊情形。不过,在《规章制定程序条例》中针对性地规定了两种特殊参与的情形:其一,起草的规章直接涉及公民、法人或者其他组织切身利益,有关机关、组织或者公民对其有重大意见分歧的,应当向社会公布,征求社会各界的意见;起草单位也可以

〔5〕 例如,全国人民代表大会在全国人大及其常委会在制定和修改法律时,会及时在自己的官方网站“中国人大网”上发布法律草案以及相关的立法说明。

举行听证会。其二,起草部门规章,涉及国务院其他部门的职责或者与国务院其他部门关系紧密的,起草地方性规章涉及本级人民政府其他部门的职责或者与其他部门关系紧密的,起草单位应当充分征求其他部门的意见。但是,在《行政法规制定程序条例》中却没有类似的特殊情形规定。可见,在行政立法程序中,立法参与的"参与情境"是否有特殊参与事项或情形,尚未形成统一规定(但笔者在后文会指出,这种对特殊情形的统一、明确的规定还是非常必要的)。

三、依据法定参与强度的立法参与模式划分

进一步分析表 1 和表 2 会发现,不同立法程序中的不同阶段对参与程度的规定是不同的,有些立法环节只要求一般性的、形式性的参与,同时对立法参与程序的启动,立法决策机关具有较大的裁量权、选择权;而在有些环节却要求针对性的、实质性的参与,且立法决策机关的裁量权、选择权较小。为什么会有这种区别呢?这种区别又会形成怎样的不同参与模式的划分呢?这需要首先从立法参与设置的功能目的说起。

立法参与的功能,总体可以从立法的民主性与科学性两个角度去观察。〔6〕作为一种参与式民主的形式,它是对现行的代议制民主的有效补充以及对其局限性的克服。〔7〕一方面,这种民主性主要体现为:参与主体的广泛性,立法内容体现和保障人民利益,以及程序的公开、透明。基于这种民主性,使它"在相当程度上赋予法律以正统性、民意性和权威性,使所立法律易于被公众接受和服从"。〔8〕民主性在形式上强调参与的过程,在实质意义上则表现为实际地赋予民众参与的权利,并规定立法决策机关开展立法参与活动的义务。另一方面,立法参与的科学性体现为,它有利于广泛地吸收立法所需要的知识和信息,从

〔6〕 这种观察视角已经有学者进行了探讨。参见焦洪昌、杨敬之:《从立法听证看人大立法的民主化与科学化》,载《北京联合大学学报》(人文社会科学版)2009 年第 1 期。

〔7〕 参见李向东、袁亮、贾渭茜:《规制过程中的公众参与——国外制度和经验的观察》,载袁曙宏主编:《公众参与行政立法——中国的实践与创新》,中国法制出版社 2012 年版,第 14 ~ 16 页。

〔8〕 程元元:《立法的公众参与研究》,载《重庆工商大学学报》(社会科学版)2005 年第 3 期。

而提高立法的质量,增强法律法规实施效果。[9] 它在形式上主要体现为广泛地听取各方意见,开展调研、听证、论证等意见收集活动;在实质上,则要求它能够对意见予以充分的考量、实际地予以反馈,并对合理意见能够真正地采纳;同时,这种实质性还表现为一种就立法中遇到的具体事项针对性地开展立法参与活动,从而能够实际有效地获取信息、解决问题。

由此可见,如果在某个立法程序或立法阶段,越需要通过立法参与来实现立法的民主性与科学性,那么就越要求立法参与在该程序或环节实现民主性和科学性的实质意义,那么也就越是要求立法参与程序的开展,以及参与主体能够更加充分、更加实质地进行参与,立法参与程序内容的规定也会更具体、严格和刚性。首先,在效力上往往会规定是"应当"开展立法参与活动,决策机关对此负有刚性的义务,而没有选择权;其次,对"参与情境"的规定也往往是特殊情形,具有针对性,决策机关具有较小的裁量空间;最后,对参与主体、参与方式的规定也往往比较详细、明确,更具可操作性。由此,保证了立法参与程度高,是一种"强的参与"模式。反之,如果对参与模式规定更"柔性",决策机关对开展立法参与活动有更多的选择权和裁量空间,参与主体和形式的规定也较宽泛,那这种立法参与就是一种"弱参与"模式。

当然,强立法参与模式与弱立法参与模式之间并不是截然二分的,中间是存在过渡地带的。并且,两者没有绝对的好坏之分,而是要看具体的立法阶段对立法民主性、科学性的需求,不同的立法阶段需要不同强度的立法参与模式。

1. 人大立法程序不同阶段的参与强度

依据表 1 的信息可知,在人大立法起草阶段,立法参与的内容虽然具体规定了一种特殊的参与情境,即具体针对专业问题听取专家意见,但它是一种授权性规定,即"可以",而非义务性规定("应当")。实际上按照我国《立法法》第 53 条规定,"专门委员会、常务委员会工作机构应当提前参与有关方面的法律草案起草工作",甚至一些综合性、全局性、基础性的重要法律草案可以直接由其组织起草。这说明,人大立法起草阶段,通过规定相关专门机构"应当提前参与",主要是由立法机构内部的相关部门来保障法律草案的专业性(科学性),而社会专家和专业组织的参与只是一种"辅助性"保障方式。因此,人大立法起草

---

[9] 参见郑仲:《关于加强公众参与立法制度建设的几点思考》,载袁曙宏主编:《公众参与行政立法——中国的实践与创新》,中国法制出版社 2012 年版,第 52 页。

阶段的立法参与就被设置成一种弱的参与模式,立法决策者没有受到很强的约束力,而是可以自主决定是否需要相关人士参与以及如何参与。

人大立法程序的审议阶段,则不仅规定了参与的一般情形,而且还针对两类专门性事项规定了两种具体的参与情形(特殊参与情境);同时,它还明确规定立法机关"应当"开展相应的立法参与活动。说明这一阶段的内容规定具体、充分且严格、刚性,是一种强的参与。

如果说审议阶段是整个法律立法参与模式中的核心阶段(环节)的话,那么审议后草案公布阶段则是一种补充性参与,即在审议阶段已经解决了重大、明显的问题,这一阶段主要是为了发现可能遗漏的问题。这一阶段要求的是广泛性参与,要求尽量多的人广泛地参与,而不具体去区分参与主体的类型。在 2015 年《立法法》修订后,该条款的内容由"可以"开展立法参与改为了"应当",同时,还增加了征求意见的时间"一般不少于三十日""征求意见的情况应当向社会通报"的规定。可见,修改后,将原来的弱参与模式,改为了强参与模式。但是,它更强调参与的广泛性,而非专门性,在信息收集上并不突出实质性、具体性和充分性(因为更强调参与的广泛性),因此,法案公布阶段相对审议阶段的参与模式稍弱,可称为"较强的"参与模式。

2. 行政立法程序不同阶段的参与强度

众所周知,从行政立法程序的基本原理来说,行政组织本身并没有立法权,是议会授予其立法权;行政立法权的正当性来自议会民主正当性的传送(以及司法审查)。然而,这种"传送带理论"[10] 在解释上带有很强的形式主义色彩,因为议会对行政机关的授权是笼统的、模糊的,并不是对每一个具体的立法事项予以授权。因此,立法参与程序就成为一种补充和替代方案,它"模仿议会的立法程序,将大众参与引入行政程序中,通过民主参与来保证行政程序的民主正当性"。[11] 相应地,有学者认为,行政立法参与权本身就是社会公众的一项法定权利,本条款正是对"提出立法意见权"的规定,只有这些权利得到了保障,

---

〔10〕 关于"传送带理论"的分析,可以参见 F. Goodnow, *The Principle of Administrative Law of the United States*, 1905, pp. 6 – 7。转引自王锡锌、章永乐:《专家、大众与知识的运用——行政规则制定过程的一个分析框架》,载《中国社会科学》2003 年第 3 期。

〔11〕 王锡锌、章永乐:《专家、大众与知识的运用——行政规则制定过程的一个分析框架》,载《中国社会科学》2003 年第 3 期。

“才能有效保障行政立法体现人民的意志”。[12] 同时,国务院本身作为执行机构,在制定行政法规的过程中,并非全知全能;恰恰相反,其既是裁判员又是运动员,往往可能局限于行政活动中获得的既有信息,并受到部门利益的牵绊。因此,在立法过程中通过立法参与获得更全面的决策信息,同时对可能存在的部门利益予以制约就显得非常必要。此外,不同于人大立法过程中人民代表直接参与草案审议与草案表决,行政立法的审议与决定并不是一个参与决定的过程,而是依职权“自我”决定,所以,规定立法参与程序是对这种单向的行政性决定程序的有益补充和限制。

可见,相比互动性、开放性更强的人大立法程序,行政立法程序具有更强的内部性和封闭性,而基于这种特性,就需要更“高强度”的立法参与来体现、保证立法的民主性与科学性。从表 2 可以看出,行政立法程序中两个阶段的立法参与都是“应当”而非“可以”开展,其规定更具有刚性。但是,反观参与的内容规定,似乎并没有体现出这种区别,甚至显得更粗线条,只是规定了一般情形的参与,没有规定特殊情形的参与(虽然前文我们提到,在相关的下位法中有具体规定,但是这种规定也不统一)。实际上,由于行政立法的内容更复杂和具体,会涉及区域性、行业性、专业性以及利益冲突性等问题,因此,规定一些特殊情形,针对专门事项组织相关人士开展立法参与活动是很有必要的。

与人大立法中的议案公布环节一样,行政立法中草案起草完毕后,要向社会公众公布意见,这一环节要求参与的广泛性,这种广泛性包括范围广、人数多和主体类型多样等。但是,人大立法草案公布阶段明确规定了公布时间不少于 30 日,而行政立法则没有这样的规定。也许有些行政立法决定具有一定的紧迫性,不能设置长时间的公布期,但是不明确一个基本的公布期,可能会赋予行政机关太多的自由裁量权。

二者最大的不同表现在关于法律草案的起草阶段,法律起草阶段的立法参与是一种弱的参与,立法主体处在主动的地位,是“可以”启动立法参与程序,但行政立法则是一种强的参与,是“应当”进行。这是因为,行政立法具有内部性,其审议决策阶段相对封闭,没有专门的表决程序,因此,主要的立法参与环节就前置到了起草阶段。在行政法规规章的起草阶段,就要充分开展立法参与活动,以实质性地解决问题,体现立法的民主性与科学性。这样,行政法规起草阶

---

〔12〕 方世荣:《论行政立法参与权的权能》,载《中国法学》2014 年第 3 期。

段的立法参与环节就成了行政立法参与程序中的核心环节(而人大立法参与程序中的核心环节则是审议阶段)。

四、依据参与主体类型的立法参与模式划分

除了参与强度的问题,在立法参与过程中,“谁来参与”也是一个重要的问题。不同类型的社会主体可以为立法提供不同的信息,从而在立法参与功能的发挥上也会各有侧重,并且,不同的参与主体类型还会决定不同的参与形式。在上文的分析中,我们发现《立法法》相关条款规定了多种类型的参与主体,这些参与主体可以在总体上分为“专家”和“大众”两类,由此,立法参与的模式也可以区分为“专家参与”与“大众参与”两类。

前文已经提及,2015 年《立法法》修改后,在人大立法程序的审议阶段,新增了两个特殊情形的规定(见表 1)。第一,专业性较强需要进行可行性评价的情形,以召开论证会的形式,听取有关专家、部门和全国人大代表的意见。第二,有关问题存在重大意见分歧或者涉及利益关系重大调整,需要进行听证的,以听证会的形式,听取有关基层和群众代表、部门、人民团体、专家、全国人大代表和社会有关方面的意见。两个特殊情形都提出听取人大代表的意见,因为全国人大代表在全国人民代表大会召开期间是决策者的身份,在闭会期还具有了参与者的身份,也应当成为参与立法的主体。此外,在两种不同的情形中,人大代表的性质是不同的,前一种指的是具有相关专业知识的人大代表,是一种专家身份,而后一种则更多的是代表大众意见的民众代表身份。因此,这两种特殊情形可以看作一种以专家参与为主的情形和以(普通)大众参与为主的情形。那么,专家与大众之间究竟有怎样的区别;为什么会有这种划分;专家参与的情形与大众参与的情形各自有何特点;这些特点为什么会成为划分立法中“专家参与模式”与“大众参与模式”的依据?

需要说明的是,专家与大众的划分只是一种“理想类型”[13]的区分,而且,

---

〔13〕“一种理想类型是通过片面突出一个或更多的观点,通过综合许多弥漫的、无联系的、或多或少存在和偶尔又不存在的个别具体现象而形成的,这些现象根据那些被片面强调的观点而被整理到统一的分析结构中。”[德]马克斯·韦伯:《社会科学方法论》,杨福斌译,华夏出版社 1999 年版,第 186 页。

在实践中二者并不是严格分立的。专家只有以专家的身份出现,运用自己的专业知识参与立法时,其才被称为一种专家参与;专家也可能会放弃自己的专业知识,以普通大众方式进行参与;而且,专家是指在某一领域之内具有专业知识的主体,在专业领域外,其并不具备专业知识,因此,只能是普通大众的身份。

专家获得"专家"身份,首先是因为自身长期受过系统的专业训练,具备相应的专业知识,这也是专家与大众区别的实质性条件。对于专家身份的获得,实质条件还会受到形式条件的约束,这种形式条件主要是指该主体处在相应的职业共同体之内,并得到了知识共同体内部的评价机制的认可,取得了相应的资格,具有相应的身份,甚至具有一定的声誉。[14] 专家系统实际上是一种"系统信任","学历、同行评议、科学,三位一体地构成了专家系统的基础"。[15] 因此,专家的意见之所以具有正当性,在形式上是因为社会基于专家身份的"系统信任",实质上是因为其所具备的符合理性的专业知识。从这层意义上说,专家参与就是"通过理性的正当化"模式。[16] 而对于大众来说,在政治上具有天然的合法性(正当性),立法就是为了人民立法,而大众本身就是人民,他们的意见理所应当考虑,而不是因为其能提出符合理性的意见才予以考虑。在逻辑上,他们是先具有了身份上的正当性,才获得意见上的合理性,从某种程度上说,是"通过正当化的合理性"模式。[17]

如果把立法参与的过程看作参与主体对立法案进行评价的过程,那么,这个评价关系逻辑上分为两个层次。[18] 首先,立法者与立法案之间形成了一种立法(制定、修改、废除)关系;其次,立法参与者作为评价者,是对这种立法关系进行评价,而不仅仅是对立法者或立法案本身进行评价,如图 1 所示:

---

〔14〕 声誉的获得主要有三种方式:口碑、广告、档案。参见郑也夫:《信任论》,中国广播电视出版社 2006 年版,第 110 页。

〔15〕 同上书,第 5 页。

〔16〕 参见王锡锌、章永乐:《专家、大众与知识的运用——行政规则制定过程的一个分析框架》,载《中国社会科学》2003 年第 3 期。

〔17〕 同上。

〔18〕 参见冯平:《评价论》,东方出版社 1995 年版,第 35 页。

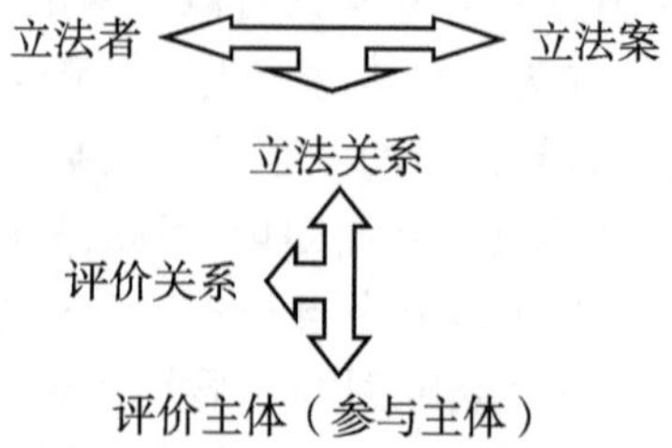

图 1　立法参与过程

立法主体的立法权来源于人民,是人民的代表,而大众参与主体本身就是人民,两者性质是相同的,身份是同一的。但是,对于专家,从逻辑上讲,他们与立法者并不是同一的:虽然专家也是人民(主权者),但当其以专家身份出现时,他们只应当对自己的专业知识负责,他们的地位是中立的、客观的,是站在立法关系之外进行评价,而不是把自己置于立法关系中。由此看出,专家和大众所具有的身份与地位的不同,使二者在立法参与过程中存在重大区别:专家对相关问题可以提出合理的专业意见,但是他们的地位并不具有天然的正当性,在智识上要保持中立;民众则相反,他们的意见并不必然是合理的,但是他们却具有天然的正当性地位,可以直接表达自己的意愿与想法。

另外,专家思维更多的是一种演绎思维,基于自己的专业知识推理得出结论;[19]其往往秉持的是一种目标/工具理性,通过对相关目的的考量,依据自己的专业知识提出意见,是价值无涉的。[20] 相反,民众的价值需求在政治上具有天然的正当性,且社会大众的利益确实会受到立法结果的影响,因此,他们的价值倾向与利益诉求就是他们首先能够提供的重要信息(实际上,立法参与的一个重要功能就是对多种价值和利益要求进行调和)。相比专家知识,大众提供的信息往往是经验性的,来自个体经验的类比与归纳,且其思维方式更多的是一种直觉思维和形象思维,更多的是通过直接表达自己的感受或通过举例来表达。[21]

---

〔19〕 参见冯平:《评价论》,东方出版社 1995 年版,第 138 ~ 152 页。

〔20〕 参见王锡锌、章永乐:《专家、大众与知识的运用——行政规则制定过程的一个分析框架》,载《中国社会科学》2003 年第 3 期。

〔21〕 参见冯平:《评价论》,东方出版社 1995 年版,第 115 ~ 134 页。

因此，对于人大立法程序审议阶段的两个特殊参与情形来说，第一个特殊情形针对的是“有关专业性较强的问题，需要进行可行性评价的”，这就是要发挥专家的优势，利用专家的专业知识和目标/工具理性的思维方式，对相关专业问题的可行性进行评价，通过专家的理性知识获得立法上的正当性，因而采取的是“专家参与模式”。第二种情形则针对的是“有关问题存在重大意见分歧或者涉及利益关系重大调整”的情形，这里的“存在重大意见分歧”显然不是专业问题，因为对于专业问题，学术共同体内部必然会有一个结论（哪怕是一个暂时性的结论）。这里的重大意见分歧主要与价值问题相关，对于价值判断，很难有一个绝对的对错，因此，就需要大众的参与：一方面，提供大众的主观价值需求与个体经验信息；另一方面，则是实现“通过正当化的合理性”，用多数需求的正当性来保证决策的合理性。而这里的利益关系的重大调整，显然需要利益相关人的直接参与，表达自己的利益诉求，调和不同利益主体之间的冲突：一方面，是听取各方利益主体的意见；另一方面，也是通过形式的正当性获得结果的合理性。因此，第二种情形是一种“大众参与模式”。

最后，两种参与模式对应的参与方式也有所不同。“专家参与模式”往往采用论证会的形式，而“大众参与模式”则多采用的是听证会的形式。采用不同的参与形式主要是基于两种模式的不同特点，为了更好地实现各自的参与目的：论证会参与度相对低，但有利于专家充分交流意见；听证会参与度广泛，参与规模大，有利于听取多方意见。〔22〕

可以看出，大众参与模式更可以体现立法的民主性，专家参与模式更能够保证立法的科学性。因此，应当作出参与事项上的区分，让两类主体发挥自己的优势，在相关事项上提供最有价值的意见；同时，双方又可以互相补充和制约。因此，在整个立法过程，要规定不同的参与情境，让两类主体都能够参与立法，才能在整体上提高立法的民主性与科学性。

---

〔22〕 王锡锌认为，“在我国，听证会、座谈会、论证会在功能上是相同的，他们的区别是程序性的和规则上的区别”。参见王锡锌：《公共决策中的大众、专家与政府——以中国价格决策听证制度为个案的研究视角》，载《中外法学》2006 年第 4 期。徐琳总结立法听证会与立法座谈会、立法论证会的区别是：参加人范围不同、主题内容不同、程序不同、透明度不同、参加人的权利与义务不同、效力不同。参见徐琳：《移植与成长——中国立法听证制度的政治学分析》，中国社会科学出版社 2011 年版，第 45 ~ 47 页。

五、结论与建议

综上所述,我国《立法法》规定的立法参与模式包括“参与情境”“决策主体”“参与主体”“参与形式”“效力”5 个基本内容元素。在整体上可以分为人大立法程序中的参与模式与行政立法程序中的参与模式两类。人大立法参与又可以依据立法起草阶段、审议阶段和公布阶段而划分为 3 个子模式。起草阶段的立法参与是一种弱的参与模式,强调专家参与,因而同时也是一种专家参与模式;审议阶段是人大立法程序中立法参与的核心环节,是一种强的参与模式,既规定了一般参与情形,也规定了特殊参与情形,特殊参与情形中既包含着专家参与模式,也规定了大众参与模式;公布阶段的立法参与是补充性环节,是一种“较强的”立法参与模式,这一阶段侧重参与的广泛性与一般性。行政立法程序中的立法参与则分为起草和公布两个阶段。起草阶段是行政立法参与的核心环节,是一种强参与模式,同时,既包含专家参与模式,也包含大众参与模式;公布阶段是行政立法程序中立法参与的补充环节,是一种“较强的”立法参与模式,同样强调的是多类主体的广泛参与。

本文对《立法法》规定的立法参与模式的分析,可以为具体的立法参与实践,尤其是地方性法规、规章制定中的立法参与实践提供指导依据。此外,基于本文对立法参与内在原理与立法参与模式的分析,《立法法》关于立法参与内容的规定还有些许粗糙之处,可以通过下位法的具体规定以及通过具体的操作实践进行补充和完善。

第一,对于规定了强参与模式,且要求实质性解决具体问题的立法参与规定,要能够在实践中真正得到落实。在法律制定程序中法律草案的审议阶段,规定了两种特殊情形,这两种特殊情形的表述是“需要进行可行性评价的”和“需要进行听证的”;但是,如果不具体地规定到底哪些情形是需要进行可行性评价的,哪些情形是需要进行听证,那么是否“需要”,就可能由立法决策者全权决定,使其享有过多的裁量权,那么这个阶段的“强”参与可能会变成一种只是法律形式上的“强”,而在实际实践中“弱”的参与模式。

第二,上文已经指出,行政立法程序的立法参与相较人大立法程序的参与程度应当更“强”,但相较而言,《立法法》却对前者规定得更笼统和简单。因此,需要在下位法规范中以及具体的操作实践中对其予以“补强”,可以从这样几个角度入手:(1)参考法律制定程序,在行政立法参与中的核心环节(起草阶段的立法参与),针对一些专门性问题,补充具体的专家参与模式与大众参与模式,从而可以针对性、实质性地解决相关问题;(2)建立相关的机制,保证参与主体在立法参与过程中提到的相关意见真正得到回应,对于一些合理的、给予肯定答复的意见切实予以采纳和落实;(3)需要补充完善相应的责任追究制度,参与主体不仅仅是单向地提出意见与建议,而且必须得到答复与回应,还要有相应的机制保证合理的意见或得到肯定回应的意见转化为草案内容,[23]否则就应当追究决策机关的责任,使强参与模式的义务性要求有责任条款的保障。

第三,法案公布阶段的立法参与形式进行创新性实施。《立法法》没有对法案公布阶段的立法参与形式作出具体规定,对于这一点,落实到具体的实践层面,可以结合该阶段立法参与的目的,创新性地实施多样的参与形式,而不只是局限于《立法法》在其他地方提到的几种类型。

第四,在下位法中,可以规定更多具体的、需要启动大众参与模式或专家参与模式的特殊情形,规定多类需要不同参与主体参与的立法事项,充分发挥两种模式的优势。另外,在实践中还要能够克服专家参与模式与大众参与模式固有的局限。对于专家参与主体,要确保专家遴选程序的科学公正,保证专家的专业性,保持专家的中立身份等,同时,专家的意见也要能够得到批判性检验。而对于大众参与主体,也可以允许他们聘请相关的专家代理人表达自己的诉求;大众参与主体的多样性也要得到保证,保证不同的诉求都可以得到表达;并且,还要保证大众意见的真实性。由此,使专家与大众能够在立法参与中发挥实质性作用。

Normative Analysis of the Mode of Legislative Participation in China
—Analyzing the Relevant Provisions of the Legislation Law

Liu Rui

Abstract: We should analyze and stereotype the content of legislative

〔23〕 方世荣教授从立法参与权的角度将其总结为,"立法意见得到回应的权利"和"合理意见获采纳的权利"。参见方世荣:《论行政立法参与权的权能》,载《中国法学》2014 年第 3 期。

participation in the *Legislative Law*. Only do it, can we effectively guide the practice and research of legislation participate. The five elements—"participation situation", "decision-maker", "participation subject", "participation form" and "effectiveness" constitute the basic content of the mode of legislative participation. According to different types of legislative procedure, the legislative participation mode can be divided into the NPC's legislative participation pattern and the administrative legislative participation pattern; and according to the different stages of the legislation, it also can be further subdivided. According to the intensity of legislative participation, the legislative participation model can be divided into two types: strong participation model and weak participation model. In addition, according to the different types of participants, the legislative participation model can be divided into two categories: expert participation mode and public participation model.

Key words: Legislative participation; Normative analysis; legislative participation pattern; Democratic legislation; Scientific legislation

青年纵横

表达自由的价值及其边界
——我国香港特别行政区的司法实践

吴昱江*

内容摘要：

中国香港特别行政区，与世界绝大多数国家和地区一样，在司法判决中实践表达自由权利的相对主义理论，承认法定表达自由权不是一项绝对的权利，但对其的克减必须严格遵循法律，并接受特区法院的司法审查。限制表达自由权的详细法律依据被《中华人民共和国香港特别行政区基本法》第27条和《香港人权法案条例》第16条勾勒出框架，并被香港特区及其他普通法地区的判例填充进细节。中国香港特别行政区法院会依次询问如下问题，以裁定限权法律或措施是否有效。首先，限制表达自由的法律或措施是否有明确的法律依据和法律上的确定性？其次，限权法律或措施是否有助于达到一个合法目的？最后，限权法律或措施是否符合比例原则？只有在依次通过这三个步骤的审查后，限制表达自由的法律或措施才可被认定为合法。否则，任何机构或个人没有权利限制中国香港特别行政区居民的法定表达自由权利。

关键词：

基本法　香港人权法案条例　表达自由　比例原则

一、引　言

表达自由的价值在中国香港特别行政区（以下简称香港特区）的法律条文与司法判决中均得到了充分的认可与重视。香港特区对表达自由权保护的法

* 清华大学学生部讲师，清华大学国家治理研究院特约研究员。

律框架由《香港特别行政区基本法》第27条[1]与《香港人权法案条例》[2]第16条第1项与第2项[3]共同组成。[4] 在司法判决中,特区终审法院曾表明,表达自由(与集会自由一起)是一个民主社会的基石;表达自由可以让社会"透过公开对话和辩论来化解冲突、打破僵局和解决难题",而且,"民主社会必须是一个百家争鸣的场所"。[5] 表达自由使公民可以监督政府,并对行使公权力的机构"提出批评、表达不满和寻求纠正",[6]亦可以保障社会中少数派和不受欢迎的言论得到充分的表达与抒发。表达自由保障了社会的稳定与进步,它推进了社会中不同群体间冲突的和平解决,通过对话与辩论的方式降低了社会中的种种张力,解决了一些不得已需要通过暴力手段来解决的分歧。[7]

同时,我们从我国香港特区的司法实践中得知,在我国香港特区,表达自由权与其他绝大多数权利一样,[8]均是可以限制的:若表达自由之行使侵犯了他人的权利或名誉,危害到了国家安全、公共秩序(ordrepublic)、公共卫生或风化,

---

[1] 《香港特别行政区基本法》第27条规定:"香港居民享有言论、新闻、出版的自由,结社、集会、游行、示威的自由,组织和参加工会、罢工的权利和自由。"

[2] 《香港特别行政区基本法》第39条授权香港特别行政区通过本土立法予以实施《公民权利和政治权利国际公约》中适用于香港的有关规定。《香港人权法案条例》即是这一本土化立法后的产物。

[3] 《香港人权法案条例》第16条规定:"(一)人人有保持意见不受干预之权利。(二)人人有发表自由之权利;此种权利包括以语言、文字或出版物、艺术或自己选择之其他方式,不分国界,寻求、接受及传播各种信息及思想之自由。"

[4] 在这里,我们不得不承认,在香港的司法实践中,《香港人权法案条例》已拥有一个与《香港特别行政区基本法》平起平坐的宪制性地位。无论此司法实践是否正确,是否违反《香港特别行政区基本法》在香港特区作为宪法性法律的最高地位,《香港人权法案条例》的宪制性地位已成为一个由香港各级法院确认的不争事实。

[5] See Leung Kwok Hung & Others v. HKSAR, FACC Nos. 1 & 2 of 2005, paras. 1 – 2.

[6] Ibid.

[7] 中国香港特区诉周某恒及黄某玮, FACC No. 12, 13 & 14 of 2012, para. 31。

[8] 中国香港特区的法律体系中确实存在一些绝对的、不可克减的权利。例如,对残忍、酷刑性质的、不人道的或者有辱人格的待遇与惩罚的禁止。参见《香港特别行政区基本法》第28条第2项与《香港人权法案条例》第3条规定。

那么,法院则可以支持对表达自由权的合法克减与约束。[9] 本文旨在探寻法定表达自由权在我国香港特区的边界。本文希望回答的问题是,在我国香港特区,何种对表达自由的限制是法律所允许的,此类限制需要达到何种标准?

本文分为两个主要部分。第一,本文将对表达自由的理论进行一个概念性的梳理,并同时将我国香港特区的司法实践置于此概念谱系当中;第二,本文将结合我国香港特区的法律条文及诸多司法判例,去探寻限制表达自由的立法与措施所需要达到的一系列要求,使我国香港特区法院能够认定它们限制表达自由权的有效性。

二、表达自由的理论梳理

(一)工具主义论与道德论

表达自由对一个文明社会的价值是不言而喻的。概言之,当我们阐述表达自由的价值时,存在两种不同的理论:表达自由的工具主义论和表达自由的道德论。前者认为,表达自由所拥有的价值在于它带来的某种善或者好处。这些好处可以是个人的,可以是社会的,甚至可以是经济上的价值。表达自由的道德价值论则认为,表达自由的价值来自于人的自由意志:人们通过自由的表达来行使自己的自由意志。

表达自由的工具主义论的代表人物美国学者米克尔·约翰(Michael John)强调,表达自由最大的价值之一在于它能够激发民众对民主社会必要与有利的探讨。在民主社会中,民众需要通过对不同(甚至有时针锋相对的)意见的聆听与筛选,最终作出对社会有利的判断,来保障民主社会的运行与完善。[10] 民主体制比简单进行选举要复杂得多,表达自由使民主体制得以维系,人民可以通

---

[9] 从《香港人权法案条例》第16条第3项中可知,在香港特区表达自由权也是有其边界与限制的。《香港人权法案条例》第16条第3项规定:"本条第(二)项所载权利之行使,附有特别责任及义务,故得予以某种限制,但此种限制以经法律规定,且为下列各项所必要者为限——(甲)尊重他人权利或名誉;或(乙)保障国家安全或公共秩序,或公共卫生或风化。"

[10] Nigel Warburton, Free Speech: *A Very Short Introduction*, Oxford University Press, 2009, pp. 16-17.

过行使表达自由权来更好地监督政府,以加强政府的合法性与责任担当(accountability)。总体而言,工具主义理论认为,表达自由权是一种手段而不是目的本身,表达自由的价值在于它能帮助个人与社会达到更善与更美好的目的。如果某种表达自由所产生的"恶"多于"善"时,那么,此工具主义理论则会主张对表达自由的限制。

表达自由的道德论主张,表达自由使人类的个人自治(individualautonomy)成为可能。个人自治是人性中不可缺少的重要组成部分:如果某种外来力量对人类的表达自由进行限制的话,在这个理论建构中,此限制则可以被理解为对这些人"人性"的限制。所以,表达自由在此的价值,与表达本身所产生的某种效益无关,它的价值是内在与先验的(a priori)。尽管如此,由道德价值发展出来的表达自由观也承认表达自由的界限。有一些言论,在满足个人行使表达自由权的同时,也可能会对社会或他人产生危害。此危害必须和表达自由的价值综合起来考虑,来决定表达自由权利之界限。[11]

我国香港特区司法判决中对表达自由价值的论述,大部分都从一个表达自由的工具主义角度出发,强调表达自由的重要价值在于其对民主事业的推动与维系,并且可以帮助民众增进知识、获致真理。[12]

(二)绝对主义与相对主义

表达自由的工具主义论与道德理论均承认表达自由权是可以克减的,而在表达自由权的克减理论中,又存在两种不同的观点:绝对主义和相对主义。绝对主义认为,只有一部分表达自由权是可以克减的;而某些特殊的表达(如政治性言论)是绝对的、不可以被克减的。而相对主义认为,不存在某种特殊的、不可被克减的表达自由。再以美国学者米克尔约翰为例,他在政治性言论的克减上,是一个绝对主义者。在他看来,任何情形下,政府都不可以对人民的政治性言论进行控制,因为这违反了人民之间建立的一个有关合法政府的基本契约。但是,此观点引出了一个必然需要讨论与界定的问题:何种言论是政治性言论?什么样的言论又不在此范畴内?这个问题在很多学者看来,是非常难以确切回答的。这也是为什么表达自由的绝对主义,因此界定的困难,遭受了来自表达

---

〔11〕 参见侯健:《表达自由的法理》,上海三联书店2008年版,第94~95页。

〔12〕 See Leung Kwok Hung & Others v. HKSAR, FACC Nos. 1 & 2 of 2005, paras. 1 -2;香港特区诉周某恒及黄某玮,FACC No. 12, 13 & 14 of 2012, para. 31。

自由相对主义的批评。

表达自由的相对主义立场的代表人物是美国联邦最高法院大法官霍姆斯(Holmes)。霍姆斯大法官推行的“明显而即刻的危险”原则即是一种经典的相对主义立场,此观点不区分政治性与非政治性言论,也不将任何种类的言论区别对待。在霍姆斯那里,区分言论非法与否的界限在于其是否会造成某种“明显而即刻的危险”。按照此逻辑,相对主义立场虽然重视表达自由对个人与社会的价值,但是,它同时认为表达自由的权利,与其他所有权利一样,都是可以被克减的。

在世界上的司法与立法实践中,表达自由的相对主义理论占据主导地位,各国都不约而同地强调了表达自由权的相对性。[13] 《公民权利和政治权利国际公约》第 19 条规定了表达自由权,其中第(3)项规定了行使此权利所带来的特殊义务与责任,同时也规定了此权利行使受到的限制与限制手段需要满足的各项条件。[14] 在这些条件中,没有规定任何永远不可克减的“特殊”表达。《欧洲人权公约》则列举了比《公民权利和政治权利国际公约》更详尽的限制法定表达自由的合法目的。[15] 我国《宪法》第 51 条也规定:“中华人民共和国公民在行使自由和权利的时候,不得损害国家的、社会的、集体的利益和其他公民合法的自由和权利。”

虽然美国宪法第一修正案用比较绝对的口吻表达了国会不可以立法来限制表达自由,但是通过美国的司法判决我们得知,美国联邦最高法院曾多次承认对表达自由限制的合宪性。进而表明,美国宪法第一修正案在司法实践中所

〔13〕 参见侯健:《表达自由的法理》,上海三联书店 2008 年版,第 104 页。

〔14〕 《公民权利和政治权利国际公约》第 19 条第 3 项规定,“……(三)本条第二款所规定的权利的行使带有特殊的义务和责任,因此得受某些限制,但这些限制只应由法律规定并为下列条件所必需:(甲)尊重他人的权利或名誉;(乙)保障国家安全或公共秩序,或公共卫生或道德”。

〔15〕 《欧洲人权公约》第 10 条第 2 项规定,“行使上述各项自由,因为同时负有义务和责任,必须接受法律所规定的和民主社会所必需的程式、条件、限制或者是惩罚的约束。这些约束是基于对国家安全、领土完整或者公共安全的利益,为了防止混乱或者犯罪,保护健康或者道德,为了保护他人的名誉或者权利,为了防止秘密收到的情报的泄露,或者为了维护司法官员的权威与公正的因素的考虑”。

秉持的也是表达自由的相对主义立场。例如,在美国联邦最高法院1969年裁定的布兰登伯格诉俄亥俄[16]案中,英国联邦最高法院即推出了沿用至今的"煽动测试",来决定什么时候煽动性质的言论是不受美国宪法第一修正案保护的。美国联邦最高法院在这个影响深远的判决中强调,当言论可以满足以下两个条件时,便不再受到第一修正案的保护:(1)此言论的目的是对迫在眉睫的非法行为的鼓吹;(2)此非法结果发生的可能性是很高的。当煽动性言论满足此"煽动测试"时,美国宪法第一修正案则允许对这些言论权利的克减与惩罚。据侯健考察,在有关美国宪法第一修正案的判决中,拥有表达自由绝对主义观点的法官,从未成为多数意见:他们的主张只能在这些判决的不同或协同意见书中找寻。[17]

英国也一直承认言论自由的相对性,并认为,在公共秩序与社会安宁等公共利益面前,个人的言论自由权利在一些时候须要让步。在英国的案例[18]中,一位新教牧师在一群本来就很有敌意的天主教听众面前故意使用了非常挑衅的语言。[19] 法庭判决此牧师必须不再使用类似的煽动性言论,否则可能面临法庭所颁发的守行为令的后果(was held to have been properly bound over)。法院认为,此新教徒在如此之多本来就不友好的天主教徒面前的言论,显而易见,非常可能导致社会安宁的破坏(breach of peace)。

包括德国在内的欧洲大陆国家对言论自由的限制也很多,特别是在仇恨性言论的法律处理上。[20] 在德国,与纳粹相关的仇恨性言论被刑事法律规制且是一项非常严重的罪行。在11个欧洲国家中,在公开场合否认第三帝国对犹太人实行系统性大屠杀是受到刑事法律规制的。在著名的奥斯维辛谎言案中,德国联邦宪法法院也明确表明,适用德国《集会法》第5条去禁止公开否认犹太人

〔16〕 Brandenburg v. Ohio, 395 US 444(1969).

〔17〕 参见侯健:《表达自由的法理》,上海三联书店2008年版,第103页。

〔18〕 Wise v. Dunning[1902]1 KB 167.

〔19〕 中国香港特区诉周某恒及黄某玮,FACC No 12,13 &14 of 2012, para. 41。

〔20〕 See Anthony Lewis, *Freedom for the Thought that We Hate: A Biography of the First Amendment*, Basic Books, 2007, pp. 157 - 158.

大屠杀的集会,并不与德国《基本法》第5条所规定的表达自由条款相悖。[21]在2006年,一名来自英国的犹太人大屠杀否定者,因为其否认大屠杀的言论在奥地利被捕,被判入狱13个月。[22]

我国香港特区的司法制度也不例外。1991年港英政府签署了《公民权利和政治权利国际公约》,并依据此公约通过港英立法局制定了《香港人权法案条例》。此法律在香港回归后仍然活跃于特区的司法判例中。《香港人权法案条例》第16条规定了"意见和发表的自由",其内容与《公民权利和政治权利国际公约》第19条中的规定基本一致,也采用了相对主义理论。[23] 所以,我们可以很确定地说,虽然绝对主义理论有很多学界与实务界可以学习借鉴之处,但是,从目前世界的主流观点来看,表达自由的相对主义理论是占绝对主导地位的。

三、法定表达自由权在我国香港特区的边界——对限制的限制

我国香港特区虽然承认表达自由权利的相对性,但在法律文本与法院的司法实践中,都透露出了一个明确的信息:任何对法定权利克减的措施与立法都要有一个"度",这也是法学界经常提及的"对限制的限制"[24]。

《香港人权法案条例》第16条第3项是表达自由权利的限权条款,其规定,此条款中所赋予的表达自由权的行使,"附有特别责任及义务,故得予以某种限制,但此种限制以经法律规定,且为下列各项所必要者为限:(甲)尊重他人权利或名誉;(乙)保障国家安全或公共秩序,或公共卫生或风化"。我国香港特区法院根据第16条第3项的规定,在判例法中发展出了一套非常成熟的对限制表

〔21〕 参见李忠夏:《奥斯维辛谎言案》,载张翔主编:《德国宪法案例选释(第2辑):言论自由》,法律出版社2016年版,第169页。

〔22〕 Anthony Lewis, *Freedom for the Thought That We Hate-A Biography of the First Amendment*, Basic Books,2007,p. 161.

〔23〕 《香港人权法案条例》第16条规定,"……(三)本条第(二)项所载权利之行使,附有特别责任及义务,故得予以某种限制,但此种限制以经法律规定,且为下列各项所必要者为限——(甲)尊重他人权利或名誉;或(乙)保障国家安全或公共秩序,或公共卫生或风化"。

〔24〕 林来梵:《宪法学讲义》,法律出版社2011年版,第245页。

达自由的法律司法审查制度。

值得注意的是,《香港人权法案条例》第 16 条第 3 项穷尽地规划出了这些限权的目的。我国香港特区终审法院的大法官们强调,这与很多其他国家与地区的做法是截然不同的。在那些国家和地区,宪法文书只对施加限制的标准作出一般性的阐述。例如,只提及民主社会的需要,而不说明对权利所施加的限制必须达到哪些具体的合法目的。相比之下,《香港人权法案条例》规定的是一个详尽列明的合法目的清单,此外,没有其他任何目的可以作为限制表达自由权的合法依据。并且,就算与详尽列明合法目的的《公民权利和政治权利国际公约》第 19 条中的合法目的相比,《香港人权法案条例》所规定的合法目的更受限,因为第 16 条中没有包含“保护公众健康或道德”这个合法目的。

普通法地区与我国香港特区的判例丰富了以上法条文本所涵盖的内容。判例法将上述对“限制的限制”归纳为两个方面。

一是“依法订明”的要求(the“prescribed by law”requirement)。判例法在“依法订明”的要求中规定了一个很重要的、需要同时被满足的标准:法律确定性的要求,也可以被称为“法律确定性原则”(the principle of legal certainty)的要求。也就是说,单纯拥有一个限制权利的法律并不能满足“依法订明”的要求,“依法订明”原则所内含的是一个关于“何为法律”的深刻思考:如果一个法律不能给予公众足够的“确定性”,那么此法律是不可以被认为能够满足“依法订明”要求的,并且,此法律同时也是违反宪法性法律的。

二是“必要性”要求(the necessity requirement)。这也可以被理解为“一个民主社会所必需”的要求。在这里,判例法规定,法院必须对国家安全、公共秩序、公共卫生与风化等概念在个案中进行解释与阐述,来判断这些目的是否能作为“民主社会所必需”的依据来限制表达自由。除此之外,必要性要求还必须包含比例原则的测试,以保障限权目的与手段是相称的。

以上就是判例法赋予法律文本的更丰富与具体的含义与要求。[25] 总体来说,根据《香港人权法案条例》第 16 条第 3 项的有关规定,我国香港特区法院在判例法中发展出了审查限权措施的三个步骤。第一,限权措施是否为法律所明确订明,并且符合法律确定性原则的要求?第二,限权措施的目的是否为《香港

---

〔25〕 参见梁某雄及其他人对中国香港特区,终院刑事上诉 2005 年第 1 及 2 号,第 25 ~ 39 段。

人权法案条例》第16条第3项明确列明的目的之一，并且，此目的之达成是否是一个民主社会所必需？第三，限权措施所要达到的目的与手段之间是否相称（成比例）？

（一）“依法订明”要求中的法律确定性原则

古斯塔夫·拉德布鲁赫（Gustav Radbruch）在其经典之作《法律的不法与超越法律的法》中，将法律的确定性原则、正义与法律的目的性确立为法治精神的三个奠基。[26] 在大陆法国家与地区中，法律的确定性原则通常指向公权力机关，要求公权力的运行与行使对公众来说是具有确定性的、不专横任意的、没有夹杂过度自由裁量权的。而在普通法国家与地区，法律的确定性原则所指向的更多是公众。在这个意义上，普通公众必须对法律，特别是刑事法律，有一个足够清晰的理解，在一定的官方解释与介绍的前提下，公众应当能够通过自己对法律条文的正确把握，明白什么是允许与不允许的行为。王振民教授强调，在法治原则下，法治最重要的两个要求就是“稳定性”与“连续性”。[27] 何海波教授也论及，尽管人们对法律品性（moralityoflaw）的理解不尽相同，但是，“法律应当具有确定、公开、普适、稳定、一致等品性，却是共同的要求”。[28] 如果法律不具备这些品质的话，那么，行政机关则会拥有极其宽泛的自由裁量权，“以致出现‘有法律而无规则’的状况”。[29] 任何“以法律之外的种种考量来抹杀这些品性，破坏法律的可预期性，都是对法治实质上的拒绝”。[30] 所以，法治社会必须坚守“规则的明确性、一致性、稳定性这些法律的基本品性”。[31]

什么是依法订明原则的确切含义，《香港特别行政区基本法》中没有详细说明。此原则的确切内涵，在我国香港特区各级法院（特别是终审法院）的判决中被多次阐明。例如，在我国香港特区诉方某珊案的终审判决中，香港特区终审

---

[26] 参见［德］古斯塔夫·拉德布鲁赫：《法律的不法与超越法律的法》，舒国滢译，载雷磊编：《拉德布鲁赫公式》，中国政法大学出版社2015年版，第9～11页。

[27] 王振民：《中央与特别行政区关系——一种法治结构的解析》，三联书店（香港）2014年版，第127页。

[28] 何海波：《行政法治，我们还有多远》，载《政法论坛》2013年第6期。

[29] 同上。

[30] 同上。

[31] 同上。

法院即处理了一项有关法律确定性原则的争端。在此案中,上诉人被裁定违反《规限获准进入立法会大楼的人士及其行为的行政指令》第 12(1)条[32]和第 11 条。[33]在判决中,终审法院拒绝了辩方对第 11 条规定的基于法律确定性原则的挑战,认为"按照文意及目的恰当地诠释该条文,即可清晰准确知道公众人士须避免作出何等行为"。[34] 终审法院同时论及,第 12 条规定在适当的解释下,足够清晰及明确,并没有对表达自由之权利作出过于宽泛的限制。[35] 所以,在方某珊案的终审判决中,我国香港特区终审法院确认了此法律条文的确定性。[36] 在 2012 年我国香港特区终审法院裁定的卢蔚恩诉香港特区(WinnieLo v. HKSAR)案[37]中,该法院论及,法律的确定性要求法条必须能被普通人理解(adequate accessibility)且有充分的精确性(sufficientprecision)。这意味着,民众必须能够理解法条在不同情形下所可能产生的适用范围与方式。法律确定性很重要的目的之一,是让人们在一些政府可以提供的帮助与解释下,能够合理地预见自己在某些情形下的行为是合法还是非法的。在梁某雄及其他人对中国香港特区案中,法律的确定性原则要求法律必须明确划定公权力机关与人员的自由裁量权范围。如果此自由裁量权可以克减基本权利,且其范围没有被法律所明确规定,那么此授予自由裁量权的法律未能达到法律确定性原则的标准。[38]

当然,根据普通法由来已久的传统,法律是随着时代在不停地演变、发展的,而成文法和不成文的法律都需要被解释。当然,我们也必须意识到,法律,甚至有时候包括刑事法律在内,都不可避免会遇到一些含糊不清的情况,而在此时,则需要法庭在具体的案件中将其澄清。终审法院强调,在法律中要求永

---

[32] 《规限获准进入立法会大楼的人士及其行为的行政指令》第 12(1)条规定:"在记者席或公众席上,任何人不得展示任何标志、标语或横幅。"

[33] 《规限获准进入立法会大楼的人士及其行为的行政指令》第 11 条规定:"进入立法会范围或在内逗留的人均须遵守秩序。"

[34] 中国香港特区诉方某珊,终院刑事上诉 2017 第 2 号,新闻摘要中译本,第 8 段。

[35] 中国香港特区诉方某珊,终院刑事上诉 2017 第 2 号,新闻摘要中译本,第 9 段。

[36] HKSAR v. Fong Kwok Shan Christine, FACC No. 2 of 2017.

[37] Winnie Lo v. HKSAR, (2012) 15 HKCFAR 16.

[38] 梁某雄及其他人对中国香港特区,终院刑事上诉 2005 年第 1 及 2 号,第 77 段。

远的确定性是不可能的，所以，这也是不被要求的。[39] 我们需要铭记的只是两个有关法律确定性原则的要点：第一，法律必须明确到可以让（有普通理解能力的）公民在阅读后知晓怎样去规范自己的行为；第二，公民必须可以理解抽象的法律条款将如何在不同个案和情况下被适用。所以，从这个角度理解，也不应该因过分强调法律的确定性而使法律条文的解释与适用过度僵化。与法学中很多研究方法一样，这时同样需要一种平衡。王振民教授在《普通法的治理哲学》中强调，法律在被颁布的那一刻起，就已经开始过时了。此话一针见血。因为，“生活之树是长青的，任何完备的法律、任何最即时的立法在日新月异的社会生活面前，都会显得过时、落伍，因此，必须得有人解释法律才行”。[40] 那么，在实施普通法的地区，“过时”的法律就需要通过司法的灵活解释来与时俱进。当社会环境发生剧烈变化时，我们当然希望立法机关及时立法，从立法上对社会的变化作出合适的反应。立法往往是一个漫长且复杂的过程，且在很多时候，立法的滞后性导致法秩序对社会制约效力的真空与缺位。同时，新的立法是否违宪，也需要司法机关的解释。所以，在社会经历变化时，司法机关应当尊重立法机关的初衷与立法目的，利用不同的解释方法，尽量让新的、更贴合社会情况的法律解释通过法律确定性原则的审查。

在法律中要求什么程度的确定性，则取决于案件的具体情况。比如，一条法律通过刑事惩罚的方式禁止或影响了一项基本权利（如表达自由权），那么，在这个情况下，此条法律与其他不影响基本权利的法律相比，则需要更多定义上的确定性。当然，在明确这条原则的基础上，香港特区终审法院也非常清楚地意识到，刑事法律需要一定的灵活性来保证它们的有效性，尤其是，这些法律的运用与解读必须能跟上一些犯罪分子的高明。终审法院强调，当公共福祉（welfare of the public）是利益相关方时，法庭应该采取更谨慎的态度，去解释这些法律，以最大限度保障公共的福祉。如果这条进路会要求对法律确定性原则进行相对宽松的解读，那么，终审法院认为，这样针对公共福祉的谨慎态度也无可厚非。[41] 正如终审法院梅师贤爵士在毛玉萍诉香港特区（Mok Yuk Ping v.

---

〔39〕 Winnie Lo v. HKSAR,(2012)15 HKCFAR 16, paras. 19 – 20.

〔40〕 王振民：《普通法的治理哲学》，载《“一国两制”与基本法——二十年回顾与展望》，江苏人民出版社2017年版，第299页。

〔41〕 See Winnie Lo v. HKSAR,(2012)15 HKCFAR 16, para. 21.

HKSAR)案中强调的:法律,特别是刑事法律,必须能足够清晰,以至于让民众可以预见,何种行为是被法律允许的,何种行为是僭越合法边界的。但同时,梅师贤爵士也清楚地意识到,要求法律具有绝对的确定性是不可能的、不可取的以及不被要求的。如果法律具有绝对的确定性的话,这些法律必定是过于僵硬的。[42] 梅师贤法官写道,在普通法体系中,法官是通过一个个判决来一点一点"造法"的,通过判例将法律"塑造"而去适应新的社会环境与情况,或者去修正原则或教义上的错误(errors of principle or doctrinal error)。在普通法体系中,对法律的解释,一直需要法庭介入,在不同的案件中澄清法律的内涵。这也是为什么当一些法律不可避免地要使用比较概括性与笼统的语言表述时,法律条文本身的绝对确定性也并不是绝对必要的。[43] 所以,被广泛接受的结论是,如果法律要保持其有效性与必然需要的与时俱进的性质,则必不可少需要一定程度的模糊性。这个模糊性的存在,正是为了法律可以被适用到一系列立法者所设想的不同情形中;而这个模糊性的解释与消除,则需要法庭在不同个案中基于不同事实对法律进行解释。当然,此法律的模糊性不是没有限度的:它必须在法律确定性所要求的大框架的范围内。一旦法律的模糊性突破了这个范围,则会导致普通民众并不能根据自己的理性与理解去知晓何种行为是合法与非法,这时,法律的过度模糊则违反了法律确定性的要求。

(二)"必要性"要求中的合法目的:以"公共秩序"(ordre public)为例

在通过了法律确定性的审查后,法院下一个追问是,限权措施所要达到的是哪一条法律所规定的合法目的?回顾上文,《香港人权法案条例》与《公民权利和政治权利国际公约》均十分详尽与清晰地列举了可以限制言论自由的合法事由。在这些详尽列举的限权目的外,一切其他目的都是不合法的。例如,在我国香港特区终审法院审理的中国香港特区诉吴某劭及利某润案("国旗案"[44])中,李国能首席大法官强调,在决定一个权利限制的法律是否与《基本法》相悖时,我们必须明确此法律对权利限制的程度;在讨论法律对权利的限制是否正当时,须要阐明此法律所限制的权利是宽泛的还是限缩的。一般来说,

---

[42] Mok Yuk Ping v. HKSAR, FACC No. 2 of 2007, para. 61.

[43] Mok Yuk Ping v. HKSAR, FACC No. 2 of 2007, para. 61.

[44] 以李国能大法官为首的香港终审法院在本案中探讨了《国旗及国徽条例》第 7 条是否违反《香港特别行政区基本法》第 27 条中的表达自由保障条款这一深远问题。

对权利限制越广泛的法律,也会受到越严格的司法审查,也越有可能与《香港特别行政区基本法》相悖。李国能大法官声明,长期以来的司法审查原则是,限制权利的条款必须被限缩地理解与解释。并且,特区律政司有证明限制为正当的举证负担。在此,政府通常依据“社会秩序”(ordre public)的概念对限制进行解释。政府通常会尝试证明,对此权利的限制是维护“社会秩序”(ordre public)所必需的。[45] 从特区其他的过往判例来看,在涉及诸多公共利益与表达自由权利的冲突中,对表达自由权与类似权利[46]的限制,与吴某劭案一样,通常以保障“公共秩序”(ordrepublic)为合法目的的角度来论证。那么,何种以“公共秩序”(ordrepublic)为目的的保障,进而导致对法定权利的限制,是一个民主社会所必需的呢?对这个问题的回答,首先要求法院对合法目的本身下一个定义。

1986年美洲人权法院(Inter-American Court of Human Rights)就《美洲人权公约》中的“法规”一词作出了以下解释:“制定法规必须以公众利益为依归,这要求是指这些法规必然是为了‘公众福祉’才获通过。这概念在民主社会必须诠释为属于公共秩序(ordrepublic)的不可缺少的部分,而其主要目的是为了‘保障人类必不可少的权利,并创造环境让人类获得精神及物质上的进步和幸福。’”[47]《美洲人权公约》第32(2)条也规定:“在民主社会,个人的权利是受其他人的权利、整体的安全,以及牵涉大众福祉的正当需求所规限。”[48]在这里,公共秩序(ordrepublic)的概念明显符合民主社会所必需的要求,其涉及社会的整体安全与大众的福利。但是,为什么到目前为止,笔者在“公共秩序”后面加上了一个括号,且使用了法语中的“公共秩序”呢?原因很简单:虽然在《香港人权法案条例》第16条的中文法条中没有给予“公共秩序”特殊的解释,但是在英文法条中却明确体现了此概念的特殊性:英文法条在“publicorder”之后明确加入了法语概念“ordrepublic”。[49] 简单来说,法语中“公共秩序”的概念与英语和汉语中的概念有别,这也是我国香港特区法院在决定此合法目的是否能够成为

[45] 中国香港特区诉吴某劭及利某润,FACC No. 4 of 1999,中文判决书,第45~47段。

[46] 例如,集会自由权。

[47] 中国香港特区诉吴某劭及利某润,FACC No. 4 of 1999,中文判决书,第53段。

[48] 中国香港特区诉吴某劭及利某润,FACC No. 4 of 1999,中文判决书,第53段。

[49] Hong Kong Bill of Rights Article 16 Freedom of Opinion and Expression:(3)(b)for the protection of national security or of public order(ordre public),or of public health or morals.

限制表达自由的缘由时所必须澄清的对象。

李国能大法官在吴某劭案中强调,来自国际公约与《香港人权法案条例》的公共秩序(ordrepublic)之概念与治安意义上的、中文与英文概念中的公共秩序(publicorder)所涵盖的内容有所不同。此来自法语的公共秩序(ordrepublic)之概念比狭义治安意义上的概念广泛。[50] 李国能大法官在判决书里论及,中国香港与特区与其他地区法院就"公共秩序"(ordrepublic)一词的论述极为有限,在所能找到的有限材料中,律政司司长诉东方报业集团有限公司一案(Secretary for Justice v. Oriental Press Group Ltd)在原讼法庭初审的一段判词较清晰地阐述了此概念的丰富含义。此案的判决书引用了《国际人权法案》(*The International Bill of Rights*)一书中由奎士(Alexandre Charles Kiss)所著的名为《对权利所允许的限制》(Permissible Limitations on Rights)的文章。[51] 奎士写道:公共秩序(ordrepublic)的概念"并非绝对,也不精确,且不能简单化为一成不变的公式,而是必须随着时间、地点以及环境的改变而有不同"。[52] 奎士在文章中的要旨是,"公共秩序"(ordrepublic)一词,可以被理解为保障公共机构妥善运作与社会集体需要的必要条件,并同时作为限制一些基本权利的根据及合法目的。可以纳入公共秩序(ordrepublic)的范畴是非常广泛的:它可以包括社会的安宁、良好的公共秩序、国家与社会的安全、公共卫生、公共美学、公共道德、经济秩序等一系列概念。奎士在文章的最后提醒,无论是在大陆法系地区,还是普通法系地区,对公共秩序(ordrepublic)概念的采用以及解释,都是法院的工作。法院"根据其对社会组织基本需要和文明社会价值观的清楚认识",在个案中对此概念进行解释与运用。[53] 包致金法官在吴某劭案的协同意见书中同样勾勒了他对公共秩序(ordrepublic)概念的定义,他写道:"ordrepublic"一词在法语中,并没有一个准确的涵盖范围;作为一个公共福利概念的"公共秩序",其内涵要比简单地想象"公共无序"(public disorder)的反面要更为复杂。[54] 换言之,"公共无序"的概念并不仅是"公共秩序"(ordrepublic)的反义词:因为此概念不仅包含狭义的

---

〔50〕 参见胡锦光、王锴:《论公共利益概念的界定》,载《法学论坛》2005年第1期。

〔51〕 中国香港特区诉吴某劭及利某润,FACC No. 4 of 1999,中文判决书,第50段。

〔52〕 中国香港特区诉吴某劭及利某润,FACC No. 4 of 1999,中文判决书,第51段。

〔53〕 中国香港特区诉吴某劭及利某润,FACC No. 4 of 1999,中文判决书,第51段。

〔54〕 中国香港特区诉吴某劭及利某润,FACC No. 4 of 1999,英文判决书,para. 80。

社会秩序本身,还包括任何为公共福祉与集体利益的需要所要采取的措施。[55]

总体来说,如果一个概念是不明确的,在我国香港特区法院适用这个概念去评判是否应该对法定权利限制之前,必须对这个概念进行详细的阐述与明确的说明。与"尊重他人权利或名誉""国家安全""公共卫生或风化"这些限制表达自由的合法目的所不同的是,"公共秩序"(ordrepublic)是一个含义非常广泛,且随着时间和具体情况变化而变化的概念。这也是为什么,我们在诸多限制表达自由的判例中,看到特区律政司适用"公共秩序"(ordrepublic)之概念来论证限权措施的合法性。法院在此将裁定,若对表达自由之限制有助于对宪法性法律上公共秩序(ordrepublic)的维护,且这是一个民主社会所必需的,那么,限制表达自由权利的法律或措施则是有效的。其他几个合法目的之适用方法与"公共秩序"(ordrepublic)是一致的。法院会结合案件的基本情况在判决中对其进行解释,并裁定限制表达自由是否有助于增进此合法目的,且是一个民主社会所必需的。

(三)"必要性"要求中的比例原则测试

在讨论了"必要性"要求中的合法目的审查后,我们需要讨论必要性要求中的"必要"为何。究竟如何判断,一个合法目的之达成是否是一个民主社会所必需的?根据我国香港特区以往的判例,在此时,法院则必须适用比例原则的分析方法,[56]

---

〔55〕 在这里,如上文所述,公共福祉与集体利益除了包含社会的总体秩序之外,还囊括如公共安全、公共卫生、公共美学、公共道德、经济秩序等一系列公共利益。

〔56〕 比例原则的定义通常有三阶论与四阶论之分。比例原则三阶论的一种表述方式,在英国枢密院的德·弗雷塔斯诉英国农业部(De Freitas v. Ministry of Agriculture)案中得到了体现。在英国,相关宪法文书明确规定的一项原则是,对法定基本权利施加限制时,此限制"必须在民主社会中可合理地证明为有理有据"。为了贯彻这条法理原则的执行,英国枢密院适用了一项在许多国家与地区法院都广泛运用的比例原则三阶论的审查标准:"究竟:(i)有关立法目的之重要性是否足以支持限制一项基本权利,(ii)为达到有关立法目的而采取的措施与该目的是否有着合理关联,以及(iii)用以减损有关权利或自由的方法是否没有超越为达到该目的而所需。"在此案中比例原则三阶论的阐述方式,被我国香港特区终审法院2005年裁决的梁某雄及其他人对中国香港特区案中借鉴。比例原则的四阶论则在三阶论的基础上包含了第四个步骤:狭义比例原则的分析。比例原则四阶论在上述三阶论的基础上扩展的附加问题是,从整体上看,限权措施所推进的合法目的与限制权利所产生的负面影响在总体上是否合比例?参见De Freitas v. Ministry of Agriculture,[1998]UKPC 30;梁某雄及其他人对中国香港特区,终院刑事上诉2005年第1及2号,第37段。

来判断合法目的之达成与受保护权利的克减之间是否相称。[57] 诚然,国际上许多国家与地区,在裁定对某项基本权利之限制是否为"必要"时,通常在宪法审查时都会采用类似比例原则的分析方法。这些国家和地区包括但不限于:英国、[58]加拿大、[59]南非、[60]欧洲人权法院[61]等。虽然在这些不同的司法管辖区中,在适用比例原则时均有不尽相同的表述方法,但在考虑此原则的本质与精神时,这些司法管辖区所适用的标准与目的是一致的。[62]

我国香港特区终审法院强调,比例原则的验证标准,"无论如何都会凭借《香港特别行政区基本法》第 39 条第 2 款[63]而须被援用"。[64] 这是因为,《香港特别行政区基本法》第 39 条第 2 款规定,任何对表达自由权利的限制,除了需要被"依法规定"之外,同时不得与国际公约适用于香港的规定抵触。《公民权利和政治权利国际公约》第 19 条(涉及表达自由权)和第 21 条(涉及集会自由权)中的"必要性"规定,在普通法地区判例法的指导下,必然会运用到比例原则的考量标准。所以,任何考量限制基本权利"必要性"的司法审查中,必然会因为《香港特别行政区基本法》第 39 条第 2 款规定而运用比例原则的分析。

例如,在梁某雄案中,终审法院认可了警务处长拥有自由裁量权的必要性,

---

[57] 比例原则之精神最早可追溯至 1215 年的《自由大宪章》(Magna Carta)。这份来自大不列颠的历史性的文件第一次提出了犯罪的严重性与其刑罚应该相适应的概念,"即人民不得因为轻罪而受到重罚"。余凌云教授论及,比例原则在现代法治国家中要解决的核心问题,是"如何将国家权力的行使保持在适度、必要的限度之内,特别是在法律不得不给执法者留有相当的自由空间之时,如何才能保证裁量是适度的,不会为目的而不择手段,不会采取总成本高于总利益的行为"。参见余凌云:《论行政法上的比例原则》,载《法学家》2002 年第 2 期。

[58] 例如,R v. Shayler[2003]1 AC 247,paras. 60 – 61。

[59] 例如,R v. Oakes(1986)26 DLR(4th)200。

[60] 例如,S. v. Makwanyane 1995(3)SA 391。

[61] 例如,Norris v. Ireland(1991)13 EHHR 186,para. 41。

[62] 梁某雄及其他人对中国香港特区,终院刑事上诉 2005 年第 1 及 2 号,第 34 段。

[63] 《香港特别行政区基本法》第 39 条规定:"《公民权利和政治权力国际公约》、《经济、社会及文化权利的国际公约》和国际劳工公约适用于香港的有关规定继续有效,通过香港特区的法律予以实施。香港居民享有的权利和自由,除依法规定外不得限制,此种限制不得与本条第一款规定抵触。"

[64] 梁某雄及其他人对中国香港特区,终院刑事上诉 2005 年第 1 及 2 号,第 58 段。

但同时特别强调,当警务处长根据法律的授权行使自由裁量之权力时,必须使用比例原则的分析作为考量基准。警务处长在行使自由裁量权去限制法定集会与游行自由之权利时,必须考虑:(1)自由裁量权的行使是否是为了保障一个或多个合法目的;(2)此等限制是否没有超越所达到这些合法目的所必需。与此案中的警务处长一样,任何特区公权力机构与公职人员的自由裁量权都不可能是完全"自由"的,他们必须受到比例原则的约束。如果不是这样,特区终审法院在本案中强调,法治便成为个人意志任意与专横的暴政。终审法院也认定,采用比例原则来保障基本人权,"是国际所公认的适当做法"。[65] 适用比例原则的标准,目的是确保基本人权得到完全的保障,不会受到任何不正当的限制。只有在通过比例原则的审查后,一项限制表达自由权利的法律或措施才算完成了全部特区司法审查的"考验"。此时,可以说,对表达自由的限制不仅是由一项拥有足够确定性的法律所确认的,同时,这个限制直接服务于一个法定的合法目的,并且,是一个民主社会所必需的。

四、结语:特区司法审查中的"不变"与"变"

从前文得知,中国香港特区,与世界绝大多数国家和地区一样,在司法判决中实践表达自由权利的相对主义理论,承认法定表达自由权不是一项绝对的权利,但对其的克减必须严格遵循法律,并接受我国香港特区法院的司法审查。我国香港特区法院的司法审查有着非常严谨的步骤和程序,其实施是极其严苛、一丝不苟的。只有在依次通过上述三个步骤的审查后,限制表达自由的法律或措施才可被认定为合法;否则,任何机构或个人没有权利限制中国香港特区居民的法定表达自由权利。这是特区保护表达自由权的司法审查中"不变"的部分。但同时,从前文的分析中也看到,对表达自由限制的限制并不完全是一成不变的、机械的或是僵化的。特区法院在每一个步骤的审查中,都必须结合案件的具体事实,在个案中对每个步骤的审查进行相对变通的实施。这是司法审查中"变"的部分。

在法律确定性原则的审查中,法院须明确其内部存在的需要法官在个案中

〔65〕 梁某雄及其他人对中国香港特区,终院刑事上诉2005年第1及2号,第58段,终审法院判案书摘要,中译本,第11段。

调和的张力。一方面,法律的确定性原则要求法律条文必须明确到可以被普通公民理解,以调整和约束自己的行为。同时,不够明确的法律通常会赋予公职人员过于宽泛的自由裁量权,而这直接的后果是使法律的运用更模糊不清,进而导致法律实施的不公平、不一致、任意与多变(arbitrary and capricious)。另一方面,法律是根据社会需要而设定的前置性规则。这些规则在被设立那一刻起,就已经开始过时。社会的演变迅速且不可完全预期,并且,总有立法者考虑之外的情形出现。换句话说,所有的法律如要做到与时俱进并保持其有效性,这些法律必须不能有绝对的确定性。这时,法律则需要法官结合社会与个案的具体情况,在不违背立法初衷与目的的情况下,对法律进行适当的解释,最好地发挥这些法律的效用。

在合法目的审查中,合法目的之一的"公共秩序"(ordrepublic)经常在限制表达自由的案件中被适用,但是此概念,用特区终审法院李国能前首席大法官的话来说,"既不精确,亦难以表述,其涵盖范围也不能准确地界定",因为它包含所有为保障社会安宁、公共福祉和集体利益所需要采取的措施。[66] 李国能强调,"公共秩序"(ordrepublic)是一个流变的概念,它必须"随着时间、地点及环境的改变而有所不同"。[67] 例如,在前文多次提及的"国旗案"中,中国香港特区终审法院强调,《公民权利和政治权利国际公约》前言中即明确了"个人对其他个体及对其所属之群体须承担义务"。对国旗的保护服务了一个重要的公共目的,并且此公共目的可被看作香港回归后新宪制框架下"公共秩序"(ordre public)的一个必要的组成部分。[68] 中国香港特区终审法院认为:"国旗是一个国家的象征,代表国家的尊严、统一及领土完整,"所以,保护国旗"是合法的社会利益所在……这些合法利益是大众福祉和整体利益的一部分"。[69] 在此,特区终审法院解释了"公共秩序"(ordrepublic)概念的宽泛性,并裁定对国旗与区旗的保护服务了这个合法目的。[70]

---

〔66〕 中国香港特区诉吴某劭及利某润,FACC No.4 of 1999,中文判决书,第54段。

〔67〕 中国香港特区诉吴某劭及利某润,FACC No.4 of 1999,中文判决书,第54段。

〔68〕 参见王振民:《中央与特别行政区关系:一种法治结构的分析》,清华大学出版社2002年版,第290~292页。

〔69〕 同上书,第289~290页。

〔70〕 中国香港特区诉吴某劭及利某润,FACC No.4 of 1999,中文判决书,第26页。

最后，在比例原则的审查中，何为“相称”，何为“不超出必要”[71]均需要法院在个案中根据不同的具体事实进行变通适用。例如，在“国旗案”中，中国香港特区终审法院在区分了表达自由的形式与实质后，认为禁止侮辱国旗这一极狭窄的表达形式不会影响人们通过其他方式来表达背后的实质性内容。中国香港特区终审法院最终裁定，中国香港特区《国旗及国徽条例》第7条对侮辱国旗的限制及处罚是有限的、是必要的、是服务于一个合理的公共目的的，且此手段与目的之间是相称的。[72]

在这“不变”与“变”的相互作用与博弈中，中国香港特区法院通过司法审查勾勒出了一条明晰的法定表达自由的边界。这个边界虽然明晰，但它却不是永远固定的。在不同的案件中与在不同的综合考虑下，法定表达自由的边界均可能有所不同；但有一点却是毋庸置疑的：“法律赋予香港居民的基本自由是全面的，毫不逊色于其他先进及自由社会居民所享有的自由。”[73]

---

〔71〕 在比例原则审查中，中国香港特区法院通常适用两种不同的审查标准：“不超出必要”与“明显没有合理依据”。在一些案件中，当法院具有足够的专业知识，或当案件涉及比较重要的个人权利与自由时，法院更可能采取能动主义的态度，适用相比之下更严格的“不超出必要”审查标准。在此标准下，若限权措施是超出法院认为的合理必要的范畴，法院会宣布其不能通过比例原则的审查。但是，在另一些案件中，当法院认定行政机关或者立法机关更有能力作出合理判断时，或当社会对合法目的推进的需求更紧迫时，法院则更可能采取谦抑主义的态度，而使用相对宽松的“明显没有合理依据”审查标准。这个标准通常会出现在涉及社会和经济宏观政策和国家安全的案件中，因为法院很多时候不具备作出判断所需要的信息和专业知识，所以法院给予行政与立法机关更多的灵活性与话语权。与“不超出合理必要”标准相比，在“明显没有合理依据”的审查标准下，顾名思义，只有限权法律或措施能够被证明是“明显没有合理依据的”，才能被宣布无效。参见希慎兴业有限公司及另七人诉城市规划委员会，终院民事上诉2015年第21号，第82段。

〔72〕 中国香港特区诉吴某劭及利某润，FACC No. 4 of 1999，中文判决书，第26页。

〔73〕 律政司司长诉黄某锋及另二人，复核申请案件2016年第4号，CAAR4/2016，para. 2。

The Value and Limits of Freedom of Expression
—Judicial Lessons from Hong Kong Special Administrative Region, PRC

Wu Yujiang

Abstract: Similar to most other countries and regions, the Hong Kong SAR of People's Republic of China, in judicial rulings regarding the right to freedom of expression, exercises a theory of relativism, recognizing that the right to freedom of expression is not absolute but that any infringement on it will have to be strictly adherent to relevant laws, subject to judicial review. These laws are Article 27 of the Hong Kong Basic Law and Article 16 of the Hong Kong Bill of Rights. Case law of Hong Kong SAR and other Common Law regions determine how these laws are applied in individual cases. In general, a law or measure that aims to limit the exercise of the freedom of expression will have to answer the following questions in a judicial review: 1. Does the measure to limit the freedom of expression have a clear legal basis with enough certainty? 2. Does this measure help achieve an aim that is specified in relevant laws? 3. Does this measure pass the proportionality test? The right to freedom of expression in Hong Kong can only be limited when these three steps in a judicial review have all been cleared.

Key words: The Hong Kong Basic Law; The Hong Kong Bill of Rights Ordinance; The prescribed by law requirement; The necessity requirement; The principle of proportionality

体育自治背景下运动员形象权保护的法理展开*

宋雅馨**

内容摘要：

运动员形象权是运动员对其身份符号以及与运动项目密切关联的各种形象要素产生的经济利益所享有的权利。由于体育自治具有天然的垄断性，体育行业一系列的自治性规则与合同，比如，体育自治权项中的规则制定权、组织管理权，在很大程度上约束了运动员本人行使其形象专有权、许可使用权和转让权。本文从实践的角度分析了国内外运动员形象权的行使与救济所受到的来自体育自治规则的限制，并在总结现有问题的基础上就我国运动员形象权保护的完善从法律规则层面与实际操作层面展开了讨论。

关键词：

运动员权利　体育行业自治形象权　体育法

引　言

随着国际体育行业市场化的进一步发展，近30年以来各国接连不断的运动员形象权纠纷反映运动员形象权保护意识的逐步觉醒、增强，运动员对法律划清公共利益与个人形象开发利益的界限有了越来越强烈的诉求。美国著名经济学家曼昆（Mankiw）在其《经济学原理》一书中评论道，篮球巨星迈克尔·乔丹的形象价值加诸运动鞋之上做广告，这个过程中的附加价值将远超运动鞋

* 本文系“中央高校基本科研业务费专项资金”青年基金项目（项目批准号：12619313）的资助成果。

** 暨南大学知识产权研究院讲师，法学博士。

销售的劳动价值和本身材料价值。[1] 形象利用问题的本质可以简单地概括为：如果 A 未经 B 的同意，在广告或者宣传过程中利用了 B 的姓名、声音或者肖像等形象要素，那么 B 在多大程度上能够通过救济措施来制止这种未经授权的利用行为。这里的“多大程度”就是法律该细化与完善的内容，是对球星乔丹等人物在产品销售过程中体现出来的“附加价值”的回应。形象，是指能够引起人的情感活动或者思想的具体或者模糊的外部特征或者状态，是形容一个人外部特征的抽象概念，让其他人能够据之产生联想并识别所象征或者所代表的具体人物的媒介，这种媒介与人物的身份之间构成了稳定的对应关系。[2] 形象权不是一种权利束，不是由姓名权、肖像权等一个个传统人格权利组合而成的“新权利”，运动员形象权是专门从事体育运动训练和参加比赛的这类特定群体，对其人身身份符号以及与运动项目密切关联的各种形象要素产生的经济利益所享有的权利。

形象权的行使在体育自治的框架下受到了诸多限制，体育组织的规则制定和组织管理等权利对运动员形象的专有使用权、转让与许可权都产生了重大的影响，反映了体育自治权所引发的集体与个人之间的矛盾。本文先从世界范围内运动员形象权行使所受到的来自国际体育联盟、国内体育制度等体育自治权制约的案例出发，采用案例研究、比较研究等方法，总结实践中遇到的问题。之后，文章第二部分结合我国举国体制的实际情况和第一部分得出的经验，提出应该充分发挥体育自治的规则制定权来确认运动员形象权法律地位，同时，对体育自治权进行合理限度的约束，在平衡集体利益与个人利益、尊重运动员形象权的基础上对运动员形象权合同的订立与生效展开审查，保障其形象专有、转让与许可权的实现。

---

[1] 参见曼昆：《经济学原理》，三联书店、北京大学出版社 1999 年版，第 55 ~ 57 页。转引自程合红：《商事人格权论：人格权的经济利益内涵及其实现与保护》，中国人民大学出版社 2002 年版，第 34 页。

[2] 法人或者其他组织的形象普遍在内国法中通过名称权、商号权进行保护，而对虚拟人物的形象更倾向于著作权法规则内进行解决。故而，本文不讨论自然人形象之外的主体。

一、体育自治对运动员形象权行使的影响

（一）体育自治的原理

体育自治，是一种自我约束、自我管理，排斥外部所施加的干涉和影响的状态，具有一定的封闭性。体育自治的主体——体育行业协会（组织）具有天然的垄断性。“竞技体育行业提供的产品服务是各俱乐部之间的一场场比赛，他们之间的竞争比其他行业来得更为直接，正是这种赛场上的直接竞争与合作才创造出了产品、产生了市场。这也正是竞技体育行业的产品与其他行业的产品最大区别所在。”〔3〕体育自治，从目前的实际情况来看，不仅是一种行业治理的现状，而且已经发展为了体育自治权。体育自治权来源于私人权利，具有明显的“权利”属性，并以此为基础形成了颇具特色的体育自治管理体系。体育自治权的权利内容综合性强，既包括实质性的，又包括程序性的，可以系统地概括为三种：规则制定权，即体育组织通过制订自治规则来规范竞技体育，将体育参与者让与权利的目的通过统一的赛事规则体现出来；组织管理权，包括成员的接纳和取消、体育组织框架与管理机制的构建和完善，举办体育赛事和管理其他相关的体育活动；以及最具强制性的争端解决权。〔4〕体育自治的前两种权利对运动员形象权的行使与保护产生了重大的影响。

近年来，体育自治能力得到了显著的提高，尤其是在电视营销、赛事举办以及商业赞助方面有了长足的发展，创造了巨额财富，与此同时，体育自治权也出现了越来越明显的“权力化”趋势。此外，体育参与主体之间的冲突频发，以形象权、赞助合同纠纷为代表的集体与个人之间的矛盾日渐突出，成为体育争端中的尖锐问题。体育自治权产生于体育活动参与成员的权利让渡和自愿认可，是典型的集体权利，与个人权利具有发生冲突的必然性。〔5〕很典型的争议是孙杨、宁泽涛事件，以及几年前的易建联扔鞋风波和姚明与可口可乐公司之间的

〔3〕 彭昕、邵红帆、季节：《中国体育行业协会的法理分析》，载《武汉体育学院学报》2006年第7期。

〔4〕 参见李智、喻艳艳：《体育自治的导向：体育自治权的属性辨析》，载《上海体育学院学报》2018年第2期。

〔5〕 同上。

肖像权纠纷等。其中的根源在于,职业联盟选择赞助商往往都是优先考虑自身的利益,与某些运动员个人利益产生冲突,尤其是那些知名度比较高的运动员。在体育商业化程度还在加强的背景下,集体与运动员个人之间的利益冲突还会进一步突出,由此可见,明确体育领域中集体与个体两者之间的关系和边界,是体育自治良性发展的重要任务。

(二)体育自治对运动员形象专有权行使的影响

运动员形象专有权,是指形象权利人将自己的形象用于商业开发以谋取经济利益的独占性权利。运动员既可以自己直接将各种形象要素使用于商品或服务之中,依靠该形象的公众吸引力在经营过程中实现形象经济价值;也可以间接地通过转让或者许可他人使用形象要素,从而收取转让费或者许可费。这里的"专有"强调两个方面:一是"专"(权利人独占的),二是"使用"。对于"专",形象作为区别一个人与其他人的标志,只有这个人本人才享有专有使用权,才能达到表彰自己区别他人的目的,才能宣示自己对所关联产品或服务的认可,才能更好地体现形象权的价值。对于"使用",既包括权利人有偿许可、转让给其他主体使用,也包括权利人自愿无偿许可、转让给其他主体使用;权利人既能积极地使用,也能消极地不用。运动员形象专有权的使用就是将特定形象权要素通过二次开发用于商品或者服务促销的过程,目的是借运动员形象的影响力获得更大的经济利益。[6] 体育行业中一系列的自治性规则与合同,在很大程度上约束了运动员本人行使其形象专有权。其中,体育自治权项中的规则制定权、比赛组织权是最主要、最直接地作用于运动员形象专有权使用范围的。

1.规则制定权的影响

规章制度是一个公司、社团能够有序运行下去的根本保障,体育行业内的合格主体能够制定联赛章程、体育职业道德规范、行业标准等,确立体育行业的基础性文件。就像体育行业组织针对球员转会作出的一系列特殊规则限制了运动员的流动自由一般,体育行业组织对运动员形象的开发与利用同样规定了一系列的限制条件。他们在章程、实施细则中对运动员形象的概念进行了定义。比如,《中国篮球协会注册运动员商业权利管理办法》(以下简称中国篮联《管理办法》)中对"运动员个性特征"的界定,这些章程与实施细则中的规定不

---

〔6〕 参见张丹丹:《商品化权研》,吉林大学 2008 年博士学位论文,第 28 页。

仅在运动员注册会员的时候对运动员有直接的约束效力，还对俱乐部、联盟与运动员之间的集体谈判协议内容以及个人单独签署的形象权合同内容都产生了重大影响，如 NBA 球员集体谈判协议中对“Player Attributes”所作的概念界定。

2. 比赛组织管理与监督权的影响

比赛组织和监督权对运动员的形象权实现有重要的影响，无论是接受企业赞助的合同，还是形象代言合同，赛事举办期间，运动员会丧失一部分的形象自由。组织比赛是许多体育行业组织最根本的工作内容，通过组织比赛对注册的运动员和俱乐部会员进行登记、管理和甄选，如今，组织比赛同时是传播一项运动项目与获取商业利益的重要来源。作为获得参赛资格的必备条件，通过强制性、格式性参赛合同的签订，运动员必须将自己的部分形象使用权利无条件，甚至不计报酬和经济补偿地转交到比赛组织者手中，这是其中一种方式。另一种方式也常出现，即体育组织在章程中要求参赛成员俱乐部必须已经取得所有参赛队员一定范围内的形象使用权，或者在与俱乐部签订的参赛合同中规定俱乐部有义务尽力协助比赛组织单位获得运动员的形象使用权。[7] 国际体育赛事中最典型的例子就是奥运会，《奥林匹克宪章》第 40 条成为对运动员形象权行使的著名“铁律”，规定除非经国际奥委会执行委员会许可，参加奥运会的任何运动员、教练员、训练员或官员在奥运会期间都不得将其本人、姓名、图像或运动表现用于广告目的，附则中还规定：“参赛者和持证人员也不许推销任何品牌、产品或服务，无论是论坛帖子、博客、推特或其他社交网络。”此规则通常适用于从奥运会开幕式前 9 天到闭幕式后 3 天，意味着这将近 1 个月的时间内，如果运动员的个人赞助商不同时为奥运会的赞助商，则运动员不能代表自己的赞助商进行广告活动；凡是参赛的运动员、教练员/训练员或官员的个人赞助商已经将广告宣传投放到市场的，必须满足一定条件才可以在奥运会期间继续开展广告活动。具体包括：符合国家奥委会的规定，广告不得创建与任何奥林匹克资产特别是与奥运会之间的商业联系的任何印象，广告申请必须提交给国家奥

---

[7] See 2016 – 2017 Euroleague Bylaws, accessed December 5, 2018, http://www.euroleague.net/rs/79tbcueu9ady8xkb/84bd1f8d – 134d – 42a0 – a8ee-cd688d29aaa2/0d5/filename/2016 – 17 – euroleague-bylaws-book – 15 – sept – 2016. Pdf.

委会或国际奥委会批准。[8] 运动员不可以为自己的个人赞助商在赛场上作宣传,他们甚至不能在社交网络上对自己的赞助商表示感谢。2012年美国运动员列奥·曼扎诺(Leonel Manzano)在社交账号上发了一张自己跑鞋的照片,结果被国际奥委会勒令删除;但美国击剑冠军、旗手扎古尼斯(Mariel Zagunis)就可以在自己的社交媒体上进行广告宣传,因为她的赞助商是奥运官方赞助商。该规定在民间被称为"第40条军规",一旦确认违规,根据《奥林匹克宪章》或某国国家奥委会的具体规定,严重者可能会被剥夺奥运会取得的奖牌并取消其成绩。该规则并不是从奥运会举办初期就有的规定,而是随着运动员形象价值和影响力的飙升才出现的,充分体现了国际奥委会对参赛运动员形象商业使用日趋严格的管理控制。

3. 体育自治对专有权使用方式的限制

体育行业内部的自治规则、惯例对运动员形象专有权具体使用方式的限制,实践中有多种方式。其中很典型的例子就是关于团体项目中团队形象使用与个人形象使用的界限与收益分配问题。联盟合同的集体议价协议中往往规定,只要俱乐部、联盟的合作伙伴在商业宣传中一次性使用了5名及以上运动员的形象,则默认这种情况下不需要分别获得各位运动员的单独许可,俱乐部、联盟的使用行为并不侵犯运动员的形象权。除此之外的其他使用个人形象的情况,都不包括在集体议价协议中,应该与运动员个别谈判解决。典型的例证如美国足球联盟与美国国足球员工会之间签订的集体谈判协议中明确规定的:原则上,美国足联不能在没有获得球员或者球员代理人同意的情况下使用或者许可他人使用球员的形象,但美国足联的合作赞助商在商业宣传中同时使用6名及以上球员的形象时,是不用经过球员工会事先许可的。[9]

除个人与团队形象的复杂关系外,双方在签订协议的时候还对形象的开发

---

〔8〕 参见《在2016年里约奥运会期间将参与者图像用于广告目的〈奥林匹克宪章〉规则40:作为参与者,您需要了解哪些信息》,载奥林匹克官网:https://hub. olympic. org/wp-content/uploads/2016/02/Rule40_Rio - 2016_QA-Athletes_v2_ZK. Pdf,最后访问日期:2018年12月5日。

〔9〕 United States Soccer Federation, Inc. , v. United States National Soccer Team Players Association. United States Court of Appeals, Seventh Circuit. No. 15 - 3402. 838 F. 3d 826.

利用方式进行了详细的分类。美国足球联盟与美国国足球员工会之间签订的集体谈判协议被区分为非盈利平面广告形式的使用和在电视等媒体中播放或传播商业视频的使用,区分为商业性的使用以及非商业性的使用,不同的使用方式决定了不同的许可程序和要求。体育产业发达国家的这种精细化规定说明了他们对运动员形象权的重视,也必定是未来运动员形象权使用条款的发展趋势。

如果俱乐部的合作伙伴超越了运动员与俱乐部之间签订的形象权条款范围而未经许可地使用了运动员的形象,在运动员与俱乐部的商业伙伴没有直接合同关系的情况下运动员该据何主张自己的权利,是以俱乐部为被告(仲裁程序中的被申请人),还是以俱乐部的商业伙伴为被告(被申请人)? 在多个有关运动员形象使用合同的内容彼此产生争议时,如何判断合同或条款的效力高低? 如何保证形象权协议的独立性? 即便在雇佣合同没有设置拉链条款、不修改条款〔10〕时,是否也应该充分尊重之后缔结的形象权使用协议的规定? 这些问题,都有赖于运动员形象权的立法设定。

(三)体育自治对运动员形象转让与许可的审查

按照传统民法理论,形象权与人格紧密相关,因此,是不可转让和不可继承的。〔11〕 然而,近年来的实践与判例法体现出对该问题的态度转变,〔12〕在一些涉

〔10〕 拉链条款(zipper clause),也称完全同意条款,指在合同中达成的协议即为双方对此事件的全部协议,不在合同规定内的任何内容都不算做协议内容。不修改条款通常规定当前协议是当事人之间的全部协议,且协议中包含的任何理解都不能被修改,变更或者修正,除非经当事方签署的书面文件对此规定进行改变。

〔11〕 French Supreme Court Civil Chamber(Cour de cassation chambre civil, Cass. Civ.), 15 February 2005, 03 - 18. 302 bull. Civ. n86; and 14 December 1999, 97 - 15. 756 bull. Civ. n 345.

〔12〕 有些学者主张,用无形人格权可转让的理论来解释人格要素的转让现象,指出动产、不动产、知识产权或者契约的转让和人格权的转让虽然都是通过契约或者其他方式来完成的,但是,人格权的转让可以同时转让给两个或者两个以上的人,且转让之后,原权利人并不会因此丧失其权利,别人受让之后也并不获得所有权而是仅获得使用权。参见张民安:《无形人格侵权责任研究》,北京大学出版社 2012 年版,第 4 ~ 5 页。这种观念中的"转让"似乎更符合我们对知识产权法中"许可"制度的界定。故此,笔者认为,与许可权进行区别,运动员形象权转让后,原始权利人就失去了所有权。

及形象商业利用的判例中,与其说是保护人的精神利益,不如说是保护姓名、肖像或者隐私商业利用的经济利益。如今,法院已经承认了人格权的部分权能是允许通过合同转让的,也可以许可他人使用其个人形象。[13] 即便是将真实人物形象纳入人格权法保护范围的法国、德国都已经通过司法实践改变了态度,运动员形象作为一种无形财产当然是可以转让的,转让形象商业开发的权利是运动员对自己财产的处分,运动员转让形象的权利是其形象权的重要内容之一。比如,根西近年建立起来的形象登记注册制度。形象是具有价值和使用价值的,权利人申请注册登记的过程,一方面,是对权利的宣示与确定,在产生纠纷时可以快速主张自己的利益;另一方面,也是向其他可能有需要的潜在群体示意,希望对方在有意使用其形象之前,主动向权利人发出订立形象权转让或许可使用合同的要约。

商标的基本功能则是识别商品或服务的来源,该特殊功能使商家凭借商标将自己的商品或服务与他人提供的同类商品或者服务加以区分,由此建立自己的商业信誉。一些国家的商标立法规定商标不能脱离商标注册人的商业信誉而单独转让,如美国《兰哈姆法案》的相关规定。运动员形象的基本功能也是表征运动员的身份,自然人形象作为商标注册的案例不在少数,形象在某些情况下也对于商品和服务的质量有标识作用,商家往往会选择产品所在领域表现突出的名人作为代言人,尤其是在体育领域,比如,生产羽毛球拍的公司找林丹,生产泳衣的公司选择伏明霞作为代言人,他们的形象出现在产品上时也会在一定程度上让消费者确信产品的质量是连世界冠军这种专业人士都认可的,从而引导消费者的选择。虽然,形象权调整的也是形象背后的经济利益归属与分配,但是在形象权转让(包括以下的许可)过程中给权利人添加监督产品质量的义务似乎不具有普遍性和必要性,毕竟形象权人并不是产品的生产者,当运动员成为真正的商标权人时,自然就适用商标法的规定了。再者,形象的利用方式多种多样,对形象转让权的这种限制实践中更多的是通过广告法或者其他的行业法进行限制。比如,我国于2015年9月开始正式生效的《广告法》已经明

[13] Cass. Civ. ,11 December 2008,07. 19. 494 bull Civ. n. 282. See also Rein Jan Prins, "Commercieelportretrecht in Frankrijk" in Dirk Visser, Commercieel portretrecht: 30 jaar ' t Scheap met de Vijfpoten, (Amstelveen: deLex,2009).

确规定了广告代言人的一系列义务,其中有专门条款限制了权利人的形象转让权。[14]

体育竞技行业所提供的就是一场场比赛,其特征使各俱乐部之间需要既竞争又协作,以维持竞争平衡,才能确保体育比赛的精彩程度。所以俱乐部必须联合起来,让渡部分权利给各俱乐部利益的共同代表人——协会组织或联盟,由该组织行使自治权来重新配置体育资源而达到平衡,协调俱乐部之间的竞争,实现全体成员利益最大化,保障体育项目的可持续发展。因此,各竞技体育俱乐部必须加入协会或联盟才能正常运作,体育协会或体育联盟便成为该运动项目的唯一管理者,其垄断地位由此确立。现实中,世界各国几乎所有体育项目的参加者都加入了相应的体育行业组织。体育社团是以体育为目的和活动内容的、自愿组成的社会团体,为实现会员共同意愿,按其章程开展活动的非营利性体育社会组织,而体育社团也承受着生存的压力,除了成员缴纳的会费之外,很大一部分的比赛主办经费和维持机构运转的开支还来源于赞助商的腰包。故此,也可以理解为何运动员使用自己的形象时不能与体育组织、俱乐部的赞助商以及合作伙伴的利益相冲突,不得与联盟/协会的主要赞助商的竞争对手签订代言合同或赞助合同。

澳大利亚国家篮联(NBL)在《标准球员合同》第4.5条"Publicity and Sponsorship"的C款中规定:"在没有事先获得俱乐部书面同意的情况下:(i)球员不得签订任何合同、协议或者备忘录以宣传自己的形象;(ii)也不得为任何产品或者服务做广告宣传。俱乐部原则上应该同意球员的相关申请,除非在提出请求之时俱乐部的赞助商与球员申请的个人赞助商之间有竞争关系,或者俱乐部认为球员所申请加入的合同有损俱乐部的品牌、名誉。"类似内容是几乎每一个体育组织都会通过主合同条款或者以附件形式进行规定,尤其是以俱乐部参赛合同模板或者球员标准合同模板以及集体谈判协议形式作出要求。虽然通常说体育组织章程附件中的合同模板不属于强制性规范的范围,甚至即便是有强制效力的集体谈判协议对运动员形象利用这部分预留了运动员单独议定的

---

〔14〕《广告法》第28条规定:"广告以虚假或者引人误解的内容欺骗、误导消费者的,构成虚假广告。广告有下列情形之一的,为虚假广告:……(三)使用虚构、伪造或者无法验证的科研成果、统计资料、调查结果、文摘、引用语等信息作证明材料的;(四)虚构使用商品或者接受服务的效果的;(五)以虚假或者引人误解的内容欺骗、误导消费者的其他情形。"

空间,但是,考虑长期以来集体谈判协议以及球员标准合同对运动员与俱乐部之间签订的工作合同的重大引导性,可想而知该条在实践操作中的实际影响力。总而言之,体育组织的规则制定权对运动员形象开发利用的影响,最终都通过雇佣合同、参赛合同或者形象权合同的方式实现,总体发展趋势是从合同条款发展为独立的形象权合同。

体育行业自治规则对运动员形象转让及许可权的行使的一个重要影响是,体育组织要求运动员缔结的形象权合同要提交审查,或者是在正式缔结合约之前要报告组织以获得批准。长期以来,运动员雇佣合同在正式生效之前接受体育协会或者联盟的审查是为了维护整个行业良性竞争秩序的一个制度设计,也已经成为体育自治原则的一种重要体现,如足球运动员与俱乐部签订的雇佣合同内容在法国要受到国家管理委员会(the National Directorate of Management Control)的审查。该委员会是法国一个专门负责监督和管理职业足球俱乐部账户的官方组织,监督的对象包括法国职业足球联赛的 44 个成员俱乐部的财务运营状况。体育行业组织的这种批准与审核行为体现出明显的行政性,成为合同最终缔结并生效的要件。根据相关规定的来源,对运动员转让合同的审查规定主要分为两种:第一种,强制性的,即法律法规以及体育协会章程的规定;第二种,指导性的,多见于集体谈判协议或者运动员工会与联盟之间拟定的工作合同模板。

就体育单行法的规定而言,2017 年法国率先将对形象权商业开发协议订立的具体要求写入了体育法典,规定应对形象权使用费的数额设定最低和最高限制,而且俱乐部应该将签订的相关合同副本提交给各自所属体育协会的财政审查部门进行审核。对运动员形象使用合同内容的把关,我国国家体育总局于 2001 年就在相关文件中规定了运动员从事商业性广告活动的内容,对广告内容、形式以及收益分配的内容提出了强制性的要求。国家体育总局发布的文件属于规范性文件,具有强制效力,意味着收益分配条款内容不符合国家体育总局规定的合同将是最终无效的。

就体育协会的章程对运动员形象权协议的限制而言,很典型的有美国男子职业篮球联赛(National Basketball Association,NBA)。如今 NBA 实行主席最后签字制度,联盟中球队和球员必须严格按照集体议价协议的规定来签订球员合同,运动员与俱乐部签订雇佣合同,自主席认可之日起成立或生效,由联盟主席审查与认可俱乐部与运动员之间订立的契约。由于联盟允许某些明星球员与俱乐部在集体协议允许的范围内订立形象权使用合同，更需要联盟对合同内容进行审核，目的在于确保个别契约条款不致违反联盟的整体利益。

(四)体育自治对运动员形象收益分配的限制

收益权是运动员形象权的一项重要权能，须解决权利主体对形象要素进行商业利用所产生的经济利益归属与分配问题。收益权，是指在运动员的自由意志得以保障的情况下，运动员就法定例外情况之外的商业使用形象获得合理收益的权利。由于体育管理部门的行政管制、体育组织及联盟的垄断性，运动员的形象收益权受到很大程度的侵犯。在大多数情况下，运动员形象商业利用收益的分配结果体现的并不是双方合意，更有体育组织强制力的成分，除了一些像贝克汉姆和乔丹等国际巨星级别的运动员之外，绝大多数运动员难以在收益分配中体现自己的自由意志。

1. 收益分配的非自主性

不同国家的体育体制是不同的。在我国国家统一划拨专款培养运动员，耗费了大量的人力、物力、财力，这也成为国家对运动员形象经济收益主张一部分权利的主要原因。与一般主体的形象权收益分配不同，长期以来，国家与集体对运动员形象收益的分割不是依靠合同合意达成的，而是依靠行政规范与强制性文件来确立的。我国明确规定运动员的形象使用收益按照"运动员个人50%，教练员与其他有功人员15%，全国性体育协会的项目发展基金15%、运动员输送单位20%"这种"一刀切"的比例进行分配，这种操作的合法性与合理性已经屡受质疑。

如今已经达成共识的是，运动员才是形象权的主体，运动员是法律上唯一合法的对其自身形象权使用收益进行支配的主体，国家、集体对运动员形象收益的分割应该以合同为依据，这一点不应沦为体育法"自治"的领地。至于国家有关体育部门和机构认为，只要运动员带着国家队员的身份商业开发自己的形象时必须分享一定比例的收入，那也是应该以当事人的合意为中心通过合同来实现的。诚然，随着运动员形象使用过程中个人利益与集体利益摩擦的不断产生，我国体育管理部门已经意识到问题所在，从《关于对国家队运动员商业活动试行合同管理的通知》颁布开始转向通过合同来解决矛盾，而不是行政手段。

此外，上述收益分配方式的另一个弊病还在于，忽视了运动项目之间的差异以及运动员形象构建中的个人付出所占比例问题。有学者提出，对于职业化程度高、运动员自身投入大的运动,应该提高运动员的收入比例;对于主要依靠国家培养的运动项目则可以采用不同的分配标准,而这些差异性完全可以通过合同进行调整。在国家体育总局发布《关于对国家队运动员商业活动试行合同管理的通知》20 天之后,中国篮协公布的运动员商业权利管理办法就在总局规定的收益分配原则基础上作出了调整,中国篮联《管理办法》第 11 条规定,中国篮协可授权将运动员形象用于对特定产品或服务的直接代言或特定产品的包装、销售,收益分配标准一般按照运动员及经纪人 70%、所在俱乐部 20%、中国篮协 10% 的比例进行分配。

2. 联赛规则对正当利益的侵害

体育组织与俱乐部控制了相当一部分运动员的形象权,然而,事实上大部分的运动员并没有从体育组织或者俱乐部对自己形象的利用中获得应有的,或者说足额的经济回报。最典型的一个案例就是奥巴农(Ed O' Bannon)等 20 名美国大学生运动员与美国大学体育协会(NCAA)之间的纠纷,该案被告 NCAA 一直声明自己坚持的"业余主义规则"(amateurism rules)应该受到反垄断法的豁免,此系列案件持续时间之长和范围之广引起了广泛关注。

篮球联赛和橄榄球联赛是一年中 NCAA 最受欢迎的两大联赛,在参加大学生篮球联赛之前,学生运动员就需要与 NCAA 签订一份名为"Form 08 - 3a"的格式合同,其中,明确规定授权给 NCAA 使用他们的"名字、形象来推广 NCAA 联赛或者其他的赛事以及商业宣传活动"。[15] NCAA 的大学生运动员经常被称为"免费劳动力",就是因为无论该合同是否到期,运动员一旦签署了"Form 08 - 3a"之后,就无法再基于其形象的使用而从协会得到任何经济补偿,所以这个合同中的相关条款就被称为"无后续补偿条款","Form 08 - 3a"也被称为"卖身契"。但是,事实上,NCAA 对运动员形象权的商业开发,仅授权电视转播商、广告商、DVD 制作商或者电竞游戏开发商的形象使用许可费就足以产生数以亿计美元的收益。随着运动员自我保护意识的觉醒,许多 NCAA 的退役大学生运动员将 NCAA 与游戏开发商列为共同被告向法院提起了诉讼,其中具有里程碑意义的案件是打了 7 年官司的奥巴农一案。本案原告之一的奥巴农是

〔15〕 Form 08 - 3a, Part Iv, accessed December 5, 2018, http://www.liberty.edu/media/1912/compliance/newformsdec2010/currentflames/compliance/SA% 20Statement% 20Form.Pdf.

UCLA篮球队夺得1995年全国冠军的主力队员，在2008年发现一款NCAA授权EA公司开发发行的电子游戏使用了他的人物形象——一名球员与他有相同的身高、体重、肤色和发型，并同样是打大前锋位置、穿着UCLA的31号球衣并用左手投篮，但他却从未对此作出过授权许可，也没有得到过任何的经济补偿。EA公司作为共同被告，制作并发行了NCAA篮球电子游戏。退役运动员们认为，NCAA通过格式合同想让他们永远放弃自身形象权的做法剥夺了他们在协会合同结束以后自行与形象经纪公司签订许可合同的权利，这违反了《谢尔曼法》中的"禁止限制贸易"的原则。此外，原告还主张NCAA的做法剥夺了他们的公开权以及对自身形象（包括照片、姓名、特征和声音等）的商业开发权利。经过长达5年的审理，北加州联邦法院的法官于2014年8月判决支持了原告的诉讼主张，认定NCAA长期以来拒绝向运动员支付费用的做法违反了反垄断法。同时，法院还裁定，在学生运动员离开学校后，学校应每年通过信托向他们每人提供达5000美元的递延补偿金。

毫不夸张地说，奥巴农案件的结果至少牵扯到数十亿美元的市场影响，包括媒体转播权销售收入、赞助收入等，这些利益一直以来是按照NCAA规则的设计来进行分配的，在"业余主义"相关原则和规定的限制下，大学生运动员与学校、联盟之间的收益存在巨大的差异。经过长达5年的审理，北加州联邦法院的法官判决支持了原告的诉讼主张，认定NCAA长期以来拒绝向运动员支付费用的做法违反了反垄断法。

体育自治对运动员形象收益的分配还体现于，"一刀切"式的转让运动员形象利用权而不再给予后续经济补偿的"无后续补偿条款"。比如，澳大利亚篮联球员标准合同中，第4.6条"Player's Image"中明确规定："球员不可撤回地授予俱乐部不受限制的、全球范围内专有的将球员形象使用于球队制服的权利，并允许俱乐部将该权利转授权给澳大利亚国家篮联行使。针对这种使用行为，球员同意不要求俱乐部或者澳大利亚国家篮联任何许可费用或者类似形式的费用以及经济补偿。"此外，在2016～2017年《欧洲篮球联赛章程》中，附件二《球员/教练参加欧洲篮球联赛合同》第3条明确要求"运动员以及教练员必须保证和承认对所有上述第2条规定的权利，都不能主张进一步的补偿"。该章程中并没有明确"无后续补偿"是指在整个参赛期间，还是运动员、教练员永久性地失去了相关权利，在运动员与俱乐部的雇佣合同到期之后该怎么计算，在这一点上与NCAA"Form 08－3a"合同的规定有同样的弊病。然而，从措辞的直接程度,以及对运动员、教练员形象开发的具体程度来看,欧洲篮球联赛比起美国 NCAA 可谓“有过之而无不及”。

无论各国以什么方式、依什么法律来保护形象权,形象权都是一种不可侵犯的专属性、排他性权利。根据一般法理,形象的所有者有完全的自由决定如何行使该权利、授予何人、授权期限以及利用其形象的具体方式并获得报酬。即使在体育领域有一定的特殊性,包括出于维护行业长期可持续发展和公平竞争的需要,会对运动员的形象开发收益设置最低和最高数额限制,但是,并不能剥夺享有形象权的运动员或者教练员在苦心经营自己的形象后据此获得合理报酬的权利,而“无后续补偿条款”的实质就在于剥夺了运动员的合法权益,或者限制了权利的行使。

运动员形象权的使用难以得到经济补偿的状况,并不是美国大学体育“业余主义规则”孕育出来的独有现象。欧洲的职业篮球运动员通过授权形象公司与俱乐部签订形象权协议的方式得到了一定的经济回报,他们所面对的问题则是能否根据形象权实际的商业价值得到相应比例的收益。目前,这种将实际工资与形象权许可使用费打包一起算作球员总工资的做法,难以直观地体现每个球员的形象权商业价值。为了获得参赛资格,球员与俱乐部签订合同的时候就已经许可给俱乐部、法国篮球联赛和欧洲篮球联赛管理公司对其形象的使用权,而且是没有后续报酬的。相关协议及条款是否解释为后者能够在未来不确定的时间无限制使用运动员形象呢?

如今在没有一个成熟的运动员形象商业价值反馈机制的情况下,尤其对谈判实力较弱的运动员以及团体项目,否定工作合同中或者独立形象利用合同中“无后续补偿条款”的效力是保护运动员形象收益权的第一步。俱乐部、国家联赛或者欧洲篮球联赛并没有向球员说明过他们到底从这些授权合同、赞助合同、转播合同中获得了多大经济收益,就更不可能按照百分比补偿给运动员相应的酬劳了。这些所谓的“无后续补偿条款”显然剥夺了运动员对自身形象进行商业开发的权利。即便是在有明确公开权保护制度的美国,奥巴农案件中被告 NCAA 坦言,尽管形象权在转播权许可合同的谈判以及合同文本中有所体现,但是他们并没有进行过单独的估价。而原 NBA 电视与新媒体部主管艾德温·德赛尔(Edwin Desser)则表示,在他们出售比赛转播权的时候,无疑是要先就运动员形象权使用问题展开谈判。所以,俱乐部等主张在签订转播许可合同时并没有单独对运动员形象进行估值的主张,不能成为不给予运动员补偿的理由。

二、我国运动员形象权保护之完善

对运动员形象权的侵害根据侵权主体的不同分为两大类:一类是体育行业内主体对于运动员形象权的侵害;另一类是非体育行业内部主体对于运动员形象权的侵害。在第一类情形中,对方常常是与运动员之间有管理与被管理关系或者存在工作合同关系的体育组织、体育协会、俱乐部等;在第二类情形中,对方可能是提供赞助的企业,与运动员有代言合同关系的企业,或者是与运动员没有任何合约关系的个人或企业。两者之间的最大差别就在于,解决第一种情形中发生的纠纷还要考虑是否适用体育法的特殊规定(如国家田径运动管理中心,国家游泳运动管理中心对国家队运动员形象权合同缔结的特殊规定);而在第二种情形下则往往不需要考虑这一层关系,双方就是平等主体之间单纯的侵权关系或者合同违约关系。

(一)发挥规则制定权——明确运动员形象权的法律地位

在我国的体育法规则体系中《体育法》是具有最高效力的规范,《关于对国家对运动员商业活动试行合同管理的通知》以及涉及运动员形象商业开发与运动项目管理中心的《国家体育总局关于运动项目管理中心工作规范化有关问题的通知》都属于规范性文件。此外,规范性文件还包括地方立法。自1995年制定以来,《体育法》的适用在实践中逐渐显现出弊端,2005年开始国家体育总局提出了要修改《体育法》,至今修法工作仍在酝酿中,这对运动员形象保护成文化是一个很好的契机。下级位阶的行政法规与部门规章都是根据法律的精神、宗旨和具体内容所制定的。在《体育法》中应该明确规定运动员是其本人形象的所有权人,并规定所有运动员在符合各运动项目管理中心制定的具体程序条件和实质条件的情况下,在不损害国家体育事业形象以及其他自然人、社会组织形象的前提下,有权对自己的形象进行商业开发。

我国不同运动项目的运动员形象权的行使表现出很大差距,造成这种现状的原因主要有如下几个。其一,由于我国不同的运动项目之间发展并不平衡,职业化程度不一样,受到举国体制的影响程度也不一样。有的体育协会对运动员商业开发自身形象管理很严格,如国家游泳运动管理中心;而有的体育协会则相对宽松,如羽毛球管理中心。有的比赛项目是以世界性比赛夺冠为目的的,相关的运动项目管理协会就会对运动员的训练有非常严格的管控,防止其受到商业活动的影响,典型的例子是游泳运动管理中心,跟运动员之间因为形象商业利用活动产生纠纷的情况频繁发生,甚至主张国家队运动员的形象权利属于国家。其二,国家队运动员相比起非国家队运动员行使形象权利受到更大的制约,主要表现为申请代言、赞助的审批程序、形象商业开发方式以及参加比赛的资格等。2006年发布的78号《关于对国家队运动员商业活动试行合同管理的通知》(已废止)专门针对的就是国家队运动员,并发布了《国家队运动员商业开发合同(参考文本)》,这说明成为国家队的运动员不仅是个人荣耀,更承载着国家的期望。刘翔、田亮、林丹等能站在奥运冠军领奖台上的运动员离不开国家的培养,获得了为国争光的机会与举国上下的肯定和崇拜,因而使他们的形象更有价值,同时他们也要为此付出更大的代价、受到更多的约束。其三,不仅不同的运动项目之间会产生差异,不同地区的运动员之间也会就形象权行使问题有不同规定。地方的体育行政机关在国家体育总局的领导之下也有制定地方性法规的权限,加之体育产业的发达程度在不同的地方差异明显,必然导致对运动员形象开发的意识和重视程度不一致,这些情况会反过来影响行政部门就所辖区域的具体情况制定的地方规定。之所以需要在《体育法》中明确运动员的权利,就是因为《体育法》作为我国体育法体系之内最高位阶的法律是行政法规与部门规章的根本依据,无论是精神意旨上,还是具体规定中,都不能违背《体育法》的相关规定。综上,体育行业的独立性要求体育法规则的配合与协调,而不同运动员之间形象权行使与保护差异较大,只有在最高位阶的法律中明文规定运动员对自身形象的所有权以及进行商业开发的权利,才能最大限度地克服不平等现象,给运动员提供最基本和最可靠的保障和依据。

在此值得强调的是,前文提出的我国运动员权利行使过程中遭遇的困境,提倡在我国实行运动员形象保护制度并不是以彻底推翻举国体制为前提的,恰恰相反,是要在改革举国体制的框架之下完善运动员形象商业开发活动的规则:既要明确商业化不得违背体育制度的根本宗旨,又要保障运动员基本权利的实现。

我国《体育法》正式颁布的1995年,正处于我国计划经济向市场经济转轨的阶段,所以《体育法》的立法理念中明显延续了计划经济时代的思维。不可否认,《体育法》存在内容取向和立法技术等方面的缺失,在运动员权利和体育产业化发展方面,从立法思路到具体制度安排,都显现出很多对现实需求的不适,明显有偏重管理的色彩和行政化的倾向。[16] 体育法学在中国是新兴的法律研究领域，近20年才开始进入学者的视野，近10年随着中国体育行业的加速发展才逐渐受到关注和重视。在过去的20多年里，中国的体育事业取得了飞跃式的发展，如今，已经走到我国体育领域全面深化改革与体育法治的建设阶段，《体育法》的修改也应该跟上新时代的需求。正由于《体育法》的规定比较粗糙，在运动员形象问题上对《体育法》的修改应该进行原则性的规定，作为下级法律文件的精神指导，对运动员在符合国家各级要求的条件下进行形象商业开发活动的权利予以肯定，这同时也符合依法治体的最基本要求。笔者认为，明确体育无形资产权是本次修法的重要环节，建议针对运动员形象权在《体育法》中新增一条："运动员是其本人形象权的所有者。体育组织、体育协会或者国家有关体育管理部门应该根据与运动员订立的形象权许可使用或者转让合同的约定行使运动员的形象权。"这样，既肯定了运动员的形象权主体身份，又确定了应该以书面合同的形式交易运动员形象权，还能填补对非国家队运动员形象权行使无相关规定的空缺。《体育法》中新增条款明确运动员享有形象权，将是一种很大的突破和超越。更重要的是，《体育法》终究只能作出比较原则性的规定，无法面面俱到，所以，为了保障《体育法》的落实，还应该进一步在国务院与国家体育总局制定的行政规章、规范性文件中对《体育法》的内容制定实施细则。

（二）规范组织管理权——完善形象权转让、许可的管理

形象权是运动员自身作为原始主体所享有的民事权利，它的行使所受到的限制都只能来自明确、有效的法律法规的规定。纵使出于对体育行业自治的特殊性考虑，过度限制运动员的形象权行使自由依然是以行政手段剥夺民事权利的侵权行为，同样也不符合我国目前发展体育产业化、职业化和保护体育无形资产的政策与目标。所以，应该借全国性单项体育协会"去行政化"改革之机，在保证国家收回投资成本和整体利益的前提下，将形象权行使自由"归还"运动员本人，通过转让、许可合同的方式获得管理权、使用权，同时建立健全运动员形象权交易的市场机制和经纪人制度，而不是以"家长制"的方式剥夺运动员正当权利。

---

〔16〕 参见姜熙：《中国体育法治建设的宏观理路：于善旭教授学术访谈录》，载《体育与科学》2017年第1期。

运动员权利的实现不仅要依靠法律,更要依靠市场。根据国家体育总局2006年发布的78号文件来看,虽然文件针对的只是国家队运动员,但至少说明我国同样是鼓励运动员与体育管理机构之间订立单独的形象开发合同的,鼓励通过合同的方式确立双方的权利义务。所以,国际实践中采用订立独立运动员形象开发合同的形式与我国的文件精神是相符的。随着民间资本越来越多地参与公共领域,合同日益成为联系政府与公司、企业和个人的重要纽带,合同管理有显著的优越性:(1)合同的内容与当事人的义务均可以通过约定实施比法律、内部规章更加细致的规制,弥补立法及制度上的漏洞,且具有充分的灵活性;(2)国家体育总局以及其下属的各个运动项目管理中心在我国都属于行政机关,行政主体与行政相对人通过协商确定各方权利义务,这种方式更有利于取得相对人的配合。由此,订立单独的形象权合同,一方面顺应了国际体育产业的发展趋势;另一方面响应了文件的精神,应该在所有的主体范围内得到推行,而非仅是针对部分运动员。

1. 发展形象权转让、许可合同的相关条款

以中国篮协的运动员形象权管理办法为例,规定中国篮协在全球范围内对运动员集体特征享有独家所有权、管理权和使用权,并可授权他人使用。使用范围包括但不限于公关、宣传、推广、市场开拓、包装、销售等;不仅如此,中国篮协授权俱乐部享有其所属运动员集体特征的管理权和使用权,以及除国家队运动员以外的俱乐部注册运动员的球员特征的管理权和使用权;使用范围仅限于俱乐部的各类公共关系和市场开拓活动。中国篮协在2006年发布此规定时尚未试行"脱行政化"改革,当时中国篮协并不是独立的社团法人,这套管理办法具有行政规范性文件的拘束效力。也就是说,我国体育行政部门不仅控制了运动员集体形象的所有、管理和使用权,还将非国家队运动员的集体以及个人形象管理、使用权都授予了运动员所属的俱乐部。这是一种在双方当事人签订工作合同之前就已经通过强制性规定实际剥夺运动员形象权的做法,表现出高度的"集权"性。

横向比较我国运动员自由行使形象权的情况与欧洲国家、美国的行使情况,发现我国体育行政管理部门颁布的关于运动员形象权行使的规定对运动员限制较大,尤其是国家队运动员。英超标准球员合同(FAPL)规定,球员可以在遵守《足球联盟规则》"不给联盟造成消极影响"的前提下保留自行签约的权利,以负责任的方式将自己的形象公之于众。在条件允许的情况下,球员应该

履行给予俱乐部合理通知的义务，告知俱乐部其公开使用形象的意图，以便允许他作出代表俱乐部的行为。[17] 从欧洲国家开发形象权的实践来看，对运动员形象权行使自由的特点包括三个方面：其一，他们尊重运动员加入某一组织和团队之前行使形象权的自由；其二，在加入某一组织或团体之后，只要行使形象权的行为不与体育组织或团队的商业行为相抵触和冲突，仍然保留运动员一定的行使个人形象权的自由，并将该要求在事前的雇佣合同中加以明确；其三，除运动员个人所接受的雇佣合同的规定外，运动员所在的组织和团体及其他任何组织和个人不得以任何方式损害或剥夺运动员个人的形象权。

随着市场上对运动员形象权商业利用方式的多样化发展，运动员工作合同中的形象权条款，对采用不同的方式利用形象权的情况下权利的归属与控制问题，也作出了更详尽的考虑。以英超的做法为例，如今的英超标准合同要求俱乐部与球员之间在协调球员所担负的推广和宣传义务基础上彼此妥协与配合。明确规定球员有义务参加"俱乐部以及或者俱乐部赞助商、合作伙伴，以及或者联盟，以及或者任何联盟的主要赞助商要求的任何商业推广为目的的活动"。此外，该条还具体到球员应该预留出每星期不超过6小时的时间完成俱乐部的公共活动要求，其中的一半时间应该用于参加俱乐部的商业宣传与推广活动（第4.1条）。在合同存续期间，必须穿着经俱乐部同意或授权的服饰，但是，不阻止球员穿着球鞋和（或）为球鞋作宣传，守门员球员有权选择其使用的手套（第4.2条）。此外，还规定除了球员在签订合同之前就已经身负的合同义务，或者球员所承担的来自国家足球协会、欧洲足球协会联盟（Union of European Football Associations, UEFA）或者（Fédération Internationale de Football Association, FIFA）相关的国际义务以外，不能够在合同有效期内没有经过俱乐部书面同意的任何情况下，与俱乐部、俱乐部两个主要的合作伙伴或者任何一个联盟（俱乐部当下赛季所属的足球联盟）主要的赞助商的利益相冲突地开发与利用自己的形象权（第4.3条）。球员不能以自己的名义或者授权第三方在俱乐部合同有效期间参加商业推广活动与开发形象权（第4.4条）。

目前，在我国实践中，对形象权利用的理解就等同于"商业开发"，即使用运

---

〔17〕 Blackshaw Ian S, *Siekmann R*. 2005. *Sports Image Rights in Europe*. The Hague, The Netherlands: TMC Asser Press, p. 338.

动员的肖像、姓名、签名及其复制件、声音等以及其他与运动员人格和身份有关的各种标识所进行的商业推广和宣传等活动，包括拍摄广告、制作各种电视节目和录音节目、制作或出版各种图书及音像制品、出席现场活动等。就我国的现状而言，出席与参加这些活动是运动员承担的义务，以中国篮协为例，要求运动员须参加中国篮协安排的联赛相关商业性赛事(每年不超过6场)和由3名(含)以上俱乐部运动员出席的赞助商推广活动(每年不超过6次)，并无偿参加中国篮协和联赛的官方活动、公益性活动及宣传推广活动。目前，我国运动员签订的一切包括形象开发内容的合同都是"一揽子买卖"，区分集体形象与个人形象的情况很少，也不区平面广告与立体广告等营销方式，总体看来比较粗糙，容易就合同的理解产生纠纷。除订立书面合同的这种形式性要求外，体育管理部门或者体育组织还可以进一步对形象权合同罗列哪些内容提出实质性的要求或给出指导性的意见。比如，规定运动员或者其授权的经纪人签订的形象权商业开发合同中必须明确地约定：开发方式、开发的范围以及开发所得利益的分配；运动员的消极义务与积极义务，包括运动员在什么条件下能够自己或者委托经纪公司开发其自身形象，以及自行开发形象合同的效力与运动队合同效力的位阶、纠纷解决途径等。2006年的78号文件提供的"国家队运动员商业开发合同"模板保留了各下级单位进行补充和变更的权利，虽然仅针对国家队运动员，但这种发布关于运动员形象权合同指导性文件的做法值得发扬。目前已有的规范性文件中规定，"各单位特别要注重合同法规知识的学习，增强法律意识"，"各单位要组织运动员、教练员和管理人员认真学习、宣传合同管理的意义和内容，向运动员讲解合同文本中具体条款的含义，帮助运动员充分了解合同内容"，这些规定过于空泛，缺乏可执行性和可操作性。正如78号文件还同时提出了"各运动项目国家队的管理体制和模式之间存在较大的差异"，在运动员管理模式上各项目也不尽相同。形象权相关规定不应该仅针对国家队运动员，而应该适用于所有的运动员，因为形象权是自然人主体享有的私权，只能通过合同授权或合同转让的方式流转。各单位应该根据项目的自身情况，借鉴国外先进经验，配合体育行政规章中的新规定，重新制定条款约定运动员形象的使用范围、利用方式、酬劳以及酬劳支付方式等内容，在非竞技体育的职业体育领域应克制行政因素的干扰，争取实现资源的市场化配置，这种做法才符合体育产业化长期发展的需求。

2. 公开转让、许可合同的审批与监督标准

宏观而言，运动员形象权合同的审批规则制定与审批程序本身就是对公共利益与个人利益平衡的一种把关。国家体育总局2001年发布的《关于运动项目管理中心工作规范化有关问题的通知》明确规定了运动员从事商业性广告活动需要履行批准程序，这种程序不是形式性的，而是对商业活动的内容和形式以及收益分配都会进行实质审查。通过对该文件的解读，我们发现运动员签订形象权合同无疑是“从事商业性广告活动”的行为，运动员订立的形象权合同正式生效之前应当“经所属的全国性单项体育协会批准”。该文件的精神贯彻到了如中国篮联《管理办法》的细则中，明确要求国家队篮球运动员签署授权第三方使用其球员特征的个人赞助协议须事先报经其所在俱乐部同意，并报中国篮协书面批准后方可签署；对非国家队的其他运动员则须事先报经其所在俱乐部同意后，报中国篮协备案即可。〔18〕 由此可见，审批程序在我国成为国家队运动员形象权合同生效的必经环节，而关键的问题就在于各全国性单项体育协会究竟根据一个什么样的标准来审批运动员形象权合同，这一标准依据我国建立法治社会的理念，显然是应该予以公开的。在确立该标准时，至少其中有这么几项原则是需要遵守的。

就标准确立与执行的主体而言，应该实行“管办分离”。之前国家体育总局2001年46号《国家体育总局关于运动项目管理中心工作规范化有关问题的通知》中提出运动员从事商业性广告活动的，“由全国单项体育协会通过合法的广告中介机构办理”，这明显是对运动员形象权专有权行使的不合理限制。全国性单项体育协会一边作为广告活动的审批者，一边又是广告活动的参与者，违

〔18〕《中国篮球协会注册运动员商业权利管理办法》第24条规定：“国家队运动员签署授权第三方使用其球员特征的个人赞助协议须事先报经其所在俱乐部同意，并报中国篮协书面批准后方可签署。所得赞助费应按运动员及经纪人70%、所在俱乐部20%、中国篮协10%的比例进行分配。其他运动员签署授权第三方使用其球员特征的个人赞助协议须事先报经其所在俱乐部同意，并报中国篮协备案，所得赞助费应按运动员及经纪人70%、所在俱乐部30%的比例进行分配。运动员签署授权第三方使用其国家队球员特征的个人赞助协议须事先报经中国篮协批准。是否涉及和使用球员特征由中国篮协认定。中国篮协和俱乐部在收到运动员个人赞助协议和书面申请后各十五个工作日内予以答复，无正当理由不得拒绝同意或批准。”

背管办分离的基本原则,这跟不能既是裁判员又是运动员的道理如出一辙,监督职能难以真正落实到位的。目前,该文件仍然未被宣布无效,从文件的标题与内容可以看出我国全国性单项体育协会比起其他国家的同类机构有一定的历史特殊性。自20世纪50年代开始,为了便于参加国际体育赛事等国际交往活动,政府陆续发起建立了全国性的单项体育协会,但在建立后的较长时间里,一直处于一种"虚置"的状态,没有明确的职能,没有专门的编制、人员和经费,附设在相应的体育管理机构,与体育行政部门合为一体。[19] 至2007年年底,形成了运动管理中心与各单项体育协会合二为一的"中心+协会"模式,69个全国单项体育协会依托于23个项目管理中心的局面。这也是2001年46号《通知》的文件名写的是"运动项目管理中心工作规范化有关问题的通知",而内容是"由全国单项体育协会通过合法的广告中介机构办理"的原因,揭示了以往"一套人马,两块牌子"的组织架构。2015年的足球去行政化改革掀起了全国性体育协会与体育总局的脱钩改革高潮。鉴于我国的这一现实状况,更应该在运动员形象权合同审批的问题上,减少来自行政性的控制,争取体现出单项体育协会的独立性,制定与公布出符合体育产业化发展要求、保障运动员合法利益的审批标准,而不再以实现政府行政控权为宗旨来制订标准第二,就审查标准的具体内容而言,各个全国性单项体育协会的审查和监督可以从社会公共利益角度出发对广告的内容与形式作出要求。正如俱乐部能够在工作合同中约定禁止运动员与和俱乐部赞助商有竞争关系的公司签订赞助或代言合同一样,全国性体育单项协会也可以禁止运动员与所属的单项体育联合会的赞助商之竞争对手建立合作关系。全国单项体育运动协会可以公布违反这一条要求的运动员形象权合同不能获得审批,但是,这一标准一定要由有权机关以合法的方式事先进行公布,或者与运动员有在先明确的约定。我国近年已经屡屡出现运动员品牌赞助冲突,甚至直接冲突到退役边缘的事件。比如,2016年惊动体

[19] 参见张耀红:《新时期改革全国性单项体育协会的思考》,载《山东体育学院学报》2016年第4期。

育界的易建联“扔鞋事件”[20]背后就是运动员赞助商与联赛赞助商之间的冲突。这类事件频发究其主要原因还是在于规则公示、审批环节出了问题，除非是运动员已经承担了在先的合同义务，或者是违反了有约束效力的行政机关正式公布的规则，否则，运动员与体育用品公司之间签订代言协议是对自己形象权的正当行使。已经出现的矛盾绝大部分都是因为没有对这类规则（或者合同条款）进行明确的拟定。

综上，由于运动员所在体育行业的封闭性与自治性，运动员形象权的实现需要完善体育行业的内部法律法规。一方面，借着修改《体育法》的机会将运动员形象权保护明确列入其中作为一个独立的条款，作为下位阶行政法规、规范性文件订立与修改的依据，体现对运动员形象权保护问题的重视；另一方面，向其他职业体育制度发达的国家学习先进经验，为运动员形象权的交易提供良好的市场氛围与平台，规范运动员形象权合同的管理。此外，在举国体制的大背景下为了保障国家与集体的利益，可以保留运动员形象权对外转让与许可合同的审查机制，但是必须明确公布审查的标准。

Exploring the Fali of Athletes' ImageRights Protection in the Backgroud of Sports Autonomy

Song Yaxin

Abstract: The athletes' image right is the right of athletes to enjoy the economic benefits of various image elements that are closely related to their identity symbols and sports. Because sports autonomy has a natural monopoly, a series of autonomy rules and contracts in the sports industry, such as the rulemaking rights,

[20] 2016年11月，在全国直播的CBA广东男篮挑战深圳男篮比赛场上，比赛进行期间易建联在篮下脱掉了自己的李宁球鞋，将鞋子留在场上随后径直走到了替补席上。当易建联解开鞋带脱鞋的时候，全场观众齐声高喊“换鞋、换鞋、换鞋……”当易建联再换上自己签约品牌的耐克球鞋重新登场的时候，技术代表示意由于球鞋违规，不允许易建联重新出场，而愤怒的易建联直接退场，走回了更衣室。李宁公司是CBA联赛的主赞助商。在该比赛开始之前，篮协出台公告，强调所有CBA国内球员都必须穿着李宁品牌的篮球鞋参加比赛。而易建联本人和耐克公司之间有赞助合同。

and the right to organize a competition, largely restrict the athletes' own exercise of their image exclusive rights, licensing right and transfer right. From the perspective of practice at home and abroad, this paper analyzes the restrictions on the exercise and relief of athletes from the rules of sports autonomy, and on the basis of summarizing the existing problems, this paper discussed the improvement of the protection of the image rights of Chinese athletes both from the perspectives of legal rules and practice.

Key words: The right of athletes; Sports autonomy; Image right; Sports law

《人大法律评论》稿约

《人大法律评论》是在中国人民大学法学院支持下，由法学院学生自主创办、独立编辑并公开出版发行的学术出版物，现为 CSSCI（中文社会科学引文索引）来源集刊。

《人大法律评论》初创于 2000 年，至 2019 年 12 月已出版 29 辑，现包含"专题研讨""论文""评论"等栏目，新设有"法哲学专栏""公法专栏""博士论文精华"等特色栏目。

欢迎海内外专家学者、优秀学子惠赐稿件，来稿原则上在 1 万字以上，并只接收电子邮箱投稿。来稿请以"作者姓名 + 文章标题"为邮件名称。收稿邮箱：ruclawrev@ gmail. com。

来稿请附中英文标题和摘要（300 字之内）、关键词（5 个以内）及作者个人简介（包括姓名、单位、职务或职称、地址、联系电话、电子邮箱）。关于引证规范，请具体参见尾页所附之引证体例。

《人大法律评论》实行匿名三审制，编辑部收到稿件起 3 个月内向作者通报审录结果，每稿必复。

《人大法律评论》崇尚学术自由，严守学术规范。一旦发现作者一稿多发、抄袭或者存在其他严重学术不端行为的，本刊将向其所在单位、主管机关、学术团体及新闻媒体通报情况，并保留追究其法律责任的权利。

为了扩大本刊及作者知识信息交流渠道，除非作者在来稿时声明保留，否则视为同意《人大法律评论》拥有以非专有方式向第三人授予已刊作品电子出版权、信息网络传播权和数字化汇编、复制权，以及向《中国社会科学文摘》《高等学校文科学术文摘》和中国人民大学书报复印资料等文摘类刊物推荐转载已刊作品的权利。

《人大法律评论》编辑部

《人大法律评论》注释体例

一、文中注释一律采用脚注，全文连续编号。

二、非直接引用原文的，注释前加“参见”；引用非原始资料时，请注明“转引自”。

三、引用同一文献的，如果两个注释并非相邻，分别列出完整的文献信息；如果两个注释相邻，著作则采用“同上书，第×页”（页码不同）或“同上”（页码相同），论文则采用“同上”。

四、注释及参考文献范例

（一）著作、教材类：

[1]《马克思恩格斯选集》（第4卷），人民出版社1972年版，第24页。

[2]龚祥瑞：《比较宪法与行政法》，法律出版社1985年版，第255页。

[3]佟柔主编：《中国民法》，法律出版社1990年版，第67～75页。

（二）论文类：

[1]苏永钦：《私法自治中的国家强制》，载《中外法学》2001年第1期。

（三）文集类：

[1]龚祥瑞：《比较宪法学的研究方法》，载《比较宪法研究论文集》（第1集），南京大学出版社1993年版，第55页。

（四）译作类：

[1][古希腊]亚里士多德：《政治学》，吴寿彭译，商务印书馆1983年版，第54页。

（五）报纸：

[1]张志铭：《现代化与中国律师制度的发展》，载《光明日报》2003年9月23日。

（六）古籍类：

[1]（清）沈家本：《沈寄簃先生遗书》甲编，第43卷。

（七）辞书类：

［1］《新英汉法律词典》，法律出版社 1998 年版，第 24 页。

（八）网络资料类：

［1］郑成思：《"入世"、知识产权保护与民商法的现代化》，载中国法学网：http://www.iolaw.org.cn/show News.asp？id = 243，最后访问日期：2009 年 6 月 19 日。

（九）英文类：

［1］L. Fuller，*TheMorality of Law*，Robert Gilpin，revised edition，New Haven：Yale University Press，1969，p. 143.

［2］Joseph Raz，"Legal Principles and the limits of Law"，81 Yale Law Journal（1972），p. 839.

［3］H. L. A. Hart，"*Jhering's Heaven of Concepts and Modern Analytical Jurisprudence*"，in Eaasys in Jurisprudence and philosophy，London：Oxofrd University Press，1983，pp. 269 – 270.

（十）英文以外的外文文种：依照该文种注释习惯。

图书在版编目(CIP)数据

人大法律评论. 2019年卷. 第2辑 : 总第30辑 /《人大法律评论》编辑委员会组编. -- 北京 : 法律出版社, 2020

ISBN 978-7-5197-4359-8

Ⅰ. ①人… Ⅱ. ①人… Ⅲ. ①法律-文集 Ⅳ. ①D9-53

中国版本图书馆 CIP 数据核字(2020)第052858号

人大法律评论(2019年卷第2辑·总第30辑)
RENDA FALÜ PINGLUN
(2019 NIAN JUAN DI-2 JI · ZONG DI-30 JI)

《人大法律评论》编辑委员会 组编

策划编辑 沈小英
责任编辑 沈小英 单 洁
装帧设计 李 瞻

出版 法律出版社
总发行 中国法律图书有限公司
经销 新华书店
印刷 北京虎彩文化传播有限公司
责任校对 郭艳萍
责任印制 吕亚莉

编辑统筹 法治与经济出版分社
开本 710毫米×1000毫米 1/16
印张 24
字数 403千
版本 2020年6月第1版
印次 2020年6月第1次印刷

法律出版社/北京市丰台区莲花池西里7号(100073)
网址/www. lawpress. com. cn
投稿邮箱/info@ lawpress. com. cn
举报维权邮箱/jbwq@ lawpress. com. cn

销售热线/400-660-8393
咨询电话/010-63939796

中国法律图书有限公司/北京市丰台区莲花池西里7号(100073)
全国各地中法图分、子公司销售电话:
统一销售客服/400-660-8393/6393
第一法律书店/010-83938432/8433 西安分公司/029-85330678 重庆分公司/023-67453036
上海分公司/021-62071639/1636 深圳分公司/0755-83072995

书号:ISBN 978-7-5197-4359-8 **定价**:106.00元
(如有缺页或倒装,中国法律图书有限公司负责退换)